本书为国家社科基金重大项目"现代技术治理理论问题研究"
（21&ZD064）阶段性研究成果

# 统计思维的兴起（1820—1900）

［美］西奥多·M.波特 著

李尉博 译　　刘永谋 审校

浙江工商大学出版社
ZHEJIANG GONGSHANG UNIVERSITY PRESS
·杭州·

图字:11-2021-265

**图书在版编目(CIP)数据**

统计思维的兴起:1820—1900 /(美)西奥多·M.
波特著;李尉博译. —杭州:浙江工商大学出版社,
2023.3
书名原文:The Rise of Statistical Thinking,
1820—1900
ISBN 978-7-5178-5045-8

Ⅰ.①统… Ⅱ.①西… ②李… Ⅲ.①统计—历史—
世界—1820-1900 Ⅳ.①C8-091

中国版本图书馆 CIP 数据核字(2022)第146228号

# 统计思维的兴起(1820—1900)
TONGJI SIWEI DE XINGQI (1820—1900)

[美]西奥多·M.波特 著

李尉博 译 刘永谋 审校

| | |
|---|---|
| 策划编辑 | 姚 媛 郑 建 |
| 责任编辑 | 张莉娅 姚 媛 |
| 责任校对 | 何小玲 |
| 封面设计 | 望宸文化 |
| 责任印制 | 包建辉 |
| 出版发行 | 浙江工商大学出版社 |
| | (杭州市教工路198号 邮政编码310012) |
| | (E-mail:zjgsupress@163.com) |
| | (网址:http://www.zjgsupress.com) |
| | 电话:0571-88904980,88831806(传真) |
| 排 版 | 杭州朝曦图文设计有限公司 |
| 印 刷 | 杭州高腾印务有限公司 |
| 开 本 | 710mm×1000mm 1/16 |
| 印 张 | 22.25 |
| 字 数 | 342千 |
| 版 印 次 | 2023年3月第1版 2023年3月第1次印刷 |
| 书 号 | ISBN 978-7-5178-5045-8 |
| 定 价 | 79.00元 |

本书献给我的父母

# 缩　写 [1]

| | |
|---|---|
| *AOB* | *Annuaire de l'observatoire de Bruxelles* |
| *AQP* | Adolphe Quetelet Papers, Bibliothèque nationale de Belgique, Brussels, Belgium |
| *ATBM* | Wilhelm Lexis, *Abhandlungen zur Theorie der Bevölkerungs-und Moralstatistik* (Jena, 1903) |
| *Archive* | *Archive for History of Exact Sciences* |
| *BAAS* | *Reports of the Meetings of the British Association for the Advancement of Science* |
| *BCCS* | *Bulletin de la commission centrale de statistique* (of Belgium) |
| *BJHS* | *British Journal for the History of Science* |
| Cournot | A. A. Cournot, *Exposition de la théorie des chances et des probabilités* (Paris, 1843) |
| *DSB* | Charles C. Gillispie, *Dictionary of Scientific Biography* (16 vols., New York, 1970–1980) |
| *ESP* | Karl Pearson, Early Statistical Papers (Cambridge, 1948) |
| *FGP* | Francis Galton Papers, the Library, University College London |
| *Galton* | Karl Pearson, *The Life, Letters, and Labours of Francis Galton* (3 vols. in 4, Cambridge, 1914–1930) |
| *HSPS* | *Historical Studies in the Physical Sciences* |
| *JAI* | *Journal of the Anthropological Institute of Great Britain and Ireland* |

---

① 本译著依照原书在本部分及后面页下注部分所涉著作的出版信息中无出版社名称，特此说明，后文不再一一标注。(编者注)

| | |
|---|---|
| *Jbb* | *Jahrbücher für Nationalökonomie und Statistik* |
| *JCMP* | James Clerk Maxwell Papers, Cambridge University Library, Cambridge, England |
| *JHB* | *Journal of the History of Biology* |
| *JRSS* | *Journal of the Royal Statistical Society* (since 1887) |
| | *Journal of the Statistical Society* (1873–1886) |
| | *Journal of the Statistical Society of London* (1838–1872) |
| MacKenzie | Donald MacKenzie, *Statistics in Britain, 1865–1930: The Social Construction of Scientific knowledge* (Edinburgh, 1981) |
| *(x) Maxwell* | Lewis Campbell and William Garnett, *The Life of James Clerk Maxwell* (London, 1882) |
| *NMAB* | *Nouveaux mémoires de l'académie royale des sciences et belles-lettres de Bruxelles* (after 1840, *de Belgique*) |
| *Oeuvres* | Pierre Simon de Laplace, *Oeuvres complètes* (14 vols., Paris, 1878–1912) |
| *Phil Mag* | *London, Edinburgh and Dublin Philosophical Magazine and Journal of Science* |
| *Phil Trans* | *Philosophical Transactions of the Royal Society of London* |
| *PPE* | Francis Ysidro Edgeworth, *Papers Relating to Political Economy* (3 vols., London, 1925) |
| *PRI* | *Proceedings of the Meetings of the Members of the Royal Institution of Great Britain* |
| *Prob Rev* | Lorraine Daston, Michael Heidelberger, Lorenz Krüger, *The Probabilistic Revolution*, vol. 1, *Ideas in History* (Cambridge, Mass., 1986) |
| *PRSL* | *Proceedings of the Royal Society of London* |
| *PS* | Ludwig Boltzmann, *Populäre Schriften* (Leipzig, 1905) |
| *SHSP₁* | Egon S. Pearson and Maurice Kendall, *Studies in the History of Statistics and Probability*, vol. 1 (London, 1970) |
| *SHSP₂* | Maurice Kendall and R. L. Plackett, *Studies in the History of* |

*Statistics and Probability*, vol. 2 (New York, 1977)

Stigler　　　Stephen M. Stigler, *The History of Statistics: The Measurement of Uncertainty before 1900* (Cambridge, Mass., 1986)

*SP*　　　W. D. Niven, *Scientific Papers of James Clerk Maxwell* (2 vols., Cambridge, Eng., 1890)

*TPSC*　　　*Transactions of the Philosophical Society of Cambridge*

*WA*　　　Ludwig Boltzmann, *Wissenschaftliche Abhandlungen* (3 vols., Leipzig, 1909)

*ZGSW*　　　*Zeitschrift für die gesammte Staatswissenschaft*

# 推荐序一

几年前，北京一个热门网站上的一篇文章称，北京男性居民的平均身高为175.3厘米，女性居民的平均身高为167.3厘米。文章进一步观察到，约会网站上的大多数女性只喜欢和身高在180厘米以上的男性约会。利用统计数据，该文章认为，这些女性的行为，从统计上来看，是不理性的。她们应该搬到荷兰去，因为那里的人口平均身高为183.8厘米。这种简化的统计论证（缺少诸如样本大小、下限和上限以及置信区间等限定）的大量贩卖，已经变得无处不在。

大众媒体可能不会完全认识到统计学的重要性，当前社会也普遍未能认识到统计学的真正复杂性和哲学意义。如果我们不尝试使用统计学来改进我们的思维，那就是不负责任的。但是，如果我们不去理解其中涉及的一些技术细节，以及更广泛的历史和哲学的作用，那也是不负责任的。第二种责任同样适用于统计学家和非统计学家，包括哲学家。统计学家和非统计学家都希望履行自己的责任，了解我们所生活的世界——一个深度依赖于统计学来进行基础知识生产、工程建设、经济管理和政治行动的技术科学世界。作为一个理论和实践的信徒，西奥多·波特（Theodore M. Porter）对统计学兴起的叙述与分析，是最好的可用资源之一。

正如波特所指出的，19世纪初，政府努力评估人口的年龄、财富、寿命、健康和其他分布参数的特征，这是统计思维方法的主要刺激因素。今天，我们越来越需要对统计学有一些起码的了解，以使我们在利益和风险交织的科技生活世界的迷宫中，不至于迷失方向。

在现代科学知识生产和工程建设中，统计思维也是一种独特的补充。从统计学的形式体系来看，它以概率论为基础，可以与亚里士多德（Aristotle）的三段论逻辑、弗雷格（Frege）的数学逻辑的发展相比较。从内容的角度来看，它将知识生产扩展到了对经验数据的系统性收集、组织、解释和汇报。

因此,统计学已经成为科学归纳法的中心,更广泛地说,成了公众智识活动的中心。如果不了解统计思维的力量,就不可能理解和相信,科学告诉我们的,关于医学治疗的有效性、经济的健康状况或气候变化的预测。工程设计和公共政策所带来的安全、健康和福利问题,都依赖于统计数据,这一点常常被忽视。

通过成为科学(自然科学和社会科学)、工程和技术的中心,统计思维已经改变了负责任行为的概念,包括伦理、经济和政治中责任的概念,从而让我们更好地理解并生活在我们为自己创造的技术世界中。

对于在这些思想和行动领域中,任何一位有兴趣履行自己责任的人来说,波特的交叉学科思想史可以作为一本特别有益的书。《统计思维的兴起(1820—1900)》是对这种新的理性形式最具智慧的介绍之一,因此,它也是能让我们在科技世界中,更好地履行理性生活责任的一部宝贵著作。

卡尔·米切姆(Carl Mitcham)
中国人民大学哲学院讲席教授
美国科罗拉多矿业学院荣休教授

## 作为治理术的统计学——谈《统计思维的兴起(1820—1900)》

今天的时代无疑是统计的时代:统计数据充斥着日常生活,指标的变化影响着大家的心情。新冠肺炎疫情全球暴发后,几乎每个人都在关注国内外的疫情数据变化,特朗普更是为了病死率高低和记者争得面红耳赤。每一次公布物价指数、房价指数、人均可支配收入指数、股票指数等经济数据,总能引发舆论的关注。

威廉·配第(William Petty)将统计学称为"政治算术",视之为培根哲学在治理中的应用。此后,作为治理术的统计学之观念,一直深植于统计思想史中,因此,对统计学的反思并不限于数学哲学的范围,还具有社会历史意义。

20世纪80年代以来,统计学反思滥觞,取得了不少重要成果。比如,史蒂芬·斯蒂格勒(Stephen Stigler)的《统计学的历史:1900年前不确定性的度量》(*The History of Statistics: The Measurement of Uncertainty before 1900*)以历史为主线思考统计学的演化逻辑;而伊恩·哈金(Ian Hacking)的《驯服偶然》(*The Taming of Chance*)、《概率的突现》(*The Emergence of Probability*),则从哲学的高度分析统计学的认识论和方法论问题。

统计学史家西奥多·波特的名著《统计思维的兴起(1820—1900)》(*The Rise of Statistical Thinking, 1820-1900*)讨论的时间段集中于1820年至1900年,处于古典统计学逐渐转变为数理统计学的阶段。在此阶段,学者对统计的热情高涨,统计方法被许多学科所重视,主要统计工具基本出现,现代统计思维逐渐形成,并向作为应用数学分支的数理统计学方向发展。总体来说,波特是从四个张力空间的角度来解读这段统计学史的。

统计学作为改革学问与统计学作为抽象科学之间的张力:当时对社会

问题进行统计研究的动机主要是社会改良,而这往往与温和的自由主义官僚政治相关。另外一些人——如"统计学之父"阿道夫·凯特勒(Adolphe Quetelet)——对此嗤之以鼻,强调统计学是天文学和物理学方法运用于社会而形成的"社会物理学"。

作为统计学重心的平均与误差之间的张力:统计学研究群体现象。一种观点认为,"平均人"是群体类型的表征,无论心灵还是肉体,各项指标平均可以突出群体中所有人的显著特征。另有观点认为,"平均人"是抽象的,在现实中不存在,重要的是偏离平均值的变异和误差。

统计思想蕴含的决定论与非决定论之间的张力——运用统计方法的目标是消除模糊领域,如人的行为的不确定性,但统计数字并不能断定特定个体的状况。比如,抽烟者患癌症的概率,对于判断某个抽烟者会不会得癌症并无帮助。另有观点认为,统计原则与自由原则存在冲突,甚至会走向宿命论。比如,稳定的犯罪率似乎意味着某些人注定要犯罪。

统计理论跨学科与单学科之间的张力,或统计学作为科学与统计学作为方法之间的张力——统计概念和方法最初并非数学家的发明,而是由来自各学科的科学家逐渐发展起来的,统计思维的兴起是跨学科现象。但是,多元化发展导致统计学的科学性至今仍饱受质疑,由于人们对系统的单一统计学理论的需求越来越强烈,最终数理统计学成为应用数学的分支。即使在今天,统计学应用的重要性仍高于对其的纯数学研究。

波特对19世纪统计学思想史的解读,在大数据与智能革命的时代背景下,意味颇为深长。在我看来,数据统计和分析之能力反映了当代社会的"智力水平"。从行为主义的角度看,有机体有生命,在于其能感知刺激并做出相应反应,以适应生存环境而不断进化。将社会类比为有机体,它同样要感知环境变化,包括自身和与社会运行相关的自然物之变化。通过统计数据可以"感知"社会,因而统计能力可以表征决策中心的感知能力。此外,在"感知"基础上进行"思考"是数据分析的目标,因而计算中心的能力将成为大数据时代的重要国力指标。

传统社会的治理取决于神谕、风俗习惯和价值观的政策解析,甚至君王的一时喜好。现代治理活动则建立于统计数据的获取和分析的基础上,运用科学原理和技术方法来组织运行社会。现代性不仅要求个体理性,亦希望社会理性。这让统计学在治理中变得至关重要，没有统计学的社会就像智力未曾发育的孩子或蒙昧的原始人。

如今，人们一般认为，统计学是应用数学的分支，尤其是概率论和误差理论在不同领域——既包括社会科学领域，也包括自然科学领域，甚至包括人文科学领域（如近期热门的计算人文学）——的运用。人们会想当然地认为：统计学史首先是数学突破，然后接续各种实践应用。但这是错误的。英语中的"statistics"（统计学）显然与"state"（国家）相关，而汉语中"统计学"的字面意思是"统而计之的学问"，缺失了研究国家的含义，割裂了数理统计学与其历史渊源。

很多人把统计学等同于数理统计学，视之为智力平庸者难以置喙的数字游戏。但在真实的统计学史中，首先出现的不是高深的数学，而是具体科学领域的统计运用，尤其是在人口学、社会学、遗传学和物理学中的运用。19世纪的统计学史主要并非纯数学进展，而是如火如荼的诸种实践应用，最后才在20世纪上半叶催生了数理统计学。

值得一提的是，在统计学的形成过程中，自然科学和数学从社会科学的发展中吸收了很多东西。尤其是统计物理学、统计生物学从社会统计学、历史学中学习，这与20世纪社会科学的主流趋势（即自然科学化）殊为不同。

古典统计学发端于17世纪中叶出现的英国政治算术学派和18世纪出现的德国国势学派，两派均属于对社会中群体现象的数学分析，认为个体特征与行为无法捉摸，而整体潜存着稳定的规律，应通过对"人口"（population）的总体分析来谋求国家富强和社会发展。两派都运用统计方法对经济政治现象进行数量研究，其最大的区别在于：前者以国家尤其是国情和国力为对象，为开明专制的国家统治服务；而后者以社会为研究对象，试图用新的专业方法解决社会问题，用经验观察数据来避免利益矛盾导致的先入之见。

按照当时的术语，两派均属于"道德统计学"，威廉·配第被认为是政治伦理学家，如同后来的亚当·斯密（Adam Smith）被认为是实用伦理学家。"statist"（国势学家）是当时人们对统计学家的称呼，而"statistician"（统计学家）这个词直到19世纪末期才开始出现，用来指称某种应用数学家而非古典意义上的社会统计学家。

两派的研究方法和研究思路，如对犯罪、自杀和婚姻的统计学研究，启发了当时的自然科学家——生物学家弗朗西斯·高尔顿(Francis Galton)用统计方法研究英国精英阶层的遗传特征,物理学家路德维希·玻尔兹曼(Ludwig Boltzmann)用统计方法研究气体分子的动力学特征,詹姆斯·麦克斯韦(James Maxwell)则奠定了统计物理学的基础。有趣的是,当被质疑时,科学家常常用统计学在社会研究中的成功为自己辩护,明确支持社会统计对象(作为群体的人)与自然科学对象(作为群体的粒子)之间的类比关系。

因此,19世纪的统计学研究坚信:在大量数据之下能够找到稳定的秩序,社会数据蕴含着社会秩序,自然数据蕴含着自然秩序。在启蒙观念看来,自然秩序与社会秩序在根本上是同一种必须遵守和实现的秩序,而统计思维则是寻找统一秩序的必经之路。从治理角度来看,精确的数字治理和科学的技术治理将同时笼罩自然与社会,当代社会将不允许野蛮的人和未开化的自然存在。

对于当代社会的治理而言,我认为更重要的是人口技术,而非约束个体的规训技术。"人口"概念考虑的不是异质性的人,而是在群体中显现出统计学特征的自然物种("人族")。人口技术不关心个体的喜怒哀乐、生老病死,而是指向种群的平衡和稳定。所以,以统计数据为基础的概率估算和离散调节是人口治理术的关键,而统计学居于当代技治知识的枢纽位置,不仅运用于"人族"的肉体调节,如经济生产、公共医学和精神卫生等领域,也运用于人类生存的自然和社会环境整治,如城市综治、环境保护和交通规划。总之,社会统计学是典型的知识-权力技术,而非一般所理解的数字游戏,尤其需要从技术治理视角将其作为治理术来认真诠释。

刘永谋

中国人民大学哲学院教授

# 中译版序言

　　1986 年，*The Rise of Statistical Thinking, 1820-1900* 第一次出版的时候，我所知道的几乎所有的科学家和学者都认为，统计学的历史深深地植根于欧洲的西方经验中。统计推理是如何与世界其他地区（如印度和中国）相关的？一个我当时可能会给出的简单答案是，这些统计思维的概念和工具，很快便会因为实用性、专业性及科学性，而被其他国家采用。应该指出的是，卡尔·皮尔逊（Karl Pearson）可以被合理地称为第一位专业统计学家。在英国，他使生物计量和统计事业得到了体制化，吸引了来自世界各地的学生，让他们掌握大量的定量工具和概念，而这些工具和概念，似乎有着无限的潜在用途。正如故事看起来的那样，欧洲创造了普遍有效的工具，这些工具通过传播，成了全球和西方历史的重要组成部分。

　　这样的观点并不是完全错误的，但它远非故事的全部。最近的学术研究，对欧洲以外的文化所拥有的知识形式有了更多关注。长期以来，中国和亚洲其他地区，一直被认为有着悠久的知识文化，以及璀璨的工艺技术。中国所拥有的数学技巧更加多样化，包括导航、天文观测、测量和计算等形式。当然，我们还可以把人口普查算作一项重要的量化技术。从我的论文研究一开始，这一点就对我的故事很重要。在我的书名所强调的"统计思维"变成重要的自然科学知识之前，它早就在（至少在本书的论证中）人口普查、财政预算、贸易管制和流行病监测中出现了。

　　在欧洲的语言中，"统计"这个词本身，与政治、国家有着明确的联系。这表明，"统计思维"可能不是来自理论物理学，而是来自政治与法律体系。这种体系致力于收集并总结关于散居的人群的知识，而这种知识往往是他们的领导人所无法直接看到的。早在与科学上的统计学联系在一起的各种概念和数学见解出现之前，这些工具和技术就已经得到了普遍应用。它们所处的环境不同，形式也多样。如果说在某些方面，它们是由数学的洞察力促成的，那么同样值得注意的是，这些在理智与数学上的洞察力，正是由朴素实用的工具塑造的。据我们所知，这些工具和策略，是统计科学的起源。因此，统计学的发展远不止一种思维方式。它也是一种干预形式，强调参与而不仅仅是对孤立现象进行研究。认为知识必须有坚实的基础才能对世界产生作用，这种想法几乎总是错误的。对人口和资源进行的统计活动，是统计学的基础。它曾在定量化方面有过深刻的洞察，但也曾在管理领土和人口的实用战略中，遇到过困难。

当我开始研究这个课题时，我很快就找到了汉代人口普查方法的研究。而在《旧约全书》中，大卫王忤逆上帝的旨意，进行了一次人口普查。《新约全书》也告诉我们，耶稣之所以在耶路撒冷出生，是因为约瑟和玛利亚必须到那里参加罗马的人口普查。至少对近代早期受过教育的欧洲人来说，这些故事都是常识。在欧洲和其他地方，人们都有充分的理由，出于财政、政治、军事、医疗和宗教等原因来计算人口。我在本书开头引用的那份大家所熟悉的材料[1]，出现在1660年前后，那是一个对欧洲科学组织，更具体地说，对概率论和死亡率的计算具有重要意义的时刻。本书所谓统计思维的兴起，在19世纪之前，大体上仍是粗略而不完备的，而到了书名中给出的1820年，这种思维就已经清晰可辨了。

1820年前后发生了许多事情，其中包括经济、行政、政治和科学方面的发展，这也许证明了，我选择那一年作为起点的正确性。这也是公共人口普查在欧洲开始施行并被系统化的大致时间。我在这里应该承认，关于早期的统计和数据收集，还有很多东西要讲，比我当时认识到的还要多，而且现在有相当多的学术研究在阐述这一点。然而，如果我重新开始，我想我不会改变书名中的区间。直到19世纪30年代，大型的欧洲统计组织才建立起来。统计学的创立，是为了记录并理解工业化国家所面临的机遇和危险。他们担心人口增长，担心无知、犯罪和流行病，希望找到可以让他们管理混乱、推动进步的工具。而这种将混乱的个体转变为有序的集体的希望，将在统计学中出现。

书名中的“统计思维”，不仅仅是欧洲科学或数学的延伸，而且可能主要是一项社会和官僚成就。我在这里认为，统计秩序和统计规律性的基本概念，并不是由外部强加于社会调查的，而是从社会和行政秩序中产生的。在我的故事中,有一个关键的时刻,那就是,比利时数学家、统计官员阿道夫·凯特勒惊讶地发现,犯罪和自杀等各种社会现象,每年都以惊人的规律性重复出现。从某种意义上说,这可以被称为一种社会学发现,因为这从来不是凯特勒经过科学预测发现的,但他还是在官方的司法、卫生和教育统计数据中,发现了这些规律。一旦他注意到这种规律性,他就欣喜地发现,在普通的社会生活事件背后,隐藏着深刻的社会秩序。这个观点被许多著名的科学人物接受了,并且被他们展示给世人。这些科学人物包括生物学家(和统计学家)弗朗西斯·高尔顿,物理学家詹姆斯·麦克斯韦和路德维希·玻尔兹曼。在这里,我们看到了知识传播方向的逆转,不是从成熟的自然科学到普通的社会知识,而是相反。我认为,即便是数理统计学,也主要是作为管理人口、治疗社会弊病的工具而诞生的。

当然,自19世纪早期以来,统计学领域发生了许多变化。我写这本书时,统计学被广泛理解为科学推理的合理基础,被理解为对假设的研究与检验。在临床医学、经济学、社会学、生态学和工程质量控制等社会和人文科学中,这种统计学无论过去还是现在都特别受到重视。在计算一个度量是否离零足够远(即"零假设")时,数理统计学起着至关重要的作用,它可以排除任何不能将其仅仅解释为偶然结果的假设。

但是地球并没有停止转动,许多统计学家已经将他们的工作重新定义为"数据科学"。这种形式的统计学通常依赖于"大数据",而且在许多目的上,足够丰富的数据使得概率计算几乎总是不必要的。这种情况已经在基于完整的全国人口普查结果的研究中出现了。当然,抽样不会消失,因为我们经常无法获得完整的数据。例如,想一想,当我在2022年2月撰写这篇序言时,最紧迫的统计问题是什么呢?两年来,一种全球性的流行病给世界各地的日常生活带来了严重困扰。虽然数理统计学的建模工具还是很重要的,但它们需要对社会人员在某种程度上实行统一的登记。没有它们,对不同国家或省份或人口群体的任何比较,都是非常不稳定的。1660年,在英格兰最后一次鼠疫暴发期间,伦敦恢复了一项古老的做法,即每周派妇女去登记和统计死于瘟疫的人数。这些数字构成了约翰·格朗特(John Graunt)对人口的经典研究——1662年发表的《关于死亡表的自然观察和政治观察》的基础。相比于目前新冠大流行中患病与死亡人数的统计,格朗特的数据甚至可能更准确。当然，死于鼠疫比死于新冠病毒感染更容易辨认，这也是要考虑的因素。现在，我觉得，在本书尾声部分，我给出的统计科学不断发展产生的最终结果，可能被我夸大了。事实上，即使是临床试验等受控医学研究也面临着挑战，应该让实验患者按照处方服药，或者在他们感觉好些时停止服药，还是将处方药与非处方药混合使用？我们不知道哪种方法最好。在过去和现在的大部分时间里，统计学都是一门人类科学。它虽然强大而精练，但受制于大量不确定性，而且这种不确定性不仅限于随机误差。统计学永远不能得出确定性的结论，它总是依赖于足智多谋的头脑，以及经过培养的判断。

译者注：

[1]指约翰·格朗特于1662年发表的《关于死亡表的自然观察和政治观察》（见"中译版序言"第三页）。

# 2020年新版序言

大约40年前，我在普林斯顿大学撰写学位论文，最终以此为基础，出版
了《统计思维的兴起（1820—1900）》。当时，在普林斯顿大学，一位学者怀揣
着超人般的耐心端坐着，在一台大型计算机上输入并编辑文本，这种场景还
只是刚刚成为可能。我当时用的是打字机，千真万确。尽管20世纪60年代
早就过去了，但冷战还在继续，物理学，这门制造出了原子弹的科学，仍然占
据主导地位。（但不要忘了，原子弹也有很多其他学科的功劳！）那时在科学
史上占首要地位的，仍然是对物理学理论的理解，尽管生物学，尤其是达尔
文进化论，正在迅速崛起，而且科学机构的历史也吸引了更多人。世界各地
的大多数数学家和科学家认为，科学在严格上起源于欧洲，是16世纪和17
世纪"科学革命"的遗产。然而，科学史研究的重心，现在正从中世纪和现代
早期，转移到19世纪。多年来，在科学史上一直存在一种广泛的争论，即推
动科学的历史发展的，到底是"外部"因素（社会因素），还是"内部"因素（科
学观念因素）。作为一门系统学科，科学史在"二战"之后已经进入了第二代
研究，它默默呼应了大学生的扩招，以及自然科学研究经费的惊人增长。

虽然统计学还不被认为是严肃的科学史研究主题，但它在科学的诞生
中，是一位重要参与者，在重塑商业、卫生、医学、工程、农业、法律、教育和政
府等领域的方法和实践方面，发挥了至关重要的作用。与此同时，它使得一
系列科研领域有望获得定量的严谨性，特别是对于社会科学。在比利时出
生的乔治·萨顿（George Sarton），是奥古斯特·孔德（Auguste Comte）实证主
义的崇拜者，也是科学史学会的创始人。他的科学史研究领域无所不包，他
曾盘点几乎每个时代及其文化对科学的贡献。萨顿也很喜欢统计学。然
而，在20世纪40年代和50年代被下一代历史学家所定义的科学革命中，统
计学所扮演的角色仍然悬而未决。与战后的社会科学实证主义者相比，亚
历山大·柯瓦雷（Alexandre Koyré）和托马斯·库恩（Thomas Kuhn）等学者，低

1

估了计量和统计的地位,认为在知识根本性的重新定位的过程中,它们是后 *xii*
来者,起到的只有支持作用,不具有出色的创造性。系统的测量,不是通往
科学革命的门票。①

当我选择统计科学的起源作为我的论文主题时,我以为,从科学史角度
研究它,应该还是一个无人涉足的领域。不过这个想法,往好了说,也是值
得怀疑的。然而,我在这一领域的同事中,很少有人直接出身于科学史,甚
至是历史学的训练。他们来自不同的学科,有各种各样的理由将统计学作
为其历史研究的重点。我不得不扩展自己的视野。结果,在我选择的主题
中,我的同事们的多样化背景,被证明是最大的乐趣之一。《统计思维的兴
起(1820—1900)》最初出版于1986年,几乎与史蒂芬·斯蒂格勒的杰作《统计
学的历史:1900年前不确定性的度量》同时出版。在《纽约时报书评》上,一
位数学史学家同时对这两本书进行了评论,他显然更喜欢更数学化的处理
方法,但对这两本书都感兴趣。相比之下,一位为《美国统计协会杂志》
(*Journal of the American Statistical Association*)撰写书评的科学史学家认
为,这两本书证明了两种形式的科学史之间存在不可逾越的鸿沟。这位评
论者解释说,内在主义认为,科学与社会是分离的,而外在主义则通过社会
因素来揭示科学的形成过程。按照这种历史解释标准,这两本书都可以说
非常失败。斯蒂格勒的书,一次又一次地证明了,从纯粹科学工作来解释科
学史所具有的不足之处。而我的书,则因为不愿要求纯粹的社会解释而摇
摆不定。"波特缺乏坚定的信念。"②

在某种程度上,我的批评者确实是对的。我对科学史上内部主义和外
部主义的极端对立持怀疑态度。如果面对着波涛汹涌的大海,我们首先做
的是计较这种细微差别,把它抛到海里,那么航行就不会顺利。要把统计
学、复杂的数学、官僚化、专业化、政治争论和历史上的磨难,这些如此异质

---

① Alexandre Koyré, *Metaphysics and Measurement: Essays in Scientific Revolution* (Cambridge,
MA: Harvard University Press, 1968); Thomas S. Kuhn, "The Function of Measurement
in Modern Physical Science," *Isis*, 52 (1961), pp. 161–193.

② Stephen Stigler, *The History of Statistics: The Measurement of Uncertainty before 1900*
(Cambridge, MA: Harvard University Press, 1987); 亦可参见 Morris Kline, Review of *The
Rise of Statistical Thinking*, by Theodore M. Porter and of *The History of Statistics*, by
Stephen Stigler, *New York Times Book Review*, 1986-10-05, pp. 47–48。

化的东西写成一本历史书，没有捷径可走。我希望公正地看待统计学的数 *xiii*
学与概念的发展，同时认真地对其进行各项调查研究，包括社会与行政、科
学与技术方面的调查研究。

在那些日子里，我无条件地支持科学史研究中的第一戒律——远离"辉
格主义"。在评价科学成果时，依据的应该是其所处时代的目标和当时对它
的理解，而不是在某个理论显露出一丝朝向我们今天所拥有知识的方向发
展的可能时，条件反射地鼓掌。1978年春季学期，托马斯·库恩在普林斯顿
大学研究生研讨会的导论课上，建议在场的5名学生，不要在陈旧的科学文
献中寻找在我们眼中可信的东西，而要抓住那些看起来特别古怪和不可思
议的东西。它们就像旧范式的化石，在历史学家富于想象力的严谨的帮助
下，就可以恢复到以前的奇特面貌。

让我高兴的是，在我撰写学位论文之初，这种奇特的面貌就已经显露出
来了。如果统计学不是在大量数值中显现出来的模式，它还能是什么？19
世纪30年代，有抱负的科学统计学家阿道夫·凯特勒惊讶地发现，犯罪和自
杀等看似无序的人类行为，在集体层面上却有着一种持续的规律性。此后
的几十年里，统计学家和道德家们一直在争论"统计定律"是否与人类自由
意志的普遍观念相一致。改革者和官僚们收集的年度数据的稳定性，以一
种更加数学化的形式，一种基于大量数据的新的、科学的有效推理，被用来
作为统计学的例子。凯特勒将这些规律描述为，适用于集体实体（"社会"），
但在个人层面上看不见的"定律"。几十年后，在这种统计观点被公众熟知
之后，同样的数字被用来支持在气体分子物理学、历史经济学和生物遗传学
领域出现的新直觉。

本书的故事，和许多大概在1980年写出来的科学史一样，是关于概念
的。然而，它并不是在自由流动的思想中出现的，而是与社会和官僚机构的
世俗性努力相结合而产生的。我们经常把这种对人类日常话语和实践的关
注，与法国哲学家米歇尔·福柯（Michel Foucault）的作品联系在一起，特别是 *xiv*
当它们作为一种微妙而不可抗拒的权力形式发挥作用时。在这样的话语和
权力的场域中，数字具有明确的作用；福柯的一些更有影响力的崇拜者，从

事的是定量性的事业,如人寿保险与会计事务。①不过,福柯对于利用统计学进行数学式的操控,并没有特别的兴趣。在英语界,哲学家伊恩·哈金是最早也是最有创见的研究福柯的学者之一。他最初对福柯的研究,提出的是有关概率概念的形成过程的问题。哈金的研究掀起了一股关于偶然性和统计学史的研究浪潮。在1975年出版的《概率的涌现》(*The Emergence of Probability*)中,他谈到了一种深刻的矛盾。这种矛盾源于概率论的萌芽形成时,存在的几种潜在力量,涉及我们心理期望的强度和世界上事件发生的频率。他的书聚焦于炼金术和医学等"低级科学"。这启发了洛林·达斯顿(Lorraine Daston)等人,通过将其视作探索法律传统和商业实践的产物,来探究概率数学的形成过程。

后来,哈金把注意力转向统计学在19世纪社会和国家中的应用。当我选择以对统计学的理解和统计学史作为学位论文主题时,我就已经知道他的这个转向了。但是我知道得不多。那时的研究生培养流程还比较宽松,我也从来没写过什么研究计划书之类的东西。虽然在当时,哈金还没有发表任何与他的新项目有关的成果,但他肯定已经选择把福柯作为他研究统计学和行政权力的模型。不过,虽然他研究的内容与官僚科层有关,但他当时暂定的书名更加具有哲学色彩,叫作《决定论的侵蚀》(*The Erosion of Determinism*)。像每个文科研究生一样,我读了很多福柯的作品,但我并没有把他的概念融入我自己的概念。而且,我现在惊奇地发现,他的名字甚至没有出现在我的索引中。而哈金,像以往一样,在《驯服偶然》中,巧妙地运用了福柯的主题。这本书最终在1989年出版,比我的书晚了3年。对我来说,福柯是一个不可避免的存在,但不是任何具体论点的来源。②

*xv*     一开始,我对统计学史的兴趣,延伸到了偶然性、不确定性和非决定论问题上。1980年,与哈金讨论这个项目时,我从谈话中自然而然得到了这个想法。然而,我的重点后来越来越多地放在社会数值统计资料和各种形式

---

① Graham Burchell, Colin Gordon, Peter Miller, *The Foucault Effect: Studies in Governmentality* (Chicago, 1991); François Ewald, *L'état providence* (Paris, 1986).

② Ian Hacking, *The Emergence of Probability* (Cambridge, 1975); Ian Hacking, *The Taming of Chance* (Cambridge, 1990); Lorraine Daston, *Classical Probability in the Enlightenment* (Princeton, 1988). 达斯顿在这本书中没有提到福柯。

的专业知识上,而这些知识的生产和使用,恰好处于社会科学和自然科学的交叉点上。最初,从约翰·西奥多·梅尔茨(John Theodore Merz)于19、20世纪之交出版的《19世纪欧洲思想史》(*A History of European Thought in the Nineteenth Century*)中题为"统计学的自然观"("The Statistical View of Nature")的一章中,我对这些联系有了概念。查尔斯·吉利斯皮(Charles Gillispie)是我的博士导师,他向他的学生们推荐了梅尔茨的著作,说它是一个宝库,装满了具有启发性的观点,每一页上都写满了长长的脚注。我很快意识到,大概从1960年起,吉利斯皮就已经在断断续续地研究概率论数学史了。不久之后,我研究的焦点,转向了数学家拉普拉斯(laplace)以及数学家兼哲学家孔多塞(Condorcet)的著作。他们两人都对有关选举和陪审团判决的数学问题有着浓厚的兴趣。[1]

吉利斯皮关于概率史的第一篇论文,强调了凯特勒的"社会物理学"与麦克斯韦在他气体统计物理学研究中发表的里程碑式的第一篇论文之间的联系,这种联系正是通过英国著名博物学家约翰·赫歇尔(John Herschel)的一篇长评而体现的。然而,在1961年牛津大学举行的"科学的变革"会议上,科学史家和哲学家们都不赞同吉利斯皮所描述的数学知识的逆向传播过程,即从社会科学到物理学。但事实证明,他所猜测的这种联系,在麦克斯韦的信件中详细记录了下来。这让吉利斯皮本人也感到十分惊讶,因为他曾经说,要得到他的结论,并不需要麦克斯韦一定读过赫歇尔的文章。吉利斯皮强调的,是他们两人研究中的共同精神,这种精神尤其可以通过英国学 *xvi* 者研究的典型问题——效用与概率的问题,而呈现出来。麦克斯韦无疑对这些问题也很熟悉。从广义上讲,吉利斯皮所发现的这种相似性肯定是正确的。但是把这样的时代思潮浓缩在信件的物质形式上,无疑更加令人满意。赫歇尔的论文讨论了天文学家误差定律的许多种变体形式,而麦克斯

---

[1] John Theodore Merz, *A History of European Thought in the Nineteenth Century* (4 vols., Edinburgh, 1903), vol. 2, chap. 12, pp. 548-626. 梅尔茨的前两卷也有单行本,名字也叫 *A History of European Scientific Thought in the Nineteenth Century*。亦可参见 Charles Coulston Gillispie, "Probability and Politics: Laplace, Condorcet, and Turgot", *Proceedings of the American Philosophical Society*, 16 (1972), pp. 1-20; 以及 Theodore M. Porter, "Charles Coulston Gillispie, 1918-2015", *Isis*, 107 (2016), pp. 121-126。

韦至少读过两次这篇论文,并将钟形曲线应用到了气体中分子速度的分布上。[1]

我能站在社会数值统计资料的角度上,更深入、更具体地证明它们之间的联系。在19世纪的大部分时间里,统计学是一种记录并理解社会弊病的尝试,如犯罪、贫困、流行病和迫在眉睫的革命威胁。它可以用来管理人口、集结军队,以及控制不知为何总是在增加的贫困救济支出。这种政府救济支出的增长,以及法国大革命的发生,让马尔萨斯(Malthus)获得了灵感,为他1798年出版的《人口原理》搜集人口统计数据提供了便利。凯特勒有关出生、死亡、犯罪、自杀的统计数据,在某种程度上构成了"社会事实"和"社会定律"的原型,让"社会"成为科学研究的合适对象。从监狱、法院和医院的官僚统计数据中,他生出一种对社会定律普遍性的近乎神秘的信仰。他首先将"误差定律"或钟形曲线,应用于人类身体特征的研究,然后在常规的征兵数据的基础上,将其应用于道德特征的研究。他对统计规律性的信念,也能够令人安心地证明,在所有令人担忧的扰动的背后,存在着一种深层的社会秩序,它通过数据体现了出来,指导国家的干预措施。统计数据揭示了一种自发的社会秩序,但是不知何故,这种秩序总是受到威胁,所以需要收集大量的数据,才能对社会实现适当的管理。因此,统计科学史也是一部政治史,一部揭示了时代矛盾和时代希望的历史。所以,我的学位论文的主标题是《自由主义的演算》。[2]

这种演算用途广泛。不同国家和不同的经济形势,需要不同种类的统计数据。这些数据可以被用来促进自由贸易,追踪流行病,改善工作条件,组织战争,或者管理海外殖民地。正如对统计数字的辩论一样,统计学也可

*xvii*

---

[1] Gillispie, "Intellectual Factors in the Background of Analysis by Probabilities", A. C. Crombie, *Scientific Change* (New York, 1963), pp. 431-453. 该文章后面附有 Mary Hess 的批评。他对该批评的回复可见于 Gillispie, *Essays and Reviews in History and History of Science* (Philadelphia, 2007), pp. 380-381。

[2] Theodore M. Porter, "The Calculus of Liberalism: The Development of Statistical Thinking in the Social and Natural Sciences of the Nineteenth Century" (Ph. D. diss., Princeton University, 1981). 在该项目中,我的第一篇论文是 "A Statistical Survey of Gases: Maxwell's Social Physics"。

能卷入政策讨论。①统计学还被纳入涉及人类自由意志等问题的道德讨论。因此,社会方面的关切贯穿整本书,尽管书里反复涉及数学或数字问题,但最后总是会超越这些问题。至少在这方面,本书应该被理解为一部社会和思想史的作品。

我之所以会想到研究思想史,很大程度上应该归功于我的另一位研究生老师卡尔·肖斯克(Carl Schorske)。他使用文字和各种例子,让我明白了,思想史远不只是对不断演变的思想的简单叙述。他的本科课程吸引了一群研究生(包括我),甚至吸引了其他院系的老师。在他的《世纪末的维也纳:政治与文化》(*Fin-de-Siecle Vienna: Politics and Culture*)一书出版时,我正准备结束论文写作。他的书中,充满了由作家、艺术家、建筑师和学者参与的文化和政治辩论。当然,在《统计思维的兴起(1820—1900)》里,出现了一群不同的演员,主要是科学家、改革者和官僚,而他们中的一些人,在努力理解和改变社会世界的过程中,提出了许多科学计划。政治争论与政治关切,经常与道德、宗教辩论联系在一起,贯穿在本书的故事中。如果现在要我写这本书,我会更多地关注,在数据的产生和分类过程中用到的工具和技术,以及汇编数字时涉及的人类互动。②然而,就本书的叙事而言,其基础仍然是社会统计学的智识意义和概念理解。

毕竟,本书的主题,包括从政府官僚的数据管理,到数学科学等不同的内容。本书的主人公们,在不同的领域工作时,认识到他们共同的问题,以及可以共用的分析工具,而这些问题和分析工具,都超出了学科的界限。直到19世纪末,统计学才开始作为一门独特的数学学科出现。即便如此,正如社会学家唐纳德·麦肯齐(Donald MacKenzie)在1981年出版的一本书中所

---

① 关于统计学在政治上的各种目标,参见 Alain Desrosières, "Managing the Economy", Theodore M. Porter, Dorothy Ross, *The Cambridge History of Science*, vol. 7: *Modern Social Sciences* (Cambridge, 2003), pp. 553–564。

② 这种做法见于我最近的著作 *Genetics in the Madhouse: The Unknown History of Human Heredity* (Princeton, 2018)。

言,这个新学科出现的另一个目的,是拓宽专业知识的领域。[①]而在1900年前后诞生的数理统计学,与其说是在所有实际的、商业的与科学的任务中计算的基础,不如说它是这些计算方法发展的结果。正如我们所看到的,它与一系列人文科学同时发展,包括人口统计学、经济学、商学、医学、心理学、人类学、政治学、优生学和社会学。不论是过去还是现在,在统计学的发展中,这些学科都有着核心重要性。在现代科学史领域,这些学科也是焦点,有很多著作都来自这些不同领域的实践者的反思。诚然,这些历史是关于实践的,但它们也需要理智的传统赋予自身意义。[②]

### 统计学革命还是概率革命

从历史和社会学角度对量化进行研究,这项曾经孤独的事业在1989年开始腾飞。然而,统计学最初仅仅被视为故事的一部分。在某种程度上,几个几乎毫不相关的学术主题走到了一起,因为各个孤立领域的学者发现了一个共同的话题,并开展交叉史学研究。直到大约1980年,大多数写统计学或量化史的学者,还没有把它本身视为一个学科。他们以社会学家、统计学家、人类学家、经济或政治历史学家、哲学家、人口学家和会计师自居,面向的主要是自己学科领域的其他学者,而且他们的材料通常几乎完全来自自己所在的领域。许多科学史家也不愿意把目光投向某一特定学科之外。最后,到了20世纪80年代末,量化和统计学的历史研究,才成为一个独立的主题。

1980年,德国哲学家洛伦茨·克鲁格(Lorenz Krüger)在比勒费尔德大学跨学科研究中心开展了他所谓的"1800—1930年概率革命"的研究。在这项研究的出现和统计学史学科的独立化之间,谁是因谁是果,我并不能区分清

---

① 参见 Donald MacKenzie, *Statistics in Britain, 1865-1930: The Social Construction of Scientific Knowledge* (Edinburgh, 1981); Theodore M. Porter, *Karl Pearson: The Scientific Life in a Statistical Age* (Princeton, 2004)。在这里,应该还有丹尼尔·凯夫莱斯(Daniel J. Kevles)的名字,他在1981年聘用我到加州理工大学做博士后,当时他正在研究后来的 *In the Name of Eugenics: Genetics and the Uses of Human Heredity* (New York, 1985),这也是一本优生学史和统计学史中的重要著作。

② 斯蒂格勒所构建的历史,也是围绕着统计学向新领域和新问题的迁移和传播进行的(尽管他采用了一种完全不同的方式)。

楚,但情况就是这样。哈金的哲学-历史学著作和库恩著名的《科学革命的结构》,给了克鲁格很大的启发。他认为,在一场重大的科学革命中,机会和概率发挥了关键作用;这场革命实际上覆盖了整个科学领域,包括社会科学和自然科学,甚至超越了哲学。不过,它与库恩所描述的科学革命截然不同,因为库恩的革命主要是在某一学科领域内展开的。应该说,它自身就是一场"科学革命"。当然,在这个项目中,统计学占据了中心地位,因为在 20 世纪的统计学中,它与概率论有着密切的关联。更重要的是,统计方法确实在很多领域重塑了科学推理。同时,统计工具和统计方法的传播,大多发生在 1930 年之后,尽管我和另外一些学者准备阐述的,主要是统计学在 19 世纪的重要性。但克鲁格非常开明,愿意让参与者们处于一个松散的联盟中,在调查和讨论的基础上得出自己的结论。不过,他自己的兴趣集中在物理学上,特别是物理学向非决定论的转变上,这一发展通常与 20 世纪 20 年代的量子革命有关,他倾向于将其追溯到 19 世纪早期。

这是一个了不起的学术共同体,其中的一些学者仍然是我最亲密的朋友和同事。从 1982 年 9 月到 1983 年 6 月,我们在一起差不多有一年的时间,在这一年之前、期间和之后,我们还举行了其他会议。人们通常认为,像我这样的书,是比勒费尔德研究的成果。事实上,比勒费尔德项目,是在我论文答辩的那天,洛林·达斯顿第一次向我提起的,而在那之后的 6—8 个月,他们获得了大众基金会(Volkswagen Foundation)的资助,这让我有可能作为最年轻的研究员被邀请参加这个项目。我在比勒费尔德的那一年,使我能够使用德语材料撰写了一个新章节,随后我将论文章节重新组织编排,但基本论点没有太大改变。那一年的讨论和辩论,以及后面的[①]更多讨论和辩论,对我的下一本书《信任数字》(*Trust in Numbers*)起到了重要的启发作用。

我对这个伟大科研项目的直接、发自内心的反应,是高度怀疑概率能否 xx 在这个伟大科学变革中占据最重要的地位。面对这个项目对概率的哲学-历史概念的强调,我开始半开玩笑地提到一场"统计革命"。与之前相比,我

---

① "后面的"指的是比勒费尔德小组成员 Gerd Gigerenzer 等人所写的一本书 *The Empire of Chance*: *How Probability Shaped Science and Everyday Life* (Cambridge, 1989)中的讨论。比勒费尔德项目的主要成果是 *The Probabilistic Revolution* (Cambridge, Mass., 1987)。

现在更加强调,哲学上的不确定性和非决定论的宏大概念,应该被锚定在政府官僚和改革者们的世俗化努力中,他们想要控制,在数据统计表中显现出来的,与贫困、犯罪、卖淫和流行病有关的危险。对我来说,更加重要的是,尽可能深入地研究稀缺的一手文献,才能为我的研究打下坚实的基础。

然而,与其说比勒费尔德项目,让这些致力于对统计学进行历史和社会研究的学者,结成了一个统一的学术共同体,不如说它让这些兴趣各不相同但彼此相关的学者,组成了一个联盟,或者一个关系密切的群体。我们的成员之一玛丽·摩根(Mary S. Morgan),在研究计量经济学的历史时,就已经将经济学模型的建立与统计工具和数据工作联系起来。[1]其他人则从医学、心理学和生物学的统计学方面,受到启发或参与了研究。法国国家统计研究所(INSEE)的阿兰·德罗西耶(Alain Desrosières)虽然不是比勒费尔德小组的成员,但对我们小组印象深刻。他在建立并巩固法国对统计学的历史与社会研究传统方面,发挥了关键作用。

我在这里这样说的目的,不是要追溯这些迄今为止不断发展的学术线索,也不是要针对研究数学史和统计学史的正确方法发表意见。对于这样一本已经面世很久的书,我更喜欢在对它的当代价值的反思中,结束我的序言。一本书在表面上的影响,包括作者与读者的互动,比如学术共同体认为自己可以从本书中学习到的内容。即使他们已经(在一段时间以内)确定了这本书的意义与价值所在,也仍然可以从中学习。在这一点上,本书已经做得足够好了,所以出版社授权出版一个新的版本,而我并没有对文本进行修改,除了为它写了这篇新版序言。不过,新版本的付梓,仍然为我提供了一个创作机会,重新澄清我在34年前写作此书时,到底想表达什么。在我看来,这本书的最初目的,并不是要吸引读者加入对量化或者有关话题的历史学研究。我最初所设想的首要关注点,是统计学家在政治上的关切、在行政管理方面的雄心,而这导致了一种新的属于行政官僚的社会科学。在这个过程中,从社会和经济科学,到统计物理学,再到优生学——在这些不断延伸的领域中,人们对统计学对象不断产生新的理解方式与处理方法。特别是,关于人类遗传的统计学,在数理统计学的诞生中发挥了重要作用。

*xxi*

---

[1] Mary S. Morgan, *The History of Econometric Ideas* (Cambridge, 1990).

本书被广泛阅读和引用的语境,看上去都是在将统计学作为一种社会知识来研究的。可见,在将统计学认定为一项人文社会科学的产物方面,本书发挥了一定作用。科学学和科学史学的学者们,正在越来越多地将统计学纳入他们的研究计划,有时将它看作处理数据的基本方法,有时将它本身看作一种社会科学。这些研究大有文章可做。作为本书作者,我最大的满足感,就出现在看到它的主题或观点被纳入我以前从未设想到的研究时。一本书的意义,绝不能被局限于付印时作者本人的想法。

事实上,无论使用统计学的是大学、人口普查办公室、智库、民意调查公司,还是市场部门,统计学都是社会知识的一种基本形式。虽然这门科学的标准正在向精确科学看齐,但在我们如何理解自己,以及自己与社会生活世界的关系方面,数字的重要作用并没有因此而削弱。统计学的力量通常不愿意引起人们的注意。"越枯燥越好!"1861年,威廉·法尔(William Farr)声称,"在所有读物中,统计资料应该是最枯燥的。"这样能吸引到读者吗? 但 <sup>36</sup> 就像所有想让人们产生关心的事物,最终总是会变得枯燥乏味一样,故事就是如此充满戏剧性和讽刺性。我敢说,有关统计学的书,在它最枯燥无味的时候,也可能是最有趣的。

# |序 言|

　　本书研究的是统计思维在社会科学家、生物学家和物理学家群体中发展起来的历史。这些科学家的目的是，通过研究众多个体的集体行为，在大尺度现象上进行定量分析，将社会学与生物学领域纳入精确科学的范畴。他们研究的个体，在本质上是不可知的——要么因过于渺小而易遭忽略，要么数量众多且种类繁杂。因此，统计不仅是观察的辅助手段，而且是理论的基础，而统计思维的发展，也与19世纪这几个新科学领域的成长相伴。其中最引人注目的是人口统计学、社会统计学、统计力学和群体遗传学。这些学科领域内对变异（variation）[1]的研究是现代数理统计学的直接来源，现代数理统计学实际上诞生于1900年前后对遗传生物学的研究。

　　今年是重要的一年，有关概率和统计学史的5本著作目前正在出版或已经出版。这标志着，对统计思维及其在现代思维发展中的地位的认识和理解，取得了真正的进步。除本书外，这些书还包括洛林·达斯顿、伊恩·哈金和史蒂芬·斯蒂格勒的著作，以及1982—1983年比勒费尔德大学跨学科研究中心所编写的两卷著作，这是洛伦兹·克鲁格和迈克尔·海德堡（Michael Heidelberger）指导下的研究项目的成果，达斯顿、哈金、斯蒂格勒教授及本人也参与其中。如果早在1979年动笔时，就知道如此多关注统计和概率史的研究正在进行，那么我可能就会对选择这个话题更加慎重，或许会换个话题。但是现在看来，没有什么问题。这些作品完全不同，反映出统计思维丰富多样的思想来源和影响。我还从研究概率论的同事们那里学到了很多东西，这些东西对我的影响是潜移默化的，故难以正确地在脚注中标记出来。在此，我必须对比勒费尔德大学跨学科研究中心，以及在那一年里与我共事的同事们，表示深深的感谢。

　　许多人阅读了本书的全部或部分手稿，并提出了有益的建议和批评，其中包括黛安·坎贝尔（Diane Campbell）、B.科恩（B. Cohen）、洛林· 达斯顿、

*xxiv*

杰拉尔德·盖森（Gerald Geison）、查尔斯·吉利斯皮、伊恩·哈金、布鲁斯·希奇纳（Bruce Hitchner）、罗伯特·霍瓦斯（Robert Horvath）、马克·卡克（Mark Kac）、丹尼尔·凯夫莱斯（Daniel Kevles）、托马斯·库恩、玛丽·摩根、乔安·莫尔斯（JoAnn Morse）、詹姆斯·塞科德（James Secord）、约翰·塞弗斯（John Servos）、史蒂芬·斯蒂格勒、杰弗里·萨顿（Geoffrey Sutton）和诺顿·怀斯（Norton Wise）。我对他们表示感谢。我还要感谢我的老师，特别是哈罗德·培根（Harold Bacon）、罗伯特·福克斯（Robert Fox）、杰拉尔德·盖森、托马斯·库恩、保罗·罗宾逊（Paul Robinson）、卡尔·斯科尔斯克（Carl Schorske）和约翰·塞弗斯。在专业指导及灵感来源方面，我也要感谢丹尼尔·凯夫莱斯（他最近出版了一本类似主题的书）、诺顿·怀斯、格伦（Glenn）和丽塔·里卡多·坎贝尔（Rita Ricardo Campbell）。学业上，我最为感激的是我的导师查尔斯·吉利斯皮，他从不吝啬自己的时间来指导我，也从不放松他的标准。这本书在他的批评指导下有了很大进步，我也很感谢他的幽默与时时鼓励。

本书的某些部分以不同的形式出现在《物理学的历史研究》《英国科学史月刊》和洛林·达斯顿等编著的《概率革命》中。我要感谢帮我录入书稿的盖尔·彼得森（Gail Peterson）、校对参考资料的罗宾·古德（Robin Good）和提供计算机方面的帮助的 M.罗伊·哈里斯（M. Roy Harris）。我还要感谢弗吉尼亚大学历史系的同事们，尤其是洛蒂·麦考利（Lottie McCauley）和艾拉·伍德（Ella Wood）。本书得到了普林斯顿大学研究基金和加州理工学院安德鲁·梅隆博士后流动站的支持。最后我还要感谢比利时皇家学院（Académic Royale de Belgique）、剑桥大学图书馆（Cambridge University Library）和伦敦大学学院图书馆（the Library, University College London）分别许可本人引用凯特勒、麦克斯韦和高尔顿的论文。

杰弗里·萨顿、乔安·莫尔斯和我在读研究生时就已结下友谊，我关于科学史的许多想法都是与他们非正式讨论的结果。回报父母是一件不容易的事情。将本书献给他们也无法还清他们对我的爱，但是会让本书具有更加特别的意义。黛安·坎贝尔一直是对我最有帮助的批评者，也是在我们这个有两人同时从事学术工作这个挑战性任务的家庭中，我的理想伴侣。

西奥多·M. 波特
1985年9月19日

**译者注：**

[1]统计学中的变异是普遍存在的。广义上的变异是指标志(包括品质标志和数量标志)在总体单位之间的不同表现。而狭义的变异仅指品质标志的不同具体表现，与变量相对。变量指的是描述数量标志的具体表现。本书中所言的变异一般是指上述广义概念，而不是日常所理解的生物学变异。

# 目　录

导 言 [3]

在20世纪,统计学已经作为分析实验数据与观测数据的数学工具而广为人知。它还被公共政策尊为判断医疗措施以及化学药品是否安全的唯一可靠依据,并且被各大企业用于质量品控等,统计学明显是对公共生活与私人生活有着巨大而普遍影响力的科学产物之一。在许多学科中,使用统计分析能够从经验现象中得到可靠结论,故而也是不可或缺的。在某些现代领域,如数量遗传学、统计力学以及关于智力测验的心理学研究中,统计数学与各个学科的实际理论密不可分。自微积分问世以来,还没有哪个数学领域的新发现得到了如此广泛的应用。

现代科学中使用的统计工具几乎都是19世纪开发出来的。在1890年到1930年之间,统计学的数理基础被奠定;在同一时期,统计学家们也确立了用于数值数据分析的主要技术。皮尔逊(Pearson)、斯皮尔曼(Spearman)、尤尔(Yule)、戈赛特(Gosset)、费希尔(Fisher)等数理统计学创始人取得了巨大的成就,并理所应当地得到了其科学工作继承者们的敬意。但是,这儿还有另一个故事要讲,这个故事关注的是使得统计学创新的大发现成为可能的时代背景。统计学的发展必然在它被发明之后。这是19世纪的贡献,统计思维在那个时代达到了高潮。这种思维传统涉及来自不同研究背景的学者,而且他们的背景在其他方面没有任何联系。

以数学概率为基础研究群体现象,之前已经形成了一套独特且应用广泛的研究流程,统计学科的出现是对此的认可。在一些研究中,个体事件要么很难观测,要么高度可变并受到多种变量影响。在这样的研究中,统计学一直都被特别视为揭示因果关系的很有用的方法。将统计学识别为一种知识范畴首先应当是一种科学的成就,而非单纯的数学的成就。可以肯定的是,概率论在统计学的学科史与学科逻辑中的核心作用是显而易见的。但是,自从拉普拉斯和高斯(Gauss)的时代以来,统计学的奠基者们所需的大多 *4*

数概率数学理论,都已经存在了近1个世纪。实际上,在19世纪的前几十年中,统计学家们研究出使用概率数学理论进行数值数据分析的复杂的实用技术,并发展出了误差理论(error theory),该理论在测绘学和观测天文学中得到了广泛应用。回想起来,误差理论的历史似乎正是数理统计的诸多成就的前身。如果统计学不过是数学,那么误差理论家的"预见"就很难让凯特勒、威廉·莱克西斯(wilhelm lexis)、高尔顿在这个领域中被称为首创性的思想家了。

然而,对于前身的认定却总是具有误导性的,此处也不例外。如果对同样的数学体系有不同的解释,那么它们必须被视为不同的,尤其是当统计学公式针对的是科学领域而非纯粹数学领域时。正如史蒂芬·斯蒂格勒在他的新书中所表明的那样,概率统计技术在天文学和测绘学中的有效应用,根本不足以让社会学家将类似的分析应用到他们自己学科的问题上来。在复杂的误差理论发展了数十年之后,仍然存在着一个巨大的问题,即找到误差理论的数学公式与社会学或者生物学研究之间的连接点。而在这些学科的研究中,变异普遍存在且十分重要。在高尔顿和皮尔逊某种程度上解决了这一问题之后,我们立刻就可以看出误差理论家们的公式是适用的。然而,在这种新的语境下,误差分析已经变成了一种完全不同的东西,变成了一种研究变异原因的方法,而不仅仅是对它的测量。正是因为误差理论的概率分析方法成功地解决了社会学与生物学中大量的棘手问题,它才发展成了一种强大而灵活的方法,并以数理统计之名为我们所知。

对于多变的群体现象的研究,有着与概率数学、误差理论不同的起源。它是随着数值社会科学(numerical social science)的发展,以及19世纪后期典型统计观点的形成而开始的。这一观点在约翰·西奥多·梅尔茨1904年出版的《19世纪欧洲思想史》中的"统计学的自然观"("the statistical view of nature")中得到了佐证。[①]梅尔茨所指的不仅仅是概率论派生出的分析数据的数学技术,而且主要是指从社会和国家的数字调查中得出国家战略的学问。在19世纪早期,"统计学"一词专指后者。最初,践行这门学问的人被称

---

① John Theodore Merz, *A History of European Thought in the Nineteenth Century* (4 vols., New York, 1965), vol. 2, pp. 548–626.

为"国势学家"（statist），直到19世纪晚期才被冠以"统计学家"（statistician）的头衔。

一门19世纪的应用数学学科，却被视为定量的、经验性的社会科学，这并非偶然。因为在这种新的数学体系的推理风格方面，国势学派做出了极其重要的贡献。国势学派使科学界和有教养的公众熟悉了一种方法，即使用总体数值和平均值来研究内在可变的对象。国势学派说服他们同时代的人相信，由众多独立个体组成的系统，可以在一个比原子化的组成部分更高的层次上进行研究。国势学派教导说，这样的系统可以被假定能够产生宏观尺度上的秩序性和规律性，而且几乎不受个体反复无常行为的影响。既然系统状态的显著的变化只是系统中变化比例较大的因素导致的，那么就可以用相对频率作为基础数据来创制一门科学。

当然，务实的国势学派并没有让他们的事业死守任何像这样抽象的教条。他们的世界里充满了锐意进取的雄心壮志，充满了社会调查报告和普查数据，然而高等数学和深奥的哲学却鲜有立足之地。他们主要是改革者和官员。作为19世纪的自由主义者，他们为社会这个复杂实体中的力量与活力而震惊，并且发现它所表现出的稳定，似乎并不依赖于政府时有时无的智慧。因此，他们因社会的均一性而欣悦，这种均一性不仅可以用来描述如出生和死亡这样的自然事件，也可以用来描述如婚姻这样的自愿行为，甚至还能用来描述如犯罪和自杀这样看起来毫无意义和非理性的现象。由此，阿道夫·凯特勒的"统计定律"（statistical law）学说诞生了。这一观点主张，由于社会状态是潜在稳定的，故社会的统计规律性必将持续到未来。尽管 6 每个个体行为的原因都是未知的，甚至是完全不可知的，但是利用统计学，我们似乎就能够揭示群体现象下蕴含的普遍真理。

在大量数值统计资料中能够找到秩序，这一信条是19世纪统计思维的主旨。犯罪、自杀和婚姻在以大量数值考虑时所展现出的规律性，不断被弗朗西斯·高尔顿、詹姆斯·克拉克·麦克斯韦、路德维希·玻尔兹曼、威廉·莱克西斯、F. Y. 埃奇沃斯（F. Y. Edgeworth）等学者反复引用，来为统计学应用于生物学、物理学和经济学中的问题做辩护。诚然，认识到这些科学对象与社会统计对象之间的类比可能性之后，才有可能使用概率关系来模拟真实的自然现象的变异。这一观点不是某种隐晦的典故，而是在流行书籍和专业著作中公开而明确地发展起来的。

因此,从某种意义上说,本书是一部社会统计学中思想发展的影响史,是对恩斯特·迈尔(Ernst Mayr)所称的"群体思想"(population thinking)的数理表达方式的研究①,这个词和统计学一样清楚地指出了人类科学的来源。然而,正如同所有著名的说明人类知识影响的例子一样,这里的受益者绝不仅仅是社会科学教条的被动接受者。这个故事的主角是"道德统计学家"[1]、经济学家、气体分子运动论学者和生物统计学家。他们的工作需要他们找出不必首先了解其组成个体的详细信息,就能很好地研究群体现象的方法。他们之所以成功,正是因为他们能够使现有的方法和概念适应新的对象。在这一过程中,他们对统计方法的贡献,可与其在自身领域的贡献相提并论。

正如在19世纪,统计推理与大数规律性的概念息息相关,1890年以前统计数学的历史主要是正态分布(或高斯分布)的历史。这就是我们熟悉的钟形曲线,19世纪的学者称之为"天文误差定律"。尽管正态分布早先与经典的"机会学说"(doctrine of chances)联系在一起使用,但是影响最大的,还是它与最小二乘法结合后,在天文学领域的应用。一颗星体在给定的时间定然有且只有一个真实的位置,观测值中的变异自然可以被看作误差的产物,因此可以认为,误差曲线描述了仪器和感官的不完美性。天文观测中曲线拟合的实务工作,以及对最小二乘法的严格基础的研究,导致了更多精细复杂的数学研究的出现,但是这些工作本身的目标,无非是更好地处理或者估计误差,因此几乎没有动机去研究变异本身。

比利时科学家阿道夫·凯特勒开启了关于误差定律思维的重大转变。1823年,凯特勒前往巴黎学习观测天文学,同时他也接触到了概率论,并受到了拉普拉斯、泊松(Poisson)和约瑟夫·傅立叶(Joseph Fourier)所指出的它的普遍适用性的感染。在他看来,新的社会科学的统计学是"社会物理学"(social physics)的一个分支,与天体物理学有着类似的形态,他希望为这门学科奠定基础。在这门学科的渐进主义(gradualist)社会形而上学中,每一个

---

① Ernst Mayr, *The Growth of Biological Thought: Diversity, Evolution, and Inheritance* (Cambridge, Mass., 1982), pp. 45–47.

可能的物理学概念都被赋予了一个在社会科学领域中的类比。而误差定律终于在1844年找到了它的位置,作为支配对理想的"平均人"(average man)的偏离程度的公式。凯特勒认为,这条定律的适用性证明了,从根本上来讲,人类的多样性是误差。但在误差定律成为一个支配着变异的分布公式之后,该发现的巨大影响才真正逐步显现出来——人们往往对变异本身比任何单纯的平均值都感兴趣得多。

到19世纪末,统计数学的进一步发展,主要是其他自然科学和社会科学的研究成果。凯特勒的观点,即误差定律,广泛适用于各种各样的变异,赢得了19世纪末最优秀的统计数学的研究者们的认可,尽管他们并未全然认可凯特勒对该观点的解释。从约翰·赫歇尔对凯特勒的一本著作的评论中,詹姆斯·麦克斯韦知晓了凯特勒所使用的误差定律,他指出同样的公式也支配着气体中分子速度的概率分布。他和玻尔兹曼一道,使得统计气体理论成为19世纪后期物理学的伟大成就之一,并为新的量子理论以及威拉德·吉布斯(Willard Gibbs)的统计力学提供了部分重要的背景知识。在社会科学领域,莱克西斯使用类似的形式体系,来衡量统计序列的稳定性。F. Y. 埃奇沃斯展示了误差分析等有关方法如何有效地应用于经济学领域的问题, 如指数问题。弗朗西斯·高尔顿从地理学家威廉·斯波提斯伍德(William Spottiswoode)那里接触到了凯特勒的思想,而后在遗传学研究中使用了误差曲线。最后,他发现遗传回归指数实际上可以作为统计数学的一种通用工具,用于研究各种变异的数据。

通过被应用于各种不同的问题,统计数学不断取得进展。而与此同时,统计方法也被视为一种独特的方法,甚至挑战了人们对科学和自然定律的传统观点。对统计学的本质,与凯特勒同时代的人没有统一的看法,但他们一致认为,他们在学科研究中,把自然科学研究中已使用的、正确的方法应用到了社会研究对象上。然而,所谓有关人类和社会的统计决定论的断言,激起了人们对统计学的反对和对统计推理本质的批判性思考。在某种程度上,这种反思使一个观点得到了广泛接受:只要注意力放在平均值而不是变异值上,那么统计学就没有什么科学价值。更抽象地说,批评凯特勒和历史学家亨利·托马斯·巴克尔(Henry Thomas Buckle)所提出的统计定律思想的人们辩称,统计方法先天就是一种不完美的方法,它之所以能得到应用,恰恰是因为构成对象的遥远模糊或其固有的多变,使得精确的决定论式的知识难以获得。这种观点,尤其是经过了分子运动论学者和社会思想家的阐释后,开创了伊恩·哈金所说的"决定论的侵蚀",这深刻影响了20世纪的科学世界观。

　　现代数理统计领域诞生于19世纪统计思想和方法的多样化应用。在皮尔逊、费希尔等人的带领下,对于各种可以通过实验或观察获得大量数值数据的学科,数理统计是它们的数学伙伴。然而,在1890年以前(以及此后的几十年里),统计方法和统计概念不是由数学家发明的,而是由天文学家、社会科学家、生物学家和物理学家发展起来的。统计思维的发展是一个真正的交叉学科现象,数学并不占据优先地位——当一个或多个学科借鉴来的技术,被应用到另一个完全不同的研究对象上时,才产生了新思想和新方法。统计思维的伟大先驱者们是学识渊博的通才,对历史、哲学或社会问题,以及他们自己的研究领域,都保有兴趣。正如卡尔·皮尔逊在他的统计学史讲座中亲自指出的那样:

　　　　也许,我应该为我在这些讲座中把你们带到了如此遥远的领域而道歉。但是,如果你不了解一个人所处的环境,你就不可能了解他的工作。他所处的环境意味着他所处时代的社会和政治事务的状况。你可能认为,在写一本19世纪科学史的同时,不触及神学或政治是可能的。但是我严重怀疑,如果不从神学和政治的角度去考察克利福德(Clifford)、杜·波依斯-雷蒙德(Du Bois-Reymond)和赫胥黎(Huxley),你真的能够理解他们的工作实际建立在什么样的基础上吗?还有什么比微分方程更远离神学和政治呢?还有什么比奇异解理论更远离道德领域呢?但是,圣维南(De Saint-Venant)和布辛尼斯克(Boussinesq)将奇异解理论视为自由意志问题的绝妙解决方案;除非你意识到这一点,否则就无法真正理解他们的工作。我手头有一封克拉克·麦克斯韦写的信,他在信中说,正是在这方面,他们关于奇异解的工作具有划时代的意义!①

　　这些统计学家在许许多多的科学领域中都做出了自己的贡献,并且对自己领域之外的学科发展时刻保持着警觉。统计方法的发展,需要多样的研究之间的有效交流,而这些研究揭示了它们的许多联系,给予了科学某种程度上的统一,让它不再仅仅是一门门孤立学科的集合。

　　统计学不仅仅在各门学科的边界游走时能够起到突出作用,而且在划分科学与非科学那模糊而游移的界线时,也有用武之地。统计学在很大程度上拓宽了科学领域,但是在两个世纪甚或更长时间以来,它一直饱受质疑。概率论几乎从一开始就是一个被人怀疑的数学领域,尽管从纯技术的角度来看,它的成就在蒙特莫特(Montmort)和棣莫弗(De Moivre)的时代就已经令人赞叹了。一些有影响力的误差理论家,如奥古斯丁·柯西(Augustin Cauchy)和詹姆斯·艾沃里(James Ivory),虽然接受了最小二乘法,但拒绝对作为其基础的概率假设表示满意。②拉普拉斯想要用概率重新定义科学确定性,这个雄心给了他启发——他把完美的知识限制在一个想象出来的无所不知的恶魔身上,并坚持认为,虽然世界上的事件完全是由预先存在的原因决定的,但我们对其结果的认识,必然会受到一定的误差领域的影响。统计方法将热力学的确定性定律还原为单纯的规律性,呈现出气体分子运动论的严重问题。虽然麦克斯韦和玻尔兹曼努力将必要的改进纳入分子运动论,但其他人,例如马克斯·普朗克(Max Planck)的学生策梅洛(Zermelo),则认为与统计学的这种联系将使原子论完全无效。③

　　一方面,“概率”暗示着“不确定”,这明显让物理学家对使用统计方法感到迟疑。另一方面,从社会科学的角度来看,统计方法是量化的同义词,虽然有些人对数学作为社会学工具是否适当表示怀疑,但更多的人认为,它是

10

---

① Karl Pearson, *The History of Statistics in the 17th and 18th Centuries Against the Changing Background of Intellectual, Scientific, and Religious Thought* (London, 1978), p. 360.
② James Ivory, "On the Method of Least Squares", *Phil Mag*, 65 (1825), pp. 1–10, 81–88, 161–168. 关于 Cauchy, 参见 Ivo Schneider, "Laplace and the Consequences: The Status of Probability Calculus in the 19th Century", *Prob Rev*。
③ Ernst Zermelo, "Über mechanische erklärungen irreversibler vorgänge", *Annalen der Physik*, 59 (1896), pp. 793–801.

提高精确度和科学确定性的关键。大多数统计学的拥护者简单地忽略了统计推理对概率的依赖，而那些承认这一点的人，则通常强调概率与最古老、最庄严、最精确的科学——天文学之间的联系。在凯特勒及其追随者手中，统计学的社会科学构成了一种自觉模仿自然科学之成功策略的尝试。社会科学中的统计量化，通常更多地被视为一种典范，人们不觉得它有什么问题。人们对统计的渴望，揭示了在19世纪什么被认为是科学的基本特征。

最后，统计学的历史告诉我们，抽象的科学和通常被视为其具体应用的学科之间的关系。事实上，在统计学的早期历史中，实践是绝对先于理论的，"纯粹的"或抽象的统计学，是其应用的产物，而非母体。莱克西斯、埃奇沃斯、高尔顿、皮尔逊及其后学所发明的统计技术和方法，能直接反映出统计方法被应用到的特殊问题，以及他们从事统计学时的意识形态语境和哲学立场。也许正如孔德的科学层次所暗示的那样，数学和物理比生物学和社会科学更加具有逻辑上的优先性，但是从历史上看，情况要复杂、有趣得多。

11 与数学或其他科学领域相比，统计理论更多地受到了来自其具体研究对象之外的考虑的影响。这当然有特殊原因。毕竟，它的主要任务是提供分析方法，让其他学科的实际工作者能够分析他们的数值数据，而统计学家所追求的不仅是永恒真理，更是有用的技术。不过，在这方面，统计学的历史不应该被看作完全独立的，而应该被看作现代科学发展的历史进程中某一个方面的理想类型。

科学新领域的出现几乎总是伴随着术语的变化。特别是在我们将要讨论的问题中，它涉及一种新思维方式的出现，所以术语的变化就更重要了。因此，对一些关键术语的初步讨论，应该会对读者有所帮助。

"统计数据"（statistics）对我们来说只是简单的数字，或者更具体地说，是事物的数量。这种用法没有可以替换的同义词。它在19世纪30—40年代间成了标准用法。如果不使用这个不合时宜的术语，现在几乎无法谈论在此之前发布的此类数据和数值表。19世纪20年代之前一代代的人，在没有它的情况下勉强度日，我们好像能模模糊糊感到他们生活的世界是多么的不同——一个没有自杀率、失业数据和智商指数的世界！当然，在这个"前数据"的时代并不是一张统计表都找不到，但是在19世纪20—30年代，一场"数值大爆炸"发生了，这使得"统计数据"这个术语不可或缺。它要求人们对事物进行分类以便计数，而后被放到官方统计表中的一个合适的方框里。更一般地来看，它最有趣也是最重要的影响，是改变了人们觉得自己真正了解了某事物时，所应当拥有的信息具有怎样的特征。

在 19 世纪，statistics（统计学）指的是一门经验性的、通常是定量的社会科学。在此之前，它是一门关于事物状态和境况的定义不清的科学。这个术语在 20 世纪才被普遍用于应用数学领域。此时"统计学"的含义变得十分广泛，可以指代任何一种群体现象，主要是通过类比其社会对象。在 19 世纪中叶以后，统计方法成了研究集体现象的普遍方法，它可以对大量事件进行推理，而不用困扰于个体的棘手情况。

概率论在 19 世纪的形成并不复杂，不过它直到近年来，才单独成为纯数学的一个分支。在 18 世纪末，拉普拉斯用"概率演算"代替传统的"机会学说"，他的目的是澄清该学科的正确研究对象是理性的信念或者期望，而非游戏中碰运气的结果。的确，这种轻视一直存在，但是在拉普拉斯之后，关于概率的数学理论几乎总是被称为概率论或概率演算。我看不出有什么理由拒绝它的现代用法。

直到 19 世纪中叶，"决定论"（determinism）一直是一种关于意志的理论——它否定人的意志自由——一些词典仍然把这作为该词语的第一含义。在 19 世纪 50—60 年代，决定论具有了更为现代和普遍的意义，即认为世界的未来完全由它目前的结构所决定。决定论不同于宿命论（fatalism），因为前者依赖于因果的自然定律，而不是某种超越的力量。当然我们也可能注意到了，其反面也经历了类似的变化。"非决定论"（indeterminism）现在指的是，世界上的一些事件并非完全由自然原因决定，世界至少在某种程度上是不可还原的、随机的。非决定论可以与或然论（probabilism）对比，后者仅仅意味着我们的知识不允许完美的预测，尽管在世界上可能没有因果例外。

泊松于 1835 年提出了"大数定律"（law of large numbers）。对他而言，它指的是从长远来看，当概率随机地围绕某个固定的、潜在的值波动时，事件的频率必然符合其概率的平均值。实际上，几乎每一个了解大数定律的人，都没有区分泊松定理和雅各布·伯努利（Jakob Bernoulli）于 1709 年所著

*12*

的《猜度术》(*Ars Conjectandi*)中的定理。后一定理指出,在长期内,事件发生的频率必须符合支配每次试验的固定概率。采用这种不加区别的用法是最方便的,因为它们实际上都只是简单地表达了观察到的统计总体的规律性。更晚近一些,泊松提出的这个词组已被用于表示平均误差符合正态分布的规则。我知道,没有人在1874年埃米尔·多莫伊(Emile Dormoy)之前,以这种方式使用过该词组。多莫伊的著作在第八章中将有所提及。

最后顺便说一下,正态分布(normal distribution)有着许多表达术语,但好在混淆的机会不大。19世纪的标准用法是"误差曲线"(error curve)或者"误差定律"(error law);其同义词"高斯分布"(Gaussian)则在19世纪后期流行开来。"正态律"(normal law)是皮尔逊在1894年和"标准差"(standard deviation)一起创造的。19世纪常使用"概差"(probable error),即从长远来看恰有一半度量值产生了超出实际值的误差,来测量分布宽度。幸运的是,这几个术语几近囊括了在19世纪涉及统计思维的所有专业词语,包括误差理论和保险数学领域在内。除了不时涉及的几页外,本书中的专业性和数学性内容很少,即使是没有受过数学训练的读者也应该很容易理解。

**译者注:**

[1]"moral statistics"(道德统计学)中的"moral"并非我们通常所理解的品行、品德之义。在19世纪中叶,剑桥大学引入了道德科学系,教授经济学、政治学、心理学、形而上学和伦理学等学科,可见此处的"moral"的含义更加宽泛,应当被理解为"关于人的、风俗的和社会的"。

第一部分 *16*

"在生活当中,除掉事实,我们不需要别的东西,老师;不要别的,只要事实!""吃别人的饭,受别人信任的人多着哩。在这几个人当中总不免有几个不老实的人吧!我听你谈过有100次之多了,说这是一条定律。我怎么能改变定律呢?"

———查尔斯·狄更斯(Charles Dickens),《艰难时世》(1854)

人之本性就像是卡莱尔所描述的那种德国调查报告,它想要的……只是一个索引。

———佚名(1866)

对于一个严肃又顽固的保守党人,我很难想象有什么比研究统计学更有益身心的了,因为他将认识到一个在政治上和在其他任何事情上都确凿无疑、无可违背的伟大定律,那就是运动必须始终是进步的,决不会倒退。

———L. L. 普莱斯(L. L. Price)(约1883)

# 社会演算

现代意义上的定期人口普查,是约在19世纪初被欧美最先进的那批国家创造的,并在随后的几年中,被推广到了世界上的其他地方。但是自古以来,各个地区都断断续续地收集过对人口、卫生和有关事项的记录。这种统计活动的主要目的,往往是提高政府效率。没有详细的记录,集权化管理几乎是不可想象的,而长期以来,在对某些种类信息的记录方面,数值表被认为是一种特别方便的形式。到了1800年前后,以新的自然哲学的精神来研究这些数值的活动越来越多,这些研究同样是作为一种巩固和合理化国家权力的策略,而获得了正当性。

19世纪初,当政治算术(political arithmetic)让位于新的统计社会科学时,官僚组织效率的重要性绝没有被遗忘。然而,越来越多的统计学家开始相信,在政策制定的过程中,社会本身远不仅仅是一个被动接受者。社会始终是动态的,且常常难以控制,它显然拥有相当大的自主性,如果我们想要实现国家的目标,就必须先了解它。在很大程度上,统计学是一种自由主义事业。热衷于统计学的商界和专业人士,赞成给国家的功能下一个更狭窄的定义,同时在某些改革中,为统计学谋取更多的支持。即便是强烈赞成官僚系统扩张的人也承认,只有在社会本质所界定的约束范围内,国家才能良好运行。

因此,为了让统计学的科学性更具说服力,统计学家们开始研究支配社会的原理。他们不仅研究社会的当前状况,而且将社会作为历史对象进行研究。"统计定律"这一概念,最早是在1830年前后,作为这一研究的早期成果呈现给世界的。作为一个社会真理,它在数十年中,不断被学者们宣传、完善、质疑。不久之后,统计规律性成了对概率的新理解——概率的频率解释——的基础,这让它在应用于自然界和社会中的真实事件时更加方便。因此,统计规律性的概念,对统计学的数学发展具有极其重要的意义。

# |第一章|
# 作为社会科学的统计学

## 政治算术的政治学

以自然哲学精神对社会数值进行的系统研究,肇始于17世纪60年代,并在随后长达1个半世纪的时间里,以政治算术之名闻名于世。如果不局限于计算保险费或者年金率,它的目的还包括促进制定健全的、建立在良好信息基础之上的国家政策。约翰·格朗特在1662年发表的《关于死亡表的自然观察和政治观察》这篇开创性的论文中指出:

> 治理的艺术和真正的政治,就是如何使国民过着和平与富足的生活。而现在人们研究的不过是其中的一部分,教他们如何取代他人、超越他人,以及如何通过给别人下绊子而不是努力奔跑来赢得奖赏。
>
> 现在,我所发明的这种诚实而无害的政策之基础或关键就是,要了解这片土地以及居住其上的人们,并根据其所固有的或偶然的差别加以管理。①

格朗特的学术主张是温和的。"我希望,"他说,"读者不要指望从我这个不通文艺的人的笔下,找到像学者们在学校中所断定的知识那样确定无疑的东西。但人们应当可以清楚地看到,我提出的是一个新东西,并且没有贸然插手有识之士曾经涉足过的地方。我已花了很多心思,列出了这些表格,

---

① John Graunt, "Observations upon the Bills of Mortality", C. H. Hull, *The Economic Writings of Sir William Petty* (2 vols., Cambridge, 1899), vol. 2, pp. 395–396. 关于政治算术,参见 Peter Buck, "Seventeenth-Century Political Arithmetic: Civil Strife and Vital Statistics", *Isis*, 68 (1977), pp. 67–84。

以便所有人都可以纠正我的立场,并提出他们自己的建议。"①不过,他还是希望从哲学的角度开展他的调查研究,他将著作献给了"坐在自然界议会"的"骑士与市民"的头领罗伯特·莫雷(Robert Moray)②,以及可能为他的著作做推荐的高级官员约翰·罗伯茨勋爵(Lord John Roberts)。 *19*

威廉·配第完全同意格朗特的研究目的。也正是配第发明了"政治算术"一词,许多人认为他在格朗特著作的一部分中搭了把手。在他看来,政治算术是培根原理在治理艺术中的应用。他认为,培根"在**人体**和**国家**之间……做了明智的**类比**",并且很明显,"要搞政治工作而不了解国家各个部分的匀称、组织和比例关系,那就和老太婆与经验主义的办法一样荒唐了"。③配第总是设法将"各种费解的问题……转化为数量、重量和度量的形式"④,使官方政策得以建立在对土地及其居民的了解上。

通过使用社会数值统计资料,政治算术学派暗示,国家的财富与实力主要取决于其国民的数量与特质。因此,按照该学派的观点,国王经常被要求采取措施,保证其臣民的生命与健康。例如,配第指出,将一个人养育至成年需要大量支出。于是,他告诫国王,花钱应对瘟疫,可能比将同样多的钱投入回报率最高的投资还要值得,因为这将保住蕴藏在生命中的巨额财富,否则它就会消失。不过,他的观点总是站在君主的立场上,认为社会成员通常可以是,并且应该是被随心所欲操控的对象。威廉·配第的哲学,有时显得像他的老东家霍布斯[1]一样独裁专制。配第在他的《爱尔兰论著集》(*Treatise of Ireland*)中说,除几个牧牛人之外,所有的爱尔兰人都应该被强制运送到英国,因为既然英国人的生命价值远远超过爱尔兰人,那么这样做整个王国的财富就会大大增长。

---

① John Graunt, "Observations upon the Bills of Mortality", C. H. Hull, *The Economic Writings of Sir William Petty* (2 vols., Cambridge, 1899), vol. 2, p. 334.

② John Graunt, "Observations upon the Bills of Mortality", C. H. Hull, *The Economic Writings of Sir William Petty* (2 vols., Cambridge, 1899), vol. 2, p. 325. 作者注:莫雷是当时新成立的伦敦皇家学会主席。

③ William Petty, "The Political Anatomy of Ireland", C. H. Hull, *The Economic Writings of Sir William Petty* (2 vols., Cambridge, 1899), vol. 1, p. 129.

④ William Petty, "A Treatise of Ireland", C. H. Hull, *The Economic Writings of Sir William Petty* (2 vols., Cambridge, 1899), vol. 2, p. 554.

配第所想象的政治算术,包括能将数值和计算应用于国民的各种方案。他的爱尔兰人移民计划虽然手段过于强硬,但是在方法论上并非没有特色。配第的计算理性主义的另一个例证,是他仅靠土地面积就算出了英国公民所需的神职人员数量。配第的思想继承者们将政治算术变成了一门更为严肃的学科,它与人口记录的经验性收集,特别是与为了计算保费及年金利率的寿命表的准备密切相关。

即便如此,政治算术还是引发了巨大的讨论热潮,因为18世纪的重商主义者往往将人口规模或人口增长率看作判断国家是否繁荣昌盛、治理良好的最高标准。此时,孟德斯鸠(Montesquieu)在古代人口和现代人口之间,进行了一个可疑的比较,来肯定古代道德的优越性。[1]大卫·休谟(David Hume)认为,在考虑到气候和地理因素之后,"很自然地就会期望,在最幸福、最具美德、制度最高明的地方,也生活着最多的人"[2]。让-雅克·卢梭(Rousseau)认为,设置人口普查员是一个天才的政策设计:"在一个政府……治下公民人数繁殖和增长最多的,就确实无疑是最好的政府。那个在它的治下人民减少而凋零的政府,就是最坏的政府。演算专家们! 这就交给你们来计算,来衡量,来比较吧。"[3]

演算专家们一直在主动努力寻找测量人口规模的可靠方法,并判断人口是在扩张还是收缩。卢梭的想法看似明白无误,但实际上却不清不楚,因为当时根本就没有人口普查数据,出生登记也不完善,而且很难确定一个社群的总人口与年出生人口之比,是否能呈现出整个国家的发展情况。更切合实际的做法是把等式反过来,引用社会繁荣或普遍幸福感变化的证据,来证明人口一定在增加或减少。可见,早在马尔萨斯撰写他的名著之前,人口增长的社会和政治决定因素就已经开始被广泛讨论。[4]

---

[1] 参见 Montesquieu, *Persian Letters* (New York, 1973)的第202页及以后内容,以及 *De l'esprit des lois* (Paris, 1746) 第二卷的第一章。

[2] David Hume, "Of the Populousness of Ancient Nations", *Essays: Moral, Political and Literary* (Oxford, 1964), p. 385.

[3] Rousseau, "The Social Contract", Ernest Barker, *Social Contract* (Oxford, 1960), pp. 167-307.

[4] 作为英格兰人口讨论的一个例子,可参见 David V. Glass, *Numbering the People: The Great Demography Controversy* (London, 1978)。

同样,这些假定能影响人口的因素,也被拿来攻击习俗、信仰等国势学 *21* 家所描述的现状。城市的死亡人口几乎总是高于出生人口,这显然是由城市所孕育的懒惰、奢侈和腐败所导致的,它们实在是让政治算术学家如鲠在喉。托马斯·肖特(Thomas Short)称城市为"骷髅地"(Golgothas),或人类的浪费和毁灭之地,那里往往很少增产且最不富庶。[1]英国和德国的学者几乎无一例外都表达过对天主教会的谴责,因为他们认为,教会所坚持的独身主义,是传闻中天主教世界人口减少的罪魁祸首。罗伯特·华莱士(Robert Wallace)写道:"这一迷信且危险的信条,最应该被认为是魔鬼给出的教义,它们是人类的诱惑者和毁灭者,并且和教会的想法不谋而合。教会有着巨大的野心,为了扩张、掌握和维护篡夺、暴政的权力,使人们惨遭如此浩劫。"[2]酗酒、赌博、滥交和糟糕的空气,也同样被政治算术学派谴责为道德问题。

18世纪最具抱负的人口研究著作,是约翰·彼得·聚斯米利希(Johann Peter Süssmilch)关于"神圣秩序"(divine order)的专著。该书在1740年到1798年间历经四版,在最后一次印刷时,已经厚达三卷。聚斯米利希认为,上帝的第一条诫命是"滋生繁多"(《圣经·创世记1》),尽管他也承认,人类创造出的最有利于人口增长的制度——婚姻,"与其说是信仰的、基督教的果实,不如说是自然和理性的必然结果。但是,让基督教承认、教导并祝福大自然的律令不也是很好的吗"[3]。既然这个"地球上的第一基本定律",是建立在人类福利和国家繁荣的基础上的,那么每一种制度、信仰、习俗和法律,都可以用一个普遍的标准来衡量——它是促进还是抑制了人口的增长。通 *22* 过比较过去和现在不同国家可获得的资料,聚斯米利希试图找出最能鼓励人口增长的条件。他广泛使用了教区的记录,并和社会各界保持着通信往来。他还大量引用了以下学者的著作:法国的安托万·德帕西厄(Antoine

---

[1] Thomas Short, *A Complete History of the Increase and Decrease of Mankind* (London, 1767), p. i.

[2] Robert Wallace, "A Dissertation on the Numbers of Mankind in Antient and Modern Times", *Which the Superior Populousness of Antiquity Is Maintained* (Edinburgh, 1753), p. 87.

[3] Johann Peter Süssmilch, *Die göttliche Ordnung in den Veränderungen des menschlichen Geschlechts aus der Geburt, dem Tode und der Fortpflanzung desselben erwiesen* (2 vols., 3rd ed., Berlin, 1765), vol. 1, p. 446. 关于聚斯米利希,参见 Jacqueline Hecht, "Johann Peter Süssmilch: Point alpha ou omega de la science démographique naive", *Annales de démographie historique*, 1979, pp. 101–134.

Deparcieux），瑞典的佩尔·威廉·沃根丁（Pehr Wilhelm Wargentin），荷兰的尼古拉斯·斯特吕克（Nicolas Struyck）、威廉·克塞布姆（Willem Kersseboom）和伯纳德·尼温特伊特（Bernard Nieuwentyt），以及英国的格朗特、配第、格雷戈里·金（Gregory King）和约翰·阿布斯诺特（John Arbuthnot）。

　　聚斯米利希的神学催生了一个建立在同样的人口最大化渴望上的伦理和政治准则体系。作为一名新教牧师，他自然谴责酗酒、赌博、卖淫、城市生活、独身主义等。他同样不赞成战争。他解释说，战争只是简单地由国王的认知错误导致的。在这位生育圣使的眼中，君主之所以相互觊觎对方的领土，显然是出于为自己的国家争取新的臣民这一普遍欲望。聚斯米利希进而认为，战争中所有令人不快的行军、射击，这些他曾直接经历过的东西，都是不必要的，因为通过消除人口自然增长的障碍，就可以直接达到这一目的。一对夫妇在几千年的时间里可以繁衍几亿后代，这种几何增长原则确保了忠实臣民数量增长的速度，将远远超过使用战争征服新臣民的方法所能做出的最乐观的估计。

　　王室的成功取决于在国民的家庭领域的成就，而聚斯米利希为此准备了许多建议。虽然聚斯米利希也提出了一些降低死亡率的措施，如国家对医疗的支持、集体接种天花疫苗等，但他的活动主要集中在供给侧。他评论说，税率必须维持在较低水平，因为沉重的赋税将剥夺人们步入婚姻生活所必需的生活资料，从而使国家的真正财富减少而非增加。土地分配是至关重要的，因为许多夫妇由于缺乏耕地，不得不将婚期推迟好几年。罗马帝国是由勤劳节俭的农民建立起来的，他们居住在足以养家糊口的土地上。通过模仿古罗马人，消除诸如长子继承制等阻碍土地细分的制度，现代国家可以取得同样伟大的成就。在此之上最重要的是，捍卫"**自由和财产**"（Liberty and Property）——聚斯米利希用的是英文单词——这对促进婚姻和阻止人口流失都有好处。因为忽视了这两个价值，波兰和西班牙的人口减少了；而通过支持它们，德国"可能成为最幸福、最强大、最富有的国家"[①]。

---

① Johann Peter Süssmilch, *Die göttliche Ordnung in den Veränderungen des menschlichen Geschlechts aus der Geburt, dem Tode und der Fortpflanzung desselben erwiesen* (2 vols., 3rd ed., Berlin, 1765), vol. 1, p. 557.

和大多数研究政治算术的学者一样,聚斯米利希赞成扩大政府机构来调查人口统计数字,更重要的是,根据这些数字有所行动。欧洲大陆的政治算术,不仅仅是启蒙运动和科学发展的产物,而且还是开明专制的产物,甚至在英国,这种知识也要为国王和议会服务。赞成使用大量的统计信息,就是在赞成集权化和官僚化。正如杜尔哥(Turgot)和孔多塞所热切期盼的那样,这可以绕过教会和贵族等保守的、特殊的利益集团。[①]统计信息的合理化使用,当然最终也可以使广大公民私人受益,但最直接的作用是巩固国家权力。

### 变化社会中的数值

大约在19世纪初,英国和法国的统计学取代了政治算术。术语的转变伴随着概念的微妙变化,这一变化可被视为统计思想史上最重要的变化之一。在"统计学"这一名称的背景中,几乎没有预示这种发展的东西,但是,当把这些变化放在它们的语境中加以考虑时,就会发现它们具有某种程度的统一性。

"统计学"源自德语"Statistik",最早在1749年被哥廷根大学教授戈特弗里德·阿亨瓦尔(Gottfried Achenwall)作为名词使用。这可能是一个不幸的选择,因为它的词源含糊不清,并且其定义仍是一个多世纪以来一直争论的问题。甚至连它应适用于何种主题也存在争议,不过19世纪初期的大多数学者认为,它本质上是一门与国家有关的科学,或者至少与那些应该由国势学家知道的事物有关。统计学最初与收集或分析数值的关系,并不比它与地理或历史的关系更近。它的任务只是描述,而数值表只在研究者认为数值可以被获取,并且适用于课题内容时有所涉及。

这个德语词语的英语化形式,是由约翰·辛克莱(John Sinclair)提出的。辛克莱是一个教士长老会的核心人物,在众多牧师的集体努力之下,他所著

24

---

[①] 参见 Keith Baker, *Condorcet: From Natural Philosophy to Social Mathematics* (Chicago, 1975), chaps. 4 and 5。18世纪后期,在英国以理查德·普莱斯(Richard Price)为首的政治算术学派试图将他们的学说与共和主义而非官僚极权主义联系起来,参见 Peter Buck, "People Who Counted: Political Arithmetic in the Eighteenth Century", *Isis*, 73 (1982), pp. 28–45。

的 21 卷汇编——《苏格兰统计情况》(*Statistical Account of Scotland*)才得以出版。辛克莱声称,他故意采用这个外国单词,以引起人们对其研究的注意。他还试图将他的工作与德国人的区分开来,后者处理的是"政治力量"和"国是",而他的调查旨在确定一个国家居民"所享有的幸福程度,并明确进一步改善生活的措施"①。很难确定人们到底何时开始把统计学看作一门专门根据数值信息定义的科学,因为在统计调查和统计核算的传统下,数值的地位一定会持续不断地越来越重要。在英国,这种转变似乎是在潜意识间发生的,几乎没有引起任何争论。1829 年,比塞特·霍金斯(Bisset Hawkins)把医学统计学定义为"数值的使用,为了说明人类在健康和疾病方面的自然历史",并在政治经济学中指出了一个类似统计学的领域,很可能这时他还并不是特别领先于时代。②

"统计学"的法语形式"Statistique"的道路尽管时断时续,但一直朝着同一方向发展。早在 1820 年,当夏尔·迪潘(Charles Dupin)在巴黎的《百科全书》(*Revue encyclopédique*)期刊上,为统计学作为数学而非道德与政治科学的地位辩护时,法国就已经将统计学等同于社会的数值信息。同样,自 1821 年起,有关巴黎和塞纳省人口数目和死亡率的官方大汇编,以《统计研究》(*Recherches Statistiques*)为题陆续出版。然而,日内瓦学者编纂的《世界百科全书》(*Bibliotèque universelle*)一直认为统计学是纯粹描述性的。直到 1828 年之后,该文献又突然赋予了统计学一个专门的数学定义。晚至 1830 年,巴黎的《科学与工业界公报》(*Bulletin universel des sciences et de l'industrie*)还将统计学与地理学混为一谈,在该期刊上,两者的文献很难区分开来。无论如何,到了 19 世纪 20 年代末,使用数值统计资料进行社会研究的传统,已经在法国和比利时建立起来,并声称自己是"统计学"(statistics);在这种情况下,德国人对统计学的定义虽然悠久,但是可能并不显得更重要。

---

① 参见 Sir John Sinclair, *The Statistical Account of Scotland* (21 vols., Edinburgh, 1791-1799), vol. 20, p. xiii. 对此,奥古斯特·路德维希·施勒策回应说,如果辛克莱认为统计学只涉及政治权力,那他肯定从来没有看过任何一本统计手册,参见 *Theorie der Statistik nebst Ieen über das Studium der Politik überhaupt* (Göttingen, 1804), p. 17.《牛津英语词典》是我引用辛克莱的出处,它同时告诉我们,这个词在一部德译英作品中有更早的用法。

② Bisset Hawkins, *Elements of Medical Statistics* (London, 1829), p. 2.

从德国继承而来的作为定量科学的统计学传统,涵盖了极为广泛的研究范围,从地理、气候一直延伸到政府、经济、农业、贸易、人口和文化。从广义上讲,它还包括医学以及人类自然历史中的事物。国势学家对各种机构进行了调查,记录下贸易、工业发展、就业、贫困、教育、卫生以及犯罪的情况。尽管他们的科学研究,接近于英国、法国、普鲁士、美国和其他国家在19世纪初开始的人口普查,但这已远远超出了政治算术学派——除了威廉·配第本人外——所曾设想过的研究领域。

正如我暗示的那样,政治算术与官僚集权有关。数值可以提供控制人口尤其是增加税收等至关重要的信息。然而更为根本的是,掌握全部数据的理想,是除了国王以外很少有人会考虑的,至少在旧制度统治下的欧洲大陆是这样。而且君主们通常把人口统计数字视为十分敏感的国家机密,坚决不能公之于众。但至少,统计学家都暗含着平等对待国民的倾向。如果存在于国民们人格中的普遍性,并不比其差异性更加重要,那么人口调查就毫无意义了。旧制度看到的不是独立存在的个体,而是有产的人。他们拥有的不是个人的权利,而是由历史赋予的、与自然相一致的、与生俱来的一系列特权。社会的差异过于复杂,仅凭普查无法说明真正重要的东西。

在18世纪的英国,这种旧的等级制度已经在相当大的程度上被打破,法国大革命也在欧洲大陆上起到了摧毁这种旧制度的作用,尽管在整个19世纪,社会异质性仍然是统计学家们,尤其是德国统计学家们的主要关注点。毫无疑问,王权专制并不总是这些变化的受益者;也许官僚集权有所受益,但它的胜利模棱两可。如果说,统计资料为官僚机构提供了一些对权力来说不可或缺的知识,那么,它们也暗示了这种权力的某些局限性。现在看来,这种局限性不是修改宪法就可以改善的,而是独立于任何具体的政府组织形式而存在的。因为在数字调查范围扩大后,统计学的研究客体,也随即发生了重大的概念变化。

这种变化可以体现在法国大革命之前与之后两位最杰出的人口学家——聚斯米利希和马尔萨斯的比较上。聚斯米利希总是预设,每一位领袖的最高目标是促进人口增长;他在著作中致力于提供促进国家人口增长的方针。而马尔萨斯认为,过高的人口密度,是导致一个国家内部贫穷与疾病的主要原因。他转而强调,人口定律可能会限制政府和社会的可能组织形式。人口不再是一种可以由开明的领导人随意操纵的软柿子,而是站在政治范畴之外的、顽固不化的习俗和自然定律的产物。政府无法支配社会,因为其本身亦受到社会的约束。

马尔萨斯认为,人口原理与孔多塞或葛德文(Godwin)的乌托邦相矛盾,因为它表明:"虽然人类制度似乎是,且常常确实是造成人类许多灾祸的明显和突出的原因,但是实际上,与那些来自自然规律和人类激情的根深蒂固的邪恶因素相比,它们实在是轻微而粗浅的。"[1]马尔萨斯认为,社会是一种变化的、潜在的不稳定力量,是动乱的初始源头,威胁热爱自由的英国人不得不在革命和镇压之间做出选择。为了避免这种情况,马尔萨斯认为,必须进行公共教育,使人民了解造成他们苦难的真正原因。政治领导并不是不重要的,因为一个明智的政府也许能在这片不安的海洋上开辟一条安全的航线。然而,这需要熟悉政治经济学原理,也需要"对人类社会内部结构有清晰的洞察力"[2],这可以从统计调查中得到。

27

马尔萨斯的观点,是因法国大革命而涌现的一系列态度的典型代表,这些态度奠定了19世纪中期统计运动的基础。正如斯特凡·柯里尼(Stefan Collini)所说,历史主义和19世纪初期对社会科学的新的关注,都是欧洲思想家和学者中的一种新思想的体现——"社会"实际上是比"国家"和"政府"都更为根本的存在维度。[3]统计学是最早可能成为社会科学的学科之一,在英法被认为是政治经济学的经验研究分支。虽然经济行为的定律,可以通过演绎的方式发现,但正是它的普适性,使得它不适用于把握一个国家在给定历史发展状态下的特定情况。从一开始,数值统计的主要任务之一,就是填补这一空白,详细记录经济发展和社会演变的进程。[4]

因而,一种新的社会力量和活力激发了统计学的"热情时代"。社会既

---

[1] Thomas Robert Malthus, *An Essay on the Principle of Population* (2 vols., 6th ed., London, 1826), vol. 2, p. 20.

[2] Thomas Robert Malthus, *An Essay on the Principle of Population* (2 vols., 6th ed., London, 1826), vol. 1, p. 20.

[3] Stefan Collini, "Political Theory and the Science of Society in Victorian Britain", *Historical Journal*, 23 (1980), pp. 203-231.

[4] Victor L. Hilts, "*Aliis Exterendum*, or, the Origins of the Statistical Society of London", *Isis*, 69 (1978), pp. 21-43.

被视为进步之源,这是工业发展之初所揭示的,也被视为不安定的原因,这以法国大革命和英法社会的持续动乱为代表。然而,统计调查并不是社会学宿命论的产物,而是在改进社会的审慎希望中生出的。统计学有一种自由主义的气质,反映出对改革的追求,这种气质和追求不是在维也纳会议之后的镇压革命时期兴盛的,而是在19世纪20年代末尤其是30年代发展起来的。国势学派试图使用新的专业方法来解决社会问题,用细致而确定的经验观察来取代各利益集团相互矛盾的先入之见。他们相信,事实可以带来有秩序的统治,以取代政治的混乱。①

在19世纪初期,统计热情的起源——如果不是顶峰——也可以追溯到法国。在拿破仑执政府和第一帝国时期,人们对获取信息的热情就已经抬头了,尽管早期的国家统计局的野心远远超过其能够控制的资源,以至于它通过各级行政官员进行的异常详尽的人口普查,事实上几乎没有得到任何有用的数据。②最后,不耐烦的拿破仑在1811年撤销了该局,正如他在1803年查封了法兰西研究院的第二学部——道德与政治学部。君主制复辟之后,也对重建它根本没有任何想法。不过,在路易十八和查理十世时期,对1820年前后开始蓬勃发展的私人统计研究而言,收集和发表的各种记录起到了一定的帮助作用。这些记录包括最早的1819年有关新兵健康状况的记载,始于1827年的全面的法国司法统计,以及在夏布罗尔(Chabrol)和物理学家约瑟夫·傅立叶的领导下,于1821年、1823年、1826年、1829年出版的开创性的《关于巴黎市和塞纳省的统计研究》(*Recherches statistiques sur la ville de Paris et le département de la Seine*)。最终,七月王朝重新组织了人口普查,此次普查由亚历山大·莫罗·德·约内(Alexandre Moreau de Jonnès)主管。

法国统计运动的倡导者,主要是为公共卫生谋发展的人,特别是拿破仑战争结束后退役的陆军外科医生。最初,这些人主要关注孤儿院、监狱和救

① William Cooke Taylor, "Objects and Advantages of Statistical Science", *Foreign Quarterly Review*, 16 (1835), 205-229. [我所引用的匿名评述参见 Walter Houghton, *Wellesley Index to Victorian Periodicals 1824-1900* (4 vols., Toronto, 1966).] "热情时代"(era of enthusiasm)这个词的使用参见 Harald Westergaard, *Contributions to the History of Statistics* (London, 1932)。

② 参见 Marie-Noëlle Bourguet, "Décrire, Compter, Calculer: The Debate over Statistics During the Napoleonic Period", *Prob Rev*。

济院的福利,通常是为了改革存在问题的相关机构。不久之后,旧的描述性的统计学也开始变得更具公益精神。其中,最值得注意和最具影响力的,是一场使用统计学推进公共教育的运动。"教育能减少犯罪"的主张被赋予了神奇的意义,通过对数值记录的无耻篡改或错误解释,它业已得到一遍又一遍的证明。在没有任何关于人口识字率的普遍信息的情况下,A. 塔扬迪耶(A. Taillandier)得出结论说:"这些关于囚犯所受教育的研究的最终结果显示,他们每100人中有67人既不会读也不会写。还有什么更有力的证据能证明,无知和懒惰一样,是万恶之母呢?"[1]同样,法国统计学会将"最佳调查报告奖"颁给了一篇有关废除死刑的报告,并说道:"在废除了死刑的地方,犯罪行为减少了,通过获得这一统计上的确定性,我们可以更好地认识到,温和的立法才更加具有哲学意义,能够对人类的犯罪行为施加更大的影响。"[2]这番言论体现出,统计学家们有多不愿意承认自己的先入为主。

偶尔,数值结果与研究者的先见,会出现直接矛盾的情况,这就使得统计学家在解释他们的数值时,不得不保持一定程度的灵活性。但总体上,学者们倾向于把他们的发现,作为它似乎支持的命题的直接的、无可争辩的证据。阿方斯·德·康多勒(Alphonse De Candolle)认为,统计"已经变成了一个取之不尽的双刃剑的武器库,它能用到一切事物上,而且它的数值形式让许多人哑口无言"[3]。不那么愤世嫉俗,但也许有些神秘色彩的是,莫罗·德·约内声称,统计数字"就像古埃及的象形文字,历史的教训、智慧的训诫和未来的秘密都隐藏在那神秘的字符中。它们揭示了帝国力量的增长、艺术和文明的进步,以及欧洲社会的进步或倒退"[4]。"(统计学)没有能力去采取行动,"他写道,"但它有能力去揭示,令人高兴的是,在我们这个时代,这两者

---

[1] A. Taillandier, "Review of Compte général de l'administration de la justice criminelle en France", *Revue encyclopédique*, 40 (1828), pp. 600–612.

[2] Société Française de statistique universelle, "Introduction", *Bulletin de la société française de statistique universelle*, 1 (1830–1831), p. 33.

[3] Alphonse De Candolle, "Considérations sur la statistique des délits", *Bibliothèque universelle des sciences, belles-lettres et arts*, 104 (1830), *Littérature*, pp. 159–186.

[4] Alexandre Moreau de Jonnès, "Tableau statistique du commerce de la France", *Revue encyclopédique*, 31 (1826), pp. 27–46.

实际上是一样的。"①

1830年,有人曾尝试建立法国统计学会,但结果并不令人满意,因此,法国的主要统计学者们没有专门的学会和刊物。当法兰西学院在七月王朝时期复建时,统计学家在道德与政治学部中具有举足轻重的地位,但他们的主要文献可能是《公共卫生年鉴》(Annales d'hygiène publique)。甚至在涉及纯社会问题时,他们的思想也保留着医学的底蕴。1829年,该刊编辑们在简章中指出,公共卫生"可以通过与哲学和法制的联系,对人类精神的进步产生重大影响。它应该启发伦理学家,并与他们合作,尽量完成减少社会弊病的数量这个崇高的任务。匮乏和犯罪是社会的顽疾,应该努力减少"②。统计数字不仅可以让人了解死亡和疾病的主要原因,还可以让人了解犯罪和革命的原因——前者是人类精神中的慢性病,后者则是流行病。

在米歇尔·佩罗(Michelle Perrot)看来,法国的道德统计学家们,属于试图用数值来控制各种异常行为的资产阶级改革者。类似地,威廉·科尔曼(William Coleman)认为,这些计算专家,试图用基于社会科学的、"从确定的社会事实和严格推导出的真理,作为牢靠的内核,取代长期以来舆论、党派利益和政治混乱的统治"。虽然公共卫生事业的进步与圣西门运动[2]之间存在某种联系,但这些学者大多不赞成国家对私人事务进行深入而系统的干预。也许正如科尔曼所暗示的那样,他们对古典政治经济学的盲从,就像诊断专家没能开出良方。然而,对我们的研究目的更有意义的是,这些1815—1848年的社会医学调查,体现了"抓住社会结构和变化之间的复杂关系的最早的、系统的努力",包括在19世纪早期法国社会发展如此混乱的表象之下,

30

---

① Jonnès, *Eléments de statistique* (2nd ed., Paris, 1856). p. 5.

② Anon, "Prospectus", *Annales d'hygiène publique et de médecine légale*, 1 (1829), pp. v-vii. 也可参见 Bernard-Pierre Lécuyer, "Médecins et observateurs sociaux: Les Annales d'hygiene publique et de médecine légale, 1820-1850", *Pour une histoire de la statistique (Journées d'étude sur l'histoire de la statistique)*, vol. 1, *Contributions* (Patis, 1977), pp. 445-476; Bernard-Pierre Lécuyer, "Démographie, statistique, et hygiène publique sous la monarchie censitaire", *Annales de démographie historique*, 1977, pp. 215-245; René Le Mée, "La statistique démographique officielle de 1815 à 1870 en France", *Annales de démographie historique*, 2 (1979), pp. 251-279. 关于组建一个法国统计学会的尝试,参见1830年1月1日、1831年1月21日维莱姆致凯特勒的信,出自 cahier 2560, *AQP*。法国统计学会几乎没有得到法国任何主要统计学家的资助。

寻找到底存在着哪些规律。①

　　理解当代社会变革、为社会政策建立科学基础的愿望，也是维多利亚时代早期英国统计运动的核心。自1801年起，为了满足拿破仑战争的旺盛人力需求，政府开始人口普查。但即使在那时，前4次每10年一次的人口普查的成果，也很难让人满意，因为信息收集的主要渠道是圣公会系统，并且其负责人——一位名叫约翰·里克曼（John Rickmann）的保守党人，拒绝采集政治经济学家想要的职业信息。19世纪30年代，官方与私人统计活动的发展都出现了一次大爆发。当时，在乔治·理查森·波特（George Richardson Porter）的领导下，英国贸易部（the Board of Trade）设立了一个统计局（1832年），而后政府又成立了总登记局（General Register Office）来收集重要的统计资料（1837年），并监督从1841年开始的大规模人口普查。当时正处于"英国状况问题"[3]时期，人们对社会混乱和革命的可能性颇为担忧，但也是在这一时期，保守的镇压策略在很大程度上遭到了抵制。对社会数据的研究不仅体现了恐惧，也体现了希望。恰恰是在1832年《改革法案》、1833年《工厂法案》和1834年《新济贫法》出台的那个动荡年代，统计学成了英国"当代最受欢迎的研究"②，这并非偶然。

　　私人统计学会是展现英国人的统计热情的典型机构。英国国势学家们创立的第一个重要协会，是英国科学促进会（the British Association for the Advancement of Science）统计分会。该分会成立于1833年，仅在总会成立之后2年。虽然这一动作并未受到普遍欢迎，但这标志着科学促进会进军社会科学领域。创建该分会的想法，源于马尔萨斯及凯特勒在剑桥大学出席的一次会议。这个想法尤其受到了凯特勒的刺激，他当时介绍了自己在犯罪和自杀方面的统计工作。正如劳伦斯·戈德曼（Lawrence Goldmann）最近

---

① William Coleman, *Death Is a Social Disease: Public Health and Political Economy in Early Industrial France* (Madison, 1982), p. 275; 亦可参见 Michelle Perrot, "Premières mesures des faits sociaux les debuts de la statistique criminelle en France (1790–1830)", *Pour une histoire*, pp. 125–137; Ian Hacking, "Biopower and the Avalanche of Numbers", *Humanities in Society*, 5 (1982), pp. 279–295。

② Herman Merivale, "Moral and Intellectual Statistics of France", *Edinburgh Review*, 69 (1839), pp. 49–74. 关于政治经济学家对这种政治动荡的反映，参见 Maxine Berg, *The Machinery Question and the Making of Political Economy* (Cambridge, 1980)。

指出的,该分会的创立最初受到理查德·琼斯(Richard Jones)的启发,他反对李嘉图经济学的抽象、演绎风格,并试图用一种历史的和经验的方法取而代之。为了使这个新分会得到批准成立,查尔斯·巴贝奇(Charles Babbage)还打破了科学促进会规章制度的限制。

统计分会的创始成员,特别是马尔萨斯、巴贝奇、理查德·琼斯、W. H. 赛克斯(W. H. Sykes)以及 J. E. 德林克沃特(J. E. Drinkwater),组成了于1834年3月成立的伦敦统计学会的最初领导核心,后者是今天的皇家统计学会的前身。在此期间,另一群锐意改革的医生和实业家,在曼彻斯特组织了一个统计学会,并且成为类似协会涌现的头10年中,最活跃、最成功的一个。在随后的20年里,许多类似组织——兴许有20个——在许多地区被组建,或公开地初步拟定了成立计划,但很快都解散了。[①]因此,在维多利亚时期,英国的统计学家主要与伦敦和曼彻斯特的统计学会、英国科学促进会的F分会[4]、总登记局和贸易部联系在一起,他们常根据议会的各种指示,将大量数据汇编成蓝皮书。

早期统计学会的活跃成员们对自然科学和数学的真实兴趣,远远不及他们参与政治的热情。曼彻斯特统计学会的主要成员都是实业家,或者至少与工业界有着密切的家庭关系,如詹姆斯·菲利普斯·凯(James Phillips Kay)、威廉·兰登(William Langton)、本杰明·海伍德(Benjamin Heywood)、塞缪尔(Samuel)和 W. R. 格雷格(Samuel and W. R. Greg)。他们所做的,更具体地来讲,就像迈克尔·库伦(Michael Cullen)所说的,是"改善"雇主,试图

---

① 参见 Michael Cullen, *The Statistical Movement in Early Victorian Britain: The Foundations of Empirical Social Research* (Hassocks, 1975); Victor L. Hilts, *Statist and Statistician: Three Studies in the History of 19th-Century English Statistical Thought* (New York, 1981); T. S. Ashton, *Economic and Social Investigations in Manchester 1833–1933: A Centenary History of the Manchester Statistical Society* (London, 1934); David Elesh, "The Manchester Statistical Society: A Case Study of Discontinuity in the History of Empirical Social Research", *Journal of the History of the Behavioral Sciences*, 8 (1972), pp. 280–301, 407–417; Philip Abrams, *The Origins of British Sociology 1834–1914* (Chicago, 1968), chap. 3; Jack Morrell, Arnold Thackray, *Gentlemen of Science: Early Years of the British Association for the Advancement of Science* (Oxford, 1981), pp. 291–296; Lawrence Goldmann, "The Origins of British 'Social Science': Political Economy, Natural Science and Statistics, 1830–1835", *Historical Journal*, 26 (1983), pp. 587–616。

通过让他们善待工人、灌输道德理念以及提供教育机会,来改善尖锐的阶级分化,防止社会动荡。尽管在哲学上,他们反对政府干预,特别是在商业领域的干预,但他们鼓动政府在卫生方面发挥更加积极的作用。而且,他们像同时代的法国人一样,倾向于将公共教育视为解决犯罪和社会动乱的灵丹妙药。

相比于曼彻斯特统计学会,伦敦统计学会或许更加符合迈克尔·库伦对统计工作的描述,即"一场机构改革运动,辉格党向自由党的政治转变"①。然而,在统计运动中,积极主动的研究人员显然比那些政治要人更为激进,后者的作用不过是在学会挂上大名并提供几块钱的资助。学会会员数直线 33 上升,仅在成立一年内便达到了318人,但是很少有人愿意付出必要的艰苦劳动,去编写真正的统计报告。此外,由于它所热衷的领域,定义仍然模糊,边界也不确定,该协会感到有些茫然。创始人中的一位重要的自然科学家——查尔斯·巴贝奇,很快便意兴阑珊。威廉·惠威尔(William Whewell)是琼斯的亲密朋友,常常与之通信,他曾邀请凯特勒参加1833年英国科学促进会的会议,他也是伦敦统计学会理事会最早的成员之一。但是到了1834年8月,惠威尔对学会活动的描述就已经很难振奋人心了。他在给凯特勒的信中写道:"你会发现,在你的支持下,于剑桥成立的那个统计分会,已经发展成了伦敦统计学会,并吸纳了我国的许多贵族和议会要员作为会员。我们的委员会已经开过好几次会议了,但是对于研究主题的范围,还是感到有些尴尬。不过,我相信我们一定会有所作为的。"6个月后,惠威尔向凯特勒表示,学会目前正在准备起草一份问卷调查,恳请后者为其曾帮助建立的学会再次伸出援手,为新的调查项目提供建议。他坦白道,已经丧失了兴趣的,正是他自己。②

而后在1835年,伦敦统计学会最活跃的成员之一、贸易部统计局局长乔治·理查森·波特终于设计出一份问卷,并在学会的支持下分发出去。该调查也发给了凯特勒,名叫"比利时教育情况调查",其中的"教育结果"一栏下

---

① Michael Cullen, *The Statistical Movement in Early Victorian Britain: The Foundations of Empirical Social Research* (Hassocks, 1975), p. 82.

② 参见1834年8月4日、1835年2月3日惠威尔致凯特勒的信,出自 cahier 2644, *AQP*。该信的复印件可见于 Isaac Todhunter, *William Whewell* (2 vols., London, 1876), p. 185.

设置了一系列问题,从中可以看出这个新兴组织在社会科学层面的精细度:

1. 教育覆盖面的扩大对人们的品行有何影响?它使人们更有秩序、更节制、更容易满足,还是相反?

2. 各省侵犯财产的犯罪和侵犯人身的犯罪,分别涉及其总财产和总人口的比例是多少?

3. 受教育群体的犯罪比例是多少?相比未受过教育的人,受过教育的人更容易获得减刑,还是相反?

4. 在教育情况良好的省份,侵犯财产的犯罪和侵犯人身的犯罪,两者中哪一种类型更为普遍?

5. 在1833年或1834年的罪犯登记表中,有多大比例的犯人,尤其是犯罪次数较多的那类犯人,能够阅读与写作?

6. 报纸、宣传册等等的增发,说明了教育的扩散对政治造成了怎样的影响?

7. 去年出版的书籍数目是多少?如何分类?[①]

这种问卷很难在不带偏见的情况下回答。在随后的致信中,波特透露了自己的一些想法。他认为,这种程度的犯罪状况"让我们这个国家蒙羞,是大多数人所处的可悲无知的状态所造成的"。他解释说,导致这种状态的原因是国教,因为如果人们得到教化,那么教会的权力和财富会减少。因此,教会的领袖们试图将教育权掌握在自己手中,并在传授知识时"掺杂自己的宗教偏见,以尽可能地减少对自己的伤害"[②]。

在任何意义上,波特对英国国教的义愤填膺,都不能定义整个统计运动的属性,但它确实表现出,在多大程度上,统计事实被拿来支持特定的社会目的和政治方案。库伦认为,统计研究的主要目的是,把社会弊病归咎于其

---

① 1835年5月28日波特致凯特勒的信,出自 cahier 2041, *AQP*。
② 1838年6月4日波特致凯特勒的信,出自 cahier 2041, *AQP*。

他原因，比如酒精、道德沦丧和城市的扩大，从而为工业进步做辩护。①不过可取的是，我们至少可以看到，那些热衷于统计工作的人有着坚定的承诺。无知和肮脏被认为是造成疾病流行、犯罪猖獗和国内工人动乱的原因。这就意味着，统计调查将为迫在眉睫的改革提供经验证据的支持。因此，皇家康沃尔理工学会在1837年发表了如下声明：

> 如果同意"对人类的真正研究就在于人本身"，统计信息的价值就不会再遭到怀疑。它激发了慈善家的仁爱之心，让他们的精力有的放矢，起到作用；它向立法者提供材料，以便找到补救社会失序的手段，为增强社会幸福感做计划；尽管它的结论往往只是对总体结果的一个简单的数值陈述，但是其中蕴含着牢不可破的事实的权威，而这往往比煞费苦心的道德说教更能说明问题。从它以这种方式提供的信息来看，毫无疑问，公众已经以前所未有的力度，关注着大都市和许多大城镇中，贫困阶层的身体和道德的堕落。以这种方式发出的呼吁，已得到了崇高的响应；干巴巴的事实得到了阐释；人们已采取了一些手段，把带有教育、秩序和美德的祝福，送进那些黑暗的角落。在那里，无知、邪恶和暴政，曾经在无法穿透的黑暗中，让自己似乎坚不可摧。②

尽管英国的国势学家们为城市的肮脏与犯罪问题所困扰，并志愿献身于公共卫生和教育事业，但他们并不仅仅满足于成为社会活动家和改革者。他们想要让自己的事业，成为一门社会经验研究的科学，可以通向科学的确定性，并能得到相应的尊重。然而，他们为自己的活动的科学性所做的哲学辩护是有问题的。因此，伦敦统计学会得到了一些恶名。一开始，英国科学

---

① Michael Cullen, *The Statistical Movement in Early Victorian Britain: The Foundations of Empirical Social Research* (Hassocks, 1975), p. 144. 伯纳德-皮埃尔·勒屈耶（Bernard-Pierre Lécuyer）表示在法国也同样如此，参见"Les maladies professionnelles dans les Anndles d'hygiène publique et de médecine légale, ou une première approche de l'usure au travail", *Le Mouvement Social*, 124 (1983), pp. 45–69。

② The Royal Cornwall Polytechnic Society, "Extract from the Annual Report of the Royal Cornwall Polytechnic Society for the Year 1837", *JRSS*, 1 (1838), p. 190.

促进会统计分会就饱受质疑，因为人们担心，对人类事务的调查会引起争议，甚至可能导致更高层次的组织的解体。①不过，国势学派采取的立场是，他们只关注事实，一方面这是一种防御性策略，另一方面也是为了使利益相关的政治领袖放心，他们对统计学的支持绝不会使其难堪。伦敦统计学会理事会颁布了下列总则：

> 统计科学不同于政治经济学，因为尽管看起来两者有同样的目的，但统计学不讨论原因，也不讨论可能的结果；它只寻求收集、整理和比较那类本身就可以构成有关社会和政治治理的正确结论的基础的事实……
>
> 统计学和其他科学一样，力求从既有事实出发，推导出某些人类感兴趣并影响着人类的一般原理；它使用与其他科学相同的工具进行比较、计算和演绎，但它的特殊之处在于，它完全依靠事实的积累和比较，而不容许任何臆测。②

这个新学会的座右铭是"*Aliis exterendum*"——"让别人讨论去吧"——理事会宣布，该学会行事的"首要和最基本的准则"是"排除一切意见"。③一直到1861年，威廉·法尔还在给弗洛伦斯·南丁格尔（Florence Nightingale）的信中写道："我们不需要印象，我们只想要事实。……我必须再次重申，我反对将因果关系与统计学混为一谈。……统计学家做的事情与因果关系毫不相关，否则以目前的知识水平，他几乎肯定会错。……你抱怨说你的报告可能

①作为一例可参见1834年关于亚当·塞奇威克（Adam Sedgwick）的演讲的报告，见 Adam Sedgwick, "Proceedings of the British Association", *The Edinburgh New Philosophical Journal*, 17 (1834), pp. 369-374, 这被认为是对统计学也许还有颅相学的批评。也可参见 Adam Sedgwick, "Phrenology and the British Association", *The Phrenological Journal and Miscellany*, 9 (1834-1836), pp. 120-126; Roger Cooter, *The Cultural Meaning of Popular Science: Phrenology and the Organization of Consent in Nineteenth-Century Britain* (Cambridge, 1984), 尤其是第三章。

② The London Statistical Society, "Introduction", *JRSS*, 1 (1838), p. 1, 3.

③ Michael Cullen, *The Statistical Movement in Early Victorian Britain: The Foundations of Empirical Social Research* (Hassocks, 1975), p. 85.

会枯燥无味。越枯燥越好！在所有读物中,统计资料应该是最枯燥的。"①

统计学"最基本的准则"在实践中当然被忽视了。统计调查——对学校出勤率,以及死亡率与卫生条件关系的研究,或者对工厂和社区的饮食情况的调查——需要的时间和精力,比忙碌的人们愿意投入的要多,除非他们真的对研究结果感兴趣。在约翰·埃勒(John Eyler)的描述中,希望探索出一种"管理科学,其原理属于超越党派纷争的领域,并且源自简单而又无可辩驳的社会事实的积累"②的努力,无疑从一开始就是徒劳的。尽管如此,这些可以为官方政策提供信息的事实,以及对臆测的拒绝,可能会使公众更为支持国势学派的结论。政治哲学家乔治·康沃尔·刘易斯(George Cornewall Lewis)写道:"统计学的本质在于,它的目的是科学,而不是实用;它想要呈现事情真相,而不是为行政或立法的某些直接的目的服务。"同时他认为,对一个务实的政治家来说,统计学是必不可少的:"他的实际判断应该正是……通过比较在考虑范围之内的国民数值资料而形成的。"如若没有数值资料,政策的制定便会信息不足,或者毫无章法。③

美国宪法规定,从1790年开始,人口普查要每10年施行一次。尽管这样周期性的制表制度,比起除瑞典以外的任何国家,都早了一个年代,但美国的统计工作似乎对欧洲影响不大。美国早期统计研究的基调,与英国的几乎没有区别。早在1811年,詹姆斯·米斯(James Mease)就已开始宣扬纯粹的数值事实的优点,而其他人则认为,当这些事实被充分掌握后,意见分歧一定会消失。与英国一样,在19世纪30—40年代,对事物进行大量的汇编流行开来,这些汇编展示了美国取得的举世瞩目的进步,并暗示那些尚未得到充分自由的土地,包括还在施行奴隶制的南方,以及大部分旧大陆上的国家,如果不进行改革,注定会无可救药地落后。远在士兵开战之前,美国南北双方就开始使用数值资料进行争斗,其中最具启发的,也许是1840年人

---

① Marion Diamond, Mervyn Stone, "Nightingale on Quetelet", *JRSS*, 144 (1981), pp. 66-79, 176-213, 332-351.

② John M. Eyler, *Victorian Social Medicine: The Ideas and Methods of William Farr* (Baltimore, 1979), p. 16.

③ George Cornewall Lewis, *A Treatise on the Methods of Observation and Reasoning in Politics* (2 vols., London, 1852), vol. 1, pp. 133-134.

口普查的一些错误引发的争论：在北方自由黑人中，精神病的流行程度真的10倍于在南方黑奴中吗？最后，在美国的国势学家中，犯罪、酗酒以及我们所熟悉的道德统计学的研究对象，受到了它们在英法两国一样的关注。①

没有在其他哪个地方，对统计研究的热情比得上英国。而在西欧国家之外，数值统计学的发展速度也更加缓慢。可以肯定的是，19世纪上半叶，在意大利和德国，同样名称的学科也在蓬勃发展，但那是大学里已经过时的统计学。未能预料到若干年后，统计学在其他国家能变成什么样子，这本身无可厚非，但这种大学统计学缺乏明确界定的范围、目的以及方法。德国统计学家就这些问题进行了无休止的讨论，但是最终仍未能就任何问题达成一致。关于统计学有着各种各样的看法，有的认为它是关于国家的描述性的科学，有的认为它是研究某一特定时间段内任一给定对象状态（Zustand）的科学——这两种解释都符合其拉丁词根"status"，但只有前者才能解读出德语单词"staat"的意思。

在1848年之前，已经有4个德语国家建立了政府统计机构——普鲁士、奥地利、巴伐利亚和符腾堡。然而，德国工业化初期的革命，带来了官方统计活动的大幅增长。国家的统一能够带来更大程度的标准化，而在德国统一之前的10年，几乎德意志地区的每个国家，都设立了统计局。与此同时，在大学里的社会学和政治学家中，数值统计学变得越来越有影响力。正如在法国和英国一样，此时德国对统计学的兴趣的陡增，看来源自对社会变化和不稳定的焦虑的增长。

数值统计学进入德国的大学，原因是它能够与人口普查局的工作相契合，并按照法语和英语的现行用法，进行了重新定义。数值资料的使用，有时得到了在大学工作的统计学家的支持，如施勒策（August Ludwig Schlözer）。他认为，它们特别适合让描述变得简洁而系统。而在19世纪40年代，出身于瑞士科学世家的克里斯托弗·伯努利（Christoph Bernoulli）则倡

① 参见 Patricia Cline Cohen, *A Calculating People: The Spread of Numeracy in Early America* (Chicago, 1982), chaps. 5 and 6。关于美国的统计学情况，亦可参见 James Cassedy, *Demography in Early America: Beginnings of the Statistical Mind* (Cambridge, 1969); Cassedy, *American Medicine and Statistical Thinking, 1800–1860* (Cambridge, 1984).

导一种新的人口科学研究。[1]但是在19世纪早期,数值普遍被认为是次要的,甚至是肤浅的。这是19世纪40年代,德国著名学院派统计学家、图宾根大学教授约翰内斯·法拉蒂(Johannes Fallati)的观点。[2]然而,法拉蒂认为,对于实际的管理和改革而言,数值统计资料必不可少。他倡导以伦敦、曼彻斯特、布里斯托尔和阿尔斯特涌现的统计学会为楷模,发展统计组织,以便收集、组织和传播这些就算粗浅,但仍然有用的统计信息。[3]1847年,冯·雷登男爵(Freiherrn von Reden)建立了统计学会,其成员包括全德国颇具公益心的统计学家。冯·雷登男爵是一位汉诺威官员,有一段时间,他一直致力于解决德国工匠们的问题。他的德国统计协会(Verein für deutsche Statistikt)[4]未能在1848年起义中幸存,但是它所体现的事业被继承了下来。这是因为,能激起人们对统计学兴趣的忧虑,此时只会比之前更多。1848年初,卡尔·克尼斯(Carl Knies)发表了一项捍卫统计学数值方法的研究,因为他认为,在对社会状况的研究方面,该方法具有优越性。他坚信,统计学的描述性方法更适于研究国家。[5]

在德国,对统计学数值的社会科学研究,从来没有像在英法那样受欢迎。这也许是因为,该领域当时仍然处于政府官员和大学教授的控制之下。但是到了1860年,它确实有效取代了描述性统计学。在19世纪余下的那些年,大量统计学著作得以出版,其受众覆盖了普通读者、哲学家、政治学家、社会科学家以及政府官员。统计学的研究与历史经济学(historical economics)、社会政治联盟(Verein für Sozialpolitik)中的"讲坛社会主义者"(academic

---

① 参见 Christoph Bernoulli, *Handbuch der Populationistik, oder der Völker-und Menschenkunde nach statistischer Erhebnissen* (Ulm, 1841)。

② Johannes Fallati, *Einleitung in die Wissenschaft der Statistik* (Tübingen, 1843), pp. 104-106.

③ 参见 Fallati, *Die statistischen Vereine der Englaender* (Tübingen, 1840)。

④ 参见 F. W. Reden, *Zeitschrift des Vereins für deutsche Statistik* (2 vols., 1848-1849); 以及 J. v. W., "Die Errichtung statistischer Büreaus und statistischer Privatvereine", *Deutsche Vierteljahrsschrift*, 9 (1846), No. 3, pp. 95-128。

⑤ C. G. A. Knies, *Die Statistik als selbstandige Wissenschaft* (Kassel, 1850), p. 23. 亦可参见 Eberhard A. Jonák, *Theorie der Statistik in Grundzügen* (Vienna, 1856); Leopold Neumann, "Aphoristische Betrachtungen über Statistik, ihre Behandlung und ihre neueren Leistungen", *Oesterreichische Vierteljahresschrift für Rechts-und Staatswissenschaft*, 3 (1859), pp. 87-114。

socialist)尤为密不可分,其成为理解和解决与德国工业化有关的社会问题的主要工具。

**译者注:**

[1]托马斯·霍布斯(Thomas Hobbes,1588—1679),英国哲学家,代表作《利维坦》,推崇国家极权。配第曾为霍布斯的秘书。

[2]圣西门(Claude-Henri de Rouvroy, Comte de Saint-Simon,1760—1825),空想社会主义者。工业化初期的城市建设面临严重问题,空想社会主义者提出了理想城市的模式,解决城市公共卫生问题是其目标之一。

[3]英国状况问题(the Condition of England Question)是由托马斯·卡莱尔(Thomas Carlyle)提出的词语,用以批评英国工业化进程中日益严重的贫富分化、经济萧条、民众饥寒、工人贫困等社会危机。

[4]F分会代表统计学与经济学分会。

| 第二章|
# 支配混沌的定律

伦敦统计学会理事会坚持认为,赤裸裸的事实既是现代科学的显著特征,也是作为社会科学的统计学的基础。这种想法也许有一些极端,但是,在19世纪,为统计科学辩护时,最常用的说法是它的结果具有绝对的可靠性。19世纪的统计学家们沉迷于各种政府记录,比如人口统计资料,这把他们从推测和猜想中解放了出来——而在20世纪,推测和猜想是政治算术的常规方法。统计学的特殊优点体现在它坚持精确和详尽的列举,排除猜测和相似上。

然而,这种立足纯粹事实的科学甚至在刚刚起步的时候,就饱受质疑。在边沁主义期刊《西敏士评论》(West Minster Review)上,R.约翰·罗伯逊(R. John Robertson)发表了对《伦敦统计学会会刊》(Journal of the Statistical Society of London)第一卷的评论,他嘲讽了理事会所谓"意见应当被排除在统计学之外"的观点,认为这不过是一种虚伪。在他看来,"意见"只不过是表示"思想"的一个词:"现在还不是给思想家们泼冷水的时候,因为思想家的数量还不算太多。"[1]罗伯逊认为,只有在理论的启发之下,才能阐释事实,或者换句话说,理论恰恰是"最强大的头脑所看到的事实"[2];国势学家们浪费了大量精力,来证明那些愚蠢而又自相矛盾的主张,正是因为他们没有分析概念、澄清定义。"仅靠对事实的记录和整理,并不能建立起一门科学,"[3]他写道,"数值统计应该被理解为一种方法,对各种科学事实的整理

---

[1] R. John Robertson, "Transactions of the Statistical Society of London", *Westminster Review*, 29 (1838), pp. 45–72.

[2] R. John Robertson, "Transactions of the Statistical Society of London", *Westminster Review*, 29 (1838), pp. 45–72.

[3] R. John Robertson, "Transactions of the Statistical Society of London", *Westminster Review*, 29 (1838), pp. 45–72.

与陈述的模式。"①

这样看来,统计学虽自我鼓吹为科学,但其实只不过是一种工具,而统 41
计学会会员也不过是一群"建造物理学大厦的采矿工和牵引工"——对此,
维多利亚时期的国势学家们完全不能接受。"统计学,从名字来看,正是由观
察所定义的,而且这种观察在社会科学和伦理学中是必需的,对国势学家也
是必需的;而如果政治家和立法者想要找到制定法律和治理国家的原则,也
必须依赖国势学家们的科学研究。"②然而,国势学派从未一致认为,对意见
的排斥是他们的科学的决定性属性。J. E. 波特洛克(J. E. Portlock,他是短
命的阿尔斯特统计学会的发起人)的观点更具普遍性。他认为,统计学意味
着,以往仅仅建立在推测基础上的社会科学正在走向经验研究阶段,并且很
快就会通过与"天文学、动物学、植物学、化学和地质学"相同的研究流程得
出可靠的定律。③然而,对这一普适的科学流程的本质,波特洛克并未做出
任何详细的描述。在实践中,作为数值科学的统计学的任务,仍然是在有政
治或社会意义的各种研究中,收集并呈现的表列式信息。

### 凯特勒与社会数值规律性

阿道夫·凯特勒是19世纪为数不多的,不只研究事实,还研究社会数值
中的定律的统计学家之一。就像孔德和圣西门一样,他相信社会是一个充
满活力的实体,它所具有的特性和发展趋势,不会因政治家们反复无常的行
为,而产生重大改变或受到阻碍。甚至,凯特勒直接抄袭了孔德发明的"社
会物理学"(physique sociale)一词,作为他的新科学的名称。然而,凯特勒所
提出的方法完全背离了孔德的实证主义路线。孔德坚持认为,科学层次体
系中每一层次都有特殊性,要避免在生理学和社会学科中使用数学甚至数

---

① R. John Robertson, "Transactions of the Statistical Society of London", *Westminster Review*, 29 (1838), pp. 45–72. 对意见的排斥观点并不为人广泛接受,亦可参见托马斯·查尔默斯(Thomas Chalmers)的论文,但是我只看到了其德语译本:*Die kirchliche Armenpflege*, Otto von Gerlach, trans., (Berlin, 1847),第12章。

② Anon, "Sixth Annual Report of the Council of the Statistical Society of London", *JRSS*, 3 (1840), pp. 1–13.

③ J. E. Portlock, "An Address Explanatory of the Objects and Advantages of Statistical Enquiries", *JRSS*, 1 (1838), pp. 316–317.

42 字①;而凯特勒强调,每门科学都可以使用同样一种方法,社会物理学家的研究必须模仿天体物理学。

凯特勒是从天文学进入统计学领域的,他致力于在社会科学中使用数学,这使他的进路与那些心向社会改革的同时代统计学家有所区别。同时,他对社会政策,甚至是某些具体改革的积极性,以及他在广阔的统计学领域的雄心壮志,又将他的工作与同时代的天文学家们,以及忙于计算人口模型和寿命表的数学家们区分开来。在19世纪早期的统计学家中,凯特勒独一无二的地方在于,他能将统计学运动中的典型问题,与天文学家和概率学家的技术工具结合起来。这种结合的特产,就是他在数学层面为统计思想和统计分析所做出的贡献。"社会物理学"的比喻十分精妙,它将凯特勒对科学知识进步的真切关心,与通过科学促进政府、社会进步的愿望结合起来。数学将从社会表面上体现的混乱中找出秩序。

在许多方面,凯特勒的统计学工作都能反映出他整个职业生涯的经历。1796年,在法国占领并吞并奥地利在比利时地区拥有的各省之后不久,凯特勒出生了。他在一所法国公立高中接受教育,并在科学和文化方面终生与法国保持着紧密的联系。尽管在年轻时,他更为热衷于文学和艺术而非数学,但他也注意到了科学在拿破仑帝国中被赋予的崇高地位:

> 众所周知,科学是值得尊敬的,它的力量从未如此强大过:众所周知,那个因军事荣耀而在当时的整个欧洲大陆被传颂的人,决心要让科学也能衬托出他的威望。他提高了最杰出的学者的地位,使之与贵族和帝国最高官员的水平相同。这样的慷慨手笔,让他拥有了和那些学者同样的无上荣光,让能人异士在革命热潮中源源不断地涌现出来。②

法国战败后,荷兰王国获得了统一,并在根特建立了一所大学;凯特勒

---

① 参见 Auguste Comte, "Plan des travaux scientifiques necessaires pour réorganiser la société", *Opuscules de philosophie sociale, 1819–1828* (Paris, 1883), pp. 159–163, p. 172; Auguste Comte, *Cours de philosophie positive* (6 vols., Paris, 1830–1842), vol. 2 (1835), p. 371.

② Adolphe Quetelet, *Histoire des sciences mathématiques chez les Belges* (Brussels, 1864), p. 312.

在那里担任数学教师。不久之后，在数学家、前革命党人 J. G. 加尼尔（J. G. Garnier）的指导下，他完成了博士论文。加尼尔总是喜欢给学生们讲巴黎伟大学者们的故事。几年后，政府批准雄心勃勃的凯特勒在布鲁塞尔建造一处天文台。在那里，他获得了教席，计划建立起一个科学帝国。因此他获准前往巴黎——这个伟大的科学中心"朝圣"，学习足够的天文学知识，以管理拟建的天文台。在巴黎，布瓦尔（Bouvard）在皇家天文台接待了他，并针对科学观察的工具和方法，给予了他必需的指导。其中就包括最小二乘法，当时常常用来还原天文观测值；该方法在拉普拉斯的传统中，与数学概率论的一般领域甚至与人口和死亡率的研究密切相关。等到凯特勒回到布鲁塞尔的时候，他已经对统计学——这门脱胎于天文台的社会科学，产生了浓厚的兴趣。

终其一生，凯特勒都坚持统计学与天文学的相似性。他将自己"统计志趣"的来源，归功于1823年的巴黎之旅。他认为，自己的统计学老师是"数学和社会科学界伟大的法国学派"，并特别提到了"傅立叶、拉普拉斯、拉克鲁瓦（Lacroix）和泊松"，还声称自己"有幸聆听了两位大师——拉普拉斯和傅立叶的课程"。[①]尽管凯特勒的确与傅立叶有过通信，傅立叶曾给他写过一封信，上面有一句名言说，统计学家们如果想要推进他们的科学，就必须精通数学；但他似乎不太可能真的得到这些人的正式指导。然而，很明显，凯特勒仔细研究过他们的著作，也非常钦佩他们，并觉得自己的目标与他们的思想，以及当时法国卓越的科学成就有着普遍的联系。

在这些学术巨擘的指导下，凯特勒熟悉了统计学与最先进的概率数学之间的联系。但对当时热衷于统计学的一般人，他并不待见。凯特勒始终否认他研究的科学属于医生和业余改革家们的领域；相反，他坚持认为统计学的真正基础是由数学家和天文学家建立的。"第一张死亡率表根本不是医生们的功劳，而是著名天文学家埃德蒙·哈雷（Edmond Halley）计算出来的。"他写道。的确，统计科学的基础，来自天文学家对自然秩序的热爱："与人类有关的定律，以及支配社会发展的定律，对哲学家们，尤其是那些把注意力

---

[①] 参见 Frank Hankins, *Adolphe Quetelet as Statistician*, in *Columbia University Studies in History, Economics and Public Law* (New York, 1908), pp. 19–20; Quetelet, "Des lois concernant le développement de l'homme", *AOB*, 38 (1871), pp. 205–206。

转向宇宙体系的人,总是有着特殊的吸引力。他们总是在思考物质世界的定律,为统治着宇宙的、令人惊叹的和谐而着迷。要说生命世界中不存在类似的定律,他们是根本不会相信的。"[1]凯特勒认为,统计学作为一门科学,就像其他各种科学一样,要在科学学术期刊上发表,比如他自己主编的《数学与物理学通信》(Correspondance mathématique et physique)。[2]

周期性现象是凯特勒最早的统计研究的重点。他的第一本统计调查报告明显地体现了这一点,尽管他声称,自己的目的是改进比利时的保险统计表。1825年,他将此报告赠予布鲁塞尔科学院。通过类比动植物生命活动中的规律,凯特勒认为,"我们有理由相信,这些定律的影响甚至延伸到了人类"。他建议考察出生人数、死亡人数每年随时间变化的关系,以确定"是否有可能在这方面找到一些自然定律"[3]。结果表明,死亡人数与出生人数的自然定律可以在统计上被概括为 $y=a+b\sin x$ 的形式,其中 $y$ 为出生人数或死亡人数,$x$ 表示经过适当标准化处理之后的时间,$a$ 和 $b$ 则是根据经验分析确定的实数。这样的公式被凯特勒称为统计定律,是其早期研究的典型成果。它们的得出,部分基于曲线拟合,部分基于类比,没有具体的解释,也没有物理模型做基础。

在凯特勒早期工作中,社会科学与自然科学的联系,也由周期性现象这一主题得以强调。凯特勒认为,潮汐、天气、花期、地磁以及人类生活中的事件,组成了一个统一的现象集,可以使用同一种方法进行研究。这些研究需要使用一种博物学的定量方法,即尽可能详尽的测量,这被苏珊·费伊·卡农(Susan Faye Cannon)称为"洪堡科学"(Humboldtian science)。[4]"我们需要的不是文字,而是事实。"凯特勒写道,"我们需要的是审慎的观察,而非模糊的假设,或者毫无根据的理论体系。……这种科学的发展方式是19世纪的

① 参见 Adolphe Quetelet, "Notice scientifique", AOB, 7 (1840), p. 230。

② 参见 Adolphe Quetelet, "Avertissement et observations sur les recherches statistiques insérées dans ce recueil", Correspondance mathématique et physique, 4 (1829), p. 77-82。

③ Adolphe Quetelet, "Mémoire sur les lois des naissances et da la mortalité à Bruxelles", NMAB, 2 (1826), pp. 493-512.

④ Susan Faye Cannon, "Humboldtian Science", Science in Culture: The Early Victorian Period (New York, 1978), pp. 110-121.

典型特征,它注定要在人类精神史册上占据最崇高的地位之一。"[1]这些现象(所需事实的总体)的多样与复杂不是劣势,而是一种资产,因为凯特勒是一位精力充沛的组织者,常常不知疲倦地与他人通信。早在19世纪20年代初,他就在新近重组的布鲁塞尔科学院,开展了富有成效的集体工作。他们的研究对象有着很高的多样性,超出了科学家个人的力量;而这样的对象,正是凯特勒的研究计划之核心。[2]在一个国际性的定量博物学协会中,凯特勒也是核心人物,该协会在19世纪30年代地位显赫。

    法国有一种理性主义方法论,将数学概率应用于诸如证言的可靠性、司法判决的正确性和选举结果的有效性等问题。在凯特勒年轻时,这种方法就给他留下了深刻印象。他宣布自己发现了一条"普世"规则——"数字统治着世间万物(*mundum regunt numeris*)",并认为"所有可以用数值表达的东西"都属于概率论的范围。[3]将统计学纳入数学概率论领域,是凯特勒的最高目标。在19世纪早期统计学领域中,主张用统计学来推动社会改革的统计学家人数众多,但凯特勒对他们颇为轻蔑。他强烈抨击那些"一知半解"的"科学文盲"对统计学犯下的"外行滥用",指出他们不过是想要用统计学支持自己的预设观点,而这些人对统计学的迷恋,"不是加快而是妨碍了它的进步"[4]。

    也许这些抱怨确实合理,但是他所相信的概率论的救赎力量,充其量只称得上有预言性。基于全数调查的官方汇总表是19世纪统计学家所使用的常规材料,但对于这种材料,当时已有的误差分析技术用处不大。在凯特勒那个时代,如果概率论想要对统计工作有所裨益,那么所需的是能够创造新方法的天才,而不是对现有方法的改善。实际上,在他的统计学经验性研究中,凯特勒几乎从未使用过数学,也没有开发出新的评估工具好让其他人使用。尽管凯特勒不断劝告他的同事们,在提供误差估值时,也要提供平均数

---

[1] Adolphe Quetelet, "Rcherches statsiques sur le Royaume des Pays-Bas", *NMAB*, 5 (1829), p. ii.

[2] Adolphe Quetelet, *Sciences mathématiques et physiques chez les Belges au commencement du XIXe siècle* (Brussels, 1866), p. 9.

[3] Adolphe Quetelet, *Popular Instructions on the Calculation of Probabilities*, Richard Beamish, trans., (London, 1839) p. 108.

[4] Adolphe Quetelet, "Sur l'appréiation des documents satistiques, et en particulier sur l'apprécation des moyennes", *BCCS*, 2 (1844), p. 1.

或其他复合指标,但是他在自己的著作中从未这样做过。将数据随机分为两组或三组,然后比较它们的平均值,这就是凯特勒在自己的公开出版物中,用来评估数据可靠性的最复杂的方法了。

正是由于凯特勒缺乏足够的天资,无法设计出可用于分析统计信息的数学流程,他只能采用另一种策略。对那些十分明晰事理的人,这种策略特别合适。在他的实际工作中,他首先尽可能地收集、整理统计资料,以了解宏观现象,例如出生、死亡、结婚、犯罪和自杀等的组成情况,可能还有造成这些情况的因素,然后按年龄、性别、职业和住址等维度,列出这些事件的表格,并清晰而简洁地介绍表中数字的含义。同时,在实际操作之外,他还构建了一套包罗万象的比喻系统,包括各种隐喻和直喻。这个系统将社会范畴与物理学、天文学中的理论,甚至数学方法联系起来——这就是他所鼓吹的社会物理学。它体现了凯特勒想要成为统计学界的牛顿的努力,而不仅仅成为一个——就像他的朋友维莱姆(Villermé)总是提起的那样——19世纪的聚斯米利希。[1]

如果认为,社会物理学部分地证明了天文学家的信心和野心,那就必须承认,它也是为渐进自由主义精神下的社会秩序所唱的赞歌。在社会物理学的基本结构中,反对革命的隐喻占据了突出地位。这可能部分是因为,凯特勒在尝试建立自己的科学帝国的时候,赶上了那个社会剧变的时期。1830年9月,比利时革命让荷兰王国的南部省份得以独立,但似乎也破坏了凯特勒的科研计划。凯特勒的一些门生离开了岗位,加入了军队,而许多大学和博物馆的教职都被取消了。[2]他那珍爱的天文台,经过多年的艰苦努力和精心策划,当时已接近完工,却被保卫布鲁塞尔的激进的列日志愿军占领了。"枪声疯狂地从窗户里传出,鲜血四溅",这座建筑随后"变成了一座堡垒","被壕沟和壁垒包围"。[3]最终,天文台和凯特勒作为皇家天文学家的地位保住了——在经历了把天文台改造成弹药库的严肃讨论之后——但是他认为本来已成气候的、大部分出自他自己的努力的"智识运动",却化为乌

---

① 参见1835年8月31日、1837年4月30日的信,出自cahier 2560, *AQP*。

② 在布鲁塞尔博物馆的工作被迫终止导致凯特勒的收入遭到损失,这显然让他感到不安,参见1834年12月7日维勒莫致凯特勒的信,出自cahier 2560, *AQP*。

③ Adolphe Quetelet, "Lettre à M. le Bourgmestre, 15 Dec. 1831", *AOB*, 1 (1834), p. 285.

有。①如果时任布鲁塞尔科学院常任秘书的凯特勒所写的文字可信的话,那没有哪个比利时学者的职业生涯在经历了这场革命之后没有遭受严重损失。②他后来宣称自己发现了一条普遍真理:政治革命的突变必然导致科学的微妙"生命力"的丧失。

社会力学(*mécanique sociale*)是社会物理学的直接前身——天体力学(*mécanique celeste*)在社会领域的类比。这个术语最早出现在凯特勒1831年3月的一篇论文中,这是他在9月爆发的一场革命后发表的最早的论文。在文中,他首次提出了一系列隐喻,将社会秩序与行星天文学联系起来。其中最重要的是自然恒力与摄动力(perturbational forces)[1]之间的区别,这种摄动力是由人类有意识的决定所产生的。尽管凯特勒坚称,在社会力学中,就像在天文学中一样,必须首先忽略摄动力的影响,但就社会系统的摄动而言,他仍然毫不犹豫地提出了一个关键问题,这个问题在他看来显而易见。拉普拉斯声称要推翻一个旧观点——行星的运动是不稳定的,需要天意的调解将它们恢复到自然轨道上;而凯特勒的问题是:"人的力量会危及社会体系的稳定性吗?"③

尽管这一隐喻的含义显而易见,但就对社会系统进程的影响而言,摄动力却不是仅居于次要地位的。这是属于人类的道德力量,是活生生的进步力量,提供了能够战胜自然之手的动力,而自然之手有可能使社会"停滞不前,无法改善"④。作为一个19世纪谨慎的自由主义者,凯特勒因为迅速的社会变革而产生了矛盾思想,摄动力的比喻将这种矛盾体现了出来。他写道:

> 这种属于人的力量,是人之本性的活的力量,但是……在自然界中,是否存在类似于生命力守恒定律的东西? 另外,它们的终点

① Adolphe Quetelet, "Aperçu de l'Etat actuel des Sciences Mathématiques chez les Belges", *BAAS* (1839), p. 58.

② 参见 Adolphe Quetelet, *Histoire des sciences mathématiques chez les Belges* (Brussels, 1864), p. 312,尤其是关于凯特勒的朋友丹迪林(Dandelin)的章节。

③ Adolphe Quetelet, "Recherches sur la loi de la croissance de l'homme", *NMAB*, 7 (1832), p. 7.

④ Adolphe Quetelet, "Recherches sur le poids de l'homme aux différens ages", *NMAB*, 7 (1832), p. 11.

是哪里？它们能否影响一个系统的进程，甚至危及它的存在？还是说，它们其实就像一个系统的内力，完全不能改变系统的轨迹或稳定状况？这个类比会使人相信，在社会状态中，人们通常也可以期望发现自然现象中能够观察到的所有守恒定律。[1]

虽然社会物理学的目的，是要成为政策制定者的指南，以此促进社会进步，但是它最突出的作用，是为稳定性和类律的确定性代言。在凯特勒 1848 年出版的一本书中，有篇论述"物理定律和道德定律之间的类比"的文章，他在前言中具体地说明了，正是革命时代的经历启发了他的新科学。他写道："在那个政治事件让人热血澎湃的时期，我为分散自己的注意力，试图在现代力学定理与我目睹的事情之间建立起类比。"[2]更一般地，他在每一个领域都尊崇定律性，这种尊崇甚至可以与对神性的虔敬相比。在他对唯物论和宿命论的辩护中，这一点有着明显的体现：

49　　在考察了研究世界的科学所遵循的路径之后，我们何尝不能在研究人的问题时也遵循它们呢？有人相信，在所有的依照令人赞叹的定律而存在的事物中，只有人类被漫不经心地抛弃下来，而没有相应的守恒原理，这难道不是荒谬的吗？我们敢说，这样的假设，与我们打算进行的研究本身相比，对神性的伤害会更严重。[3]

表面上不受控制的社会现象服从于科学秩序，这种可能性让凯特勒着迷，并让他决心献身于统计定律这一概念。最为典型的是，他将这种思想发展到极致，将统计定律与犯罪和自杀等现象联系起来。而在"道德统计学"（在英法以及低地国家的早期统计运动中，这种科学占据核心地位）看来，这些材料都属于"不道德"的内容。1827 年，法国刑事司法总局开始公布犯罪

---

[1] Adolphe Quetelet, "Recherches sur la loi de la croissance de l'homme", *NMAB*, 7 (1832), p. 2.

[2] Adolphe Quetelet, *Du système social et des lois qui le régissent* (Paris, 1848), p. 104.

[3] Adolphe Quetelet, "Recherches sur le penchant au crime aux différens ages", *NMAB*, 7 (1832), p. 4.

活动记录。令公众惊讶的是,他们发现,犯罪活动每年变化不大。1829年,凯特勒表示,他对"同样的罪行以可怕的规律性重复出现"[1]感到震惊。安德烈-米歇尔·盖里(Andre-Michel Guerry)是巴黎的一位律师,也是一位敏锐的社会数值分析家,通常和凯特勒并列在一起,被认为是"道德统计学"[2]的创始人。他也同样为犯罪行为表现出如此的规律性而吃惊:"如果我们现在还认为,导致犯罪的可能情况有无数种……我们将不知如何能想象这样恒常的结果竟是由它们的组合而产生的。"[3]

这位学者和凯特勒一样,通晓概率论以及政治算术的前沿著作,但他竟会对这些数值资料中的规律性感到吃惊,这本身似乎就有点出人意料。毕竟,对人口统计资料之中恒常性和稳定性的崇拜有着深厚的传统,这可以追溯到约翰·格朗特的惊人发现:伦敦的男女出生人口比例每年都比全国男女出生人口比例高出一点点,概无例外。雅各布·伯努利论证了,对于任何类型的概率事件,只要重复次数足够多,都可以产生稳定的比值。伯努利的论证解释了统计规律性,而其后的大多数概率论著作,包括拉普拉斯的,都重述了这一结论。从凯特勒的反应中可以清楚地看到,他本来并没有指望这一规律能推广到像犯罪这样的非理性、无序和反社会的事件之中去。

实际上,即便是在那些理解并接受了伯努利观点的学者看来,人口统计资料的规律性也称得上自然神学的典范,或者至少是自然和谐的典范。像约翰·阿布斯诺特和威廉·德汉(William Derham)一样,数学家棣莫弗将出生、婚姻甚至自然死亡的规律性看作造物主智慧仁慈的有力证据。聚斯米利希认为,男孩女孩出生人数和死亡率的差别,最后总体上会使得男女数量在达到适婚年龄的时候恰好处于完美的平衡,从而有助于实现所有人类活动的伟大目标:最多的人口增长。他也为死亡表的稳定性而感到高兴,认为它为"国家和人类生活中的其他安排带来了极大的好处,因为它包含了安排

*50*

---

[1] Adolphe Quetelet, "Recherches statistiques sur le Royaumc des Pays-Bas", *NMAB*, 5 (1829), p. 28.

[2] 事实上,这个词就像它所关心的问题一样,已经在法国流行了至少好几年。作为一例,可参见 Charles Dupin, "Effets de l'enseignement Populaire sur les, prosperités de la France", *Bulletin des sciences géographiques*, 8 (1826), pp. 329–336。

[3] A. M. *Guerry, Essai sur la statistique morale de la France* (Paris, 1833), p. 11.

和确定年金和唐提保险[2]所需要的规则之基础和要点"[1]。此外,它也保证了青年适婚男女人数相等。他认为,任何盲目的巧合都不可能"如此美妙地把目的和手段结合在一起"[2]。

聚斯米利希的表格还吸引了伊曼努尔·康德(Immanuel Kant)的注意,他也惊叹于这些从局部的混乱中涌现出大尺度上的规律性的实例。康德用这个在政治算术中发现的真理来说明,尽管每个人都有不受控制的行为,但哲学家可能希望"在人类事物的这一悖谬的进程之中发现有某种自然的目标……人虽则没有自己的计划,但可能有一部服从某种确定的自然计划的历史"。正如秩序在政治算术中的显现一样,目的论也可以贯穿于历史中:

*51*

> 无论人们根据形而上学的观点,对于意志自由可以形成怎么样的一种概念,然而它那表现,即人类的行为,却正如任何别的自然事件一样,总是为普遍的自然律所决定的。历史学是从事于叙述这些表现的;不管它们的原因可能是多么地隐蔽,但历史学能使人希望:当它考察人类意志自由的作用的整体时,它可以揭示出它们有一种合乎规律的进程,并且就以这种方式而把从个别主体上看来显得杂乱无章的东西,在全体的物种上却能够认为是人类原始的禀赋之不断前进的,虽则是漫长的发展。因此,婚姻以及随之而来的出生和死亡——在这里人们的自由意志对于它们有着如此巨大的影响——看起来显得并没有任何规律可循,使人能够事先就据之以计算出来它们的数字;然而各大国有关这方面的年度报表却证明了它们也是按照经常的自然律进行的,正如变化无常的气候那样,我们虽然不能预先就确定气候的各个事变,但总的说来它却不会不把植物的生长、河水的奔流以及其他各种自然形态保持在一种均衡不断的进程之中。个别的人,甚至于整个的民族,很少想得到:当每一个人都根据自己的心意并且往往是彼此互相冲突地

---

[1] J.P. Süsmilch, *Die göttliche Ordnung in den Veränderungen des menschlichen Geschlechts* (2 vols., 3rd ed., Berlin, 1765), vol. 2, pp. 366-367.

[2] J.P. Süsmilch, *Die göttliche Ordnung in den Veränderungen des menschlichen Geschlechts* (2 vols., 3rd ed., Berlin, 1765), vol. 2, p. 289.

在追求着自己的目标时,他们却不知不觉地将他们自己所不认识的
自然目标作为一个引导而在前进着,为了推进它而在努力着;而且
这个自然的目标即使是为他们所认识的,也对他们无足轻重。①

在19世纪之前,统计规律性通常被认为与人类的自然历史有关,并被视为神的智慧与计划的预示。但是这仍然无法解释一些统计秩序的出现。其中第一个广为人知的例子是,拉普拉斯在《关于概率的哲学论文》(*Philosophical Essay on Probabilities*)中声称,巴黎邮政系统中每年死信[3]的数目是恒定的。谋杀、盗窃和自杀的一致性,就更难用自然神学的术语来解释了。从某种意义上说,凯特勒也可以这样做,但他同时必须转向物理主义和神学的宇宙论,在这两种宇宙论之下,才能期待在每个领域中都能自然出现群体规律性的结果。

凯特勒认为,犯罪的规律性可以证明,即使统计定律对于每个特定个体来说,都是错误的,当它应用于群体时,也可能是正确的。除此之外,他还暗示,一般性对特殊性的抹除正是社会得以保全的原因。他认为,群体规律性的普遍存在"告诉我们,人的行为被限制在一个圆圈中,他永远也无法影响伟大的自然定律;它还表明,守恒定律可以存在于道德世界,就像其被发现于物理世界一样"②。从这种统计学的一致性所揭示出的基本真理来看,社会可被视为一个独立的实体,不受其组成个体的奇思怪想控制。

在凯特看来,统计规律性是一把打开社会科学的钥匙。他把伯努利定理的泊松形式——"大数定律"——看成社会物理学的基本公理。毕竟,它证实了普遍的社会影响总是由普遍的原因导致的,而当从总体层面考虑时,机会或者说偶然的原因几乎不可能对事件产生影响。特别是,社会事实永远不可能是人类自由意志武断的、缺乏动机的、自发的或者其他以莫名其妙的方式产生的结果,然而"多变"和"无序"可能是人类自由意志的行为方式。"与人类有关的所有事物,从群体层面(*en masse*)上来讲,都属于物理事实领域;个体的数量越多,就越容易被一系列普遍事实所淹没,而这些普遍

① Immanuel Kant, *On History* (Indianapolis, 1963), pp. 11–12.
② Adolphe Quetelet, "De l'influence de libre arbitre de l'homme sur les faits sociaux", *BCCS*, 3 (1847), pp. 135–155.

事实依赖于那些让社会得以存在和保全的普遍原因。"[1]

凯特勒最著名的构想——"平均人"——也出自他对统计事件规律性的信念。凯特勒坚称,"平均人"这个抽象的概念可以被视为国民的"类型",它是根据一个国家所有人的平均特征来定义的,是社会科学研究中社会的代表,有如物理学中的"重心"。毕竟,当考虑大量实例时,平均值的偏差必然会相互抵消。因此,对于"平均人"来说,"所有的事情都会按照社会的平均结果发生。如果一个人想要通过某种方式学习社会物理学的基础,他就应该考虑'平均人',而不应该被一些特殊情况或反常现象所困扰,也不应该研究某个特定的人是否因其某一才能而发展得更好或更糟"[2]。凯特勒的"平均人"拥有时间的维度,也拥有身体和道德的维度,因此在他那平均的生命中,也有着平均的成长速度和道德进步速度。

一方面,对于凯特勒来讲,计算"平均人"的体型不成问题,因为它只涉及收集身高、体重和各肢体与器官的尺寸。另一方面,计算"平均人"的道德却需要绕一些弯路,因为人类并没有向科学家呈现出关于勇气、犯罪和情感的可测量的量。在这方面,"平均人"要比具体的个人容易处理得多。凯特勒认为,原则上,如果让一个现实的人置于大量的实验情景中,就可以确定该人的勇敢行为或犯罪行为,并记录所引发的两种行为的数量。这会是一种很有用的做法,但对社会物理学来说完全没有必要。相反,社会物理学家只需要把整个社会中的勇敢行为和犯罪行为记录下来——而这已经被记录下来了。然后"平均人"可以被分配一个"犯罪倾向"(penchant for crime),数值等于犯罪行为数除以人口数。这样,不同的个体所做的离散的行为,就转变成了一个连续的量——"倾向",即"平均人"的一种属性。[3]

_____

[1] Adolphe Quetelet, "Recherches sur le penchant au crime aux différens ages", *NMAB*, 7 (1832), p. 80.

[2] Adolphe Quetelet, *Sur l'homme et le développement de ses facultés, ou essai de physique sociale* (2 vols., Brussels, 1836), vol. 1, pp. 21–22.

[3] Adolphe Quetelet, "Sur la statistique morale et les principes qui doivent en former la base", *NMAB*, 21 (1848), p. 57. 凯特勒并不是第一个想要计算出道德属性的统计指标的人,著名的意大利统计学家梅尔基奥尔·乔亚(Melchiorre Gioja)曾写道:"正如大家所认识到的那样,衡量不道德行为最可靠的标准是犯罪数量与居民数量之比。"参见 Melchiorre Gioja, *Filosofia della statistica* (Mendrisio, 1839). p. 570。

　　一些学者认为,凯特勒为社会属性赋值的方法,和他的"平均人"思想毫无关系,如保罗·拉扎斯菲尔德(Paul Lazarsfeld)。[1]这种观点似乎是错误的。毕竟,凯特勒的"倾向"正是"平均人"的一种属性。依据宏观统计资料给"平均人"这个抽象存在赋值,这种做法是否涉及"对社会学量化的贡献",我们还远不清楚。我们只知道,它已被证明是一个有用的工具。凯特勒之所以认为这种运用有价值,主要是因为"平均人"可以用来模拟天体物理学中的某些概念。此外,他还认为,最好应该按照整个社会群体来给刑事责任分类。讨论某一特定年龄阶层的犯罪倾向要更合乎凯特勒的改革冲动和其社会学目标,而不是罗列一群坏人的邪恶行为。

　　犯罪是一种社会现象;就像婚姻频率那样,犯罪频率的原因也"不应归于个人的意志,而应归于我们称之为'民众'的这个具体的存在中的惯性。我们认为这些现象都拥有自己的意志和惯性,很难消除"[2]。凯特勒解释说,犯罪的原因可能正是"社会的状态"。虽然凯特勒关于犯罪的论述通常十分冗长,但对于社会状态如何导致犯罪,他也只给出了最模糊的解释(他对结婚率波动原因的分析更拿得出手),所以他的分析很难称得上犯罪学史的里程碑。但是,与其说是提出药到病除地解决犯罪问题的方案,他的目的倒不如说是将统计分析化为一场旨在逐步清除犯罪原因的运动的一部分。[3]他认为,犯罪就像"规律性令人震惊的预算",或"人类清偿的献金,其规律性超过他们向大自然或国库支付的那部分"。实际上,"每一种社会状况的形成,都预设了一定数量和计划的犯罪作为必要条件。这个结论起初可能令人沮丧,但仔细考虑,反而会令人感到安慰,因为它表明了通过改造人们的制度、习俗和启蒙状态来让他们变得更好的可能性"。他总结道:"它只是向我们展示了一个定律的延伸,这个定律已经为所有致力于使用物理学的方法研究社会的哲学家所熟知:只要存在相同的原因,人们就可以料到相同结果的

---

[1] Paul Lazarsfeld, "Notes on the History of Quantification in Sociology—Trends, Sources, and Problems", *Isis*, 52 (1961), pp. 164-181.

[2] Adolphe Quetelet, "De l'influence de libre arbitre de l'homme sur les faits sociaux", *BCCS*, 3 (1847), p. 142.

[3] 参见 Adolphe Quetelet, "Sur le poids de l'homme aux différens ages", *Annales d'hygiène pubilque et de médecine légale*, 10 (1833), pp. 5-27.

延续。"①

回想起来,作为社会科学家,凯特勒的重要性似乎不大,因为不管是过去还是现在,他的社会物理学都是完全行不通的。他的伟大目标是,测出"平均人"随时间所经历的变化,以确定社会发展的普遍定律。也就是说,他希望通过绘制"平均人"的历史变化轨迹,发现作用于"社会身体"(social body)的力量,从而预测其未来的走向。尽管他不断地说,这种做法将实现他一生的愿望,建立起一门精确社会科学,但是翻遍凯特勒的著作,并没有见到一点轨迹计算的影子。看来工作中的统计学家凯特勒,总是比社会物理学家凯特勒更明智一些。

尽管凯特勒对科学的深远影响与他的社会思想有关,但属于一个更抽象的层次。他的成功让一些杰出后学相信,在某些情况下,相比个别现象的具体的原因,将关注点转移到更大的整体所提供的统计信息上更有优势。凯特勒暗示,这种方法的可行性并不单单与社会相联系,还是一条普遍真理——不变的原因必然导致不变的结果——的直接而普遍的推论。他的社会物理学——这门充满比喻的科学,为其他领域科学家提供了重要的类比来源,因为它清楚地表明,即使一个群体的构成个体数量过多或过于神秘难测,无法从任何细节理解其行为,统计定律也依然适用。

### 自由主义政治与统计定律

尽管弗里德里希·恩格斯(Friedrich Engels)对"空想社会主义"评价不高,但是在19世纪早期的社会科学先驱中,几乎没有人相信,他们的理论中预示的社会的伟大重组完全属于自己的创造。例如,孔德和圣西门主义者明确地说,社会和科学的发展才让他们的思想成为可能,并为其现实化铺平了道路。他们相信自己是在发现,而不是创设未来的社会状况。

与圣西门主义者不同,凯特勒并不推崇辩证法。在他对历史进程的描述中,并不需要"批判性"时代。他相信,进步是平稳的、持续的,社会组织方式的剧烈变化没有任何好处。在历史进程中,社会身体是沿着一条内在进

---

① Adolphe Quetelet, *Sur l'homme et le développement de ses facultés, ou essai de physique sociale* (2 vols., Brussels, 1836), vol. 1, pp. 8–11.

步的道路前进的,它有一个极为可取的目标,那就是通过"理性的人"(*l'homme intelectuelle*)来抹平"物理的人"(*l'homme physique*)的差异。①想要实现这一目的,走直线最有效,也最省事;凯特勒则是"上帝在所有事物上都遵循的原则——最小行动原则的狂热信徒"②。

凯特勒认为,科学和认识活动中活跃的"道德力量"总是倾向于不断增长,这让社会处于持续的进步之中。而不论何时,这种力量在不断作用的过程中总是守恒的,因此,即便是最精明能干的反动政府,也无法避免社会变革。任何阻碍进步的企图只能导致不满的积累,而被压迫在深井中的力量,迟早要在一场猛烈的爆炸中逃逸。这将产生道德力量的损耗,伴随着许多苦楚。幸运的是,即便是革命也只能造成暂时的"退步"。1848年,当凯特勒写信给英国的阿尔伯特亲王(Prince Albert),感慨那"名副其实的道德霍乱,在整个欧洲大陆上传染,留下一片断壁残垣"[4]的时候,他已能够在社会物理学定律中找到慰藉:"灾难从道德层面和生理层面打击了人类的结构,但无论其破坏性影响有多大,令人欣慰的是,它们都不能以任何方式改变引导着我们的定律。它们的活动是暂时的,时间会很快治愈社会身体的创伤;但对个人来说就不一样了。"③

统计定律自然地支配着社会,所以,对于社会的政治治理的作用就被限制了,只能扮演辅助性角色。有智慧的政治家不会试图将自己的意志强加于社会体系,而会首先确定现实社会的也就是"平均人"的发展方向及程度(只有在短期内,恒常性才是统计定律的特征)。一旦我们知道了不变原因能够产生的结果,那么就可以通过寻找指标的差异来找到偶然因素的影响。这就可能让社会恢复到合理的平衡状态,或者使用同样大小、方向相反的力作用于合力,从而使摄动力最小化。"治理的全部艺术,"他宣称,"在于估计这合力的性质和方向。充分了解一个国家内各派的力量及其倾向,是十分必要的,这可以帮助判断哪些手段最适合拿来打击他们,使其瘫痪。"④当然,

①  Adolphe Quetelet, *Sur l'homme et le développement de ses facultés, ou essai de physique sociale* (2 vols., Brussels, 1836), vol. 2, p. 285.

②  Adolphe Quetelet, *Du système social et des lois qui le régissent* (Paris, 1848), p. 110.

③  转引自 Harriet H. Shoen, "Prince Albert and the Application of Statistics to Problems of Government", *Osiris*, 5 (1938), pp. 286−287。

④  Adolphe Quetelet, *Du système social et des lois qui le régissent* (Paris, 1848), p. 289.

凯特勒的社会物理学并不意味着无为而治,但它也没有帮助国家在更大程度上掌控社会自治的领域。统计学所支持的,实际上是一种自由主义的、温和的官僚政治,不过它拔高了社会科学家所能起到的实际作用,并让他们相信社会正行进在正确的轨道上。

在19世纪50年代的英国,统计定律的概念得到了最充分的体现。在那时的知识分子中,自由放任主义达到了顶峰。自由主义者,甚至进步的保守主义者们,都越来越赞同一个观点,那就是政府的作用可以并且需要被大大削弱。而激进主义者声称,政府在历史中的作用已经变成了对退步的利益集团的保护,让他们不受变革力量的影响,妨害自然的进步,阻碍走向繁荣与自由的一般趋势。在一种理性主义的"推测史学"(conjectural history)的形式下,当时的社会科学蓬勃发展。[①]在英国,这种学说把历史的发展看作社会固有的,并且在很大程度上能超越国王和立法者的影响。社会的启蒙最终将迫使政府退回到其适当位置,这已经在此前不久成功废除了《谷物法》的那场运动中得到了证明。

在19世纪中期,对于统计研究中发现的各种规律性,感到惊讶和钦佩的,不乏其人。保守党领袖斯坦利勋爵(Lord Stanley)认为,"人类的道德状况和生理状况"是由不变的统计定律决定的,这是社会科学的"公理"。[②]经济学家纳索·W.西尼尔(Nassau W. Senior)注意到一个奇特的结果:"人类意志所遵守的定律,几乎和控制着事物的那些具有同样的确定性。"[③]罗伯特·钱伯斯(Robert Chambers)在《自然创造史的痕迹》(Vestiges of Creation)一书中写道:"只有在个体层面,人才能被看作一个谜;就人类的全体而言,他是一个数学问题。"[④]亨利·霍兰德(Henry Holland)认为,"平均定律""近来获得了绝妙的推广和广泛的应用;从事实的逐渐积累中获得结果,便有了稳定性

---

① 参见 J. W. Burrow, *Evolution and Society: A Study in Victorian Social Theory* (London, 1970);J. D. Y. Peel, *Herbert Spencer: The Evolution of a Sociologist* (New York, 1971)。

② Lord Stanley, "Opening Address of Nassau W. Senior, ESQ., as President of Section F", *JRSS*, 19 (1856), pp. 305-310.

③ Nassau W. Senior, "Opening Address as President of Section F", *JRSS*, 23 (1860), pp. 357-362.

④ Robert Chambers, *Vestiges of Creation* (New York, 1846), pp. 333-334, 转引自 C. C. Gillispie, *Genesis and Geology* (New York, 1959), p. 157。

和确定性,越来越接近于数学公式"。①甚至查尔斯·狄更斯也被婚姻登记局的一份报告深深打动,这让他在《家常话》(*Household Words*)中收录了弗雷德里克·奈特·亨特(Frederick Knight Hunt)的感言:"不止步于让消息拥有闪电般的速度、用化学制剂擦亮靴子、用蒸汽运送包裹和乘客,专家学者们正在取代古代的占星家、吉卜赛人和现代聪明的妇女们,揭示迄今为止一直藏匿着的、统治着迷人的婚姻这个谜中之谜的规律,它是年轻少女和不羁单身汉的北极星般的指引者。"②总登记局主任威廉·法尔也以同样的方式中肯地说:

> 如果就人的寿命这种极为不确定的事物而言,试图断言1841年出生的孩子将有9000人在1921年还活着,这在过去会被认为是轻率的预测;这就像哈雷预测彗星将在77年后回归一样令人难以置信。在那彗星消失其中的无垠以太世界里,哈雷能知道些什么呢?他凭什么敢指望它能在遥远的天空中再现呢?哈雷相信自然定律是永恒不变的;因此通过对彗星部分运行路线的观察,他大胆地计算出了整个彗星的轨道。而不久之后,这个关于这代人的寿命的同样惊人的预测,将会由这个世纪的经历证实。③

在威廉·纽马奇(William Newmarch)的一些言论中,这种说法背后暗含的一些政治观点有了更为明显的体现。1860年,当国际统计大会在伦敦召开时,纽马奇代表伦敦统计学会在参会的各国要人面前发表了以下观点(记录显示,现场掌声雷动):

> 统计学会完全是由个人自愿组成的协会,与国家无关;我想我可以说,我们也丝毫不希望与国家有关,我们为自己完全独立的地位感到自豪。我们认为,如果想要在这个自由而又思想开明的、我

---

① Henry Holland, "Human Longevity", *Edinburgh Review*, 105 (1857), pp. 46–77.

② F. K. Hunt, "A Few Facts about Matrimony", *Household Words*, 1 (1850), p. 374.

③ William Farr, "Report", *Fifth Annual Report of the Registrar General of Births, Deaths, and Marriages*, 6 (1843), p. 21.

们坚信每个人都能得到他应得的奖赏的国家里,保持我们的地位,[那么这个学会就不应寻求政府的支持]……我们当然要按照这一准则行事,如果我们学会不能凭借自身的内在价值和用处来自力更生,不如明天就关门大吉。①

纽马奇以同样的精神解释了统计定律。在《经济学人》上,他撰文解释了立法者是如何开始认识到,只有根据事物的自然原理制定法令才能实现其目标的。他提出,官方极度渴望并在努力尝试了解社会状况,这从他们对统计学的支持中得到了体现。这是因为:

> ……所有政府都很快发现,自己必须尽可能清楚和充分地了解社会力量的构成。以前,政府以为自己控制着社会力量,但现在大多数人都认为,社会力量实际上控制着政府。许多中介都从这个世界消失了,它们本来被认为是主人,但实际上,它们连仆人都不算:法师和算命先生对晴雨的控制早已消失;教皇和神父在很大程度上已被降格为职能非常有限的牧师;商业活动抛弃了法制的保护,就像抛弃一根极易腐烂的芦苇一样;现在,人们渐渐发现,所有制定或执行法律的尝试,如果没有建立在对社会情况的准确看法之上,都只不过是自欺欺人、害人害己。……
>
> 单纯的严刑峻法已经不能抑制犯罪;印刷术普及之前的那些圣经箴言,也不能再控制教育;人们发现,法律可能是所有科学中最困难的;司法不仅仅意味着辩论和程序合理性;税收、商业、贸易、工资、价格、治安、竞争、土地所有权——从最大的到最小的,以往政治家们随意对待的每一个问题,都被发现有它们自己的完整而无可辩驳的定律。②

---

① William Newmarch, *Opening Address*, in *Report of the Proceedings of the Fourth Session of the International Statistical Congress* (London, 1861), p. 116.

② William Newmarch, "Some Observations on the Present Position of Statistical Inquiry with Suggestions for Improving the Organization and Efficiency of the International Statistical Congress", *JRSS*, 23 (1860), pp. 362-369.

在利用历史规律反对政府干预的尝试中,最坚定、最有影响力的一个,是《英格兰文明史》(*The History of Civilization in England*)这部亨利·托马斯·巴克尔未完成的著作。巴克尔的父亲是剑桥的一名富商,母亲是约克郡的一位加尔文宗的虔诚信徒。巴克尔终身未婚,所以如果他的名声能保持到19世纪,那么好事的心理传记作家们一定会不辞劳苦地记录下巴克尔的童年。我们知道,他是一个被溺爱的孩子,从小就缺乏教导,不守规矩。他的政治和宗教立场因1841年的欧洲大陆之旅而变得激进。然而,从他早年对颅相学(phrenology)的追捧和对《英格兰文明史》的直率论证中,我们仍然可以看出他的决定论心态,这也许是受其母亲的宗教影响。《英格兰文明史》的导言部分——顺便一提,该作第二卷是为了纪念他的母亲——使用宗教宿命论解释了科学的严格因果关系。[①]

巴克尔是一个典型的自学成才的人,在各种领域,他即使不是大师,至少也是行家里手。巴克尔最初想要依据全新的原理来编写一部完整的世界史,但是他很快就发现,这样一套全新的解释需要另外进行研究,而一个人终其一生也不可能完成这样的项目。于是他最终很不情愿地决定限制自己的目标,只写一部英格兰史。他通过凯特勒的社会物理学的隐喻,来证明这一选择中的智慧。他解释说,在所有国家中,英国受破坏性摄动的影响最小,所以它的进步能够最清楚地反映社会的自然演变;而其他所有社会都在某种程度上偏离了朝向进步与自由的既定道路。《英格兰文明史》的绪论以及各种各样的社会病理学研究明显地体现了他的这一观点。这些社会病理学研究是他最初10年的研究成果,他本来打算写入通史前三卷,现在幸而没有白费,在《英格兰文明史》中找到了用武之地。这些研究表明,法国已经偏离了正确的道路,因为它的人民过度依赖国家;苏格兰和西班牙的历史已经揭示了宗教机构的权力过大所造成的扭曲;作为一部导论性质的著作,《英格兰文明史》第三卷原本打算写的内容是德国和美国分别在知识的集中和扩散方面的混乱,但还没有来得及动笔,巴克尔就去世了。而自由主义的英

61

---

① 关于巴克尔的职业生涯,没有现代著作可供参考,其生平可参见 A. H. Huth, *The Life and Writings of Henry Thomas Buckle* (New York, 1880)。

国,作为"国家正确发展的典范",却仅仅是整个研究计划名义上的目标,只在实际上完成的两卷中偶尔被讨论过。

　　巴克尔宣称,他的目标是把历史学提升到和其他科学一样的地位。虽然历史"称得上科学中最优秀的部门",但他认为,公众早已习惯了历史学家中的平庸之辈,觉得"任何一个原本由于思想怠惰、才能有限而根本不适合研究这门最崇高的学科的人,只要花几年时间阅读一定量的书籍,他就可以自称为'历史学家'"[①]。巴克尔强烈反对把历史写成国王和战争的记录,并坚持认为有必要透过特定事件表面的混乱,找到简单、普遍、基本的原则。他指出,这样的研究将证明,历史学的内容不是政治,而是社会——不是宫廷阴谋、宣战文书和教会法令,而是缓慢而持续的进步和知识的传播。政府的行动似乎反复无常、难以预测,但社会发展的规律证实,"在道德世界里,如同在物理世界里一样,没有什么是反常的,没有什么是不自然的,也没有什么是奇怪的。一切都是秩序、对称和规律"[②]。

　　巴克尔使用理性和社会方法研究历史的喜好,也能反映出他的政治观点。他在书中不断对政府和宗教机构等实体进行抨击。教会和宫廷只是上层建筑,不具备任何自主的发展原则,它们对历史的唯一贡献就是使社会保持旧时代的体制形式。巴克尔总是质疑所有公共机构的行为动机。例如,在谈到苏格兰传教士时,他说:"就像所有曾经存在过的政府机构那样,它们的最高原则,不论在精神上还是世俗上,都是维护自己的权力。"[③]但统治者是慷慨还是自私,这一点其实无关紧要。他评价说,查理三世为民众的利益着想,把他们从迷信而偏执的西班牙神职人员中解放出来,然而,在缺乏启蒙的情况下,这种努力"还不如不做",因为它只会增加人们对压迫他们的教士们的同情。[④]

---

① Henry Thomas Buckle, *History of Civilization in England* (2 vols., New York, 1913), vol. 1, p. 3, 671.

② Henry Thomas Buckle, *History of Civilization in England* (2 vols., New York, 1913), vol. 2, p. 25.

③ Henry Thomas Buckle, *History of Civilization in England* (2 vols., New York, 1913), vol. 2, p. 193.

④ Henry Thomas Buckle, *History of Civilization in England* (2 vols., New York, 1913), vol. 1, p. 91.

巴克尔认为,在一些情况下,不明智的政策已经导致了可悲的后果。通过阻碍新教的发展,法国、西班牙和意大利被它们的领袖们套上了同一个信仰体系的锁链,而这个体系只能使它们的发展变得混乱而缓慢,产生不安定因素并加速社会动荡。然而,从长远来看,体制是无能为力的,巴克尔嘲笑"立法者的愚蠢",认为他们竟然觉得自己的法令可以影响任何在普遍法则掌控之下的现象——如自杀。[1]法制,总是为法则的发展所影响,它充其量只是一种措施,而不是进步的原因。"从来没有哪个国家的伟大政治进步,或者立法和行政上的伟大改革,是由其统治者发起的。"[2]巴克尔写道。此外,"每一次成功的伟大改革中所包含的,都不是做新的事情,而是不做旧的事情"[3];"立法者几乎总是在阻碍而非帮助社会"[4]。

在巴克尔的研究中,比起统计学的实际施行,它所起到的辩护作用更为关键。巴克尔的历史学讨论并没有使用社会数值统计资料。他在援引统计学成果时,是将它视作社会规律存在的有力证据,而不是支配历史的普遍原则的实例。诚然,他那套关于统计规律的完美性的说辞,并不容易与社会内在具有活力的假设协调起来,但是在巴克尔看来,统计科学的成功给历史学家上了重要的一课。孤立的事件似乎总是不可预测、令人困惑的,但面对它们的错综复杂,历史学家却不应迷失。相反,他们必须具有开阔的视野,试图找出普遍规律。同样是社会现象,对形而上学家来讲是棘手的,因为他们只通过内省来寻找运行在个人头脑中的规则;但对于历史学家来讲,只要他们掌握了基本的统计知识,社会现象就完全可以理解。为了说服读者,巴克尔引用了已被证实的统计社会科学的规律性:在自然秩序的普遍统治之下,人类并不例外。他直接引用了凯特勒的著作,并举出了那位比利时统计学家最为留心的例子——谋杀、自杀、地址有误的信件等。正如凯特勒自己所

63

[1] Henry Thomas Buckle, *History of Civilization in England* (2 vols., New York, 1913), vol. 1, p. 190.

[2] Henry Thomas Buckle, *History of Civilization in England* (2 vols., New York, 1913), vol. 1, p. 198.

[3] Henry Thomas Buckle, *History of Civilization in England* (2 vols., New York, 1913), vol. 1, pp. 199–200.

[4] Henry Thomas Buckle, *History of Civilization in England* (2 vols., New York, 1913), vol. 2, p. 244.

惊叹的,在任一既定社会里,不仅谋杀和自杀的发生率是恒定的,而且以不同方式死亡的比例也是恒定的,如枪支、刀具、毒药、窒息、上吊或溺水等。无论个人的行为看起来多么多样化、非理性,人类行为的总体规律性却证明了,每一个行为都是不变的社会规律的必然结果。

确实,巴克尔甚至比凯特勒还要坚持规律的普遍性。凯特勒的原则一贯温和,旨在提高科学对立法的影响力,他不希望统计学和宗教论战有任何瓜葛。为此,凯特勒采取了折中的立场,调和统计定律与自由意志,既能让统计学摆脱唯物论和宿命论的恶名,又不放弃仿照天体力学构建严谨的社会科学的可能性。社会定律与个人定律的区分,是凯特勒的核心观点。他认为,社会是契约的产物,个体将自己的一部分自由授予了它。即便存在社会定律,也不会僵硬到让政治家无能为力的地步——这样看来,政治家在某种程度上似乎独立于这个由定律统治的宇宙。个体是"平均人"的偶然变体,在某种意义上也分享到了社会定律,因此不同个体,作为"平均人"的一级近似(first approximation),也具有相同的犯罪、自杀、婚姻等行为的倾向。不过,"在诸多社会现象上,都有着道德原因的印记,而这种原因……内在于国家,而不是个人"[①]。在有限的领域内,个人可以行使他们的自由意志,只是在众多的自由决定综合起来后,效果总是会相互抵消。因此,意志虽然是自由的,但对社会整体而言,影响却微乎其微。凯特勒将意志归于偶然原因的范畴,并坚持认为,社会物理学的唯一兴趣,即恒常的原因,是完全不受人类自由的影响的。

人类能被区分为不同的存在层次,这一点为巴克尔所认可,但他并不认为,自由与个人的关系比自由与社会的关系更强。在他看来,意志的自主性只不过是一种虚构,只适用于那些以渔猎采集为生的文明,或者总是遭到无数龙卷风和地震侵袭的文明,而不适用于繁荣而开化的现代社会,现代社会的命运日益掌控在它自己手中。在巴克尔看来,如果某些"神秘的或天意的"力量,如神的权威或不受约束的人类意志,能够对社会起作用,那么科学史的可能性就会面临质疑。科学史的基本前提,是定律的绝对普适性,否认

---

① Adolphe Quetelet, "Sur la statistique morale et les principes qui doivent en former la base", *NMAB*, 21 (1848), pp. 171–179.

"偶然或超自然的影响"[1]。他认为,统计规律性不仅有力证明了社会演化的合定律性,也可以证明个体的行为是合乎定律的。如果人类的行为受自由意志支配,那么我们就不会发现堕落行为的数量与社会状态之间的关系。然而,犯罪年复一年地以同样的数量发生,明显地遵循着社会规律,没有为历史上的神圣指引、形而上学的自由意志或个人的道德责任留有余地。例如,自杀:

> ……只是社会总体状况的产物。……个体的罪过只会是先前情况的必然结果。在特定的社会状态下,一定数量的人必须结束自己的生命。这是一般定律;至于谁会犯罪,这个特殊的问题,当然取决于特殊定律;然而,在他们的全部行为中,必须遵守他们都要服从的大的社会定律。……人类的犯罪行为与其说是罪犯个人的恶所导致的,不如说是他被抛入的社会状态的恶所导致的。[2]

统计定律的存在还表明,政府虽然经常对社会产生恶劣影响,但不会永远得逞。巴克尔坚称,从长远来看,社会发展的进步定律必将占上风,甚至在这一定律的影响已被部分阻碍的国家也是如此。虽然社会环境是复杂的,但统计数字所揭示的"道德律",却有着非常小的偏差,这令他既钦佩又惊讶。他说:"这些差异是如此微不足道,这可以让我们对伟大社会定律的宏伟能量形成一点看法:它们的作用虽然经常被打断,却似乎能克服一切障碍,而且以大量的数据来考察时,它们几乎没有受到任何可被感知的干扰。"[3]

对于凯特勒的统计规律性思想,巴克尔可能是最热情的拥护者,同时也毋庸置疑地是其最具影响力的推广者。从《精算师协会会刊》(*Journal of*

---

[1] Henry Thomas Buckle, *History of Civilization in England* (2 vols., New York, 1913), vol. 1, p. 6.

[2] Henry Thomas Buckle, *History of Civilization in England* (2 vols., New York, 1913), vol. 1, pp. 20-22.

[3] Henry Thomas Buckle, *History of Civilization in England* (2 vols., New York, 1913), vol. 1, p. 23.

*the Institute of Actuaries*）到《世界经济评论》（*Revue des deux mondes*）的各种出版物，都对他有着类似的评价。①凯特勒的主要著作被翻译成了英语和德语，而巴克尔完成的那两卷著作，也不断以英语、法语、德语、俄语和其他各种语言出版。此外，欧洲整整一代人都接触了凯特勒和巴克尔的思想，受到了深刻影响，并被它们灌输了一种社会意识——社会是一个基本实体，具有相当大的历史性，能够拥有自己的定律。一位又一位学者注意到，自然定律以统计学这种新形式自我揭示，这是统计学与众不同的特征。个体如此之多，又受到如此复杂的一系列环境的制约，它们未来的行为根本无法被可靠地预测。然而，当同时考虑大量个体时，"在普遍定律面前，偶然性的影响似乎消失了"②。

　　统计规律性原则，或平均值的稳定性原则，在19世纪许多关于社会和政治问题的著作中都有提及。紧随凯特勒之后，查尔斯·摩根（Charles Morgan）解释了为什么立法不需要考虑纷杂的个人天性，可以建立在使用统计学获得的"人之抽象存在"的知识之上。③乔治·康沃尔·刘易斯提出，从平均数定律中，可以看出一个政府的"主导特征"，即"处于两个极端之间的中间状态"。他写道："对于某一政体，我们可能无法断言它不变的和普遍的趋势，就像我们无法断言所有人都能活多少年一样。但是我们可以下这样一个判断：人的平均寿命是若干年；所以我们也可以这样说，一种政体具有某种主导性的平均特征。"④约翰·斯图亚特·穆勒（John Stuart Mill）认为，统计学是他的"逆演绎法"（Inverse Deductive Method）的典型体现，并在1862年的《逻辑体系》（*A System of Logic: Ratiocinative and Inductive*）中引用巴克

① Samuel Brown, "On the Uniform Action of the Human Will, as Exhibited by Its Mean Results in Social Statistics", *Assurance Magazine and Journal of the Institute of Actuaries*, 2 (1852), pp. 341–351; Louis Etienne, "Le positivisme dans l'histoire", *Revue des deux mondes*, 74 (1868), pp. 375–408.

② Herman Merivale, "Moral and Intellectual Statistics of France", *Edinburgh Review*, 69 (1839), pp. 49–74. 自由放任主义经济学家弗雷德里克·巴斯夏（Frédéric Bastiat）也援引了统计规律性（或"大数定律"）。他认为，自由经济的自发秩序（体现在工资和利率的稳定上），与保险公司的运作完全类似。参见 Bastiat, *Economic Harmonies*, W. Hayden Bayers, trans., (Princeton, 1964) pp. 361–406。

③ Charles Morgan, *Review of Quetelet's on Man in Athenaeum* (London, 1835), pp. 593–595, 611–613, 658–661.

④ G. C. Lewis, *A Treatise on the Methods of Observation and Reasoning in Politics* (2 vols., London, 1852), vol. 2, pp. 84–85.

尔的话,阐释了如下原理:"对于那些本质上看来最为反复无常、不确定的事件,如果从个例层次考虑,那么我们永远也无法拥有能够预见它们的知识;而当我们从相当的数量来考虑时,这些事件发生的可预见程度就有着数学那种程度的规律性。"[1]他思考过需要多少年才抵消掉拿破仑或亚历山大对历史的影响,还认为政治家可以使用对民众的盖然判断来做决策,因为"近似适用于所有个体的真理,绝对适用于所有民众"[2]。

通过类似的方式,卡尔·马克思使用凯特勒的"平均人"理论,定义了一个统一的劳动标准,从而为劳动价值论给出了一个准确而合理的解释。[3]威廉·惠威尔引用死信的规律性来说明科学中的"平均值方法"(method of means)。[4]M. L. 胡洛斯基(M. L. Wolowski)认为,"大数定律统治着道德世界,一如其统治着物质世界",并指出统计定律是经济学推论必要的经验性依据。[5]马克·帕蒂森(Mark Pattison)在他对巴克尔的评论中断言,"社会历史只能建立在统计数据之上",因为"在与个体打交道时,一切都是不确定的;只有从宏观的角度看人类,才能计算出准确的结果"。[6]弗洛伦斯·南丁

67

---

① John Stuart Mill, *A System of Logic: Ratiocinative and Inductive*, J. M. Robson, *Collected Works* (vols. 7–8, Toronto, 1973), p. 932. 同时,正如穆勒在其《政治经济学原理及其在社会哲学上的若干应用》中援引托马斯·图克(Thomas Tooke)来阐释的原理那样:"即使在像半个世纪这样长的时期里,其所包含的丰年所占的比例也可能比应有的比例大得多,而荒年所占的比例则可能比应有的比例小。因此,单纯的平均数字,由于具有容易使人误解的'准确'的外衣,只会使人们得出更加错误的结论。仅取几年的平均数,并根据有关收获状况的估计加以修正,比相信较长时期的平均数而不加修正,发生差错的危险会小一些。"参见 Mill, *Principles of Political Economy with Some of Their Applications to Social Philosophy* (1848) (London, 1923), p. 704。

② John Stuart Mill, *A System of Logic: Ratiocinative and Inductive*, J. M. Robson, *Collected Works* (vols. 7–8, Toronto, 1973), p. 603.

③ Karl Marx, *Capital* (3 vols., New York, 1967), vol. 1, p. 323; 他对平均价格的评价可参见 *Capital* (3 vols., New York, 1967), vol. 2, pp. 860–861。马克思还在平均劳动的问题上批评了艾德蒙·伯克(Edmund Burke)的观点。罗伯特·欧文(Robert Owen)——马克思虽然没有提到他的名字,但是知道欧文的著作并且给予了高度评价——也持有同样观点,并为严格的劳动价值理论辩护,参见 Robert Owen, *Report to the County of Lanark* (Glasgow, 1821), p. 7。

④ William Whewell, *The Philosophy of the Inductive Sciences* (2 vols., 2nd ed., London, 1847), vol. 2, p. 405.

⑤ M. L. Wolowski, *Etudes d'économie politique et de statistique* (Paris, 1848), pp. 397–401.

⑥ Mark Pattison, "History of Civilization in England", *Westminster Review*, 12 (1857), pp. 375–399.

格尔也许是其中最为热情的统计学家,她被凯特勒所发现的定律迷住了,并试图将统计学融入行政管理。为此,她不单收集了统计资料,普及了数值方法,还资助了一些统计学研究,甚至以凯特勒的社会物理学为基础,在牛津大学设立了一个荣誉学位。[1]

19世纪晚期,新兴的社会科学和行为科学的领军人物们通常更喜欢生物学、历史学和人类学的观点,而非统计学的,但统计学在他们的研究中也并未缺席。年轻的威廉·冯特(Wilhelm Wundt)在他1862年的纲领性著作中,用一个长长的脚注批判了巴克尔,但他也重复了巴克尔的许多观点,并表示,对数值的使用或许能让他进入无意识状态。因此,冯特呼吁,应以统计定律为基础,书写一部人类社会的自然历史。他认为:"可以毫不夸张地说,心理学从统计数据的平均值中学到的知识,比从除亚里士多德以外的所有哲学家那里学到的都多。"[2]冯特后来转向了一个自然主义的、更加整体论的立场,从此成了统计定律的批评者。虽然晚期的冯特认为,历史定律的存在与心理学在精神科学中的主导地位相矛盾,但他至少推动了误差分析在实验心理学中的使用。

68 赫伯特·斯宾塞(Herbert Spencer)的社会学的首要原理是进化论,他在阐述这方面内容时,主要采取的是生物学类比的形式。斯宾塞反对政府的干预,他鄙视那些能得出简单答案的统计资料(如卫生统计数据),尤其对医学界以"按照牧师们的方式"[3]组织起来、管理公共卫生领域的明显倾向不甚乐观。而得不出任何结论的"教育统计学",则更加合乎他的口味。不过,他并不是一个反对启蒙的人。斯宾塞认为,尽管社会科学的主要作用是教给人们一些意想不到的结论,但它仍然可以合理地为自己的科学性辩护。为

---

① Marion Diamond, Mervyn Stone, "Nightingale on Quetelet", *JRSS*, 144 (1981), pp. 66-79, 176-213, 332-351. 亦可参见 Bernard Cohen, "Florence Nightingale", *Scientific American*, 250 (1984), pp. 128-137。

② Wilhelm Wundt, *Beiträge zur Theorie der Sinneswahrnehmung* (Leipzig, 1862), p. xxv. 亦可参见 Carl F. Craumann, "Experiment, Statistics, History: Wundt's First Program of Psychology", W. C. Bringman, R. D. Tweney, *Wundt Studies, A Centennial Collection* (Toronto, 1980), pp. 33-41。以下文章也许更合适:Solomon Diamond, "Buckle, Wundt and Psychology's Use of History", *Isis*, 75 (1984), 143-152。

③ Herbert Spencer, *Social Statics, Abridged and Revised* (1st ed., Osnabrück, 1966), p. 199.

了论证这一点,他还引用了统计学结论,尽管他没有以统计学为基础建立自己的学说。他援引凯特勒来论证自然选择的好处,表示"在一般情况下",一个"完美样本"的存活弥补了先前种族所遭受的大量死亡。[1]尽管斯宾塞声称自己对巴克尔不怎么感兴趣,但他还是使用统计学的论据反对查尔斯·金斯利(Charles Kingsley)和 J. A. 弗劳德(J. A. Froude)对巴克尔的批评,为社会科学的可能性辩护。在承认"个人意志的结果无法计算"之后,斯宾塞坚持说:"弗劳德先生本人到目前为止其实是相信'平均数原理'的,他认为法律禁令……将以可以预见的方式约束绝大多数人。"[2]社会科学可能不如天文学精确,但是"如果有一些精确性,就有一些科学性"[3]。

在早期社会学家中,埃米尔·迪尔凯姆(Emile Durkheim)是少有的真正写过统计学著作的人,即他关于自杀的研究。这当然是统计学最感兴趣的话题,自凯特勒的时代以来,它就已经引起了欧洲众多统计学家的高度重视。事实上,迪尔凯姆引用了他们中的许多人——凯特勒、阿道夫·瓦格纳(Adolph Wagner)、M. W. 德罗比施(M. W. Drobisch)、格奥尔格·迈尔(Georg Mayr)和亚历山大·冯·厄廷根(Alexander von Oettingen)等的观点。他还试图对统计学知识进行批判,不过他的尝试产生了最令人困惑的结果。他使用数值得出社会学结论的方法,实际上比之前任何学者的都要精细复杂。对此需要补充一点,即使在 19 世纪末,社会领域所具有的力量与真实性,也得到了统计规律性令人印象深刻的证明。在《社会学方法的准则》(*Rules of Sociological Method*, 1895)中,迪尔凯姆用"平均类型"(average type)界定事物的正常态(病态的反面),并将其与"群体思维"(group mind, *l'âme collective*)联系起来,认为统计学提供了一种手段,可用以区别那些"迫使人们结婚、自杀、多生育或者少生育等等"的"社会思潮"。[4]在《自杀论》(*Suicide: A Study in Sociology*, 1897)中,迪尔凯姆用统计资料说明了个人怎

69

---

[1] Herbert Spencer, *Social Statics, Abridged and Revised* (1st ed., Osnabrück, 1966), p. 233.

[2] Spencer, *The Study of Sociology* (9th ed., Osnabrück, 1966), p. 46. 斯宾塞关于巴克尔的论述可见于 Spencer, *An Autobiography* (2 vols., Osnabrück, 1966), vol. 2, p. 4。

[3] Spencer, *The Study of Sociology* (9th ed., Osnabrück, 1966), p. 39.

[4] Emile Durkheim, *The Rules of Sociological Method* (1895), S. A. Solovay, J. H. Mueller, trans., (Glencoe, N. Y., 1964) p. 8, 56.

样被"超越其自身的道德实在"所支配,而这种道德实在的张力极为紧迫,让迪尔凯姆感到,有必要调和"自由与统计资料所揭露的决定论"[1]。为此,他以类似凯特勒的方式指出,社会力量"可能不影响这些人而影响另一些人",因为它只是"要求一定数量的行为"。[2]紧随他的德国前辈们之后,迪尔凯姆倾向于把他的数字解释为一种"集体冲动",而不能还原为个人倾向的平均值。[3]然而,这种社会思潮的力量,最能体现在大量个体的集体行为之中。他们被驱使着自杀或结婚,不是因为在特定场合想要合理化自身行为,而是因为出现在社会集体存在中的"意识所不知道的"深层原因。[4]

虽然统计学作为一种社会科学方法取得了明显成功,但在同时代的人看来,它并不能在形而上学上证明支配着各个领域的定律只是盖然的。相反,他们认为统计定律的目的是,将天文学和力学等科学的确定性知识,延伸到那些迄今仍在抗拒精确科学研究的现象上。正如本书第三部分将要表明的,在巴克尔的时代,统计学已经积累了足够的声望,导致他的观点引发了一场激烈争论,该争论涉及道德行为的统计定律与传统自由意志观念之间可能存在的矛盾。这位统计学家当然承认,他所采用的数值方法意味着放弃探索个体行为的规律,但这并不意味着偶然性扮演着任何客观角色。在最糟糕的情况下,个体的行为可能就像抛硬币一样——即便复杂、不稳定得无法可靠预测,也还是完全由条件作用和自然定律决定的。社会中犯罪或自杀的确切数字取决于——即便是微不足道的——个人决策的一时冲动,这个观点并不是人们普遍认可的。巴克尔似乎相信(而且肯定被部分人解读为"暗示着"),犯罪的根源在于,社会的无知和堕落产生了不道德行为

---

① Emile Durkheim, *Suicide: A Study in Sociology (1897)*, J. A. Spaulding, George Simpson. trans., (New York, 1951) pp. 38–39.

② Emile Durkheim, *Suicide: A Study in Sociology (1897)*, J. A. Spaulding, George Simpson. trans., (New York, 1951) p. 325.

③ Emile Durkheim, *Suicide: A Study in Sociology (1897)*, J. A. Spaulding, George Simpson. trans., (New York, 1951) p. 306.

④ Emile Durkheim, *Suicide: A Study in Sociology (1897)*, J. A. Spaulding, George Simpson. trans., (New York, 1951) p. 297. 有关内容亦可参见 Stephen Turner, "The Search for a Methodology in Social Science: Durkheim, Weber, and the Nineteenth-Century Problem of Cause, Probability, and Action", *Boston Studies in the Philosophy of Science*, vol. 92, 1985。我尚未拥有此书。

的确定指标,而且这个指标每年必须用完。如果一个人不屈服于诱惑,那么其他的人就会受到更大的压力,直到用完年度犯罪配额。

在19世纪下半叶,人们越来越相信统计定律的价值和可靠性,甚至许多学者认为:对于某些物理和生物科学领域,统计学的社会科学可以成为模仿对象。他们反复使用对社会科学的类比和比喻,以证明将统计推理或统计方法应用于热力学、遗传学和价格波动等问题的合理性。最后,这种知识形式确实会与不确定性,甚至非决定论联系起来,但是对于那些没有任何理由认为表现无常、毫无规律的学科要想使用统计学,就必须首先相信统计学能够产生类律的知识,与支配自然的规则具有同样的确定性。统计学原理的声望已足以应用于经济学、生物学,甚至最庄严的科学——物理学,它在物理学中得到的结果是气体分子运动论。麦克斯韦、玻尔兹曼、高尔顿和埃奇沃斯假设,任何由众多独立事件组成的现象,在总体上都可以表现出令人惊叹的规律性;在他们的解释中,该假设的基础正是巴克尔的统计学观点。在一个层次上,事物是极为混乱的;而在另一个层次上,它是显著稳定的。混乱与稳定不仅能协调起来,而且混乱暗示着稳定。这种稳定性以统计定律的形式显示了自身。

**译者注:**

[1]"摄动力"是天文学术语,意为双星系统做轨道运动时,第三个天体对该系统施加的力。

[2]唐提保险最早是意大利银行家洛伦佐·德·唐提(Lorenzo de Tonti)提出的,目的是为路易十四筹集军费。具体操作为:每个投资人在出资后可以终生年金的形式获得红利;当投资人群中有人去世,其红利份额就分摊给其他投资人,直至最后一名成员死亡。

[3]死信指因地址、姓名不清等无法投递的信。

[4]1848年爆发了一系列反对君主政体的共和派革命,波及意大利、德意志、法国、奥地利等国。阿尔伯特亲王是维多利亚女王的表弟兼丈夫。

|第三章|
# 从抽签盒到保险业

　　正如洛林·达斯顿所述,在18世纪,概率通常被理解为对只具有不完全知识的世界进行的合理性演算。启蒙思想家们通过计算偶然性,来解决极为多样化的问题。他们用它来证明接种天花疫苗的合理性,说明如何看待各种法庭证词的可信度,甚至研究对圣经中神迹的信仰是否明智。孔多塞,还有后来的拉普拉斯和泊松,计算了在任何特定案件中,特定形式和规模的陪审团能够做出公正裁决的概率。然而,在世人眼中,并不是只有这些演算能够证明棣莫弗所言的"机会学说"的力量。概率论对精算和人口统计事务的适用性,也是概率学家所强调的。自第一张寿命表于1693年被埃德蒙·哈雷绘制之后,基于死亡人口记录的概率演算越来越多地被用来解决寿险和年金的费率制定问题——有趣的是,它们没有被用来解决海事与火事保险问题。18世纪欧洲各地的数学家,尤其是商业大国荷兰与英国的数学家,将他们的技艺应用到了政治算术上。拉普拉斯最重要的贡献正是对总体估计等人口问题的研究。①

　　18世纪的概率学家写了大量关于保险的著作,但这些著作显然没有影响到对概率的解释。概率论的数学结构来自它最早的研究对象——机会游戏(games of chance)。我们假定单个事件的概率是先验已知的,并通过各种公式对复合事件或多个事件进行计算。但"赌博"听起来似乎太低贱了,不能用来真正诠释如此深奥的研究,而在18世纪的思维框架中,一个数学领

---

① Lorraine Daston, "The Reasonable Calculus: Classical Probability Theory, 1650-1840" (Ph. D. Dissertation, Harvard University, 1979); Gillispie, "Probability and Politics: Laplace, Condorcet, and Turgot", *Proceedings of the American Philosophical Society*, 116 (1972), pp.1-20.

域必须在得到合理性解释之后才能存在。①概率论的基本研究对象不是偶然事件,而是信念的程度。对于无法回避的机会游戏,比如掷骰子或从盒中抽签,数学家们将其解释为一种启发式工具,为信念的分配做类比。"这实在是不可思议,"拉普拉斯写道,"一门从思考机会游戏开始的科学,竟能被提升为人类知识中最重要的学科之一。"②

毫无疑问,拉普拉斯最著名的思想,不论过去还是现在,都是那个虚构的存在——它拥有完美的预见能力与无限的计算能力,能够完全准确地知道过去和未来。拉普拉斯所说的,不是上帝的行为方式。他需要这个"无限智慧"的假设,来阐明他给概率下的定义,并解释他为何认为概率在人类思想中具有如此突出的地位。对于拉普拉斯来说,"机会"不是指不可化约的随机,而是众多独立原因相互作用的偶然产物。如果所有的自然事件都能同时被感知,并且我们的计算技术足够先进,那么我们将会像"无限智慧"一样,不再需要概率。然而有限的人类是不可能达到全知的,所以概率对于估计误差,尤其是降低人类误差的水平至关重要。要想在自然界使用概率,就必须获得一定程度的知识,但概率的真正对象是人类的无知。

即使作为哲学观点,古典概率论也不能完全脱离频率的客观概念。孔多塞使用雅各布·伯努利的定理,即无限长的相似事件序列与潜在概率的一致性,作为相信概率计算的根本基础。拉普拉斯发明了将伯努利定理应用于大量事件的方法,这是他在概率数学界地位的主要支撑。他引入"可能性"(*possibilité*)这个术语,来表示长期发生的事件自然呈现出的实际比率,并且相信这些比率通常是稳定的。他还开发了一套分析方法,用以计算主观"盖然性"(*probabilités*)与客观"可能性"(*possibilités*)的收敛程度。③长期以来,有两种关于概率的观点:第一种是概率陈述呈现出理性思维对某一特定

73

① Lorraine Daston, "The Reasonable Calculus: Classical Probability Theory, 1650–1840" (Ph. D. Dissertation, Harvard University, 1979), p. 78.

② Pierre Simon de Laplace, *Philosophical Essay on Probabilities*, F. W. Truscott, F. L. Emory, trans., (New York, 1917) p. 195.

③ 参见 Condorcet, *Essai sur l'application de l'analyse à la probabilité des décisions* (Paris, 1785), Keith M. Baker, *Condorcet: Selected Writings* (Indianapolis, 1976), p. 39; Laplace, "Mémoire sur les Approximations qui sont fonctions de très grands nombres" (1785), *Oeuvres*, vol. 10, p. 310。

事件的不确定程度;第二种是概率估计反映了发生在自然界或社会中的事件的长期分布情况。古典概率论者并不认为这两种观点存在矛盾。毕竟,大部分人都赞同一种相对被动的联想心理学(associationist psychology),认为信念几乎直接反映了经验。印象在心灵白板中随时间推移而刻出的痕迹,是概率评估所测量的主要内容。[1]

然而在古典概率论中,有许多事情无法用经验证明,甚至也不能被稳定频率的期望证明。拉普拉斯继承了伯努利的传统,假设心灵自然地将信念平均分配给它原本一无所知的互补选项。后来这被称为"无差别原则"(principle of indifference),常常被用来证明机会事件中等可能性假设的正确性,比如在抛掷均匀度未知的硬币时。在各种更大胆的计算中,它也占有重要地位,例如拉普拉斯提出的推断方法——"原因概率"(probability of causes)。这种方法的一个经典例子是,针对所有行星围绕太阳沿相同方向并大致在同一平面上旋转的现象,拉普拉斯测算了该现象是由某个确定的原因而非偶然因素导致的概率。1734年,丹尼尔·伯努利(Daniel Bernoulli)已经计算出,在随机分布的情况下,行星能够按照现状排列的概率。这个概率是可以直接计算出来的,但是想要计算出按照确定原因形成如此排列的逆概率就需要某些假设,其中之一是"有确定原因存在"的先验概率。对此拉普拉斯运用了无差别原则,定其为二分之一。

无论如何,拉普拉斯和孔多塞对概率的应用远比对其认识论基础更有兴趣。而在第一批详细研究概率哲学问题的思想家中,奥古斯都·德·摩根(Augustus De Morgan)对概率逻辑的研究使之成为一个有价值的哲学问题。早先,约翰·赫歇尔、威廉·惠威尔、查尔斯·巴贝奇、乔治·皮科克(George Peacock)和乔治·艾里(George Airy)等剑桥学者研究了拉普拉斯《天体力学》中的代数方法,以及傅立叶关于热的论文。后来英国皇家天文学会(Royal Astronomical Society)中又有许多人仿照这些剑桥学者的方法来研究概率。

74

---

① Lorraine Daston, "The Reasonable Calculus: Classical Probability Theory, 1650-1840" (Ph. D. Dissertation, Harvard University, 1979), pp. 174-218.

在这群天文学会会员中,德·摩根是最有影响力的一位。[①]在德·摩根、赫歇尔、托马斯·加洛韦(Thomas Galloway)、约翰·卢博克(John Lubbock)和弗朗西斯·贝利(Francis Baily)眼中,英国在概率论方面已经明显地落后于法国,以至于只在国内引介拉普拉斯《概率的分析理论》(*Théorie analytique des probabilités*)中深奥的数学推理就称得上一项伟大的成就了。与代数学家不同的是,英国概率数学家不太关心建立自主的数学研究传统,而是去学习进行科学和商业活动所需的概率知识,尤其是最能引起他们兴趣的最小二乘法(在1830年,这种方法在天文观测以及保险数学中必不可少)。有趣的是,天文学会的主要创始人弗朗西斯·贝利就是在保险业赚到了第一桶金,而在不同时期,学会中至少有好几个人领着保险机构的董事会的工资。[②]作为概率数学家,他们并没有声称自己要在拉普拉斯和泊松研究的问题上取得重大进展,相反,他们试图让拉普拉斯更接地气。在《大都会百科全书》(*Encyclopaedia Metropolitana*)、《大英百科全书》(*Encyclopaedia Britannica*)、《兰德纳珍藏本百科全书》(*Lardner's Cabinet Cyclopaedia*)、《小百科全书》(*Penny Cyclopaedia*)和《实用知识库》(*The Library of Useful Knowledge*)中,都可以找到他们的著作。

德·摩根从来不是个频率论者,相反,他坚持主观主义框架下的概念逻辑。对于证言和司法判决的概率研究,他有着不亚于拉普拉斯和孔多塞的热情。他还给出了这样的证明:精通数学的鲁滨孙·克鲁索[1]对所有路过的船只进行观察,在观察了7艘船之后,发现每艘船上都挂着旗子,那么可得下一艘出现的船上也挂着旗子的概率是8/9。这个证明让他备受争议。[③]德·摩根还认为,主观概率逻辑的内涵是宽容的,如果能充分理解这一逻辑,就

75

① 参见 Susan Faye Cannon, "The Cambridge Network", *Science and Culture: The Early Victorian Period* (New York, 1978), chap. 2; Maurice Crosland, Crosbie Smith, "The Transmission of Physics from France to Britain: 1800–1840", *HSPS*, 9 (1978), pp. 1–61。

② 参见 Francis Baily, *The Doctrine of Life-Annuities and Assurances Analytically Investigated and Practically Explained* (2 vols., London, 1813)。 德·摩根和加洛韦在保险业的工作见于 Sophia Elizabeth De Morgan, *Memoir of Augustus De Morgan* (London, 1882), pp. 60–61, p. 110, 181, pp. 279–280, p. 363。

③ 参见 John V. Strong, "The Infinite Ballot Box of Nature: De Morgan, Boole and Jevons on Probability and the Logic of Induction", *PSA: Proceedings of the Philosophy of Science Association* (1976), vol. 1, pp. 197–211。

能消除宗教偏见。尽管德·摩根并不富裕,但他还是辞去了伦敦大学学院 (University College London)的职务,以抗议宗教对教师聘任事务的干涉。 德·摩根坚持认为,除纯数学和逻辑外,所有知识都是概率性的——也就是 不确定的。1838年,他在书中写道:

> 概率是心灵的知觉,而不是一系列情形中体现出的固有属 性。……真正的概率可能因人而异。在很多时候,人们虽然怀揣 着真诚,却做出了缺乏宽容的狭隘之举。这就是因为没能认识到 这个差别。甲相信某种观点,乙相信另一种,丙不持任何观点。现 在他们中的一个,比如说甲,想要把乙或丙烧死、吊死或者扔进大 牢等,他的借口是,乙或丙在道德上不可原谅,因为他们不相信真 理。此时真正的真理就被甲所认为正确的观点取代了。他未能 看到,或者不愿意看到,乙或丙的任何想法也是其心灵的结构产 生的。[1]

因此,德·摩根坚持认为,任何概率测度都不可能是客观的。"我完全抛 弃了客观概率,"他写道,"'概率'这个词的意思是一种心灵状态,与一个断 言、一个即将发生的事件,或者任何其他不存在绝对知识的事物有关。"他认 为,概率无法与心理作用相区分,在权衡众多印象在人类心灵上的作用力之 后,才能设置概率测度的完美标准。[2]然而,这并不意味着纯粹的非理性,也 不是要放弃建立数学理论的所有希望,因为心灵判断并非完全不受现实世 界的影响。德·摩根驳斥了达朗贝尔(d'Alembert)著名的反对等概率假设(该 假设在德·摩根看来极为关键)的理由,他指出:"如果一个人不管权威看法 和这里定下的规则,真的觉得在上述案例[抛硬币,记作'正、正反、反反']中 的三种情况是等可能的,那么他完全有理由认为[抛两次硬币'正面至少一 次'的]概率是2/3而不是3/4。"但是,如果让他花一个晚上就这个问题与对

76

---

[1] Augustus De Morgan, *An Essay on Probabilities and on Their Application to Life Contingencies and Insurance Offices* (London, 1838), pp. 7–8.

[2] De Morgan, *Formal Logic* (London, 1926), p. 199.

手打赌，他很快就会回到传统观点上来。①

这种允许用经验来纠正概率偏差的观点表明，即便是德·摩根也认可概率中会出现不完全主观的东西。德·摩根热衷保险业，赞扬保险是"利己主义最开明和最仁慈的形式。从某种有限的意义来看，它实际上是一种让共同体的成员达成财产共有协议的可行方法"②。他特别喜欢友爱社（friendly societies）[2]，认为这种社团中的福利可以"让工人的独立性达到一种我们尚且不能明白的程度。糟糕的法律在那里好像被废除了"③。在德·摩根唯一完整的概率论著作中，他关注的重点是保险业，而该行业需要注意概率的客观方面。他解释说："'概率'这个词有两种意思，这两种意思的冲突是造成混乱的一个重要原因：概率既指人们的心灵状态，又指控制长期事件的发展的外在倾向；既指我们的预测的坚定程度，又指客观环境实现我们预测的能力。"④德·摩根认为，"概率"这个词的意思应该是"置信度"，它假定了我们没有能力做出可靠的预测。至于自然和社会中产生的客观比率，他更愿意称之为"倾向"（facility）。他经常使用这个统计学概念，并且强调，当应用于长序列事件时，概率演算可以呈现出对客观可靠性的度量。他引用凯特勒的话写道："在大量事件相互比较之后，得出的一致性就是定律。"⑤同样地，他的朋友托马斯·加洛韦对此也大为赞叹："在同类事件的重复中，对特定比率的不断趋近，使得我们能够将概率演算应用于社会和政治体制中许多备受关注的问题，这已经得到了经验证实。在确定一系列即将发生的事件的平均结果时，我们所发现的那种精确性，让人觉得它们的可能性好像是确定

① De Morgan, "Theory of Probabilities", *Encyclopaedia Metropolitana* (London, 1845), vol.2, pp. 393–400; 关于等概率假设，参见 De Morgan, "Probability", *The Penny Cyclopaedia of the Society for the Diffusion of Useful Knowledge*, vol.19 (London, 1841), pp. 24–30。

② Augustus De Morgan, *An Essay on Probabilities and on Their Application to Life Contingencies and Insurance Offices* (London, 1838), p. xv.

③ Augustus De Morgan, *An Essay on Probabilities and on Their Application to Life Contingencies and Insurance Offices* (London, 1838), p. 295.

④ Augustus De Morgan, "On the Theory of Errors of Observation", *TPSC*, 10 (1864), pp. 407–427.

⑤ Augustus De Morgan, *An Essay on Probabilities and on Their Application to Life Contingencies and Insurance Offices* (London, 1838), p. 119.

77

的,已经被先验地知道了一样。"[1]

在19世纪初期的法国,就像在英国一样,人们仍从根本上坚持着概率的主观主义理解,但同时也对这种解释有所疏远。尽管拉克鲁瓦对孔多塞在证言和司法判决方面的概率研究很感兴趣,但他否认了后者的概率观,即概率只是不完善知识的表达。在拉克鲁瓦看来,正如从盒中抽球那样,不管是在抽取之前还是之后做出判断,长期的趋势都会与盒子里球的比例相一致,而在考虑到大量数值资料时,最复杂的社会现象也能表现出明显的规律性。他写道:"这种联系是概率论的所有合理应用的真正基础。"[2]西莫恩-德尼·泊松在他的老师拉普拉斯所提出的概率论的整个应用范围内,都支持拉普拉斯,反对潘索(Poinsot)等人的质疑。在概率领域,泊松的主要工作是一篇关于司法判决错误可能性的文章。然而,泊松大部分工作的主要目标,是将伯努利大数定律推广到那些不存在单一的、固定的、潜在的概率的案例上,而他有关司法判决的那部分工作,也包括了对法庭实际记录的统计分析。他指出,大数定律是"所有的概率演算能够得到应用的基础",同样地适用于物理科学和道德科学。[3]

在19世纪40年代初期,古典概率解释被打破了。在1842年和1843年,来自3个国家的4名学者各自独立地提出了具有频率主义特征的概率解释。如此完美的时间巧合只能被认为是偶然结果,但产生这种变化的普遍契机并不完全令人惊讶。在19世纪初期,像"原因概率"这样的应用受到了越来越多的攻击,并且受到了这4名学者所有近乎公开的敌视与怀疑。同时,统计社会科学的地位日益突出;以往,概率学家为了给自己的研究正名,不得不诉诸原因概率或司法判决这样的具体应用,而统计社会科学的发展将为

78

① Thomas Galloway, *A Treatise on Probability* (Edinburgh, 1839), p. 4.

② S. F. Lacroix, *Traité élémentaire du calcul des probabilités* (3rd ed., Paris, 1833), p. 69.

③ S. D. Poisson, *Recherches sur la probabilité des jugements* (Paris, 1837), p. 12. 亦可参见 S. D. Poisson, "Recherches sur la probabilité des jugements, principalement en matière criminal", *Comptes rendus hebdomadaires des séances de l'Académie des Sciences*, 1 (1835), 473–494; S. D. Poisson, "Note sur la loi des grands nombres", *Comptes rendus hebdomadaires des séances de l'Académie des Sciences*, 2 (1836), pp. 377–382; S. D. Poisson, "Note sur le calcul des probabrhtés", *Comptes rendus hebdomadaires des séances de l'Académie des Sciences*, pp. 395–400, 其中载有潘索的批评。

他们提供一个新的辩护,最终把概率学家从那些应用中解放出来。理查德·莱斯利·埃利斯(Richard Leslie Ellis)、约翰·斯图亚特·穆勒、A. A. 库尔诺(A. A. Cournot)和雅各布·弗里德里克·弗里斯(Jakob Friedrick Fries)阐述了支持概率的频率解释的理由。虽然这些理由就像他们的国籍一样各不相同,但是他们还是不约而同地选择使用机会现象的规律性,例如用统计学结论来解释概率的产生。

从表面上看,大多数后验概率(即逆概率)都有着任意性。对这种任意性的厌恶,是频率主义概率观出现的原因之一。逆概率(inverse probability)涉及托马斯·贝叶斯(Thomas Bayes)的公式,拉普拉斯也独立发现了这个公式,并在各种场合使用它,其中包括测定某一固定原因导致太阳系行星按照现在我们所观测到的方式排列的概率。在比较常见的机会游戏中,1个正概率(direct probability)的例子是这样的:1枚均匀硬币被抛掷10次,计算结果为8次正面和2次反面的概率。而相应的逆问题就是:假设前10次抛掷硬币,结果出现8次正面和2次反面,计算硬币不均匀(在任意精确范围内)的概率。19世纪所有著名的频率论者,尤其是声称要得出有关现实世界的真理的学者,都不接受后验计算。其中,一群英国学者进行了最广泛的讨论。

1842年,埃利斯率先发难。他直言不讳地指出:"后验理论所给出的估计,比如所谓归纳结论的效力,都不过是幻觉。"[1]埃利斯指出,以前的学者给出的例子中存在矛盾。德·摩根所言的那个倒霉的水手可能会看到7艘挂着红旗的船驶过,这样一来,他就不得不对"下一艘船挂着红旗"和"下一艘船上挂着旗(可以是任何颜色的)"这2个命题赋予相同的概率。这种推理看上去无法算出"下一艘船挂着绿旗"的概率。埃利斯还认为,"下一个事件"是个模糊的说法,并质疑是否在通过一艘小船的时候就足以得出类似结论。他进一步认为,这种模糊性也使得拉普拉斯关于行星轨道的论证站不住脚:有一些彗星也是在某个平面围绕着太阳旋转的,而拉普拉斯没有在演算中给出任何将它们排除在外的合理理由。

几年后,同样的争论在另一个天文学问题的背景下又出现了。约翰·赫

---

[1] R. L. Ellis, "On the Foundations of the Theory of Probabilities", *TPSC*, 8 (1849), pp. 1–6.

歇尔在《天文学大纲》(*Outlines of Astronomy*)中,以1767年米歇尔(Michell)的一篇论文为依据,提出了一种计算方法。在那篇论文中,米歇尔使用逆方法计算出,在天空中观测到的大量相邻恒星中,至少有一些是真正的双星系统的概率。1850年,爱丁堡自然哲学教授J. D. 福布斯(J. D. Forbes)质疑了这一观点。福布斯虽然承认该论证在定性方面的合理性,但是他坚称,其中的任何数值概率都不是合理的,因为在对被观测到的结构进行概率演算时,都已经包括一些假设,它们所构成的特殊框架本就与数据相符,因此有很大概率得出恒星的分布出自某种固定原因的结论。他写道:"(概率)对于已经发生的事件没有绝对的意义,比如天体的分布……它仅仅代表了在事件发生之前或被告知结果之前,人的心理期望状态。"[①]此外,福布斯指出,另一种假设(恒星随机地分布于天球之上)没有得到充分的定义,他甚至都不确定能否给出一个准确的定义。

埃利斯和福布斯的这些论文得到了赫歇尔和W. F. 唐金(W. F. Donkin)的回应[②],不久之后,乔治·布尔(George Boole)也加入了论战。布尔此前已就自己的符号逻辑思想发表了一篇概要,所以他很容易就看到,他的方法很适合于这场关于概率基础的争论。1851年,布尔在《哲学杂志》(*Philosophy Magazine*)上发表了一系列论文[③],首次提出了他解决这一冲突的方案,并在1854年的重要著作《思维定律》(*The Laws of Thought*)中对其进行了概括。布尔解释说,将正概率换算成逆概率时,总是涉及两个待定参数。在"原因概率"的例子中,总是必然要对"固定原因存在"的先验概率和这个未经详细说明的原因足以产生所观察结果的概率进行赋值。这种赋值总是武断的,因此最终的解决方案必然涉及一些可疑的假设。拉普拉斯和德·摩根心照不宣地为这些参数赋值,将第一个参数赋值为1/2,第二个赋值

*80*

---

[①] J. D. Forbes, "On the Alleged Evidence for a Physical Connexion Between Stars Forming Binary or Multiple Groups, Deduced from the Doctrine of Chances", *Phil Mag*, 37 (1850), pp. 401-427. 亦可参见 Barry Gower, "Astronomy and Probability: Forbes Versus Michell on the Distribution of the Stars", *Annals of Science*, 39 (1982), pp. 145-160。

[②] John Herschel, "Quetelet on Probabilities", *Edinburgh Review*, 92 (1850), pp. 1-57; W. F. Donkin, "On Certain Questions Relating to the Theory of Probabilities", *Phil Mag*, 1 (1851), pp. 353-368, 458-466.

[③] 这些论文可见于 George Boole, *Studies in Logic and Probability* (London, 1952)。

为 1。最终，他们对因果关系的分析，在表面上产生了一种足以误导人的精确性。在布尔看来，这种以"我们的知识，或者不如说是我们的无知进行的平均分配"为基础进行的赋值，是相当武断的，只不过就是"在这些不同状态的事物上强加给它们相等的概率。我们本身对这些事物是一无所知的，而这种无知又成了赋值的基础"①。

埃利斯从他对拉普拉斯和德·摩根的反对意见中，更进一步得出结论，认为现行的概率解释存在着根本性的错误。他认为，"除感觉主义哲学之外，概率论与任何事物之间都是矛盾的"，而概率陈述的恰当应用，必须是针对事件序列，而不是个人的心理不确定性。因此在他看来，长期事件的频率与单个事件的概率的趋同必然是不言自明的："说一个事件比另一个更有可能发生，或者两者相比更应期待前者，对于这类判断，我一直无法将其与一种信念割裂开来，那便是从长远来看，该事件会更加频繁地出现。"埃利斯认为，拉普拉斯，这名拿破仑时代的高官，无非是想用概率计算给最简单而基本的真理披上深奥的科学外衣。而在埃利斯看来，活跃的心灵不断努力"在感觉对象中引入秩序和规律性"，这才自发产生了概率的概念。我们对自然稳定性有着根深蒂固的信任，所以我们确信，随着"偶然原因的作用消失"，稳定的平均值将渐渐浮现。概率必须观察现象，而非忽视现象；概率必须与秩序和统计规律性的概念相结合，而非与偶然的概念相结合。②

布尔也采纳了频率解释，但不是从埃利斯的"感觉主义哲学"出发，而是出自理念论（idealism）。根据苏格兰常识学派（Scottish Common Sense）[3]的传统，布尔认为，逻辑学和概率论"在说明性知识和可能性知识这两个领域中，向我们呈现了真理和正确的根本标准。这些标准不是从外部而来的，而

81

---

① George Boole, *An Investigation of the Laws of Thought on Which Are Founded the Mathematical Theories of Logic and Probabilities* (New York, 1958), p. 370.

② R. L. Ellis, "On the Foundations of the Theory of Probabilities", *TPSC*, 8 (1849), pp. 1–3. 亦可参见 1850 年 9 月 3 日埃利斯致福布斯的信，出自 J. C. Shairp, P. G. Tail, A. Adams-Reilly, *Life and Letters of James David Forbes, F.R.S.* (London, 1873), p. 480："数字可以证明一切（*Avec des chiffres on peut tout démontrer*），这应该是概率论的大多数哲学应用的座右铭——就概率本身的性质，朴素地讲，只是一种组合论（the theory of combinations）的发展。把它纳入科学哲学的企图，实际上是要把科学哲学全部摧毁。"

是深深植根于人类官能的结构中"①。不过,他否认概率可以被定义为诸如"期望的强度""内心的一种情感"这样随意的东西。大数规律性是一种自然的属性,他写道:

> 我们在人寿保险以及概率论的其他统计应用中使用的规则,是完全独立于我们的心理期望的。它们的基础假设是:未来与过去相似;在相同条件下,同一事件倾向于以确定的数值频率重复发生。它们不是任何计算人类希望和恐惧之力量的尝试。
>
> 现在,经验已经证实,在特定的情况下,特定种类的事件确实会以一定的频率重现,不管它们的真正原因是已知的还是未知的。当然,这种趋势一般只有在观察范围足够大时才会表现出来。②

因此,尽管用约翰·维恩(John Venn)的话来说,布尔是一个"概念论者"(conceptualist)而不是一个"唯物论者"③,但他的概率理解之基础是保险和社会统计学,而不是从传统的抽签盒中发展来的有关不确定性知识的模型。他承认,在某些机会游戏中,概率可以直接从硬币和骰子的组合方式及其均匀的结构中得出,但他坚持认为,即便在这些游戏中,"通过不断观察事件的成功或失败而得出的"概率测度,也必须被视为同样根本的东西。对于其他的机会现象,包括所有法律实践中的事情,赌徒的先验推理完全无法使用。布尔认为,在有些例子中,人们可以直接通过二项式分布运算得到原始概率,但是这些例子实际上罕见而且无用,竟然在如此之长的时间内一直是数学家的焦点所在。对概率概念的正确理解应当是:"特定事件的预期发生频率,取决于任何其他事件的已知发生频率。"④

逻辑学一直是苏格兰各个大学的核心课程。在理查德·惠特利

---

① George Boole, *An Investigation of the Laws of Thought on Which Are Founded the Mathematical Theories of Logic and Probabilities* (New York, 1958), p. 2.

② George Boole, *An Investigation of the Laws of Thought on Which Are Founded the Mathematical Theories of Logic and Probabilities* (New York, 1958), pp. 244-245.

③ John Venn, *The Logic of Chance* (3rd ed., New York, 1962), pp. ix-x.

④ George Boole, *An Investigation of the Laws of Thought on Which Are Founded the Mathematical Theories of Logic and Probabilities* (New York, 1958), p. 13.

(Richard Whately)于1820年前后在牛津大学恢复了这门课程后[1]，逻辑学在英格兰的影响力也变得越来越大，同时也为约翰·斯图亚特·穆勒对古典概率观的批判提供了理论框架。穆勒试图在其父亲的唯理论与麦考利(Macaulay)保守的培根主义之间寻找某种中间道路，认为即便是数学也不能独立于经验之外。他不赞成把知识与方法割裂开来，指出一切推理都是从特殊到特殊。中间的一般性概括是有用的，但它们所依据的也是具体观察，没有任何凌驾于后者之上的优势地位。在穆勒看来，拉普拉斯的原因概率就像一种先验推理，是从无知中得出的，一方面支持边沁那死板的演绎法，另一方面又支持直觉主义者对非理性情感和传统的推崇。

穆勒的第1版《逻辑体系》出版于1843年，其中有着对19世纪的古典概率论最严厉的批判。他特别提到拉普拉斯，认为这种宁愿在计算方法上穷尽一生去钻研也不愿扩大数据量的人，助长了"对概率演算的错误应用，让概率论成了数学的真正耻辱"[2]。穆勒将基于无差别原则进行的概率分配斥为"完全错误的"，是一种"奇怪的自负……认为通过数字运算系统，我们的无知就能变成科学"。[3]如果没有足够的经验信息作为基础，"对偶然性的计算就是披上知识的外衣，把浅薄的无知变成危险的错误"[4]。知识，无论是可能性知识还是确定性知识，归根到底仍然是知识，因此只能通过唯一方式获得。"关于事实的可能性的结论，与关于事实的确定性的结论，不是建立在不同的基础上，而是建立在完全相同的基础上。它们的基础不是我们的无知，而是我们的知识：从经验中获得的关于事实发生和不发生的情况之间的比例的知识。"[5]

在1846年出版的第2版书中，穆勒对拉普拉斯概率观的反对有所缓和。

---

[1] 参见 Whately, *Elements of Logic* (2nd ed., London, 1827)。

[2] John Stuart Mill, *A System of Logic: Ratiocinative and Inductive*, J. M. Robson, *Collected Works* (vols. 7–8, Toronto, 1973), p. 538.

[3] John Stuart Mill, *A System of Logic: Ratiocinative and Inductive*, J. M. Robson, *Collected Works* (vols. 7–8, Toronto, 1973), p. 1140, 1142.

[4] John Stuart Mill, *A System of Logic: Ratiocinative and Inductive*, J. M. Robson, *Collected Works* (vols. 7–8, Toronto, 1973), p. 545.

[5] John Stuart Mill, *A System of Logic: Ratiocinative and Inductive*, J. M. Robson, *Collected Works* (vols. 7–8, Toronto, 1973), p. 1142.

在第2版出现之前,约翰·赫歇尔曾给穆勒写了一封长信,声称在衡量我们对某一事件的合理期望时,主观概率是一种令人满意的方法,而经验信息只能用于计算现实世界中多个事件的可能比率。[①]对于科学和数学研究的实际问题,穆勒的立场其实并非特别坚定。他同意了赫歇尔的观点,但并没有真正接受它。尽管他在新版本中不再谴责无差别原则,但还是坚持认为,信息量的增加比最复杂的数学分析还要有用。在《逻辑体系》的每一版书中都有着这样一句话:相比于基于无差别原则的纯粹臆测,从经验的角度来理解掷骰子等概率问题是更好的选择。尽管赫歇尔的信似要表明,这两种概率并不是完全可通约的。[②]

实际上,穆勒一直怀疑概率理论不能在单一案例中使用,并始终倾向于使用长期频率体现出的规律性来解释概率。他认为,不管保险统计表对保险公司来说多么有用,其对个人来讲几乎没有任何价值,因为相比平均水平,每个人的情况肯定或高或低。当时的统计学家认为,当众多非系统的因素在局部地区活动时,科学和确定性就会在宏观尺度上显现。穆勒也加入了这些统计学家的行列。他从1862年版的《逻辑体系》开始就引用巴克尔的话说道:"对于那些本质上看来最为反复无常、不确定的事件,如果从个例层次考虑,那么我们永远也无法拥有能够预见它们的知识;而当我们从相当的数量来考虑时,这些事件发生的可预见程度就有着数学那种程度的规律性。"[③]

84  库尔诺主要因其在经济学领域的成就而广为现世所知。他对古典概率解释的批判更为谨慎,但他的分析与英国频率论者有着大致相同的倾向。在法国,证词、司法判决以及自然现象方面的概率论应用,遭到了一些具有实证主义倾向的学者的谴责,如德斯蒂·德·特拉西(Destutt de Tracy)、庞索和奥古斯特·孔德。对于这些问题,库尔诺的处理更为微妙。他承认,主观概率的演算并非完全无效,但否认它有任何用处。库尔诺指出,后验概率的

① 参见 John V. Strong, "John Stuart Mill, John Herschel, and the 'Probability of Causes'", *PSA: Proceedings of the Philosophy of Science Association* (1978), vol. 1, pp. 31–41。

② John Stuart Mill, *A System of Logic: Ratiocinative and Inductive*, J. M. Robson, *Collected Works* (vols. 7–8, Toronto, 1973), p. 540.

③ John Stuart Mill, *A System of Logic: Ratiocinative and Inductive*, J. M. Robson, *Collected Works* (vols. 7–8, Toronto, 1973), p. 932.

模糊性"是可以被纠正的,只要我们看到作为一种客观存在的概率与主观概率的区别。前者是对事件实际发生可能性的计算,而后者则部分与我们的知识有关,部分与我们的无知有关"[1]。除非有大量经验做基础,否则这两种概率都不会有什么用处:

> 如果关于偶然性的数学理论,只能教给我们一个孤立的事件发生或者不发生的机会,而这个事件却永远不会再现,或者只有在很罕见的情况下才会再现,那它的魅力还不如猜测大。然而正如下文所言,对于那些在相同条件下具有相同的风险,并且可多次重复测试的实践活动,这种数学理论具有十分重要的意义。[2]

在他关于概率论的著作中,库尔诺为自己设定了两个目标:一是清晰阐述概率的数学基础;二是澄清在众多著作中似乎普遍存在的哲学错误。他并没有把概率研究首先看作某种数学旨趣,而是作为观察科学、统计学和实务经济研究中不可或缺的工具。概率领域的研究总是让人习惯性地联想到机会游戏,库尔诺对此不无遗憾,不过他也认为,社会统计学的事件过于复杂,除非概率推断方法得到了更好的发展,否则它永远也无法得到充分的应用。天文学在他的眼中是一门更加有用的、可以用来促进概率数值分析技术发展的学问。[3]库尔诺的总体目标,也是他眼中概率论能取得的数学成就,是让统计学作为一种方法出现。要达到这个目标,基于无差别原则进行的置信估计看起来前途黯淡,故而他如此强调概率应与稳定的频率有关,也 85 就不足为奇了。他写道:"只有当想要研究的数值资料非常多,让人们不得不求助于近似公式时,概率演算才具有真正的重要性。"[4]

---

[1] A. A. Cournot, *Recherches sur les principes mathématiques de la théorie des richesses* (Paris, 1838), p. 155.

[2] A. A. Cournot, *Recherches sur les principes mathématiques de la théorie des richesses* (Paris, 1838), p. 46.

[3] A. A. Cournot, *Recherches sur les principes mathématiques de la théorie des richesses* (Paris, 1838), pp. 261–262.

[4] A. A. Cournot, *Recherches sur les principes mathématiques de la théorie des richesses* (Paris, 1838), p. ii.

1842年,德国著名的康德主义哲学家雅各布·弗里德里希·弗里斯(Jakob Friedrich Fries)引入了频率主义观点。和英国人一样,弗里斯强烈反对概率在证词上的应用,以及拉普拉斯的原因概率。实际上,他反对的正是"大部分后验概率学说",因为"不能假装计算一个无法计算的东西"。[①]他的著作的目标是拯救概率论的基础,并定义它与政治算术、保险业和观测天文学的关系。他的解释主要基于对统计频率稳定性的信心。然而,他的观点并不是通过拔高经验的地位而得出的,而是建立在对人类更高级官能的辩护,以及他对启蒙哲学和法国的数学方法所导致的感觉主义的反感之上。

弗里斯虽不是具有创造性的数学家,但也有一定数学能力。他想要摒弃为纯粹概率演算而开发出的大多数组合数学内容。既然等可能性只不过是一种抽象的数学概念,与对自然的考察无关,那么这种标准的演绎方法就只适用于机会游戏。此外,法国的数学家兼革命家孔多塞,忽视了一切判断所必需的理性官能。他们将对概率的正确评估,与相似事件的简单重复,或习惯的盲目影响混为一谈。他解释说,数学概率的真正目的是识别出普遍定律,这些普遍定律的作用总是被特殊定律掩盖住。因此,我们最好抛弃后验计算的武断假设及其感觉主义的过程,代之以理性调查的方法,即通过统计规律来揭示事物原因。

接着,政治算术和保险业务,被弗里斯视为涉及概率的科学研究之模范。和埃利斯一样,弗里斯不认为统计规律性能够通过伯努利定理或泊松大数定律来解释。他认为这是本末倒置。统计学的一致性必须用一个基本真理来解释,即不变的原因总会产生相应的结果。统计规律性不是由随机混乱产生的;秩序以自然定律的形式,先于事件而存在。因此在应用于自然时,概率的直接对象不是单个事件,而是均值,只有均值才能用来揭示自然规律。弗里斯认为,数学概率"对于预测单个事件完全没有意义。只有当我们所要估计的事件序列容量足够大时,它的重要性才会显现出来"[②]。

我们不应该认为频率解释立刻——或者曾经——完全取代了概率的主

---

① Jakob Friedrich Fries, *Versuch einer Kritik der Principien drr Wahrscheinlichkeitsrechnung* (Brunswick, 1842), pp. v-vi.

② Jakob Friedrich Fries, *Versuch einer Kritik der Principien drr Wahrscheinlichkeitsrechnung* (Brunswick, 1842), p. 23, pp. 135-136, p. 144.

观解释。然而,在19世纪后期,类似的观点成了常识。在这个问题上,大多数法国和德国的著名学者都不认为概率本质上是客观的,但他们也并不再关心如何在单个试验可能的结果之间分配不确定性,而且似乎也并没有人支持原因和证词的概率演算了。德国人约翰内斯·冯·克里斯(Johannes von Kries)在1886年发表了一篇关于概率的主观解释的文章,但他认为,对真实概率的理性估计几乎总是需要大量的统计经验。他认为等概率分配只是个投机取巧的数学方法,即便是在机会游戏中,这种技巧也通常不会完全有效。他还认为,概率数学不应该再不切实际地想成为不确定事件的普遍逻辑。[①]在法国,约瑟夫·贝特朗(Joseph Bertrand)认为,无差别原则不具有彻底的一致性,"随机"有时可以用不同的方式来解释,从而产生完全不同的结果。他进一步认为,概率只能对彼此类似的大量事件有用,而只有统计规律才能证明它对人类和自然的适用性。他写道:"让偶然纠正自己。即便有人尚未认识到这句箴言的严格性,普遍经验也已表明了它的合理。'严格'这个词并不夸张。'偶然'的自由行动的结果,是可以被确定地预测的,而且这种预测丝毫不会妨碍其反复无常。"[②]

在英国,情况则更为复杂。德·摩根和赫歇尔继续捍卫拉普拉斯的观点。牛津大学的数学家W. F. 唐金描述了"一个完美的数学恒等式,它存在于人们的信念(比如确信某一点在空间中的位置)的基本定律和理想弹性流体的基本定律之间。……我们的整个信念会在无限的空间中均匀地膨胀,正如在完全自由的情况下,一个有限质量的理想弹性流体会在整个空间中膨胀,并具有均匀的密度"[③]。他甚至以证词的力量和物理引力的类比为基础,建立了一个模型,以此推导出了天文误差函数。斯坦利·杰文斯(Stanley Jevons)的《科学原理》(*Principles of Science*)也明显没有受频率学派影响;甚至连弗朗西斯·埃奇沃斯也坚持主观主义的解释,尽管他的说法有一些小小

*87*

---

① Johannes von Kries, *Die Principien der Wahrscheinlichkeitsrechnung: eine logische Untersuchung* (Freiburg, 1886), p. 9.

② Joseph Bertrand, *Calcul des probabilités* (Paris, 1888), pp. 4–5, 68–69.

③ W. F. Donkin, "On an Analogy Relating to the Theory of Probabilities and on the Principle of the Method of Least Squares", *Quarterly Journal of Pure and Applied Mathematics*, 1 (1857), pp. 152–162.

的差别。

　　然而,19世纪最有影响力的概率哲学研究者约翰·维恩,绝对是频率学派的。实际上,也正是他首次对概率的频率解释进行了详尽的阐述。他认为,就单个的不可重复的事件而言,给信念定量是不合适的。概率这一概念依赖于一条公理,即终极统计规律性的存在。要确定一个事件发生的概率,就必须把这个事件放在事件序列中。然后,概率值适用于该序列而不是个别事件,否则,因为单个事件可以放在不同的序列中,可能会分配到几个相互矛盾的概率。维恩以一名生活在马德拉群岛上的患肺病的英国人为例,"马德拉群岛上的英国肺病患者"这一群体数量实在是稀少,因此无法针对他们制定出寿命表——保险公司只关心一般人的平均情况。那么现在保险公司就可以将这名患者划分到两个类别中,第一类是"患有肺病的英国人",第二类是"马德拉群岛上的英国居民"——但是没有一个专门的死亡概率可以给他赋值。

　　维恩坚持说,概率演算的最终基础是经验,它的合理性来自一个"众所周知的事实",即众多的现象都可以用"一种被我们称为'一致性(uniformity)'的广泛且有些模糊的规律性"来描述。[1]但在他看来,很不幸的一点是,为了数学计算的方便而设定的先验假设,以及概率与赌博问题之间的联系,"给很多人留下了这样的印象,觉得这类问题能够恰当地说明偶然性理论,是该理论的典型例子。然而,要是这门科学最开始关注的,是通常在保险业务中出现的实际问题,那么,除认为这门科学直接诉诸经验之外,就很可能不会再有其他观点了"[2]。

**译者注:**

[1]鲁滨孙·克鲁索(Robinson Crusoe),《鲁滨孙漂流记》的主人公。

[2]友爱社是英国的一种社会组织,社中的会员通过定期缴纳会费或其他费用,以在将来获得养老金、疾病补助费等。

---

① John Venn, *The Logic of Chance* (3rd ed., New York, 1962), p. 240.

② John Venn, *The Logic of Chance* (3rd ed., New York, 1962), p. 76.

［3］苏格兰常识学派是一种认识论哲学流派,18世纪末至19世纪初在苏格兰
　　蓬勃发展。该学派反对贝克莱和休谟的怀疑论,主张外部世界和心灵都
　　是真实存在的,人天生具有感知共同思想的能力,这一过程与判断是内
　　在相互依存的,这是人类的常识。

第二部分 *89*

　　　革命正如惊涛骇浪般发生,帝国正在崩溃,激情正在摧残这个世界。与此同时,也有学者和哲学家在密切关注着事物的发展,分析它们,努力让它们遵循恒定不变的普遍定律,就像天文学和物理学那样。他们的……著作的目的,就是要证明,人生活在由不变定律控制的帝国中,这些规律在指导他的意志的同时,不会妨碍他的自由。

　　　　　　　　　　　　　——卡拉曼公爵(Duc De Garaman)(1849)


　　　群众仅仅在三个方面值得一顾:首先是作为伟大人物的复印件,被印在劣质的纸上,而且是用磨损的雕版印的;其次是作为对伟人的阻抗;最后是作为伟人的工具。此外就让魔鬼和统计学把他们带走吧!

　　　　　　　　——弗里德里希·尼采(Friedrich Nietzsche)(1874)


　　　世界上有三种谎言:谎言、该死的谎言和统计数字。

　　　　　　　　　　　　　　　　　　——迪斯雷利(Disraeli)

# 非理性的最高定律

　　虽然误差理论在天文学及相关领域的使用,导致了19世纪早期最复杂的统计数学的诞生,但统计推理最富成果的应用其实出现在别的领域。只要概率函数还被认为代表着测度与观察的不完善性,那么,当变异出现的时候,除找到估计方法并尽可能地消除其影响之外,没有什么理由进行更多的处理。因此概率论还应当被视为一种建模工具,以发现和分析自然与社会中真实存在的变异。在现代统计学的起源过程中,误差分析所扮演的角色,没有将作为建模工具的概率论重要。

　　值得注意的是,使用概率来分析真实变异的做法,起源于作为社会科学的统计学。在对偶然性的演算方面,统计学似乎将在19世纪中期大有可为。查尔斯·古罗(Charles Gouraud)在其1848年出版的概率史著作中,给予凯特勒的统计学研究以极高期待。[1]频率解释也体现出,对概率问题的关注点,已经从误差转移到了变异。然而,在数理统计的发展过程中,占据更为核心地位的,是凯特勒对人类种群特征分布的洞悉。他的观点体现了社会统计和数理统计之间最重要的特殊联系,说明并证实了本书关于社会科学在统计思维的发展中所扮演角色的一般论点。

　　凯特勒所关注的对象是"概率误差函数"(the probabilistic error function),该函数被高尔顿称作"非理性的最高定律"(supreme law of unreason)。这条曲线现在叫作高斯分布或正态分布,其历史与19世纪统计数学的发展史是一致的。19世纪统计思想的核心成就,就是将它重释为一种真实变异的定律,而不仅仅是误差的定律。这种重释在循序渐进中慢慢发生,回顾起来,竟像是一个颇具创造性的误解过程。社会思想再一次占据

---

[1] Charles Gouraud, *Histoire du calcul des probabilités depuis ses origines jusqu'à nos jours* (Paris, 1848), p. 12, 139.

了主导地位,而且它对自然科学有着可以被证明的影响。这种思想传播的主线为:从拉普拉斯到凯特勒再到麦克斯韦和高尔顿;从人口统计学与天文学中的平均误差,到某人距理想化"平均人"的偏差,再到气体中分子速度的分布,以及同一家庭中生物变异的遗传。最终,就连误差分析本身,也被这一主线改变了。

# 第四章
# 技艺与自然中的误差

$\dfrac{1}{\sqrt{2}}e^{\left(-\frac{x^2}{2}\right)}$,该指数函数后来被称为天文误差定律、正态分布、高斯密度函数,或者简单地叫作钟形曲线,是由亚伯拉罕·棣莫弗引入概率论的。如同早期的大多数概率数学一样,它最开始出现的语境也是机会游戏:它是二项式分布的极限。因为在解决排列组合问题时,二项式十分有用,所以它已然成为机会学说的核心。原则上,它可以应用于众多问题,但实际上,它的计算量往往超乎人力之所能及,例如,计算一枚均匀硬币投掷1000次,得到480次正面和520次反面的概率。1730年,詹姆斯·斯特林(James Stirling)在棣莫弗的帮助下,推导出了阶乘近似值逼近公式。而后在1733年,棣莫弗发表了一篇论文,并将该文收录于1738年《机会学说》的第2版中。他在论文中指出,对于可能结果的分布问题,如抛掷硬币1000次的结果,使用误差函数可以很好地得到近似值。此时,将概率论应用于无限多的独立事件的可行性第一次得到了验证。棣莫弗对他的新发现很感兴趣,同时认为,这是整个机会学说中最难的问题。①

然而,直到18世纪70年代拉普拉斯研究概率之前,棣莫弗的发现也未得到重视。在拉普拉斯看来,棣莫弗的近似方法称得上无价之宝。1774年前后,拉普拉斯独立于贝叶斯提出了后验概率的新技巧②,并希望将这种技巧与棣莫弗的方法结合起来,根据对过去事件的记录,来预测未来事件的分布,或者推断出真实原因的存在。在1781年发表的一篇论文中,拉普拉斯运

---

① 关于棣莫弗,参见 Ivo Schneider, "Der Mathematiker Abraham De Moivre", *Archive*, 5 (1968–1969), pp. 177–317。

② 参见拉普拉斯的回忆录:Laplace, "Memoiré sur la probabilité des causes par les événements" (1774), *Oeuvres*, vol. 8, pp. 27–65。

用了这个指数近似法。他的研究发现,巴黎男婴的出生数量每年都多于女婴,但这个事实并不需要天意的调解,因为考虑到男女的平均比例和出生总人数,在任何一年里,女孩出生数量超过男孩的概率只有1/259。用相同的方法,他计算出伦敦的男性出生率比巴黎高的概率为410457/410458。他还根据完整的出生登记表和每年出生人口与总人口比例的估算值,算出了要想使人口统计数字具有一定可靠性,所必须计入的公民人数。[1]概率数学在人口统计学的适用再次肯定了拉普拉斯的观点,即概率论可用来作为缩小不确定性范围的一种普遍方法。他把棣莫弗的指数函数称为"误差倾向定理"(the law of facility of errors),推崇为计算原因概率的有用工具,并建议研究人员应首先在使用误差分析证明观察结果确实有用后,再形成观点来解释它们。[2]

根据拉普拉斯对棣莫弗数学方法的推广,人们不再必须假设,个体事件本身是按照潜在的平均值呈对称分布,像抛掷均匀硬币时那样。拉普拉斯还发明了一般的误差分析方法,将其应用于各种领域的若干问题。拉普拉斯宣称自己计算出了土星的质量,或许由于他轻信了他所拥有的数据的优质性与独立性,他说自己结论的误差不会超过百万分之一,但是后来却被乔治·艾里证伪了。[3]不过在误差分析理论的应用方面,拉普拉斯仍然展现出了娴熟技艺与精湛思维,甚至在其去世后半个多世纪里,也无人能出其右。

拉普拉斯为后人划定了可以有效使用误差理论的问题种类,并留下了分析的方法。在拉普拉斯的概率测算中,有一个例子被凯特勒等人认为极具价值——大气压的日间变化受到了一个常规原因的影响。有许多无规律的变化原因也在影响着气压计的精度,这意味着"误差"的量级将会更大,因

---

[1] 参见 Laplace, "Memoiré sur les probabilités" (1781), *Oeuvres*, vol. 9, pp. 383–485; "Sur les naissances, les mariages, et les morts à Paris depuis 1771 jusqu'en 1784, et dans toute l'étendue de la France pendant les années 1781 et 1782" (1786), *Oeuvres*, vol. 11, pp. 35–46。丹尼尔·伯努利在1770—1771年将棣莫弗的成果应用到出生率问题上,拉普拉斯无疑对此有所了解,参见 O. B. Sheynin, "Daniel Bernoulli on the Normal Law", *SHSP*₂, pp. 199–202。

[2] 参见 Laplace, "Mémoire sur les approximations qui sont fonctions de très grands nombres, Suite" (1786), *Oeuvres*, vol. 10, pp. 295–338。

[3] 参见 A. A. Cournot, *Recherches sur les principes mathématiques de la théorie des richesses* (Paris, 1838), pp. 242–243。

此要探究气压变化的原因,除获取大量观测资料、使用概率方法之外,别无他法。"随着事件数量的增加,它们各自的概率就会慢慢出现。"拉普拉斯写道。而上午和下午气压读数的平均值确实显示出微小的差异。只有在无限次的观测之后,这种偏差才会确定地指向某一固定的原因,所以有必要使用误差分析,来计算这些偏差是由该原因而产生的概率。拉普拉斯使用误差函数的积分,计算出了仅靠偶然性就能产生所观察的平均结果的概率,而这个概率是极小的。因此,拉普拉斯推断说,气压读数的变化表明存在某个不变的原因。[①]

同样的函数在19世纪初被引入观测天文学,这让包括物理学家在内的许多人都知道了它的鼎鼎大名。数十年来,天文学家们一直在讨论,将大量观测数据还原为一个值或一条曲线的最佳方法,以及在假设单次观察的误差时有发生的基础上,估计最终结果的准确性。1789年,托马斯·辛普森(Thomas Simpson),随后还有拉格朗日(Lagrange),给出了均值中产生给定误差大小的概率表达式,而拉普拉斯在18世纪也研究过该问题。[②]而后,勒让德(Legendre)于1807年宣布,他发明了一种还原研究对象(如恒星或行星)多次观测结果的一般方法。它可以计算出某种特定类型的曲线,从而让单次测量误差的平方和达到最小——如果目标是静止的,那这个过程与取平均值没有什么不同。这就是勒让德提出的所谓"最小二乘法",但他当时未给出概率论证明。

卡尔·弗里德里希·高斯(Carl Friedrich Gauss)几乎立刻就声称,他从1798年起就一直在使用这种方法,并给出了它的形式推导——或者更确切地说,计算出了它的有效条件。他的结论是,如果与真实值的误差,是根据棣莫弗和拉普拉斯所熟知的误差曲线来分布的,那么最小二乘法就可以算出物体待测的实际位置或路径的最可能值。高斯的推导和他后来的尝试仍然是有争议的,因为高斯没有为其前提,即误差定律的适用性,给出任何正当的理由,他认为这没有必要。虽然他的论证晦涩难懂,但是仍然产生了重

① 参见 Laplace, *Theorie analytique des probabilités* (2nd ed., Paris, 1820), *Oeuvres*, vol. 7, p. 280, pp. 355–358。

② 参见 Isaac Todhunter, *A History of the Mathematical Theory of Probability* (New York, 1949), chap. 15。

大影响。1810年,拉普拉斯给出了最小二乘法的另一种推导方法,同时使用他精通的二项式极限,证明了天文学中的平均误差和人口研究中的一样,都应该是按照误差定律来分布的。[1]

19世纪的天文学家和数学家撰写了大量关于最小二乘法的文献,其中一些只是最小二乘法的使用指南,但也有很多人质疑最小二乘法的基础,或者试图澄清最小二乘法与误差定律的关系。到19世纪30年代后期,人们似乎一致认为,误差曲线不仅适用于计算出的平均值的误差,而且也适用于个别误差的分布。1837年,G. H. L. 哈根(G. H. L. Hagen)认为,由于与二项分布收敛于误差定律相同的原因,每一次特定的测量都是一种复合现象,都服从于误差定律。次年,他的老师F. W. 贝塞尔(F. W. Bessel)详细列出了在每一次望远镜观测时可能发生的11种不同类别的随机误差,包括望远镜的胀缩、观测者的失误、大气中的无规律现象等,并进一步指出,误差来源的多样性可以解释为什么误差曲线支配着结果。[2]

97 约瑟夫·傅立叶进一步扩展了误差定律的应用范围。作为一个行政事务与科学工作双肩挑的人,傅立叶在参加工作之初,便已涉足了社会统计学。他曾任拿破仑埃及研究所的常任秘书。回到法国后,他又被任命为伊泽尔省地方长官。在此期间,他主管了国家统计局的官方汇编计划在该省的实施。虽然他对这个失败的项目显然不太上心,但在君主制复辟后,傅立叶正是靠着统计工作养家糊口的。他后来被任命为塞纳省统计局局长,而该省省长正是他的朋友、以前在巴黎综合工科大学(Ecole polytechnique)工作时的学生夏布罗尔伯爵(Count de Chabrol)。可见,他的一生与统计表的搜集与发布密不可分。统计局在他的管理下写出的报告堪称范文,在法国

---

① 参见以下资料中关于高斯和拉普拉斯的文章:William H. Kruskal, Judith M. Tanur, *International Encyclopedia of Statistics* (2 vols., New York, 1978), vol. 1, pp. 378–386, 493–499; R. L. Plackett, "The Discovery of the Method of Least Squares", *SHSP*₂, pp. 230–251。

② 参见 G. H. L. Hagen, *Grundzüge der Wahrscheinlichkeits-Rechnung* (Berlin, 1837); F. W. Bessel, "Untersuchungen über die Wahrscheinlichkeit der Beobachtungsfehler", *Abhandlungen*, vol. 2 (Leipzig, 1875), pp. 372–391; Eberhard Knobloch, "Zur Grundlagenproblematik der Fehlertheorie", Menso Folkerts, Lindgren, *Festschrift für Helmuth Gericke* (Stuttgart, 1985), pp. 561–590。已有学者将该曲线与大气层收缩相联系,参见 Christian Kramp, *Analyse des refractions astronomiques et terrestres* (Strasbourg, 1799)。

的第一代统计爱好者眼中不可或缺。[1]

在被任命为巴黎统计局局长后,傅立叶发表了5篇统计学和人口学的论文,其中包括4篇对官方统计汇编的重要介绍。第一篇论文是他称为"保险分析理论"(analytical theory of insurance)的长篇研究报告,使用了丹尼尔·伯努利对道德期望的对数函数,来考察保险合同双方如何从中获益。之后的两篇是人口学的,其中一篇是数理人口学的开山之作,展示了如何在一个处于非均匀分布状态的人口总体中,使用年龄和死亡率表来计算出预期寿命等其他未知量,另一篇是对17世纪末以降巴黎人口的经验性研究。最后两篇研究报告的内容是从大量观察中得出的平均结果的价值或精确度。

傅立叶十分注意统计规律性,在他看来,"大多数统计研究的基础"是"对于那些在我们看来出于偶然性的事件,如果它重复发生无数次,必然将使其中的所有无规律性消失;在事件的无穷无尽的序列中,只有由事物之本质所决定的、不变的、必然的联系才能持续存在"[2]。同时他强调,对于统计学来说,仅有平均值是不够的,还必须找到平均值误差范围的极限。[3]他为此提出了一种非常简洁明了的方法,即先计算平均值的标准误,然后在误差曲线的积分表中加以对照,来评估产生任何给定量级的误差的概率。在假设检验时,他的"确定标准"(standard of certainty)比现在常用的百分之五还要严格一些。他认为合适的标准,需要产生偶然性的概率低至两万分之一,这相当于我们均值标准误(standard error of the mean)的四倍。[4]

---

[1] 参见 John Herivel, *Joseph Fourier: The Man and the Physicist* (Oxford, 1975), p. 113, 118.

[2] Joseph Fourier, "Notions générales sur la population", *Recherches statistiques sur la ville de Paris et le Département de la Seine* (2nd ed., Paris, 1821–1826), vol. 1, pp. xxxvii–xxxix.

[3] Fouriet, "Mémoire sur la population de la ville de Paris dépuis la fin du XVIIe siècle", *Recherches statistiques sur la ville de Paris et le Département de la Seine* (2nd ed., Paris, 1821–1826), vol. 2, p. xx.

[4] 参见 Fourier, "Mémoire sur les résultats moyens déduits d'un grand nombre d'observations", *Recherches statistiques sur la ville de Paris et le Département de la Seine* (2nd ed., Paris, 1821–1826), vol. 3。傅立叶"算术平均值与真实平均值的误差程度"表示为 $g=\sqrt{\frac{2}{m}(B-A^2)}=\frac{1}{m}\sqrt{2\left[(a-A)^2+(b-A)^2+\cdots\right]}$。其中,$a, b, \cdots$ 为单个度量值,$m$ 为观测次数,$A$ 是它们的均值,$B$ 是它们平方和的均值,比当前通用的"均值标准误"大 $\sqrt{2}$ 倍,其供对照的误差曲线的形式为:$P=\frac{2}{\sqrt{\pi}}\int_0^t e^{-x^2}dx$,其中 $t$ 的单位是 $g$。表格请参见 Christian Kramp, *Analyse des refractions astronomiques et terrestres* (Strasbourg, 1799)。

　　尽管拉普拉斯没有明确地把研究结果呈现出来,但他已经对所有以上内容进行了充分的研究。与他相比,傅立叶还把误差曲线用于实际物理分布的表达。在他里程碑式的物理著作《热的解析理论》(*Traité analytigue de la chaleur*)中,傅立叶指出,如果在一个无限的、一维的导体中,所有的热量最初都集中在一个点上,然后任其自由扩散,那么在之后的任何时间,热量都将按照误差函数分布。傅立叶的分析方法用的是正合微分方程,而不是概率演算。他骄傲地说,他的数学方法独立于任何热的性质理论。不过,对一个可以应用拉普拉斯误差曲线二项式推导的物理模型,他还是表示了认可。傅立叶认为,"我们对热的作用所提出的所有这些模式,看起来是最简单的并且是与观察最一致的,提出它们的目的在于把这种作用与光的作用进行比较。正如发光物体发射它们的光一样,互相分离的分子通过空气相互传递它们的热辐射线"。也就是说,和光线沿着一条错综复杂的路径在分子之间运动一样,我们也可以合理地认为,热量扩散遵循着类似的微观过程,而且各个分子之间相互独立。"除挨得极近的质点外,不存在直接作用,正是这个原因,热流量的表达式才有了我们所赋予它的这种形式。这时热流量就由其效应被加起来的无数作用所产生。"[①]

　　此外,误差定律适用领域的多样性,给傅立叶留下了十分深刻的印象。他认为,这些迥然不同的现象却在数学上达成了统一,这暗示着某种迄今一直未被人们发现的潜在一致性的存在。傅立叶极为相信误差曲线的普遍适用性,甚至到了近乎神秘主义的地步:

> 为总结这段引文,我们应该说,概率分析的主要元素——指数积分在数个不同的数学理论中都有体现。几何学家以一种抽象的方式来考察这个函数,并把它作为一般解析的某种要素。……这个函数也与普通物理学有着联系,是描述光在气体环境中的移动所必需的。近来我们又发现,它可以用来表示固体内部的热扩散。最后,它可以算出测量结果和大量观测值的平均结果中的误差概

---

[①] Fourier, *The Analytical Theory of Heat*, Alexander Freeman, trans., (New York, 1945) p. 32, pp. 460-461.

率;它还活跃于保险业和概率论的各种难题中。

因此,数学分析将全然不同的效应统一在一起,并发现了它们的共同性质。它所研究的对象与偶然无关,与巧合无关。它是宇宙秩序的一条预先存在的原理,在自然界的所有事物上留下了痕迹。这门科学与一切物理原因、大多数精神结合体都有着必然的联系。它所适用的方法必须同时具有更广泛和更简单的性质;它的真正进步总是体现在两个方面:公共事业与自然研究。[1]

就像棣莫弗的推导一样,傅立叶提到的所有这些误差定律的早期应用,以及本书之前提到的那些,都可以用二项式收敛到指数函数来理解。傅立叶的热传导定律是在使用类比之后,才与概率数学明确地联系在一起的,而除此之外,他的所有理论都能与古典概率解释相容。正如概率是对不确定性的测度,这个指数函数支配着误差的偶然性。这并不是真正的自然属性,而只是对人类无知的一种度量——毕竟人类的测量技术总是不完善的,从有限现象推断出的根本原因总是不确定的。此外,与它同时使用的数学运算只有一个目的,那就是把误差减小到最小可能范围。凯特勒将改变这一切,他将让一个更为广泛的统计数学概念成为可能。

### 凯特勒:误差和变异

1844年,凯特勒指出,天文学家常常使用的误差定律也适用于人类特征的分布,如身高和腰围。该观点不只是在这个概率函数的适用范围内再增加一组对象,还意味着该函数与误差之联系的唯一性也开始被凯特勒打破。然而,凯特勒本无此意。在他看来,之所以误差定律适用范围的进一步延伸可被视为一项划时代的成就,恰恰是因为它证明了社会物理学的前提的正确性,即天文学的概念和形式体系完全能够捕捉到迄今仍然神秘难解的实体——人的本质属性。这令人印象深刻地证明了对天文学方法之威力,也支持了凯特勒长期以来的主张——社会科学必须模仿物理学。同时它也特

---

[1] Fourier, "Extrait d'un mémoire sur la théorie analytique des assurances", *Annales de chimie et de physique*, 10 (1819), pp. 177–189.

别清楚地表明,如果统计学家想要充分发挥统计学的潜力,就必须熟习高等数学。

在解释自己这最为骄傲的发现时,凯特勒并没有强调,人们以往对误差理论的理解过于狭隘。他的观点是,该发现可以明确地证明,人的变异可以用观测误差来解释。这种理解是凯特勒的典型科学观点。其实他的解释并非事后诸葛亮,即对经验性发现的合理化。自从社会物理学诞生以来,在凯特勒心中,误差与变异就几乎是一样的。误差定律对他的吸引力在于,数学秩序无处不在,甚至在距离均值的偏差(这体现了地上世界的不完满)上也有所体现,可见误差定律具有将对人的研究和对星空的研究统一起来的潜力。这样看来,在凯特勒的比喻和一般的拉普拉斯式的误差定律解释之间,存在着一种预定和谐。

在看待凯特勒的"平均人"概念时,有人简单地视之为社会分析的工具。对此,凯特勒使用双关语说:"如果我没有意识到,'平均人'与社会体系有着一些突出的共同特点,那么我提出这个概念的意义就很'平庸'了。在我看来,正是这些特点为社会研究的新秩序开辟了广阔的领域。"①但是凯特勒很快就不满足于此。正如莫里斯·哈布瓦赫(Maurice Halbwachs)于1913年所言,凯特勒受到维克托·库桑(Victor Cousin)的哲学的启发,对作为数学概念的"平均人"与折中主义(*juste milieu*)思想建立了类比。②路易·菲利普(Louis Philippe)的七月王朝有着鲜明的折中主义特点,而1830年后的比利时同样如此,当时的比利时国王利奥波德一世(Leopold I)的妻子正是路易·菲利普的女儿。折中主义代表着对资产阶级和君主立宪制的推崇,它艰难地走在神授王权和激进民主制的平衡木上。同时,它也体现了一种温和主义,尤其是在政治行为上的温和主义,而这正是凯特勒的立场。

维克托·库桑的折中主义哲学,是凯特勒极为推崇的。而1830年后的大部分政治体制都有着折中主义的特征。库桑为折中主义辩护的理由是:对作为一个整体的人类(*l'humanité tout entière*)而言,没有哪一种特定的哲学

---

① Quetelet, "Recherches sur le poids de l'homme aux différens ages", *NMAB*, 7 (1832), p. 2.

② Maurice Halbwacihs, *La théorie de l'homme moyen: Essai sur Quetelet et la statistique morale* (Paris, 1913), p. 6.

是充分的；另外，在他看来，折中主义是他那个时代的伟大政治成果的具象化。在查理十世恢复施行《1814年宪章》后，库桑为此写了一首赞美诗。正如诗中所言，折中主义综合了旧制度特有的君主制原则与大革命特有的民主原则。[1]1828年，在一系列哲学史讲座的结束语中，库桑清晰地表达了他对折中主义的欣赏。他首先指出，拿破仑战争实际上是一场民主制与贵族制之间旷日持久的战争。从讲座笔录来看，他对拿破仑战争的评价是这样的：

> 他们带来了什么，先生们？两者都不是［既不是贵族制也不是 *102*
> 民主制］。谁是征服者？谁又是滑铁卢的失败者？先生们，没有人
> 被击败。（掌声）是的，我坚持认为，那些战争没有击败任何一
> 方——唯一的胜利者是欧洲文明和《宪章》！（长时间的掌声）是的，
> 先生们，正是路易十八自愿颁布的《宪章》；是查理十世所继承的
> 《宪章》；是注定要统治法国，并且注定要征服一切的《宪章》！征服
> 一切——我不是说敌人，她没有敌人，而是要征服所有落后于法国
> 的文明！（热烈的掌声）《宪章》是专制的君主制和放荡的民主制的
> 血腥冲突结下的辉煌成果，宣布这两种制度的时代已然落幕。[2]

库桑指出，这一切都标志着法国已经进入折中主义时代；进入了一个"在动荡风波中无能为力"，但是"风波过后必然形成"的"哲学秩序上温和"的时代；进入了一个不属于任何党派、不属于任何群体的折中主义时代。折中主义"使自己渗透到它的时代、它的国家，以及事物的实际秩序中。……当周遭一切都变得折中时，我问哲学，你又怎可能不折中呢"[3]。

虽然凯特勒从不愿对现存秩序表示如此无条件的赞同，但他还是沉醉

---

[1] Victor Cousin, *Cous de philosophie: Introduction à l'histoire de la philosophie* (Paris, 1828), pp. 39–40.

[2] Victor Cousin, *Cous de philosophie: Introduction à l'histoire de la philosophie* (Paris, 1828), pp. 36–37.

[3] Victor Cousin, *Cous de philosophie: Introduction à l'histoire de la philosophie* (Paris, 1828), pp. 42–45.

在库桑所描述的温和与妥协的理想之中。他详尽地引用了库桑的观点,认为一个民族的精神存在于作为个体的每个人身上,而所有的个体必然共同拥有某些特征,伟人就是最能代表这些共同特征的人。然而,库桑强调,伟人也必须保持他们的个性,从而实现统一性与多样性的结合。而凯特勒则把伟大等同于平均。他写道:"在既定时段内,如果一个人能将'平均人'的所有特征都集中在自己身上,那么他就立刻能够成为那个集所有伟大、美丽与善良于一身的存在。"①他认为,平均值自身就能代表一个社会在政治、美学和道德上的理想。"[艺术家们]或多或少地偏离了平均值,这就导致了他们身体上的丑陋、道德上的堕落,以及病恹恹的神态。"②同时,他也企盼着折中的哲学与政治能够解决社会冲突,并且"以最佳方式调和各个党派"③。

从此,"平均人"不再仅仅是一种数学上的抽象概念,而且成了一种道德理想。凯特勒认为,巨大的贫富差距以及猛烈的物价涨落,导致了犯罪和动乱。他推崇适度的生活方式,主张不应受突如其来的激情的影响。他还推测说,"上层阶级"比"下层阶级"活得更久,不是因为财富或营养,而是因为他们习惯了"得体、节制、清心寡欲,而且不会突然改变生活方式"④。他把亚里士多德视为发现平均值中的真意的先贤,因为亚里士多德的哲学可以教导我们:"美德存在于恰到好处的平衡状态,而我们的所有品质,以其偏离均值的程度之大,只能产生罪恶。"⑤在精确的数字中,"平均人"呈现出了温和的美德,他的各种官能"在这种恰到好处的平衡状态中、在完美的和谐中发展,远离各种各样的过与不及。……人们必须把他看作一切美好和善良的典范"⑥。凯特勒甚至还提出了一种启蒙意志(enlightened will)理论,来解释

---

① Adolphe Quetelet, *Sur l'homme et le développement de ses facultés, ou essai de physique sociale* (2 vols., Brussels, 1836), vol. 2, p. 289.

② Adolphe Quetelet, "Recherches sur le penchant au crirme aux différens ages", *NMAB*, 7 (1832), p. 6.

③ Adolphe Quetelet, *Sur l'homme et le développement de ses facultés, ou essai de physique sociale* (2 vols., Brussels, 1836), vol. 2. pp. 296–297.

④ Adolphe Quetelet, *Sur l'homme et le développement de ses facultés, ou essai de physique sociale* (2 vols., Brussels, 1836), vol. 1, p. 237.

⑤ Adolphe Quetelet, *Théorie des probabilités* (Brussels, 1853), p. 49.

⑥ Adolphe Quetelet, *Sur l'homme et le développement de ses facultés, ou essai de physique sociale* (2 vols., Brussels, 1836), vol. 2. p. 287.

道德统计学中的规律性,这种规律性比出生人数与死亡人数中的规律性还要明显。在该理论中,有一种朝向中间状态的启蒙意志,它具有自觉抵制外部环境的影响,总是寻求回归正常和平衡状态的倾向。"只有那些全然陷入狂热激情的人,才会被突变所影响,并一板一眼地反映出施加给他们的所有外在作用。"①

因此,文明的进步和思想的逐渐胜利,使得"平均人"这个"社会身体"的振动范围得以稳定。这体现为,社会必然会表现出进步的趋势,愈加平稳和渐进,"陷入极端"的风险永远在减少。在概括他最具影响力的著作《论人》*104*(*On Man*)的宗旨时,凯特勒说道:

> 在本章的末尾,我将以这样一句评论结束,这句话也可以被看作前文所有讨论的结果:文明的主要作用之一,就是不断缩减与人类有关的各种属性的波动范围。在启蒙思想广为传播的地方,偏离均值的现象就将越少;并且因此,我们就越来越能够将自身与美和善结合起来。我们所有研究的必然结果,就是要让人类物种达到完满。身体的残缺与畸形将会越来越少;随着医学的进步,疾病的频繁和严重将被有效遏制;人的道德品质将得到切实的改善;我们进步得越多,就越不需要担心政治动荡、战争以及其他各种人类灾难造成的影响和后果。②

既然在凯特勒心中,均值是最高的理想,那么偏离均值是有缺陷的,是误差的产物。然而,这并不是在暗示,变异现象只能站在科学领域之外,因为概率论的任务恰恰就是"在原来人们认为只被偶然性掌控着的地方,建立起精确性"③。用维克托·库桑的话来说,科学正是"对一切反常现象的压制,

---

① Adolphe Quetelet, *Du système social et des lois qui le régissent* (Paris, 1848), p. 97.
② Adolphe Quetelet, *Sur l'homme et le développement de ses facultés, ou essai de physique sociale* (2 vols., Brussels, 1836), vol. 2, p. 342; Adolphe Quetelet, *Du système social et des lois qui le régissent* (Paris, 1848), pp. 96-97.
③ Adolphe Quetelet, *Physique sociale, ou essai sur le développement des facultés de l'homme* (2 vols., Brussels, 1869), vol. 1, p. v.

以有序取代随意,以真实取代表象,以理性取代感性与想象"[1]。凯特勒认为,如果没有物理界的普遍定律,"那么人们可以想象,无数的世界以完全无序的方式在空间中循环,彼此碰撞,这将会产生多么可怕的混乱"。他渴望成为"另一种天体力学"中的牛顿,希望找到确保社会领域保持平衡的定律。像十九世纪许多想要成为科学思想家的人一样,凯特勒认为在流转的现象下面,必然蕴藏着辉煌的本体秩序,并在对本体秩序的冥思中,获得了特别的满足。查尔斯·傅立叶(Charles Fourier)试图计算出,在新的"和谐制度"之下,他的空想共产主义新社区能从鸡蛋的增产中增加多少收入;类似地,凯特勒声称,他研究出了巴黎每年上吊自杀的人数的定律,以及比利时六十几岁的妇女和二十几岁的年轻男子结婚的定律。最能鼓舞人心的社会定律,正是支配着不可支配者,使违法行为也服从于自然定律,在表面的混乱之上执行着完满的规定。让凯特勒备感鼓舞的是,他发现统计定律,比如犯罪定律,竟然可以不受革命的伤害,这表明,社会的深层秩序几乎不受无规律的政治的影响。[2]

对于偏离均值的情况,同样的思路也是适用的。要想找到变异的定律,就得将其纳入有序和理性的范畴。凯特勒写道:

> 如果一个人不辞辛劳地仔细查找观察结果,并收集到了足够多的资料,他就会发现,我们以为的受偶然所影响的那些东西,都是受固定的原则支配的,没有什么东西能够摆脱定律。定律就好像是被上帝施与的,将所有的存在组织起来。之所以在我们看来,那些被我们称为"反常"的现象脱离了普遍定律,只是因为我们无法在短短的一瞥中注意到足够多的事物。
>
> 如果一个人所处的环境可以让他很方便地进行观察,那么他就会发现,对于有组织的存在来说,所有属性的变异都在平均状态附近波动;那些偶然因素所导致的变异,也被这样和谐而精确地控

---

[1] Victor Cousin, *Cous de philosophie: Introduction à l'histoire de la philosophie* (Paris, 1828), p. 19.

[2] Adolphe Quetelet, *Du système social et des lois qui le régissent* (Paris, 1848), p. 301.

制着;在变异范围内,可以预先使用数值与量级对它们进行分类。一切都是可以预见的,一切都是类律的;只有无知才让我们以为,一切都服从于偶然性的一时奇想。[1]

误差就这样被驱逐出了宇宙。为了解决"误差定律"这种表述与现代科学成果之间的不一致,凯特勒将它重新命名为"偶然原因定律"。但这个新名字看上去也不怎么样,数学家兼统计学家朱尔·别内梅(Jules Bienaymé)在一封信中对其进行了批判。因此,凯特勒最终决定,将这条曲线简单地定义为"二项式定律"(binomial law)。[2]

1844年,凯特勒对概率误差定律的使用方法进行了一次伟大革新,把它                106
用于自然界中的真实变异上。但是他并不认为需要对这个函数进行新的解释。恰恰相反,作为一个向来毫不掩饰自己对隐喻的热忱的人,凯特勒认为他的发现证明了"平均人"是金科玉律,偏离均值不过是缺陷,甚至是错误(误差)。虽然他的革新的最终作用,主要体现在数理统计可能应用范围的扩大上,而没有以任何明显的方式促进社会科学的发展,但是凯特勒仍然认为他的工作的本质贡献主要在于后者。误差定律被引入对人类的研究,这再次揭示了社会科学与天体力学本出同源,并且证实了这个判断:社会科学家如果想要推进他的研究,最好留意天文学中的方法,甚至定律。

为阐述这一关于人类的统计新定律,凯特勒首先尽量清晰地描述了误差曲线的性质及用途。他先用一个高阶二项式推出了"或然律"(law of possibility)。他的描述方式如下:在一个盒子中放有大量的球,球共有2种颜色,每种颜色数量相当,现在共从盒中抽取999次,计算结果的期望分布。可见,在2种球的抽取结果中,500比499是最可能的,501比498的可能性略低,以此类推;任何在580—420之外的结果几乎是不可能的。然后他指出,对一个人的身高或一颗恒星位置的测量值,如果重复足够多的次数,也会按

---

[1] Adolphe Quetelet, *Du système social et des lois qui le régissent* (Paris, 1848), pp. 16–17.

[2] Adolphe Quetelet, *Du système social et des lois qui le régissent* (Paris, 1848), p. 306; Adolphe Quetelet, " Sur quelques propriétés que présentent les résultats d'une série d'observations", *Bulletin de l'Académie Royale des Sciences et Belles-Lettres de Belgique*, 19, 2 (1852), pp. 303–317.

照误差曲线分布。虽然每次测量都会受到许多误差因素的影响,但度量值的期望值将等于实际高度或位置。最后,他问是否可能存在一种"典型的人",一种真正的"平均人",每一个真实的人都是他的不完美的复制品,就像用测量出的身高计算真实的身高一样。然后他回答说,确实有。这个结论可以通过苏格兰士兵的胸围分布表与天文误差函数表的对照,经验性地得出。随后,他又列举了一张类似的统计表,上面记载着应服兵役的法国年轻人的身高。表上的数值与误差曲线再次显示出很好的一致性,但是有一个地方例外:1.57米以上的人数急剧下降,而1.57米以下的人数却相应增多。凯特勒称,这明显证明了欺诈行为的存在,并且他能够计算出有多少人的身高"缩水",谎报身高以逃避兵役。[1]

　　1846年,凯特勒用一种更通俗的方式再次展示了他的伟大发现。正如在那些相对专业的论文中一样,凯特勒这次也是通过讨论平均值来阐述变异定律的;凯特勒总是对平均值而不是变异值本身更感兴趣。他首先区分了两种类型的平均值。第一种是算术平均值,它可以用来计算一组参差不齐的物体,但是很少或者根本不能揭示它们的集体特征。但是,当一组度量值的变异遵循着通常的误差定律时,那么平均值——它也是最可能的(模态)值——就可以被认为是"真实的"平均值。因此,如果要计算某条街道上各种房屋的平均高度,其结果将仅仅是算术平均值,因为待测物的分布完全不具有系统性。相反,如果反复测量某一特定的房子而不产生系统误差,那么每一次测量都将接近真实值,测量结果的总体分布也将接近天文误差定律。随着不断的测量,计算出的平均值会逐渐收敛,并逐渐精确到房屋的真实高度。

　　凯特勒进而认为,同样的道理应该也适用于复制品的生产,比如艺术作品。例如,如果将一尊古代的角斗士雕像复制1000份,其不准确之处无疑会

---

[1] Adolphe Quetelet, "Sur l'appréciation des documents statistiques, et en particulier sur l'appréciation des moyennes", *BCCS*, 2 (1844), p. 30. 关于凯特勒和正态律的论述,参见本人的 "The Mathematics of Society: Variation and Error in Quetelet's Statistics", *BJHS*, 18 (1985), pp. 51-69; 以及 Peter Buck, "From Celestial Mechanics to Social Physics: Discontinuity in the Development of the Sciences in the Early Nineteenth Century", H.N. Jahnke, M. Otte, *Epistemological and Social Problems of the Sciences in the Early Nineteenth Century* (Dondrecht, 1981), pp. 19-33.

受到误差定律的制约。在某种意义上,这确实可以从经验上得到印证:

> 要是我说我已经做完了检验,你可能会大吃一惊。没错!我们已经测量了某尊雕像的1000多件复制品!虽然被复制的不是角斗士雕像,但无论如何,这尊雕像与角斗士的只是稍有不同:这些复制品甚至都是活的,所以测量时有着一切发生误差的可能。还有,这些复制品又因为各种偶然的原因而产生了形变。因此,人们可能会在它们中间发现相当大的概差。[①]

凯特勒这里说的"某尊雕像的1000多件复制品"其实就是活生生的人。从这段话中,我们可以清晰地看出他是如何看待人类的多样性的。他所假想的这个实验的结果,实际上就是1844年对5738名苏格兰士兵的测量。测量结果显示出与误差曲线的一致性,这被他解释为,士兵胸围的分布是误差的真实产物。士兵们都是按照"平均人"的模子刻出来的,但他们未能完全实现这种想象中的苏格兰军人的原型,因为在他们的成长过程中,有许多无规律的影响。而且这些影响十分严重,可能导致测量结果产生一英寸以上的概差。

尤其是,为了具体解释这种分布与误差定律的一致性,凯特勒引入了恒常因和摄动因的区别。恒常因就是苏格兰人的理想型——苏格兰"平均人"。摄动因则包括营养、气候等,在这个不完美的世界里,这些因素变化无常,各自产生了许多小小的误差,这些误差可能会导致胸围变大或变小。因此,在数学上,士兵的成长过程可以类比为从盒中多次抽取小球产生的平均结果。毕竟,影响这个平均结果的也有两个原因:一是恒常因,即黑球与白球的实际比例;二是每次抽取过程中不可避免的、无系统的小误差。可见,支配着众多机会游戏的二项式曲线也适用于士兵。因为摄动因的数量很多,所以可以用棣莫弗和拉普拉斯的误差曲线,精确地估计出它们的影响。

误差定律支配着人类的可变性,凯特勒对这一发现尤为自豪,并在之后

---

① Adolphe Quetelet, *Lettres à S.A.R. leduc régnant de Saxe Coburg et Gotha sur la théorie des probabilités, appliquées aux sciences morales et politiques* (Brussels, 1846), p. 136.

的几十年里将其(有人说他不分青红皂白地)推广到了许多其他领域。他将其视为类的一致性的决定性判据,甚至还以不容置疑的语气驳斥了人类起源的多元论。因为他在美国内战那个敏感的时期,对部分途经比利时的印第安人和黑人进行了测量,发现同一个误差定律可以适用于整个人类。[①]或许凯特勒没有很多证据,但他还是不假思索地用钟形曲线来模拟犯罪、婚姻和自杀的倾向——甚至以令人印象深刻的方式,证明了犯罪是社会的属性,而不是个人的反常。在其最后一本著作《人体测量学》(*Anthropométrie*)中,凯特勒画出了人类生命周期中各种特征的发展情况曲线,并暗示,如果适当修改年龄轴,使其表示的是人体真正的成长速度,而不仅仅是按日期计算的年龄的话,这些曲线也会与误差曲线相类。他甚至认为,自己的伟大定律能够适用于更高层次的实体,例如,如果世界上的国家数量足够多,能够与当前人类发展的水平相符合,那么不同国家的面积也会按照误差定律来分布。[②]

概括来讲,"如此简单、如此优雅的同一条定律,让我们在普遍适用的……物理定律之外,又找到了一条人类的道德与智力的定律"[③]。这就是凯特勒留给数理统计学的主要遗产。凯特勒原本打算,通过社会物理学为一门关于人类社会的精确科学奠定基础,但只有很少几个人关注这个伟大计划,而且相比凯特勒,这两三个人更加不明白这门学科应当如何实现。最初,很少有科学家能够接受凯特勒的观点,即误差定律不仅仅适用于误差,而且也适用于以往大多数人看作纯粹变异的事物;但是这个观点即便不是严格意义上的真理,至少也足够准确、具体,能让继承凯特勒衣钵的人在它的基础上略施拳脚。在社会统计学领域,有众多学者认可这个观点,如美国的本杰明·A. 谷德(Benjamin A. Gould)、意大利的 M. L. 博迪奥(M. L.

---

[①] 参见 Adolphe Quetelet, "Sur les indiens O-Jib-Be-Wa's et les proportions de leurs corps", *Bulletinde l'Académie Royale des Sciences et Belles-Lettres de Belgique*, 1 (1846), pp. 70–76; Adolphe Quetelet, "Sur les proportions de la race noire", *Bulletinde l'Académie Royale des Sciences et Belles-Lettres de Belgique*, 1 (1854), pp. 96–100. 亦可参见 Adolphe Quetelet, *Anthropométrie, ou mesure des différentes facultés de l'homme* (Brussels, 1871), p. 16。

[②] Adolphe Quetelet, *Du système social et des lois qui le régissent* (Paris, 1848), p. 156.

[③] Adolphe Quetelet, *Anthropométrie, ou mesure des différentes facultés de l'homme* (Brussels, 1871), pp. 253–254.

Bodio)和鲁吉·佩罗佐(Luigi Perozzo),还有凯特勒在英国的拥趸塞缪尔·布朗(Samuel Brown),甚至凯特勒的批评者——德国的威廉·莱克西斯,也用一种更有所保留的方式认可了它。[1]但是,为了了解凯特勒的创新所产生的最重要和最具影响力的结果,我们有必要将目光投向社会科学以外的领域。

**译者注:**

[1]平庸(mediocre)在这里也有"平均人"的"平均"之意,此即原作者说的"双关"。

---

① B. A. Gould, *Investigations in the Military and Anthropological Statistics of American Soldiers* (New York, 1869); Luigi Perorzzo, "Nuove applicazioni del calcolo delle probabilità allo studio dei fenomeni statistici", *Ati della R. Accademia dei Linci, Memorie della classe di scienze morali, storiche, e filologiche*, 10 (1882), pp. 473-503; Wilhelm Lexis, "Anthropologie und Anthropometrie", J. Conrad et al., *Handwörterbuch der Staatswissenschaften* (7 vols., 2nd ed., Jena, 1898-1901), vol. 1, pp. 388-409. 凯特勒经常引用赞同他的学者们的话,参见 *Physique sociale, ou essai sur le développement des facultés de l'homme* (2 vols., Brussels, 1869), vol. 1, p. 104。

| 第五章 |
# 社会定律与自然科学

　　启发了19世纪后期统计数学家的，是凯特勒对误差定律的研究，而不是天文观测和测绘学文献中更为丰富且复杂的数学方法，这绝非偶然。凯特勒开创了一个使用数学来处理变异的全新角度。讽刺的是，凯特勒之所以能认识到误差定律的适用范围可以更加广泛，正是由于他对误差的传统形而上学观点的执着；但是相比他的观点，读者对他的结论更感兴趣。凯特勒的结论暗示着，这个简单而优雅的定律支配着自然界的众多变异。因此，尽管凯特勒认为，他的发现可以证明，为了方便对平均值的研究，变异可以忽略，但麦克斯韦和高尔顿等人却在他的观点的启发下，发明了一些方便又有用的工具，用数学的精确性分析自然变异的性质和影响。

　　在有关变异的数学理论的帮助下，19世纪的分子运动论（kinetic theory）取得了举世瞩目的成就，如玻尔兹曼将热力学第二定律还原为力学和概率论。同样的数学理论也为遗传学的定量研究提供了一把钥匙，最终开启了现代自然科学中最纯粹的统计学——数量遗传学的大门。然而，从凯特勒的研究得到的对误差定律的新理解，除对某些自然科学和社会科学至关重要之外，对数理统计学本身也如此。正如高尔顿常常说的那样，在使用误差曲线时，大多数科学家的目的是摆脱变异（当然，他说的不是凯特勒，而是英国的统计学家和所有的天文学家），而他自己是为了保全并理解它。人们对变异之本质的看法，与处理变异的新方法密切相关。在本书第四部分，我将要指出，在所有理论中，最能激发数理统计学的诞生的数学相关性理论，最初是生物遗传学的一条原理，而十几年后，它才以数学的抽象形式被普遍接受，成了广为使用的方法。

### 分子与社会物理学

将物理学中的统计方法与社会科学联系起来，这并非创新之举，毕竟统计方法这个短语就是从社会科学中来的。1873年，詹姆斯·克拉克·麦克斯韦发现，追踪数百万个独立粒子的运动和碰撞，是得不出任何气体定律的。因为没有办法得到单个分子运动的信息，而且无论如何，这种计算方法都复杂到了不可能的程度。于是，在英国科学促进会的物理学家们面前，麦克斯韦提出了一种社会物理学的新形态，作为替代选项：

> 现代原子论者可以采用一种在我看来全新的数学物理方法，尽管它在统计学中使用已久。当科学促进会的F分会拿到一份人口统计资料时……他们首先把整个总体按年龄、所得税、受教育程度、宗教信仰或犯罪记录分成几组。由于个体的数目太多，他们无法单独地追溯每一个个体的历史，因此，为了将他们的工作量限制在力所能及的范围内，他们把注意力集中在少数人为划分的组别上。他们工作的主要依据，是每个群体中总体数值的变化，而不是个体状态的变化。……
>
> 如果使用历史方法（historical method）来研究物质，那么所发现的定律可以完全用动力学方程表达出来，但是想要让这些方程奏效，就必须完美了解所有数据。然而即便是我们拿来做实验的物质的最小部分，也包含有数百万个分子，没有哪个分子是可以被我们单独感知的。因此我们无法确定任何单个分子的运动；我们必须放弃严苛的历史方法，转向统计方法，将分子划分为许多类别来处理。分子科学的统计学方法以大量分子的总和为数据资料。在研究这类量之间的关系时，我们发现了一种新的规律性，即平均数的规律性。在所有的实际应用中，我们都可以充分地依赖这种规律性。但这不意味着绝对精确，绝对的精确只有用抽象的动力学定律才能得到。[1]

112

---

[1] Maxwell, "Molecules", *The Scientific Papers of James Clerk Maxwell* (2 vols., Cambridge, 1898–1900), vol. 2, pp. 373–374.

当麦克斯韦在统计学和热力学规律之间做类比时,他就已经认识到,这种由解决物理学问题的新方法产生的知识,尽管在实践中完全可靠,但就原理而言,必然是不完满和不确定的。然而,在他的研究方法中,并不是一开始就有这种观点,而且他所提出的与社会科学的类比,也并不是为了暗示该方法的不确定性。同样地,麦克斯韦的朋友彼得·格思里·泰特(Peter Guthrie Tait)也认为统计学知识是不完满的。泰特在1886年的一本专业调查报告中提出,由于气体分子之间的碰撞打乱了速度和方向的初始分布:

> 我们立刻就得到了一个相对简单的统计学问题,即共同体中不同组别的平均表现。这样,无数个彼此隔绝的个体的行为,这个令人绝望的问题,就被取代了。甚至在非数学领域,这种区别也明明白白,叫人印象深刻——在任何一个人口众多的国家,自杀、双胞胎或三胞胎、死信等现象,尽管并不罕见,但完全不可预测,不过其数量年复一年地保持着惊人的稳定。①

1872年路德维希·玻尔兹曼对同一类比的使用,可能更加值得注意。据我们所知,他的类比是独立于麦克斯韦提出的。它出现在一篇极为重要的、提交给维也纳科学院的分子运动论论文中。在论文的前言部分,玻尔兹曼试图论证在分子运动论中运用比值和均值的必要性,并证明这类命题与其他物理学命题有着同样的确定性。为此,他用社会统计学做类比:

> 我们之所以能在热学对象的行为中察觉到完全确定的规律,必然是由于在同样的条件下,即使是最无规律的过程也会产生相同的平均值。一个物体中的分子实在是太多了,它们的运动也太快了,除平均值以外我们什么也看不出来。这些平均数的规律性,可与统计资料中惊人的稳定性相比较。在统计资料中,每一个别

113

---

① P. C. Tait, "On the Foundations of the Kinetic Theory of Gases", *The Scientific Papers of James Clerk Maxwell* (2 vols., Cambridge, 1898-1900), vol. 2, p. 126.

事件都被多样化的外部环境中完全无法估计的协同作用制约着。分子就像统计学中的个体,具有许多不同的状态。而气体的性质之所以能保持不变,只是因为,平均来看,具有一定运动状态的分子数量是恒定的。测算平均数是概率演算的任务。但是,如果因为这里用到了概率论,就认为热学涉及不确定性,那就大错特错了。一个未经完全证明的命题,可以说它正确性有问题,但是概率命题已经完全经过证明了,所以两者不能混淆;概率命题就像每种其他的演算结果一样,呈现出从某些前提条件推导出的必然结果。概率命题同样可以得到经验证实。只要有足够多的观察结果,就会发现它们总是正确的——而在热学中,由于分子数量巨大,结论总是能够成立。它们似乎是必然般地以极强的严格性遵循着结论。[①]

引用巴克尔的《英格兰文明史》,是麦克斯韦和玻尔兹曼在讨论社会统计规律时的惯常做法。在涉足气体分子运动论的一年前,麦克斯韦就已经阅读过相关部分,并且给予了一定赞赏。[②]后来,每当他批判统计学命题的决定论观点时,他提到的也是巴克尔。玻尔兹曼喜欢将气体统一的有规律的行为,与保险公司的有规律的利润做比较。他是巴克尔的狂热追随者,他曾在1886年的一次演讲中说道:"众所周知,巴克尔从统计上证明,如果考虑足够多的人,那么不仅死亡、疾病等自然事件的数量是完全恒定的,而且所谓的自愿行为——在特定年龄结婚、犯罪和自杀等——的数量也是如此。这与分子的行为没有什么不同。"[③]

如果说,只有当社会统计学已经让科学工作者产生习惯,不靠对单个事物的预测就能发现群体现象下的稳定规律,此后才有了发现统计气体理论的可能,这种观点毫无疑问太大胆了。然而,气体分子运动论的实际历史与

① Ludwig Boltzmann, "Weitere Studien über das Wärmegleichgewicht unter Gasmolekülen", *WA*, vol. 1, pp. 316–317.

② 参见1857年12月致刘易斯·坎贝尔的信,出自*(x) Maxwell*, p. 294。

③ Boltzmann, "Der zweite Hauptsatz der mechanischen Wärmetheoric", *PS*, p. 34; Boltzmann, *Lectures on Gas Theory*, Stephen Brush, trans., (Berkeley, 1964) p. 444.

这个主张是一致的。可以肯定,在整个现代科学的发展中,热即运动的观点时有时无;更一般地来看,使用不同的分子或原子的运动来解释气体性质的动力,这可以追溯到古代的原子论者。但是热运动的本质一直悬而未决。热可能是一种膨胀产生的、向上的运动,像培根说的那样;或者是分子间以太的振动,这是1830年前后到19世纪50年代早期,在热素说被推翻后人们的普遍观点;或者认为热是排列在气体晶格中的分子的旋转。而源远流长的分子运动论,是从分子的自由运动和碰撞来解释气体特性的,但是在19世纪中叶之前,还没有人对其动力学模型有过真正了解。

在以运动论解释气体热力学现象的著作中,丹尼尔·伯努利的《流体动力学》(Hydrodynamics, 1738)是最早受到关注的。但即使是他,也对气体分子的运动过程表述不清。在英国科学家、铁路工程师约翰·海拉巴斯(John Herapath)于19世纪早期完成的气体理论著作中,似乎出现了后来运动论模型的某些特征,但此书写得云里雾里,且自相矛盾。人们只知道,他把热看作分子在静止晶格中的振动。没有任何理由认为,在沃特斯顿(Waterston)和焦耳(Joule)于19世纪40年代展开研究之前,有哪一位学者相信,严格的气体动力学定律可以从分子随机运动的模型中推导出来。[①]

115　　大约1850年,在能量守恒理论建立后不久,现代分子运动论就出现了。此时,人们终于清楚,热是一种动力学的能量。同时,整个西欧的社会统计学也已有了长足发展。1857年,奥古斯特·克勒尼希(August Krönig)首次将概率论引入运动论模型。他想以此证明分子速度和气体压力之间关系的一种计算过程。他给出了一个简化模型作为论证的基础,假设分子就像在一个完全光滑的容器的前后侧壁上来回平行移动。虽然克勒尼希只字未提统计学,但是他对该模型的辩护和统计学家们那套司空见惯的修辞颇为一致。他解释说,相比微粒的大小,容器壁是不均匀的,"所以每个气体微粒的路径

---

① Daniel Bernoulli, *Hydrodynamics*, T. Carmody, H. Kobus, trans., (New York, 1968) pp. 226-229; Eric Mendoza, "The Kinetic Theory of Matter, 1845-1855", *Archives internationales d'histoire des sciences*, 32 (1982), pp. 184-220; Mendoza, "A Critical Examination of Herapath's Dynamical Theory of Gases", *BJHS*, 8 (1975), pp. 155-165; Stephen G. Brush, *The Kind of Motion We Call Heat* (2 vols., Amsterdam, 1977); Robert Fox, *The Caloric Theory of Gases from Lavoisier to Regnault* (Oxford, 1971), pp. 103-127.

一定非常不规律，难以计算。但是按照概率定律，我们可以在这种完全的无规律性中，假设有完全的规律性存在"[1]。

鲁道夫·克劳修斯（Rudolf Clausius）也紧随其后发表了自己的运动论观点，他的观点与克勒尼希所谓气体分子与容器壁的碰撞大体相仿。他认为，即使是同一分子，在入射与反射时，角度和速度一般也并不相等：

> 但是根据概率论，我们可以假设，角度落在同一区间内（比如60°和61°之间）的分子数量和入射角度在相同范围内的分子数量一样多，而且从总体上来看，分子的运动速度也并未被碰撞面改变。因此，如果我们假设每个分子入射与反射的角度和速度都相等，最终的结果也不会有任何不同。[2]

误差曲线引入气体物理学的故事，相比于平均数展现出的稳定性，更有说服力地证明了社会统计学对气体分子运动论的重要程度。误差曲线的引入实际上是一项重大的成就，不仅为物理学带来了非同一般的重要成果，也为统计学方法做出了重要贡献。这个故事的作者正是麦克斯韦，他间接地从凯特勒那里获得了对误差曲线的理解；他对误差曲线的使用，也再次证明了社会科学在统计思维的发展中起到的核心作用。麦克斯韦也超越了凯特勒，因为在他的理论中，误差分布公式的作用不再仅限于计算平均值，或为平均值辩护。

在使用统计学进行研究时，需要考虑偏离平均值的情况，但鲁道夫·克劳修斯似乎从未充分认识到这一点。正如伊沃·施耐德（Ivo Schneider）所指出的，克劳修斯在研究气象学问题时，往往首先进行随机性假设，就像他在其最早的运动论著作中所做的那样。在概率论方法向自然科学领域传播时，气象学频频显示出它自身的重要性。气象学研究需要同样重视变异值和平均值，这已在荷兰物理学家白贝罗（Buys-Ballot）在1850年的一篇论文中

---

[1] 转引自 Ivo Schneider, "Rudolph Clausius' Beirag zur Einführung Wahrscheinlichkeitstheoretischer Methoden in die Physik der Gase nach 1856", *Archive*, 14 (1974-1975), p. 243。

[2] Rudolf Clausius, "The Nature of the Motion Which We Call Heat" (1857), Stephen Brushi, *Kinetic Theory* (3 vols., New York, 1965), vol. 1, pp. 111-134.

得到证明。[①]然而,克劳修斯研究的是光在大气中的传播。他援引概率论是为了说明,不需要解决原子对光的反射问题,就能得到光传播的一般原理。[②]1862年,他宣布,就运动论而言,"如果我们希望在这一学科以及其他相关学科中,得出真正可靠的结论,我们就不能因为考虑到无规律运动所引起的几分麻烦,就畏首畏尾"。然而,他仍将无规律运动分成两类。其中一类,即"伴随个别影响而来的偶然不同",最终肯定会达到平衡,因此可以忽略不计。所以只需要考虑宏观温度梯度引起的"正态变异"(normal variations)。[③]

克劳修斯的第二篇关于气体理论的论文的删节版被翻译并发表在《哲学杂志》上。麦克斯韦在1859年早些时候读到了这篇文章,此后开始了后来被他称为"气体动力学理论"(the dynamical theory of gases)的研究。在那篇论文中,克劳修斯以一种意味深长而颇具创造性的方式,回应了白贝罗的异议。白贝罗认为,如果气压确实来自自由分子快速且不受约束的运动,那么气体应该几乎瞬间就能相互扩散;但是经验事实明显与之相左。为了给自己的理论辩护,克劳修斯提出,分子之间会频繁地发生碰撞,这样扩散就会大大减慢。然后,他基于单个分子在静态微粒场中运动的简化假设,给出了气体分子平均自由程(mean free path)公式。接着,他给公式乘以了一个3/4因子,并在没有任何证据的情况下,断言这样可以将公式一般化,能够涵盖所有粒子都以相同速度运动的情况。整个操作纯粹只是理论上的,因为只要分子个体的体积密度和数量密度是完全的未知数,那么就无法算出实际距离。然而这篇论文仍然堪称意义重大,其中一个重要的原因是,它在物理学中引入了第一个概率分布,那就是路程长度分布公式,后来以泊松分布

---

① Buys-Ballot, "On the Great Importance of Deviations from the Mean State of the Atmosphere for the Science of Meteorology", *Phil Mag*, 37 (1859), pp. 43–49; O. B. Sheynin, "On the History of the Statistical Method in Meteorology", *Archive*, 31 (1984-1985), pp. 53–95.

② 克劳修斯于19世纪40年代末发表了这项工作。Ivo Schneider, "Clausius' erste Anwendung der Wahrscheinlichkeitsrechnung im Rahmen der atmosphärischen Lichtstreuung", *Archive*, 14 (1974), pp. 143–158.

③ Clausius, "On the Conduction of Heat by Gases", *Phil Mag*, 23 (1862), pp. 417–435, 512–534.

之名为人所知。克劳修斯使用这条曲线,通常只是为了计算平均值。再一次,"概率定律"证明了,封闭体系内运动的总体,只需要用一个平均值就可以充分表示。[1]

麦克斯韦后来表示,"我一接触到克劳修斯的研究,就开始努力查明"平衡状态下的速度分布定律。[2]克劳修斯的论文在英国发表后,麦克斯韦在几个月内就完成了他那篇介绍了该分布定律的、具有里程碑意义的论文的大部分工作,并在1859年末向科学促进会宣读。那年的5月30日,他给朋友乔治·加布里埃尔·斯托克斯(George Gabriel Stokes)写了一封信,询问斯托克斯是否知道,有哪个实验的结果能够和该模型的预测相比照。特别是,当麦克斯韦从分子运动论中,推导出气体分子的摩擦与其密度无关时,结论违反了他的直觉,因此他怀疑这个模型能否成立。甚至在1860年初发表的那一版论文中,麦克斯韦也暗示,他认为这个理论最后会被否证掉。

显然,麦克斯韦之所以涉足分子运动论的研究,并不是因为他认为这个理论是正确的,而是因为想要弄清楚它在数学上的意义。他告诉斯托克斯,尽管自己尚不能确定该理论是否正确,但是"我发现自己能够,而且很乐意推导出粒子系统相互作用的运动定律。我已经这样做了,权当一次力学练习"。他还说:"我对气体的研究一直相当零碎,但是最近我对这门学科进行了数学研究,我觉得自己开始喜欢上它了!我需要一些实验来给自己泼泼冷水!"[3]简言之,麦克斯韦把运动论当作抽象理性的力学练习。他并没有把信中所说的数学公式给斯托克斯看,但是他确实提出了一种新的平均自由程公式,这个推导的前提假设显然是,分子运动速度按照误差定律分布。此外,在他发表的那篇论文的前半部分中,他所提出的一般力学模型,几乎完全由依赖于该分布规律的命题组成。显然,从一开始研究运动论起,麦克斯韦就认识到了误差定律对分子速度的适用性。也许最初正是误差定律,

*118*

---

[1] Clausius, "On the Mean Lengths of the Paths Described by the Separate Molecules of Gaseous Bodies" (1858), Brush, *Kinetic Theory*, vol. 1, pp. 135–147.

[2] Maxwell, "On the Dynamical Evidence of the Molecular Constitution of Bodies", *The Scientific Papers of James Clerk Maxwell* (2 vols., Cambridge, 1898–1900), vol. 2, p. 417.

[3] Joseph Larmor, *Memoir and Scientific Correspondence of the Late Sir George Gabriel Stokes* (2 vols., Cambridge, 1907), vol. 2, p. 10.

让麦克斯韦发现这里面的数学研究大有文章可做,这才促使他开始研究这个模型。

那么,麦克斯韦是如何确信分子速度的分布符合天文学家的误差定律的呢?现在看来,他的灵感清晰地来自凯特勒的思想,尤其是约翰·赫歇尔的一篇论文,该文综述了凯特勒1846年在概率及其应用方面所做的工作。20多年前,查尔斯·吉利斯皮指出,这篇综述和麦克斯韦论文中出现的概率方法颇具相似之处。而史蒂芬·布拉什(Stephen Brush)随后指出,麦克斯韦所给出的误差定律的形式推导,在每个关键点,都与赫歇尔所介绍的那个推导一模一样。[1]由于麦克斯韦没有讨论过赫歇尔,甚至也没有标记过对赫歇尔的引用,也可能根本就不记得在什么地方看到过这个推导,所以我们现在很难知道,为何麦克斯韦认为这个论证能够应用到分子上。尽管如此,赫歇尔的论文还是明明白白地表明,社会统计学的观点,与气体分子运动论之间存在着至关重要的联系,而在19世纪所有将统计学观点应用于物理学的理论中,气体分子运动论是最成功的一个。

赫歇尔并非社会统计学或者保险业的活跃分子,但是在其他方面,他的研究目标与凯特勒的十分相似。赫歇尔是英国定量博物学的顶级专家,而且在他的同胞看来,他很可能是那个时代中最杰出的科学家。赫歇尔对凯特勒的描述对他自己也同样适用:

> 有些学科的进步,需要依靠大量的、连续多年的、从广泛地区收集来的物理数据的积累,如地磁、气象学、气候对动植物生活的周期性现象的影响等。在对这些学科中物理数据的搜集及其科学分析方面,以及在各种政治科学、道德科学、社会科学分支学科的统计研究方面,没有人比他做得更好。[2]

---

[1] C. C. Gillispie, "Intellectual Factors in the Background of Analysis by Probabilities", A. C. Crombie, *Scientific Change* (New York, 1963), pp. 431–455; C. W. F. Everitt, "Maxwell", *DSB*, vol. 9, pp. 198–230; Elizabeth Wolfe Garber, "Aspects of the Introduction of Probability into Physics", *Centaurus*, 17 (1972), pp. 11–39; Theodore M. Porter, "A Statistical Survey of Gases: Maxwell's Social Physics", *HSPS*, 12 (1981), pp. 77–116.

[2] John Herschel, "Quetelet on Probabilities", *Edinburgh Review*, 92 (1850), pp. 1–57.

这些学科都是赫歇尔所关心的。他的文章明确指出,统计方法的适用范围远远超出了社会领域。

继拉普拉斯和德·摩根之后,赫歇尔也秉持概率的主观解释,认为概率是在未能掌握完满知识时,对个别事件发生的相信程度。他写道,在概率推理中,偶然性的概念是"作为我们对行为主体、整体布局、目标动机的无知的表现。但在推理结果中,这种无知被明确地排除在外"。然而,在将自己的研究应用于现实对象时,他走的是一种严格的经验主义路线。他赞扬约翰·斯图亚特·密尔的观点,即真正的科学是成功的预测,而不是对事物本身的直觉性理解。他认为,如果要说哪一门科学与"因果关系的形而上学观点"无涉,概率论是最明显的一个。"原因"一词毕竟"只是表示一个结果或多或少地频繁发生的情况";人们不能说事件符合概率定律,因为"正如我们所认识的那样,概率定律与事件的一致性,是它得以成立的前提假设"。① <sub>120</sub>

对于经验性研究可以得出的成果,赫歇尔的实证主义进路并没有降低他的期待。他的文章开头写着一句含义深刻的话:"经验和预言一样,有着同样的真理与诗意。经验命题偶尔也想要达到某种确定性,这和预言的语气相似。"②赫歇尔认为,统计学最令人信服地证明了预言成功的可能。他还赞扬了蓬勃发展的保险业,认为它成功缩小了偶然性对人类事务的影响。他将伯努利的大数定律看作概率论的核心真理,认为概率论反过来又为经验科学推理提供了一个模型。他认为,概率论可以被设想为"归纳哲学的一个实用的辅助工具。……它之所以好用,是因为在偶然偏差与不变原因的一般结果之间,存在着相互破坏的关系。当我们在比较中纳入非常多的事例时,这种破坏总是会发生"③。在社会和道德统计学中,偶然的不规律性所产生的破坏是最明显的。在行政管理的改良方面,赫歇尔从来没有忽视社会和道德统计学可以起到的重要作用。他极为看重统计规律性,认为它所可能孕育的人类科学,可以在不对个体施加限制的情况下实现对总体的控

---

① John Herschel, "Quetelet on Probabilities", *Edinburgh Review*, 92 (1850), pp. 1–57.

② John Herschel, "Quetelet on Probabilities", *Edinburgh Review*, 92 (1850), pp. 1–57.

③ John Herschel, "Quetelet on Probabilities", *Edinburgh Review*, 92 (1850), pp. 1–57.

制。他指出,生育及婚姻"对个体来说是像空气一样自由的",但是:

> 当考虑到相当数量时,它们似乎被精确地控制着,这清楚地证明了起作用的因素之间存在着确定性的关系。因此,除它们作用模式的错综复杂之外,显然没有什么可以阻止它们被精确地计算,并诉诸事实加以检验。在群体中,因为有物理与道德定律在影响着人的存在,他所夸耀的自由消失了。在人的一生中,习惯、习俗、生存所必需之物都作用在他的身上,让他的每一行为成为必然,不会交给他的自由选择来决定。①

最重要的是,凯特勒将误差定律应用于自然界真实变异的方法,让赫歇尔心服口服,他还花了一点心思向读者解释这种做法。像凯特勒一样,赫歇尔是在两种均值的区分之下引入了这一想法的,他认为,"真实的平均值"只能存在于偏差服从于误差定律的地方。在他笔下,真实平均值和算术平均值之间的区别变成了"均值"(means)和"平均数"(averages)的区别,但是他的主要观点是一样的:

> 一个"平均数"(average)可能存在于一组千差万别的对象中,比如城市中房屋的高度或者图书馆里的书的大小一样。在表现这些事物平均来看的一般信息方面,它或许是合适的,但是它并不包括一个可辨认的、自然的中心量的概念,对于这样的中心量来说,数值的不同应当被视为相对于标准值的偏离。此外,"均值"(mean)这一概念与"平均数"的区别在于,前者具有一种特征,即组群的有规律的运动,这种运动逐渐增加到最大,然后又逐渐减小。"平均数"不能保证未来会与过去一样,但我们可以暗中相信,"均值"能保证这一点。对这一区别的恰当理解,以及对其后果的接受,是统计结果的所有哲学价值的来源。②

---

① John Herschel, "Quetelet on Probabilities", *Edinburgh Review*, 92 (1850), pp. 1–57.
② John Herschel, "Quetelet on Probabilities", *Edinburgh Review*, 92 (1850), pp. 1–57.

因此,只有当"均值"的偏差按照假定的误差形式分布时,它才具有真正的科学价值。赫歇尔认为,统计规律性只适用于真实的"均值",并毫不犹豫地暗示,这正是大多数自然和社会现象的情况。

凯特勒对误差定律普遍性的信念,就这样被赫歇尔传达给了麦克斯韦等英国读者,并且被他用自己相当大的权威性重申了一遍。然而,赫歇尔所做的不只有这些,他还针对误差定律给出了一个颇具原创性的推导过程。从这个推导中,我们可以看出他对麦克斯韦的影响,而且它有着与二项式极限的标准论证极为不同的特点。将误差函数视为二项式极限,这个标准论证是由棣莫弗提出的,并得到了凯特勒的再次证明。而赫歇尔在做假设时,没有涉及与构成误差函数的偏差有关的内容,而是将该函数的性质作为整体看待。他首先假设,在一个方向上,一个给定大小的误差,将与在另一个方向上相同大小的误差完全一样,因此误差函数是球面对称的(spherically symmetric)。接着,他假设误差分量在垂直坐标系中严格独立,也就是说,产生误差$(x_1, y_1)$的概率等于其各个分量概率的乘积。有了这两个前提,就可以直接推导出,误差函数的形式必然是$Ae^{-cx^2}$,其中$A$和$c$是任意的正的常数。这是沿着单个轴的误差分量的公式,正如赫歇尔后来验证的,可以很容易地将其复合,从而得到两个或多个维度的解。[1]

赫歇尔在描述他的推导时,是用把球扔向目标时所出现的误差为例子,但他的推导并非仅仅能应用在这个问题上。赫歇尔其实接受了凯特勒的观点,认为误差定律无处不在,在人类身高的分布以及天文观测误差中,它同样适用。而他的推导的目的,是将这个如此普遍适用、屡次现身的函数中所具有的普遍性与简单性同时体现出来。当然,这种推导不能直接应用于像高度这样的标量,因为对于这些标量,垂直分量独立的假设是没有意义的。因此,即便是在狭义的误差领域,赫歇尔推理的说服力也并非没有受到挑

---

[1] John Herschel, "Quetelet on Probabilities", *Edinburgh Review*, 92 (1850), pp. 1–57. 亦可参见 Herschel, "On the Estimation of Skill in Target-Shooting", *Familiar Lectures on Scientific Subjects* (London, 1866)。

战。虽然主观主义者 W. F. 唐金赞同赫歇尔的观点[1],但像 R. L. 埃利斯这样的频率主义者却认为,赫歇尔的观点同样是有问题的,因为它支持了一种后验概率的错误观念。埃利斯坚持说,有许多问题是不能被先验证明的,尽管误差定律在某种程度上代表了我们的无知,但是我们仍没有基础去相信抽象的推理"能让我们得出符合并能代表外在现实的假设"。特别是,"两个方向上的偏差相互独立,无论它们是否呈直角,这个假设都没有任何依据"。赫歇尔给出的先验假设,是因为他错误地将问题类比为力学中力的组成问题;他所要讨论的东西必须建立在实际频率的基础上。[2]

123 　　即便如此,麦克斯韦还是被这个格外抽象的推导说服了,并在他的第一篇分子运动论论文中几乎一模一样地又推导了一遍。麦克斯韦对运动论模型的兴趣,是被克劳修斯的论文激发的,但他在看到克劳修斯的论文之前,已经至少看到过两次赫歇尔就凯特勒的论文所撰写的评论。当该评论第一次匿名出现在《爱丁堡评论》(*Edinburgh Review*)上时,麦克斯韦阅读了它,并立即给刘易斯·坎贝尔(Lewis Campbell)写了一封信,认为概率是"这个世界的真正逻辑"。在阅读赫歇尔1857年出版的文集时,麦克斯韦又一次对这篇评论赞不绝口。[3]当然,在概率论和统计推理领域,麦克斯韦所具有的知识并不限于这篇评论,他曾读过拉普拉斯的《概率的分析理论》(*Theorié analytique*);在爱丁堡求学时,他还是 J. D. 福布斯的学生。19世纪30年代后期,福布斯在人类学的统计学领域十分活跃,和凯特勒来往密切,还向后者求得了一封推荐信,并且用这封信获得了自然哲学教席。[4]麦克斯韦曾在爱丁堡写过一篇论文,对双星系统的概率进行论证,而福布斯对该文撰写了评论,并在科学促进会的一次会议上当着麦克斯韦的面宣读了它。麦克斯

---

① W. F. Donkin, "On an Analogy Relating to the Theory of Probabilities and on the Principle of the Method of Least Squares", *Quarterly Journal of Pure and Applied Mathematics*, 1 (1857), pp. 152–162.

② R.L. Elis, "Remarks on am alleged proof of the 'Method of Least Squares' contained in a Late Number of the Edinburgh Review", *Phil Mag*, 37 (1850), pp. 321–328; Ellis, "On the Method of Least Squares", *TPSC*, 8 (1849), pp. 204–219.

③ 参见*(x) Maxwell*, pp. 138–144, p. 294。

④ 参见 cahier 1028, *AQP* 以及 J. C. Shairp, P.C. Tait, A. Adams-Reilly, *Life and Letters of lames David Forbes*, *F. R. S.* (London, 1873), p. 123 及文中多处。

韦还对乔治·布尔的著作推崇有加,而且读过穆勒的《逻辑体系》,以及巴克尔的《英格兰文明史》的概论。然而,在他的气体分子运动论中,最为鲜明的印迹仍然是赫歇尔的文章留下的。

在1859年的一篇论文中,麦克斯韦提出了分子速度的分布情况。在前言部分,他提出了3个命题,给出了不同质量的弹性粒子之间相互碰撞的一般定律,并表明这种碰撞会迅速抹去系统初始排列的所有痕迹。而后,他又以一种典型的统计学方式指出,这种混乱暗示着,在群体中必然存在着稳定的规律:

> 如果有许多相同的球形粒子在一个理想的弹性容器中运动,粒子之间就会发生碰撞,且每次碰撞都会改变其速度;因而一段时间过后,"活力"(*vis visa*)将按照一些齐整的定律在粒子之间进行分配,虽然在每次碰撞后,每个粒子的速度都会发生变化,但速度处于一定范围内的粒子的平均数量是可以确定的。[①]

*124*

随后他又给出了一个与赫歇尔相同的推导,作为第4个命题。麦克斯韦假设:首先,任意一个坐标上的速度与另外两个垂直坐标上的速度相互独立;其次,该分布的密度是球面对称的。独立假设意味着,总体分布将会是三个独立量 f(x)、f(y)、f(z) 的乘积;对称假设意味着,该乘积一定是(或者等效于,因为它是一个标量)速度平方和的函数。用麦克斯韦的符号来表示就是:

$$f(x)f(y)f(z) = \phi(x^2 + y^2 + z^2)$$

该方程的解即为指数误差曲线:

$$F = Ae^{-(x^2+y^2+z^2)}[②]$$

误差曲线就此进入分子运动论中。它的理论推导十分抽象,因而不用怎么修改就可以应用到望远镜观测、球的抛掷以及刚性、弹性分子系统速度分布的计算中。通过对气体中单个分子碰撞的可能情况进行详细研究,是

[①] James Clerk Maxwell, "Illustrations of the Dynamical Theory of Gases", *The Scientific Papers of James Clerk Maxwell* (2 vols., Cambridge, 1898–1900), vol. 1. p. 380.

[②] James Clerk Maxwell, "Illustrations of the Dynamical Theory of Gases", *The Scientific Papers of James Clerk Maxwell* (2 vols., Cambridge, 1898–1900), vol. 1. p. 380.

无法得出这个结果的。相反,它是由直觉得出的。另外,麦克斯韦曾研究过土星环的稳定性,但结果在某些地方不能令他满意。也有可能在进行那次研究时,麦克斯韦就已经认识到分子运动论模型分布公式的重要性了。[①]但不管怎样,速度分布公式很可能是他在分子运动论中得到的第一个成果,也很可能是他突然对该理论产生兴趣的原因。

麦克斯韦的工作表明,同一个数学方法应用于新的对象时,可能产生截然不同的结果,而且在这方面,他的工作比凯特勒的更有说服力。凯特勒只是将误差曲线看作一种自然变异的定律,断言它适用于身高、犯罪和自杀等情况,而并没有进行更多的研究。然而,误差曲线与分子运动论结合起来,就可以运用它得出强有力的新结论和新方法。如果假设速度分布是稳定的,那么相对速度的分布情况就可以通过一个简单的积分运算得到,这正是麦克斯韦第5个命题的步骤。他的第6个命题是,不论粒子的相对质量如何,其平均能量必然是相同的。根据这个命题,他计算出了不同质量的粒子混合在一起时,速度的联合分布(joint distribution)。用同样的方法,麦克斯韦计算了由一种或两种粒子组成的系统的碰撞概率和平均自由程。这一切的计算结果都是由优雅组合数学完成的,而在麦克斯韦的新思路之前,学者们很少有使用组合数学的理由。几年后,麦克斯韦用他的分布公式研究了气体中的输运现象(transport phenomena)。

麦克斯韦是在物理学中明确地考虑概率分布的第一人。其实,他也称得上在所有的科学领域中,第一个明确地使用该分布公式,并得到了出色成果的人。影响最为深远的那些19世纪分子运动论的成果,都与麦克斯韦的分布密切相关,其中最著名的是路德维希·玻尔兹曼的结论。玻尔兹曼指出,热力学第二定律可以用力学和概率论的方式来理解。当麦克斯韦开始研究分子运动论时,第二定律是一个纯粹的热力学原理,完全用热力学术语表示,特别是热、温度和熵。第二定律表达的含义是,人们观察到,热量具有从热的物体流向冷的物体的趋势,或者更精确地说,使用一种理想的、可逆的发动机,来类比这种热传递时所做的机械功的多少。玻尔兹曼认为,桑

① Stephen Brush, C. W. F. Everitt, Elizabeth Garber, *Maxwell on Saturn's Rings* (Cambridge, Mass., 1983) p. 110–117.

迪·卡诺(Sadi Carnot)和克劳修斯的这种表述,在概念上仍不明确;而为了明确概念,我们必须借助热的力学(mechanics of heat)。有趣的是,他试图找到证据,来证明分子的速度必然是由麦克斯韦的公式决定的,而该公式与他对第二定律的新表达紧密相关。

早在1866年,麦克斯韦就已经意识到,他第一次对速度分布所做的推导可能存在问题。这是因为,"分子在X轴方向上的分速度落在给定范围内的概率,不受其在Y轴方向上的分速度的影响"这个假设,在后来的他看来"不够牢靠"。所以他试图"用不同的方式确定函数的形式"。[①]他的新推导假定,极高频率的碰撞将产生并且维持一种平衡状态,在该状态中,每种特定类型的分子的速度分布和碰撞概率都是稳定的。这个新推导构成了玻尔兹曼大部分工作的出发点。在麦克斯韦看来,由于没有理由认为变换周期会优先朝一个方向运行,那么两个初始速度为$v_1$、$v_2$,最终速度为$v_1'$和$v_2'$的分子的碰撞次数,必然等于相反类型的分子的碰撞次数。麦克斯韦最终证明,只有当分子速度按照误差定律分布时,这个等式才能成立。

大约在麦克斯韦发表他的第二篇分子运动论论文时,年轻的奥地利人路德维希·玻尔兹曼熟悉了麦克斯韦在热力学上的惊人方法。1866年,他写了一篇论文,用力学理论阐释了第二定律意义。在这篇文章中,他还只是谨慎地声称,要"针对热力学第二定律给出一个纯粹分析的、一般性的证明,同时发现相应的力学定理"[②]。但他很快就意识到,在使用力学术语研究热现象方面,麦克斯韦的统计学新方法所具有的力量及其重要性。他随即把麦克斯韦分布定律拓展到了受外力影响的、复杂的多元分子上。随后在1871年,他成功地用分子速度分布阐述了克劳修斯热力学中所谓熵的概念。[③]

有了一般性的分布定律的支持,玻尔兹曼在1872年的一篇著名论文中,再次回到了将热力学第二定律简化为力学的问题。在该文前言中,他写下

*126*

---

① Maxwell, "The Dynamical Theory of Gases", *The Scientific Papers of James Clerk Maxwell* (2 vols., Cambridge, 1898–1900), vol. 2, p. 43.

② 转引自Martin Klein, "The Development of Boltzmann's Statistical Ideas", *Acta Physica Austriaca*, X (1973), p. 57.

③ Edward E. Daub, "Probability and Thermodynamics: The Reduction of the Second Law", *Isis*, 60 (1969), 318–330.

的概率数学、统计学以及科学确定性的关系,已经在前文引用过了[1]。玻尔兹曼在文中定义了一个物理量$E$(后来一直用$H$来表示),它是分子速度分布的函数,并证明当分子速度遵循麦克斯韦-玻尔兹曼分布时,该量将取得最小值。就像麦克斯韦所做的那样,玻尔兹曼假定,任何给定能量范围内的分子之间碰撞的概率,与其在整个分子群体中频率的乘积成正比。而后他从对称性出发,论证了只有当其分布符合误差曲线时,$E$的导数才能取0,否则总是一个负值。也就是说,他不仅证明了麦克斯韦的分布是稳定的,而且还证明了,任何其他的分布都必须收敛于它。更重要的是,由于在他的表达式中,$E$与熵成反比,所以熵趋于最大值的趋势,就等于系统趋于麦克斯韦分布的趋势。①

1877年,玻尔兹曼更加清晰地揭示了概率论和第二定律的关系。当时,他提出了一个组合模型,来回答分子能量的分布问题。在此之前的1868年,他先将组合数学引入了分子运动论。他考虑到,对于一个分子数量有限且总能量一定的系统,最后一个分子的能量必须完全由其他n-1个分子的能量决定。因此,碰撞中的分子的能量并非完全独立的,麦克斯韦1867年的推导也称不上十分严格。②在数量有限的分子之间分配一定数额的能量的问题,就类似拉普拉斯曾经为了支持自己的概率计算而解决过的一个问题:如果行星的轨道是由偶然因素产生的,那么太阳系中所有行星的轨道面与黄道面夹角之和,就会像现在所观察到的那样小。用一个抽签模型更为抽象地来表示,问题就会变成:"盒子中共有n+1个球,球上标记有0、1、2、3……n,一个人从盒子中取出一个球并将其放回,求:在$i$次抽取之后,抽取出的球上数字之和为$s$的概率。"③在将系统的总能量限制在一个固定的总值上之后,玻尔兹曼想求出任一给定分子具有给定能量的概率。

为此,他必须把总能量分成有限个宽度为$\varepsilon$的区间,并假定对于给定的

---

① Boltzmann, "Weitere Studien über das Wärmegleichgewicht unter Gasmolekülen", *WA*, vol. 1, p. 345.

② Boltzmann, "Studien über das Gleichgewicht der lebendigen Kraft zwischen bewegten materiellen Punkten", *WA*, vol. 1, pp. 80–81.

③ Laplace, *Théorie analytique des probabilités* (2nd ed., Paris, 1820), *Oeuvres*, vol. 10, p. 257; Oettinger, "Untersuchungen über die Wahrscheinlichkeitsrechnung", Crelles, *Journal für die reine und angewandte Mathematik*, 26 (1843), pp. 311–332.

分子,每一个能量区间都是先验地等可能的,最多以达到可用能量的总和为止。任一分子具有能量 nε 的实际概率可以用一个分数来表达,该分数的分母为满足能量条件范围的组合的总数,分子是给定分子占据给定能级的组合数。就这样,玻尔兹曼在1868年推导出了麦克斯韦速度分布。而在1877年,他站在一个更为广阔的视角,研究这个问题。他不仅想求出任一给定分子具有某种特定能量的概率,而且还试图求出整个系统可以用某种给定能量分布来刻画的概率。

玻尔兹曼再一次假设,每一种可能的"局面"(complexion)——每一种针对单个分子的、相加起来等于一个固定值的能级赋值——都是等可能的。那么问题就变成了,计算各种可能的"状态分布"(state distributions)($w_0, w_1, w_2 \cdots w_p$)的概率,其中每一个 $w_i$ 表示的是具有能量等级 $i$ 的分子数。在使用了斯特林逼近等非常复杂的组合数学方法后,玻尔兹曼发现,这个概率还可以用"可置换性度量"(permutability measure)来表示,这是他五年前所讲的 $H$ 函数的一种特殊形式。既然他已经证明了 $H$ 函数将会不断减小,直到系统呈现出麦克斯韦分布的平衡状态,那么在他看来,问题就已经解决了。"我们可以毫无争议地说:这种最可能的分布也符合热平衡的状态。因为,如果盒子以上述方式装满了卡片,那么最有可能抽到卡片上面写着的分布,一定与热平衡相符。"[1]热力学第二定律相当于指出了一种趋势,即分子速度系统将会趋向于其最可能的状态,即麦克斯韦-玻尔兹曼分布,并且熵与概率的对数成正比。[2]

## 高尔顿与真实的变异

弗朗西斯·高尔顿并没有像凯特勒那样,直截了当地断定误差定律的普适性,在这方面,他与麦克斯韦和玻尔兹曼类似。以往社会物理学家们认为,该曲线可以证明,最好将一切异常都解释为缺陷,而高尔顿对此难以苟

---

[1] Boltzmann, "Über die Beziehung zwischen dem zweiten Hauptsatze der mechanischen Wärmegleichgewicht und der Wahrscheinlichkeitsrechnung respektive den Sätzen über das Wärmegleichgewicht", *WA*, vol. 2, p. 193.

[2] 参见 Klein, "Boltzmann's Statistical Ideas" 以及 Thomas S. Kuhn, *Black-body Theory and the Quantum Discontinuity, 1894-1912* (Oxford, 1978), pp. 46-54。

*129* 同。高尔顿是第一个使用误差分析的统计方法,来分析真实的变异的人。他在生物学和统计学两方面理论上的建树,大部分要归功于他对变异本身的兴趣。正如维克托·希尔茨(Victor Hilts)和露丝·考恩(Ruth Cowan)所言,高尔顿总是对特殊者而非平常者更感兴趣:"一些极端民主派可能会被平庸的乌合之众所吸引,但是大部分其他人却恰恰相反。"①高尔顿认为,就他所感兴趣的问题而言,天文学家的统计技术是完全不适用的,因为设计这些方法的目的,是消除误差与偏差,而这就恰恰消除掉了他最想研究和保全的对象。不过,凯特勒所模仿的正是那些技术。也许高尔顿之所以很欣赏凯特勒对误差定律的运用,正是因为他忽视了后者对该定律的解释。在高尔顿眼中,误差定律作为解释自然变异的手段,起到的作用无可估量。因此,他批判了当时的国势学家们,指出他们迷恋平均数,未能发挥该定律的真正作用。他在《自然遗传》(*Natural Inheritance*)杂志上发表了一篇名为《统计的魅力》("The Charms of Statistics")的文章,批评他们忽视了自然多样性,而正是这种多样性让社会变得有趣:"很难理解,为什么统计学家们的调查总是着眼于平均数,而不注重更为全面的考察。在面对多样性的魅力时,他们的灵魂就像单调的英国乡下人一样无趣——要是让他们评价一下瑞士的景色,他们会建议,把瑞士的山全都填进湖里去,这样山和湖这两个麻烦就都会消失了!"②

　　高尔顿最为重要的工作,以及一直以来他对人类多样性的研究,都源自他的一个理想。虽然19世纪的统计学家们与之有着类似的目标和观点,但高尔顿和他们有着重大不同。高尔顿是优生学(eugenics)的创始人。优生学是一种进化论学说,认为通过由科学指导的、有控制的生育过程,人类的状况就可以得到最有效的改善。虽然像威廉·法尔这样的人,已经在公共卫生改革运动中注意到人类的健康,甚至还有其所能达到的成就,都有着生物

---

① Galton, "President's Address", *JAI*, 18 (1880), pp. 401–419; Victor L. Hilts, "Statistics and Social Science", Ronald N. Giere, Richard S. Westfall, *Foundations of Scientific Method: The Nineteenth Century* (Bloomington, 1973), pp. 206–233; Ruth S. Cowan, "Francis Galton's Statistical Ideas: The Influence of Eugenics", *Isis*, 63 (1972), pp. 509–528.

② Galton, *Natural Inheritance* (New York, 1889), p. 62.

学的决定因素①,但是在作为社会科学的统计学中,研究者的目标通常是,让人们获得教育、拥有不会毒害人的身体和道德的家庭和工场,以此促进人的进步。而其中蕴含的"人的品质由环境决定"这一原则,正是高尔顿反对的。

至少在这个意义上,高尔顿可以被准确地划为保守派。尽管他极为鄙视那些既没有"贵族教养",也没出过"三代以内声名显赫的亲戚"的贵族阶层,但他坚信,人"作为社会单元,并不具有同等的价值,在投票等方面,并不具有同等的能力"。高尔顿声称,除知识分子和科研人员外,所有人的"社会价值"与其收入成正比。就内在价值而言,专家胜于商人,店主强于工匠,而工匠又高于非技术工人(unskilled worker)。他坚持说,这些等级反映的是生物学差异,而不仅仅是成长过程的差异——至少在自由的英国是这样。"毫无疑问,在我们这样的国家,上层阶级大部分是不断从下层民众中选拔出来的,他们是迄今为止有着最为多产的自然能力的人才。说实在的,下层阶级是'残渣'。"②高尔顿还发明了一个短语——"先天与后天(nature-nurture)之争"。他一直认为,在决定个人成绩的因素中,先天品质是最重要的。为证实这一观点,他进行了各种各样的研究,并认为其中最能肯定地说明该观点的,是同卵和异卵双胞胎的比较研究。在一系列奇闻逸事中,他揭示了同卵双胞胎在行为与外表上不可思议的相似性,而这似乎暗示着,即使是最复杂的能力也主要是由遗传决定的。③

但是,高尔顿不能被简单地划为保守主义者。他的优生学理念,也不能视为在以保守主义的方式回应当时英国政府的一系列改革。首先,几乎没有证据表明他对一般政治事务显露过任何积极兴趣。④在1865年发表《遗传天赋》(*Hereditary Genius*)之前的几年里,他的政治观点是否经历了什么重大 *131*

---

① Victor L. Hilts, "William Farr (1807–1883) and the 'Human Unit'", *Victorian Studies*, 14 (1970), pp. 143–150.

② Galton, *English Men of Science: Their Nature and Nurture* (New York, 1875), p. 17. Galton, "Hereditary Improvement", *Fraser's Magazine*, 7 (1873), pp. 116–130; Galton, *Hereditary Genius: An Inquiry into Its Laws and Consequences* (London, 1869), pp. 86–87.

③ Galton, "The History of Twins as a Criterion of the Relative Powers of Nature and Nurture", *JAI*, 5 (1876), pp. 391–406.

④ 但是也有文章指出,高尔顿在剑桥上学时就已经投票给了保守党,参见 Ruth Schwartz Cowan, "Sir Francis Galton and the Study of Heredity in the Nineteenth Century" (Ph. D. Dissertation, Johns Hopkins University, 1969), p. 56。

转变,这更是无从得知。在19世纪90年代之前,几乎没有人对他的优生学表示过真正的支持,这也表现出他观点的不合时宜。高尔顿的思想过于离经叛道,它的含义太有革命性,以至于不能参与到寻常的政治对话中。可以肯定的是,他的目标不是推翻社会制度,而是要依靠不断增长的科学力量使之重焕生机,不再盲目信仰死气沉沉的传统。但是,如果将天赋而非财产视为贵族的基础,或者将现有的上院替换成一个以遗传能力为基础的高级立法机构,那么整个贵族制的基础就会被改变,而不仅是贵族阶层人员的替换。高尔顿并不是一个真正的保守派,而是一个坚定的改革者,他的观点只在某些方面趋向于保守主义。

从高尔顿的传记中可以看出,他之所以献身于优生学,除他的社会或政治保守主义之外,同样重要的因素是贵格会(Quaker)的理想主义和维多利亚时期的知识贵族对科学的崇敬。[①]他出生于伯明翰的一个贵格会家庭,他们家从银行业、军火制造业等行当中获得了巨额财富。在19世纪初期,这个家庭正日益跻身上流社会:他的父亲加入了圣公会,两个哥哥成了地主、绅士,每天的生活安排中都包括打猎等精致而闲散的活动。弗朗西斯·高尔顿似乎害怕类似的命运,他不满足于跟随他们的脚步。姐姐们对他的教育很成功,这也部分地造就了他的才能。而且他在很年幼的时候,就掌握了许多技能,这让刘易斯·特尔曼(Lewis Terman)[2]认为,高尔顿有着极高的智商。高尔顿的母亲希望儿子成为她的父亲伊拉斯谟·达尔文(Erasmus Darwin)那样杰出的医生。但是和表哥查尔斯·达尔文一样,高尔顿并不觉得这个职业多么具有吸引力。尽管如此,高尔顿在年轻时便已显示出他个人的远大抱负。高尔顿心中一直有一种"做善事"的强烈欲望,特别是在青少时期。

在剑桥,高尔顿两次罹患重度神经衰弱,这让他未能获得荣誉学位,并开始怀疑自己的能力。更糟糕的是,这位满怀理想、志在千里的年轻人甚至 132 无法找到一个值得付出精力的人生目标。父亲去世后,高尔顿获得了一笔可观的遗产,这让他不再需要继续学习医学才能谋生,因此这种缺乏目标的

---

① 参见 Noel Annan, "The Intellectual Aristocracy", J. H. Plumb, *Studies in Social History* (London, 1955), pp. 241–267。

生活变成了他难以忍受的负担。接下来的一段时间便是彻底地"漫游"。他去中东旅行,但并没有给自己定下任何目标或者目的地。正如他后来所言,此时他发现,新的文化体验往往会颠覆旅行者的想法,特别是,让他开始质疑自己的宗教信仰。在剑桥大学读书期间,他曾经写过诗歌,哀叹这个拜金社会并未实现基督的理想,并希望成为"某个仿照柏拉图的制度而建立的,但是后来被基督徒推翻了的国家"[1]的公民。此时他已相信,基督教的时代已经过去,它的信仰缺乏指导人生的力量。相比之下,他认为在埃及,"穆斯林文明的高尚一面让人印象深刻。我可以说,他们的日常生活习惯与其信条相符,这尤其与我们在大多数欧洲人身上看到的截然不同——欧洲人在一周的某一天自称超脱而谦卑,而在剩下的六天里却世俗且专横"[2]。

　　科学虽然不是高尔顿出现信仰危机的原因,但是它的确成了基督教的替代品。在埃及,高尔顿遇到了法国的圣西门主义者阿诺德·贝(Arnaud Bey),后者建议他为旅行设定一个科学方面的目标。1845年到1860年间,他在皇家地理学会(the Royal Geographical Society)的活动——高尔顿是最勇敢的非洲探险家之一[3]——以及气象学的研究越来越多地塑造了他的生活。科学为高尔顿的漫游赋予了目的,并因此带来了尊严,最后给了他一个完全配得上他的天才与博爱的目标——进化论的生物学原理。相应地,高尔顿对《物种起源》兴趣大增。10年后,他在给表哥的信中写道:

　　　　我看着你的样子,就像刚刚开化的野蛮人想起第一个将他们　　*133*

① Galton, *English Men of Science: Their Nature and Nuture* (New York, 1875), p. 218; Ruth Cowan, "Nature and Nurture: The Interplay of Biology and Politics in the Work of Francis Galton", *Studies in History of Biology*, 1 (1974), pp. 133-208; Raymond E. Fancher, "Biographical Origins of Francis Galton's Psychology", *Isis*, 74 (1983), pp. 227-233.

② Galton, *Inquiries into Human Faculty and Its Development* (2nd ed., London, 1907), p. 154; Galton, *Memories of My Life* (3rd ed., London, 1909), p. 88. 在这里高尔顿注意到了自己夜夜笙歌的放纵生活和穆斯林的虔诚形成了鲜明对比。下书在呈现高尔顿多年旅途中的心智变化方面颇有见地:Derek W. Forrest, *Francis Galton: The Life and Work of a Victorian Genius* (London, 1974)。

③ 关于高尔顿的非洲之行与他后期作品的关系,可参见 Raymond E. Fancher, "Francis Galton's African Ethnography and Its Role in the Development of His Psychology", *BJHS*, 16 (1983), pp. 67-79。

从难以忍受的迷信中解脱出来的老师一样。我过去常常觉得,古板的"设计论论证"压抑得让我难受,却无法说服自己那是没有价值的。因此,你的《物种起源》的出现,成了我人生中的决定性时刻;你的书是第一本给予我的思想以自由的书,它驱走了我旧日迷信的束缚,仿佛那些迷信只是一场噩梦。

显然,这不是一个基督教狂热分子在其信仰面对科学的力量的时候,所做出的不情愿的让步。他对基督教的清醒认识,不是源于对信条真实性的怀疑,也不是源于对"慈爱"之类道德规范的顾虑,而是源于一个坚定的信念:在维多利亚时代的英国工业社会中,基督教已经没用了。对高尔顿来说,"设计论论证",这种基督教的理性辩护,是旧信仰之所以尚未分崩离析的最后一根稻草;而到了19世纪60年代,威风凛凛的科学将会成为虚弱不堪的英国国教的取代者。他不假思索地将进化论看作对基督教的驳斥,因为他相信,只有将这个古老的宗教摧毁,未来才能一片坦途。达尔文主义取得了对基督教的决定性胜利,这是新秩序对旧秩序的征服。

在1859年之后的数十年间,高尔顿像许多站出来攻击旧宗教秩序的知识分子一样,将进化论作为战斗口号,来重建一个以科学为基础的社会。他明白地承认,自己对该运动的独特贡献——优生学,是一种宗教的替代品,或者像他所希望的那样,成为真正的宗教。高尔顿狂热地描写了优生学所能带来的欢欣与沉静,它们能与宗教冥想所带来的感受不相上下,它们来自对自然界的有机构造的观察,来自进化论的推进所揭示出的种族改良过程,而这种过程能够成为大自然本身的目标。他还呼吁"在整个王国建立起'科学祭司制'(scientific priesthood)。这些祭祀的崇高职责是,在最大范围内促进整个国家的健康与福祉;他们的薪酬福利与社会地位,将与其职能的重要性和多样性相称"[1]。他指出了社会正在日益复杂化,以此论证建立科学祭司制的必要性。这种制度已经赢得了几代社会科学家和未来的技术统治论

---

[1] Galton, *English Men of Science: Their Nature and Nurture* (New York, 1875), p. 195. 高尔顿常常论证"科学祭司制"的可行性,在他们的工作中统计学将占据突出地位。关于优生学的宗教特征,参见 Galton, "The Part of Religion in Human Evolution", *National Review*, 23 (1894), pp. 755-763。

者的青睐：

> 相较于过去，人类文明的平均水平已取得了长足进步，但历史和知识已经变得太过复杂多样，几乎没有人能够理解现代文明的迫切需要，更不用说实现它们了。我们生活在一种思想无政府主义中，因为我们缺乏智者。我们的领袖们的一般智力水平不仅需要提高，而且还要差异化地发展。我们需要更有能力的指挥官、政治家、思想家、发明家和艺术家。尽管我们出生时的环境比过去复杂得多，但我们种族的先天条件，却并不比半野蛮时代的优越。当今的知识负担太过沉重，以至于那些最重要的心灵蹒跚不前。[1]

自然选择学说，正是生物统计学诞生的背景；而且正是在该学说的领域内，生物统计学的发展结出了硕果。虽然达尔文自己的观点，的确对恩斯特·迈尔所谓生物学中"群体思想"的发展至关重要，但若认为达尔文的观点具有统计学的意义，只不过是马后炮的说法。也许要指出的是，达尔文声称自己天生对统计学不感兴趣。除他从马尔萨斯的人口理论中获得了一个著名的灵感之外，没有任何证据表明，社会统计对他的工作有任何影响，而且他的灵感还是从另一个完全不同的方面思考得到的。对于达尔文的理论中涉及的变异，人们对其宏观原因知之甚少，而就微观过程更是全然不知；而且从长期来看，不同的变异导致的生存状况也有差异。但即便如此，他也从

---

[1] Galton, "Hereditary Talent and Character", *Macmillan's Magazine*, 12 (1865), pp. 157–166, 318–327.

*135*  来没有研究出任何类似定量模型的东西来说明进化。[1]无论是他的理论,还是格雷戈尔·孟德尔(Gregor Mendel)关于遗传定律的组合模型,都不能被认为是此处所用意义上的统计——也就是说,采用基于稳定的数字频率的推理模式。[2]

　　统计学方法是由达尔文的表弟高尔顿引入生物学的。当年事已高的高尔顿回首职业生涯时,他使用统计学处理问题的倾向似乎仍是那样根深蒂固,以至于他认为它有着遗传性因素——遗传自高尔顿的家族,而不是达尔文的。高尔顿的各种逸闻趣事流传至今,比如:他年轻时使用六分仪来测量迷人的非洲女郎们身体的各个维度;还有他发明了一套隐蔽的装置,来记录各种烦躁的、无意识的行为,以此作为会议无聊程度的指标。但要想解释他性格中对统计学的偏爱,也许并不需要假定,在高尔顿的血统中存在一种异常活跃的统计学微芽(gemmules)。当高尔顿成年时,正值欧洲统计运动的高潮。而他最初对气象学、地理学的统计数值研究,从广义上来讲,也是该运动的一部分。同样有关系的是,他的父亲——一名成功的商人和银行家,让高尔顿和他的兄弟们培养出了细致的财会习惯——从他们在剑桥读书时定期寄来的财务报告中,这一点可以看得清清楚楚。

---

① 关于达尔文和概率思想之间的关系,参见 M. J. S. Hodge, "Law, Cause, Chance, Adaptation and Species in Darwinian Theory in the 1930s, with a Postscript on the 1930s", Michael Heidelberger et al., *Probability since 1800: Interdisciplinary Studies of Scientific Development, Report Wissenschaftsforschung, 25* (Bielefeld, 1983), pp. 287–329。1901年,当卡尔·皮尔逊、W. F. R. 韦尔登(W. F. R. Weldon)与高尔顿合作,创办《生物统计学》(*Biometrika*)期刊时,皮尔逊试图证明,达尔文的进化论进路的本质成就必然是统计学的。他的假设是,既然进化论的研究是一项统计学的事业,那么达尔文的这些思想肯定都有更深层次的统计学作为支撑。但在高尔顿给皮尔逊提交的论文中结果是否定的,在文中弗兰克·达尔文和伦纳德·达尔文(Frank & Leonard Darwin)都认为,他们的父亲有一个"非统计"的头脑。"恐怕你必须接受达尔文不喜欢统计学这个事实了。"参见1901年2月4日、8日高尔顿致皮尔逊的信,出自file 245/18 E, *FGP*, 以及1901年7月3日、10日皮尔逊致高尔顿的信,出自file 293 E, *FGP*。在那约25年前,乔治·达尔文曾给高尔顿写过一封信,信中说他和高尔顿的家庭有着"共同的统计学方面的短处"(1875年1月4日的信,出自file 190 A, *FGP*)。

② 但很明显,偶然性从一开始就是达尔文进化论的一个重要问题,参见 Silvan S. Schweber, "The Origin of the Origin Revisited", *Journal of the History of Biology*, 10 (1977), pp. 229–316; Schweber, "Aspects of Probabilistic Thought in Great Britain During the 19th Century: Darwin and Maxwell", Heidelberger, *Probability*, pp. 41–96。

虽然高尔顿曾在1873年为皇家统计学会(伦敦统计学会的前身)写过一篇论文,但他一直怀疑,该学会的活动是否有科学价值。1877年,他提议撤销英国科学促进会的F分会(统计学与经济学分会)。他写道:"在用法上,知识的普遍性和科学性要有严格的区分。严格地说,后者仅限于使用精密的测量和明确的定律、经历精确的研究过程后产出的结果。因此所有人都应接受后者为真理。"①高尔顿认为,将高等数学引入统计学是必要的,可是看上去,统计学会的成员中没有人对该学科的数学理论感兴趣。因此,他认为最好把F分会转入社会科学大会(Social Science Congress)。

虽然如此,那些社会事实的收集者的先见与信念,也对高尔顿有所影响。值得注意的一点是,他的遗传定量研究最初是建立在一个"明喻"的基础上的,即使用社会过程解释遗传过程。②高尔顿的出发点,正是凯特勒和英国国势学家们所提出的统计规律性原则。该原则在他的著作中体现为一种稍显抽象的形式,即"统计学公理:同一总体中随机抽取的大量样本在统计学上是相似的"③。高尔顿所言的这种相似性并不是从数学上描述的,也不是从概率论中得出的,相反,它出自一种通俗的比喻。例如,他提出,选择从父代传给子代的遗传物质的过程,类似一种"无差别征兵制:如果一个国家的军队是通过这种征兵制从各省中招募来的,那么根据偶然性定律,该军队的构造将以惊人的准确性反映出其来源地的人口素质;每个村庄好像各自提供了一个代表团,军队的各个组成部分与这几个代表团明显相同,好像这些村庄实行了直接代表制一样"④。

这个在生物遗传现象与自由社会的统计行为之间进行的比喻十分重要。它是高尔顿在1869年提出的,这仅仅比麦克斯韦和玻尔兹曼在物理学领域提出同样的类比早了一两年。这个近乎完美的巧合或许只是缘分,但他们提出该类比的相互独立性似乎显而易见,至少可以说可能性很高。在19世纪下半叶,那些将统计思维应用于任何一门科学的学者,似乎无一例外

---

① Galton, "Considerations Adverse to the Maintenance of Section F", *JRSS*, 40 (1877), pp. 468–473.

② 见本书第九章对高尔顿的讨论。

③ Galton, "Family Likeness in Stature", *PRSL*, 40 (1886), pp. 42–73.

④ Galton, "On Blood-relationship", *PRSL*, 20 (1871–1872), pp. 394–402.

都是用作为社会科学的统计学来进行类比的。

137　　高尔顿还用社会统计学家的手段,来拆穿传统宗教信仰的真面目。在他看来,宗教的非科学性让它在现代社会难以立足。在这方面,高尔顿最为著名的贡献是《对祈祷效果的统计调查》("Statistical Inquiries into the Efficacy of Prayer")。在这篇论文中,他试图用科学方法来评判虔敬或者祈祷是否真的给人带来了实际的好处。结果却让人大跌眼镜,在一堆繁杂的统计事实之下,神秘的虔敬荡然无存。国民们常常祈祷君主长寿,但是君主的寿命并不比富裕阶级的其他成员长。高尔顿设想,神职人员有时候可以为自己的健康情况祈求上帝,但经研究发现,他们的寿命和医生或律师差不多。最后一根稻草则是保险公司的行为,它们似乎并没有区分虔敬的生活与世俗的生活,甚至为运载奴隶的船和运载传教士的船设置了同样的赔率。"如果祈祷的习惯有利于当下的成功,我们必须再强调一遍,那至少在某些方面,保险公司很可能早就发现并考虑到这一点了。假设虔敬的基督徒的预期寿命更长,那么从商业角度来看,让他们和不虔敬的人以相同的低利率获得年金,将会是十分不明智的行为。"①

　　高尔顿的统计研究,目的是促进和便利在优生学上对人类遗传过程的干预。这些研究从根本上依赖凯特勒的误差定律。他颇为迷恋误差定律等统计学定律,这反映出,他和社会统计学家所关心的东西有着某些方面的相似性。高尔顿是个讲究秩序的人,他特别感兴趣的是,让非理性和无法解释的东西服从于科学原理。他自己的精神状态也不稳定,这种负担在他的一些想法中有所体现:"我们大多数人的神智所居住的高地,是一个面积很小、四周都是没有护栏的悬崖,我们稍不留神就会从某一面掉下去。"他曾经做过一些关于偏执症和恋物癖的自省实验(introspective experiment),这些实验大获成功,甚至让他在很长一段时间都难以恢复原来的正常视角。②他对

138　心理意象(mental imagery)很感兴趣,并认为有一部分人天生就容易受到这种现象的影响。他在报告中写道:"每当社会整体舆论偏向于超自然主义

---

① Galton, "Statistical Inquiries into the Efficacy of Prayer", *Fortnightly Review*, 12 (1872), pp. 125-135. 高尔顿关于祷告的统计学也受到了批评,可参见 George John Romanes, *Christian Prayer and General Laws* (London, 1874), pp. 253-268。

② Galton, *Memories of My life* (3rd ed., London, 1909), p. 38, pp. 276-277.

时,这些正常的心理过程就会被错误地解释,每一个共同体内都会出现幻想家。"高尔顿付出了很多心血,对这类现象进行了定量研究,从而揭示了大量的潜意识心理过程"是如何被人们发现、记录并使用统计方法研究的,以及我们思想最初的朦胧是如何被打破、驱散的"①。

高尔顿从来不仅仅满足于计数,甚至在解释自己研究心理学的目的时,赋予了它在遗传学上量化的意义。虽然高尔顿的代数运算并不熟练,但他在剑桥大学接受过数学训练。像许多剑桥大学毕业生一样,他获得了一种可靠的几何直觉,以及即使无法解决问题,也能正确对待问题的能力。遗传学的统计研究需要可以解释变异的方法,所以高尔顿顺理成章地引入了天文误差定律。然而他坚持认为,在生物学研究中使用"可能的误差(概差)"这样的表述很荒谬,因为这一领域中的变异是真实存在的,而不单纯是误差的产物。②为了优生,我们会很自然地认为特殊者比平常者更能吸引人,也更重要。

高尔顿与误差函数的第一次相遇,可能发生于19世纪50年代。那时,他正在邱园天文台(Kew Observatory)进行气象研究。但直到他认识到,误差函数可拿来作为一种分布定律时,他才对它的使用产生了兴趣。③1861年,他的同事兼好友、地理学家威廉·斯波提斯伍德发表了一篇论文,使用误差定律作为类定义。他的目的是要判断亚洲的某条山脉是否由单一的原因产生,而这个研究对象和以往一样,受到许多偶然的变异源的支配。他引用了凯特勒关于类变异和自然变异的原理,认为沿主轴方向偏离均值的差异,应受到天文误差定律支配。斯波提斯伍德确实对山脉很感兴趣,但是他认为,主要是在方法论层面,这篇简短的调研报告对自然科学有所贡献。他将凯特勒对误差定律的使用,看作一种一般检验方法的基础。通过这种方法,能在合理的预期内成功找到现象背后的共同原因。因而,斯波提斯伍德很

① 参见 Galton, *Inquiries into Human Faculty and Its Development* (2nd ed., London, 1907), p. 145, 121 以及 Galton, "The Visions of Sane Persons", *Fortnightly Review*, 29 (1881), pp. 729–740。

② Galton, *Natural Inheritance* (New York, 1889), p. 58.

③ 在学习了斯波提斯伍德对误差定律的使用后(下文将做讨论),他立即翻阅了 George Biddell Airy, *On the Algebraical and Numerical Theory of Errors of Observation* (London, 1861)。不过没有证据可以表明他的气象研究参考了这些著作。

乐意向高尔顿解释"这个极为优美的定律的广泛应用"[①]。

斯波提斯伍德对误差定律的阐述,给高尔顿留下了深刻印象。在1860年或1861年,高尔顿第一次了解了该定律,也就是凯特勒在伦敦参加国际统计大会(International Statistical Congress)的那段时间。在那里,高尔顿见到了凯特勒。在1869年开始使用误差定律之前,高尔顿还查阅了凯特勒于1846年出版的关于统计方法的著作。终其一生,高尔顿都是误差定律最忠实的拥护者之一,尽管他也是首次提出另一种分布函数,即所谓的对数正态分布函数(log-normal distribution)的人之一。这种函数与一种特定的数据类别相关联,但并没有拒绝传统的误差定律。高尔顿简单地认为,受费希纳(Fechner)[3]定律支配的感觉——根据这一定律,对刺激中某一特定变化的感知力,与该刺激的总水平成反比——反映出与误差分布函数相同的偏差结构。因此,应当使用几何平均数而不是算术平均数,并对变量进行同样的修饰。[②]

尽管高尔顿热衷于特殊者,但他常常使用误差曲线作为类定义,这正是凯特勒和斯波提斯伍德所发展出的方法。例如,他试图通过确定每一类中的变异是否受凯特勒定律的支配,查明指纹的基本样式是否能代表类型的差异。[③]他对合成摄影(composite photography)技术的运用也是基于这样的原则:在任何给定的类中,偏差的分布形式肯定与观察误差相同。只要类中的偏差是偶然的,缺陷、怪异就会相互抵消,照片的叠加结果将会呈现出一张非常类似类本身的照片。也就是说,这项技术可以用来找到凯特勒所说的"平均人",不过高尔顿所取的平均并不是针对所有人,而是针对特定的某类人。在一盘胶片上快速拍摄大量排列整齐的人的照片后,高尔顿认为自己发现了纯粹的罪犯类型、肺结核患者类型等。尽管特殊者也在某些地

---

[①] Galton, *Memories of My life* (3rd ed., London, 1909), p. 304; William Spottiswoode, "On Typical Mountain Ranges: An Application of the Calculus of Probabilities to Physical Geography", *Journal of the Royal Geographical Society*, 31 (1861), pp. 149-154. 斯波提斯伍德研究山脉形成时采用的几何方法来自圣彼得堡科学院院士 O. H. W. 阿比奇(O. H. W. Abich)。

[②] Francis Galton, Donald MacAlister, "The Geometric Mean in Vital and Social Statistics", *PRSL*, 29 (1879), pp. 365-376.

[③] Galton, *Finger Prints* (London, 1892), p. 19.

方有魅力,但是高尔顿发现,合成照片总是"比组成它的每一张照片更好看,因为许多人的照片平均起来,就消除了那些玷污了每个人外貌的无规律性"①。

有趣的是,高尔顿坚持用误差曲线作为类定义,即便它为优生学目标的实现设置了严重的障碍(不过皮尔逊相信,这种障碍并不存在)。从19世纪80年代起,高尔顿开始用误差定律所支配并因而总是趋向于稳定的分布来识别种族概念。"一个种族的本质概念是,应该存在某种'类的理想形式',个体可以向各个方向偏离,而他们的后代不断朝这个方向靠拢。"②由于类是由一个稳定的点,而不是一个随意的分布的平均值来定义的,因此偏差不会完全永远存在。高尔顿开始相信,进化的基础是不连续的变异或"运动"(sports)。利用自然或持续的变异,是无法完成优生社会的宏伟蓝图的。而"运动"则代表着新的类型,或者说新的稳定中心,特殊者的子孙后代将会不断向其回归。③

在他的第一本生物遗传学著作,即1869年出版的著名的《遗传天赋》中,高尔顿开始使用误差定律。就像凯特勒一样,他也强调了该定律的普遍性。由于"近年来关于统计推断的著作数目众多",高尔顿在书中提出,每一个读者都应该认识到了,一个人口稠密、与世隔绝的群体,其平均身高每年都会保持不变。事实上,"现代统计的经验"表明,不仅平均身高,还包括任一给定身高范围内的人口比例,在一段特定时间内也必然是相当一致的。他还认为身高的变异由一种特殊的定律来支配,即"偏离平均的定律"。正如所有统计数据所显示的那样,这条定律"是普遍适用的"。"凡是有着大量相似事件(而且每个事件都由相同的可变条件产生)的地方,都有两种效应紧随

---

① Galton, "Composite Portraits", *Nature*, 18 (1878), pp. 97–100.

② Galton, *Inquiries into Human Faculty and Its Development* (2nd ed., London, 1907), p.10. 亦可参见 Galton, "Regression towards Mediocrity in Hereditary Stature", *JAI*, 15 (1886), pp. 246–263 以及 Galton, "Pedigree Moth-breeding, as a Means of Verifying Certain Important Constants in the General Theory of Heredity", *Transactions of the Entomological Society of London* (1887), pp. 19–28。

③ 高尔顿认为,指纹有不同的形式是说明人分为不同类型的鲜明例子。参见 Galton, "The Patterns in Thumb and Finger Marks", *Phil Trans*, 182 (1892), p. 1023。与此相关的更广泛的话题可参见 William B. Provine, *The Origins of Theoretical Population Genetics* (Chicago, 1971)。

其后。首先,这些事件的平均值是不变的;其次,若干事件相对平均值的偏差,将受这条定律的约束。"[1]误差定律并不局限于物理领域,因为,用误差曲线表达身体各项数据的分布时,"该定律对所有物理特征,如头围、脑的大小、灰质(grey matter)的重量、大脑纤维的数量等,都是成立的;那么生理学家就会毫不犹豫地更进一步,将人的精神能力纳入考虑。"[2]

《遗传天赋》的目的是,证明特殊能力的遗传性,这些能力在发展音乐、正义、政治等方面的才能甚至开展摔跤、划船等活动时都有所表现。高尔顿认为,一名中等水平的人才可能在某些情况下会因贫穷而使才华无处可施,一个庸人也可能因为教育或背景而平步青云,然而,要想在某一领域取得真正的成绩,超常的遗传所得的能力是充要条件。因此他下定决心,如果他能够证明,在这些活动中,最杰出的法官、政治家和摔跤手是其他名流的近亲的可能性远远大于普通人,那就能充分地说明他的观点。而他的确证明了自己的假设。他的论点所用到的数学形式体系,并不比最直接的概率数值计算更复杂。

然而,高尔顿既从误差曲线中看到了增强其研究说服力的可能,又把误差曲线看作对之前无法精确研究的一系列属性进行量化的技巧。"当我们有理由相信误差定律适用的时候,我们都可以进行逆向研究,从各种量值出现的相对频率中,得出有关这些量值真实的相对值的知识,以概差作为单元表示。"[3]他在1875年写道。在《遗传天赋》一书中,高尔顿假定,每100万人中有大约250人可以被称为杰出者,这个组群对应于误差曲线右端的一个很小的区间。然后他又把该区间左端点与平均值之间的轴线分为五等份,并用每份的间隔作为单元。他又在杰出者中划分出了2个等级,在平均值之下划分了7个等级。这14个区间就代表了数学所定义出的智力或政治才能的等级。

按照这个方案,正好在平均值之上和之下的等级——高尔顿分别用A和a表示——每个等级在每百万人中约有257000人。下一个更高的智力等级

---

[1] Galton, *Hereditary Genius* (London, 1869), pp. 26–29.

[2] Galton, *Hereditary Genius* (London, 1869), pp. 31–32.

[3] Galton, "Statistics by Intercomparison, with Remarks on the Law of Frequency of Error", *Phil Mag*, 49 (1875), pp. 33–46.

$B$，以及更低的智力等级 $b$，各有161000人。每一等级的人数呈现加速下降的趋势，到了杰出者的第一个等级 $F$（以及相应的低能者 $f$），每百万人中只有233人。在这条曲线两端第七等级之外的地方，一直延伸到无穷远处，是等级 $X$ 和 $x$，每百万人中只有1人[4]：

> 我相信，大家能清楚地认识到，在我的表格中，这几个等级的人数并非建立在不确定的假设之上。它们是由偏离平均值的正确定律所决定的。如果我们从每一百万人中选出一个天生最能干的人，同时也选出一个天生最愚蠢的人，并把其余的999998人分成14个等级，每个等级的平均能力与其相邻等级的差距相等，那么在数百万人中，平均看来，每个等级的"平均人"数就会如表中所示那样。……因此，领袖才能的罕见性与平庸的广泛性不是偶然的，而是事物的本质所必然导致的。①

虽然在《遗传天赋》中，误差定律的引入并没有得到具体的结果，也对增强该定律的说服力几无裨益，但误差分析的数学方法本身，却得到了丰富，因为现在它应用到了智力等难以捉摸的研究客体上。由于这些特征不能被直接测量，所以他不得不依靠"统计单位"（statistical unit）的方法，而这14个智力等级的划分便是该方法的伟大鼻祖。对高尔顿后来关于遗传的定量研究，以及他的相互比较法（method of intercomparison）来说，统计单位方法是不可或缺的。

19世纪70年代早期，高尔顿在研究时所使用的统计单位变得更加复杂了，这些研究的对象往往可以按照一定的等级排列，但是无法直接测量。1874年，他出版了《科学界的英国人》（*English Men of Science*）一书，试图找出那些有助于在各个领域取得巨大成就的特质。他的大部分研究材料，不是直接测量所得的，而是向他的科学界同侪分发问卷，研究他们的回答而得的。高尔顿按照宗教虔敬、精力、商业头脑等指标来整理他的调查结果，就

143

---

① Galton, *Hereditary Genius* (London, 1869), pp. 34–35.

像他后来研究形成心理意象的能力时所做的那样。①在依次排列之后,他把每个人按照相对稀缺性和误差定律所定义出的能力等级放入合适的位置。他还希望用科学传记作家以及其他伟人的评价来补充这些信息。他呼吁这些评论者"就每一个值得讨论的特质",按照他所给出的统计尺度对他们的研究对象进行排名。②高尔顿计划,从这些信息中按照不同领域,找出这些特质与科学成就之间的关系。还有一个值得注意的事情是,高尔顿的第一张"关系图"(correlation diagram),即一张他未发表的描述头部大小与体重关系的图表,是与这个对英国科学家的研究同时进行的。③

结果,这次研究中的数据实在是太不可靠了,无法进行严格的技术处理。"我本来想对这些材料详加整理;但是,通过几个月来的认真努力,我清楚地认识到,它们还不能够经受比现在更严格细致的处理。"④高尔顿发现,从这些答复中无法确定可靠的评级方法,也无法区分科学能力的 F 级和 G 级。因此,这项调查在统计学方面最重要的成果并非对科学家特质的分析,而是高尔顿所设计出的统计方法。这就是他的"相互比较的统计学"方法,能让他尽可能可靠、有效地从数据中得出准确结论。他在这次对科学家特质的研究中使用了这种方法,并于第二年单独发表。

相互比较法显然是为了那些只能排序但不能测量的属性量身定制的,以便把它们纳入统计分析的范围内。它是"一种能得出简单统计结果的方法,其优点是,可以适用于目前统计调查范围之外的许多对象"⑤。高尔顿当时刚刚读过费希纳的《心理物理学纲要》(*Elemente der Psychophysik*),从中他认识到,如果用中位数取代均值,那么准确性只会略有降低——而且就他的目的而言,使用中位数要方便许多。⑥他还放弃了那个异想天开的

---

① Galton, "Mental Imagery", *Fortnightly Review*, 18 (1880), pp. 312-324.

② Galton, "On 'Men of Science: Their Nature and Nurture'", *PRI*, 7 (1874), pp. 227-236.

③ Victor L. Hilts, "A Guide to Francis Galton's 'English Men of Science'", *Transactions of the American Philosophical Society*, 65, 5 (1975), pp. 25-26.

④ Galton, *English Men of Science: Their Nature and Nurture* (New York, 1875), p. vii.

⑤ Galton, "Statistics by Intercomparison, with Remarks on the Law of Frequency of Error", *Phil Mag*, 49 (1875), p. 33.

⑥ Gustav Theodor Fechner, *Elemente der Psychophysik* (2 vols., 2nd ed., Leipzig, 1907), vol. 1, pp. 120-129. 在1875年的一封信中,高尔顿对该书评价很高。

念头,即把一个统计单位定义为才能的平均值和"天才"区间的左端点之间距离的五分之一。他的替代方法是天文学家常用的分布宽度测量法——"概差"(或中误差)。在任何基于等级排序的研究中,这都比"离散度"(dispersion,现代标准差的$\sqrt{2}$倍)更容易计算,当时也有人偶尔用后者来测量分布宽度。

有了相互比较法之后,就不再需要直接测量群体中的每个个体,并分别记录所有信息了。误差定律的适用性假设意味着,为了描述整个分布,只需要知道两条信息。因此,只用把人的某样属性从低级到高级分组,并按照顺序排列,就可以简单地获得一切必需的知识。在这个序列中,正中间的个体将代表平均值——"至少在这个可能以多种含义被使用的词的一种含义上"[1],代表平均值。他后来使用库尔诺的术语——中位数来描述这个中间项,但他从一开始就知道,只要遵从正态律,平均值和中位数就会是相同的。他接着指出,该曲线四分之一和四分之三处的个体代表了这个序列的概差。这两个值,即平均值和四分位数,足以描述或比较总体。高尔顿使用建筑学中的拱形曲线(ogive)来表示通过这些步骤所产生的曲线。对于它的形状, *145* 高尔顿常常描述:想象有一群身高呈现正态分布的人排成一排,与每人头顶相接触的曲线就是拱形曲线;它的斜率会在两端急剧变化,在中间逐渐变化。

虽然相互比较法同杰出科学家的自我描述很难产生有效的联系,但相比一般的统计流程,它仍然具有一些显著优势。给数据排序要远远比《遗传天赋》中的技巧容易得多。一旦拱形曲线上的两个点是已知的,那么该曲线就是完全确定的,因此一个人类学家只需要说服土著们的酋长将族人按照身高集合起来,然后经过两次测量,就可以推断出该部落中完整的身高分布。如果这个人类学家还想了解这些土著的"拉力",他也不需要随身携带精密仪器来记录连续值;他只用要求土著们挨个在两张已知硬度的弓上试试力气,当知道了土著们能够拉开这两张弓的百分比时,相应的拱形曲线将

---

[1] Galton, "Statistics by Intercomparison, with Remarks on the Law of Frequency of Error", *Phil Mag*, 49 (1875), p. 34.

给出整个部落的力量分布。①

这些人类学研究流程，是高尔顿在1874年科学促进会的一本手册《人类学的询问与记录》(*Notes and Queries in Anthropology*)中介绍的，但这并不是相互比较法唯一的实际用途。后来，对于拱形曲线的拟合，高尔顿构想出了一种更巧妙的方法。这次他的研究针对的是，从概率分析中受益最为良多者之一——选举理论。如果一个立法机构正要对某件事情做出决定，而该议题的选项服从于一些连续的范围，例如资金分配问题，议员们不必没完没了地讨价还价才能达成共识，也就是中间值。他们只需要针对变化范围内的任意2个数额进行表决，如果60%的人认为至少应该分配 A 英镑，而25%的人赞成至少分配 B 英镑，那么只需画出通过这些点的拱形曲线，就可以直接得到中位数。②

146 相互比较法增强了高尔顿对概差单位所带来的好处的认识，当他开始研究统计学的相关性方法时，这种好处是必不可少的。不过，拱形曲线仍然是误差曲线的延伸，它所传递的信息同样可以用误差分布来表示。在这个意义上，高尔顿对它的普遍性的相信直接来自凯特勒。麦克斯韦和弗朗西斯·埃奇沃斯也有同样的信念。这个信念在19世纪最重要的统计著作中发挥了重要作用。可见，凯特勒的思想极为重要。他的影响并不完全出自他自身的逻辑。高尔顿和麦克斯韦不仅超越了他，在一些重要问题的解释上也与他有所不同。但人们仍然普遍同意，局部的混乱在普遍原理——凯特勒版本的"看不见的手"——面前被淹没了。在英国和德国，就像在比利时和法国一样，科学思想家对"混乱表象中的秩序"这一观点表示认同。在弗朗西斯·高尔顿的《自然遗传》一书中，这种坚定信念的本质得到了最清晰的体现：

> 我不知道有什么东西，还能比在"误差频率定律"中显现出来的奇妙宇宙秩序，更能唤起人的想象力了。如果希腊人知道这个定律，那么它就会被人格化，并被奉若神明。在一片野蛮混乱中，

---

① Galton, "President's Address", *JAI*, 15 (1886), p. 411.
② Galton, "The Median Estimate", *BAAS*, 59 (1899), pp. 638-640.

它从容地暗中统治着我们。乌合之众越多,表面上的无政府状态越严重,它的影响就越完美。这是非理性的最高定律。无论何时,只要拿起充斥着混沌元素的大样本,并按照它们的量级排成一行,就会发现,其中潜伏着一个意想不到的最美丽的规律。将排列整齐的一行行的顶部相连,就形成了一条比例匀称的流线;而每一个元素,当它被分配到合适位置时,你就会发现,似乎这是一个预先设计好的位置,精确地与之适应。[1]

**译者注:**

[1]见第112—113页(原书页码)。

[2]刘易斯·特尔曼是斯坦福大学的一位心理学家,智商测试的先驱。他曾根据有关文献的记载测算出高尔顿的智商约为200。

[3]费希纳(1801—1887)是德国哲学家、物理学家、心理学家,心理物理学的主要创建者,实验心理学的先驱。详见第八章。

[4]等级 $G$ 和 $g$ 每100万人中有14人。因此高尔顿在此采纳的标准是每100万人中有248人可以被称为杰出者,分属于等级 $F$、$G$、$X$。等级 $F$ 为杰出者的第一个等级。但是由于等级 $X$ 与 $x$ 人数过少,高尔顿所说的14个智力等级并不包括这2个。

---

① Gallon, "President's Address", *JAI*, 15 (1886), pp. 489–499.

第三部分 *147*

由于上帝的恩宠,在有限的个人范围内能逃过我们眼睛的事物,却在群体之内能被预见到;一个国家甚至一个城市的统计数字中所表明的规律,是不可能在家中壁炉旁领悟到的。

——瓦伦丁·史密斯(Valentin Smith)(1853)

什么,统计学证明历史中有定律? 定律吗? 是的,它证明群众是多么平庸和令人恶心地千篇一律:人们应当把愚蠢、模仿、爱和饥饿这些重力的作用称为定律吗? 那么好吧,我们愿意承认这一点,但这样一来如下命题也就是确定不移的:只要历史中有定律,定律就是一钱不值的,历史就是一钱不值的。

——弗里德里希·尼采(1874)

数字不过是多样性的另一个名字。

——W. S. 杰文斯(Jevons)(1874)

# 不确定性的科学

对非决定论的接受,是现代科学思想中最显著的变化之一。在19世纪末以前,科学家和哲学家几乎无一例外,都会同意奥古斯都·德·摩根的观点,即说一个事件的发生有偶然性,就等于说它的发生根本毫无理由。"偶然发生"这个词根本讲不通,仅仅是把一个单词与从原因中产生的事物混淆起来。数学上的概率,"根本没有承认事件的发生是偶然的,而是出自完全相反的信念;因为,如果以前发生的事件完全是偶然的,那么它的发生就完全不能保证,在类似情况下同样事件再次发生的任何可能性"①。凯特勒与巴克尔认为,统计规律性构成了定律,这与前面的观点是统一的。虽然社会科学家无法在细节上预测个体的行为,但这不过就像一丝微风对抛硬币结果的改变一样无足轻重。

但即便是在那个时代,也有人对凯特勒的统计定律并不完全满意。有人认为,统计规律性完全无法说明事物的原因,或者说,统计规律性所包含的行为实在是过于多样,几乎无法得到解释。更重要的是,统计数据在说明有关个体的结论时乏善可陈,这让医生们颇有微词。为了回避这些反对意见的影响,凯特勒将"社会物理学"看作一门关于社会的科学,而不是仅关乎个体的科学。但只有统计社会科学的忠实拥趸才会认为,群体规律性自身就能成为自然定律。那些不情愿承认这一点的人则被一种说法刺激到了,那就是,统计定律表明,人的自由意志乃是幻觉。到了19世纪末,对人的自由的捍卫,导致了对统计思维之价值的再评价。统计学不再被看作一种应用于社会的物理科学方法,而是一种新的科学策略,它虽然在许多方面比以往更有问题,但也有光明的前景。统计学和物理学之间的类比仍然存在,但

---

① Augustus de Morgan, "Quetelet on Probabilities", *Quarterly Journal of Education*, 4 (1832), pp. 101–110.

那并不是凯特勒的社会物理学的成功,而是因为很快就有许多人认为,对物理学的某些关键领域,只能通过统计学视角来看待。麦克斯韦激进的新观点,即热力学第二定律只是一种概率理论,预示着对物理学的新理解。值得注意的是,它的提出是为了捍卫形而上学的自由,反对所谓对自由意志的统计学否定,以及当时其他基于能量守恒和脑生理学的否定自由可能性的论点。

麦克斯韦的思想进路最终通向了查尔斯·桑德斯·皮尔斯(C. S. Peirce)所描述的一个充满偶然性的宇宙,并间接导致了20世纪20年代量子物理学家的大发现——自然界最基本的粒子,在其运动与相互作用中,表现出不可还原的偶然性。在物理学取得这一重大进展之后,非决定论几乎成了常识的一部分。它的意义是不容否认的。偶然性被看作世界的一个基本方面,很明显,这是前所未有的。

不过,这并不意味着,人们突然就有了新兴致,想要研究偶然性的帝国。随机性最初在科学思想中获得真正的地位,并不是作为群体现象不确定性的来源,而是作为包罗万象的宇宙秩序的一个小尺度的组成部分。人们认识偶然性,不是因为看到了科学的弱点,而是看到了它的力量——或者说,它所具有的气势汹汹的帝国主义,将科学决定论扩展到此前被人认为是无法预测、随心所欲的领域的强烈欲望。即便是凯特勒,最初也因犯罪与自杀中的规律性,而感到讶异与震惊。从社会现象中寻找可靠规律的努力,在许多方面都失败了,但它最明显的失败并不在真正随机的现象上,而是在那些总有未知或不可测量的原因永远在以无法预测的方式起作用,以至于事件的概率在不断改变的地方。概率的非决定论是十分可靠、高度结构化的,似乎能让随机性从最终结果中消失。无论偶然性宇宙的形而上学意义有多大,从历史学的角度来看,至少同样意义重大的是,偶然性已被证明不会阻碍科学的预测和控制。①

---

① 有关内容可参见 Ian Hacking, *The Taming of Change* (Cambridge, 1986) 以及 Lorenz Krüger, "Philosophical Arguments for and against Probabilism", *Prob Rev*。

# |第六章|
# 统计定律与人的自由

泼在高歌猛进的统计学身上的第一盆冷水，来自科学本身。早在19世纪初，统计方法就已经受到了攻击，理由是仅靠统计表无法说明因果关系，或者概率论预先假定了事件的发生是完全偶然的（这简直无法想象）。这些早期批评并不是在暗示，社会科学研究中缺乏因果定律，而是意在拒绝统计学的科学有效性。但是统计学熬过了这些批判，而且当同样的争论在19世纪后期再次出现的时候，它们的旨趣改变了。这些争论此时暗示，统计学的这些缺陷是其所研究的课题固有的，而不是方法上的缺陷。

19世纪60—70年代，一种对统计学的新解释出现了，而与此相关的是，随着社会观念的转变，变异获得了更为重要的地位。当使用数值的社会思想家不愿忽视社会中个体组成部分的多样性，从而否认集体社会中的规律性可以证明关于成员的任何特殊结论时，统计决定论就站不住脚了。人类异质性（heterogeneity）和统计不确定性之间的联系，可以从法国统计学家布尔丹（Bourdin）的言论中得到例证。他曾在1869年的国际统计大会上声称，人类"不是作为一个整体而存在"。他承认，在自然科学领域，统计结果可能是确定的、真实的、绝对的，但就社会而言，这门科学除了算出平均数之外一无是处。他接着说，这些结果"无疑具有一定的价值"，但它们"就像这门科学本身一样，本质上是可变的"。①这次会议的主席、国际统计大会之父凯特勒反对说，统计研究可以同时在社会和自然中找到"令人赞叹的定律"，但是布尔丹代表了一种正在形成的新共识，凯特勒的反对只是徒劳。

---

① Bourdin, "Théorie de la statistique et application des donnés statistiques", *Compte Rendu de la septième session du Congrès international de statistique* (The Hague, 1870), pp. 33-165.

这些社会争论对自然科学和哲学的影响将会在第七章加以讨论,在那里,我们会发现他们在气体物理学的语境结构中又一次展开了辩论。从某种意义上说,查尔斯·桑德斯·皮尔斯是这一思维进路的集大成者,他将自发产生的随机变异看作进化的一个不可或缺的条件,无论是物理的进化、生物的进化还是社会的进化。他们不再仅仅分析平均值,而是越来越对变异的分析感兴趣,并在这方面取得了重要成果。这种思路与19世纪末的数理统计学家一脉相承。可以肯定的是,高尔顿几乎没有关注到关于人的自由的争论,但弗朗西斯·埃奇沃斯对此非常熟悉,而威廉·莱克西斯关于离散的重要著述只能在该传统的语境下才能理解。

## 统计学的反对者

与凯特勒同时代的统计学家们,并不认为统计学与其他科学有何不同,但他们确实在大量观察中发现了该学科的独特优点,这种优点可以让自然科学的方法应用于社会事务。统计学的最大优点是,它可以通过忽略个体,让其不可预测的活动相互平衡,从而排除干扰。这种做法是真正的创新之举。统计学的主要批评者,大多为持有实证主义观点的法国人,其虽也在著作中承认了这一特点的新奇,但他们反对的恰恰也是这一特点。他们认为,平均数起到的作用不是澄清而是混淆,它把根本不一样的东西混合在了一起。他们认为,任何社会科学,只要将个体差异视为随机产生的,就都有不可弥补的缺陷。社会科学家奥古斯特·孔德认为,必须进行详尽的分析,以此找到事物产生的原因,并认识到它们对不同人群的异质性影响。而医学界的反对者认为,既然统计归纳不适用于个人,它们就是无用的,甚至是不道德的。

早在1803年,在统计学还没有特别地与具体数字相联系的时候,让-巴蒂斯特·萨伊(Jean-Baptiste Say)就极力主张,从统计资料中不可能发展出一门可靠的科学。他解释说,把政治经济学建立在鱼龙混杂的数字与描述的基础上是荒谬的,而这些数字与描述就是统计学的定义。统计(statistics)来自拉丁词语 *status*(状态);它所做的不过是"显示出一个或几个国家,在某个时间点或连续的时间段内的生产与消费情况",而这只能被称为一份颇为详尽的地理资料罢了。<sup>①</sup>这或许有些用处,不过很快就会过时。萨伊举例说,辛克莱为苏格兰编撰的伟大统计资料,很可能在发表一年后就不再准确了。因此萨伊认为,统计资料是最短寿的知识,从中得出关于死亡率或人口的"定律"是荒谬的。他写道:"可变的关系不是定律:世事难料。"<sup>②</sup>

凯特勒的统计一致性理论,可以被部分地看作对这种反驳的回应。但早在凯特勒之前,著名的意大利统计学家梅尔基奥雷·焦亚(Melchiorre Gioja)就反驳萨伊说,大多数统计对象,即便有变化,也只有缓慢的变化,因此统计结果在相当长的一段时间内,都能保持近似有效。<sup>③</sup>显然,这种为统计学所做的辩护有点打动萨伊。这种变化在他写给凯特勒的信中有所体现。他写道,如果使用了恰当的方法来获取统计资料,那么它还是能对社会知识做出贡献的。<sup>④</sup>然而,从根本上讲,在萨伊的政治经济学观点下,统计学并不能发挥任何重要作用。萨伊认为有两种事实:一种是普遍的或不变的事实,是自然定律在明确条件的作用下而产生的;另一种是特殊的或可变的事实,虽然也是必然定律的结果,但却被能够掩盖真正的根本关系的特殊环境改变了。第二种事实构成了统计学的主题,就像喷泉里的水柱,可以抵消万有引力,使一个重物悬浮在平衡状态。这可能会令人好奇,也很有意思,但并不能构成科学的基础。萨伊将亚当·斯密的《国富论》(*Wealth of Nations*)视为政治经济学和统计学的混合物;他宣称,他想要奠定的经济学,只能以普遍的或可靠的事实为基础。<sup>⑤</sup>

*154*

萨伊自然也否认他的理论是纯粹的演绎科学。作为一个开明的观念学派(*idéologie*)<sup>[1]</sup>学者,他不认可系统演绎精神,而这种精神曾导致经院哲学与

---

① Jean-Baptiste Say, *Traité d'économie politigue, ou simple exposition de la manière dont se forment, se distribuent, et se consomment les richesses* (2 vols., Paris, 1803), vol. 1. p. v.

② Jean-Baptiste Say, "De l'objet et de l'utilité des statistiques", *Revue encyclopédique*, 35 (1827), pp. 529–553; Jean-Baptiste Say, *Cours complet d'économie politique pratique* (2 vols., 2nd ed., Osnabrück, 1966), vol. 2, p. 486; 评述可参见 Joseph Lowe, "The Present State of England", *Revue encyclopédique*, 18 (1823), pp. 312–324。

③ Melchiorre Gioja, *Filosofia della statistica* (Mendrisio, 1839), pp. 7–16.

④ 参见 Quetelet, *Physique sociale, ou essai sur le développement des facultés de l'homme* (2 vols., Brussels, 1869), vol. 1, p. 104。此信写于1832年。

⑤ Jean-Baptiste Say, *Traité d'économie politigue, ou simple exposition de la manière dont se forment, se distribuent, et se consomment les richesses* (2 vols., Paris, 1803), pp. iv–ix.

笛卡儿漩涡论(Cartesian vortices)的诞生。[1]然而,政治经济学的基础,决不能是统计事实的大杂烩,而应当是筛选出的实验性事实。这些事实必须原汁原味,它们的产生过程必须剥离修正因素,以便获得关于它们的完整知识。[2]萨伊承认,经济学现象往往极其复杂,作为政治经济学家,他否认有任何充分解释这些现象的可能。因此显得更加荒谬的是,他认为它们会解释自身。真理必须经过严密的分析才能发现,而事实必须根据经济学原理进行理性的阐述,才能获得意义。因此,相比于统计学,政治经济学在逻辑上处于优先地位,它对于超越"危险的经验主义"理解至关重要,这种理解将"同样的方法应用于完全相反的情况,却以为这些情况是相似的"。政治经济学的真理不需要用未经消化的事实来检验。例如,风险与利润成正比,这是一条定律,虽然某个特定的放贷人不知道风险,或者一些其他情况可能会在个案中产生迷惑作用,但它作为普遍定律,仍然颠扑不破,"而且必须在其他普遍定律所造成的干扰作用停止的那一刻,让这条定律回到支配地位上"[3]。

出于同样的原因,萨伊否认政治经济学可以通过数学获得更高的精确性。供求规律是普遍的、不变的,但是一瓶葡萄酒的价格是无法通过它来预测的,因为它会随着资金供给、市场预期、消费者品位、天气等许多其他因素的变化而波动。因此经验性研究无法得出可以用于计算的固定值。[4]即使克服了价格波动问题,统计资料展现的大多数数值,也只能起到严重的误导作用,因为它们把本质不同的事实混在一起。就平均而言,死亡表可能是有

155

---

[1] Jean-Baptiste Say, *Traité d'économie politique, ou simple exposition de la manière dont se forment, se distribuent, et se consomment les richesses* (2 vols., Paris, 1803), vol. 1, pp. 15-16.

[2] Jean-Baptiste Say, *Traité d'économie politique, ou simple exposition de la manière dont se forment, se distribuent, et se consomment les richesses* (2 vols., Paris, 1803), vol. 1, pp. xxv-xxvii.

[3] Jean-Baptiste Say, *Traité d'économie politique, ou simple exposition de la manière dont se forment, se distribuent, et se consomment les richesses* (2 vols., Paris, 1803), vol. 1, pp. viii-ix.

[4] Jean-Baptiste Say, *Traité d'économie politique, ou simple exposition de la manière dont se forment, se distribuent, et se consomment les richesses* (2 vols., Paris, 1803), vol. 1, pp. xxx-xxxii.

效的,但正如保险公司很快就会发现的那样,若用一张表分别比照贫困阶级和有闲阶级,它就不对了。[1]简言之,从各种各样的个人信息中搜集得到的数值结果,缺乏纯粹性和明确性,而这两种属性,是所有真正科学的政治经济学理论必需的。定期收集、条理清晰的统计结果,只能给人以关于某一国家状况的印象,这样做的价值当然不能否认,但却不能成为一门科学的基础。

在奥古斯特·孔德心中,观念学派的生理学家比沙(Bichat)、布鲁塞(Broussais)、卡巴尼斯(Cabanis)对于科学的解释,尤其是他们对自己为何拒绝使用数学来研究生命的解释,给他留下了深刻印象。因此,孔德对统计学的看法与萨伊有一定的相似之处,这并不完全偶然。孔德反对在社会科学中使用数学,因为实证主义的一个核心真理是,每一门科学都必须有自己独特的方法,而对科学再次还原是不可能的。除此之外,他对数学概率完全不感冒。就像德斯蒂·德·特拉西一样,他认为孔多塞的方法很不合理,拉普拉斯及其模仿者也十分可笑。他们竟试图将概率论应用于司法判决和证言可靠性的研究上,他认为这是"对……数学精神的滥用"。因此,他赞同潘索对泊松的反驳,并认为这就让他省了功夫,不必自己提出全部批判了。孔德甚至不承认概率数学本身——他是继达朗贝尔之后,同样持有这种观点的最为杰出的科学研究者。他写道:"至于这种学说所依据的哲学概念,我认为它根本就是错误的,总会得出最荒谬的结果。……在实践中,它会习惯性地引导我们拒绝那些在数值上不太可能(难以置信)但仍会发生的事件。"[2]孔德认为,概率论使数学家们产生了"完全的错觉",因为它"预先假定所考虑的现象不受定律的约束"。[3]

孔德的社会哲学与统计学并不是水火不容的,至少没能阻止凯特勒照 *156* 搬他的一般历史概念。孔德在19世纪20年代就提出,社会科学的研究对象

---

[1] Jean-Baptiste Say, "De l'objet et de l'utilité des statistiques", *Revue encyclopédique*, 35 (1827), pp. 529–553, p. 548. 关于萨伊,参见 Claude Ménard, "Three Forms of Resistance to Statistics: Say, Cournot, Walras", *History of Political Economy*, 12 (1980), pp. 524–541。

[2] Auguste Comte, *Cours de philosophie positive* (6 vols., Paris, 1830–1842), vol. 2, pp. 513–515. 关于潘索对泊松的反驳,参见 *Comptes rendus hebdomadaires des séances de l' Académie des sciences*, 2 (1836), p. 380, 389。

[3] Auguste Comte, *A General View of Positivism* (1848), J. H. Bridges, trans., (New York, 1975) p. 28.

是文明的自然进程。他认为,这一进程的方向是无法被政治改变的,政治的作用只能是让它更加平稳或动荡;世俗的进步大部分是知识进步的结果。凯特勒全然照搬了这些观点,并冠以孔德科学中的"社会物理学"之名。孔德注意到"一名比利时学者"盗用了这个名称,并将其曲解为纯粹的统计学,这让他非常恼火,并因此不得不为同样的科学发明一个新的称呼——社会学(sociology)。[1]由于孔德对统计学的实际成就和潜在成就都不以为然,这种剽窃行径就更加令他不快了。他所指的社会科学,是对历史上信仰和制度的研究,而不是要建构出一个虚构的"平均人"。孔德认为,当前的社会状态是三个基本阶段(神学的、形而上学的、实证的)的模糊状态,所以大量的统计数据只能把本应相互区别的东西混杂成一团。他认为,"对社会身体进行真实而精确的统计"是不可能的,除非以研究人类制度的历史发展为基础。[2]

在19世纪,还有一些其他的社会科学家彻底反对统计学这门新科学。1873年,保罗·冯·利林菲尔德(Paul von Lilienfeld)提出,作为统计学基础的大数定律根本就不是定律,因为它的作用不是必然的,因此,即使是最有用的统计表也"并不必然是自然规律",而只是"偶然情况"。[3]然而,这一论点在反对统计学成为社会科学上所起到的作用,不如反对统计方法的其他应用那么有说服力,因为想要回应它,只需指出统计学的对象不是个人,而是社会。只要观察者愿意承认,存在着一个凌驾于个人之上的、具有一致性的社会范畴,统计学就能在很大程度上维持说服力。诚然,统计规律性有助于明确这个范畴。

---

[1] Auguste Comte, *Cours de philosophie positive* (6 vols., Paris, 1830–1842), vol. 2, p. 7, 252. 参见 Julien Freund, "Quetelet et Auguste Comte", Académic royale de Belgique, *Adolphe Quetelet, 1796–1874 (Mémorial)* (4 vols., Brussels, 1974), vol. 4, pp. 46–64。

[2] Comte, "Plan des travaux scientifique nécessaires pour réorganiser la société" (1822), *Opuscules de philosophie sociale, 1819–1828* (Paris, 1883), pp. 60–180. 孔德的门徒们则对统计学不那么反感了,尽管他们也不使用统计学。参见 G. Wyrouboff, "De la méthode dans la statistique", *La philosophie positive*, 6 (1870), pp. 23–43。

[3] Paul von Lilienfeld, *Gedanken über die Socialwissenschaft der Zukunft* (3 vols., Berlin, 1901), vol. 3, p. 10. 但利连菲尔德承认平均数在政治经济学和医学上有用处 (参见 Paul von Lilienfeld, *Gedanken über die Socialwissenschaft der Zukunft* (1873; 3 vols., Berlin, 1901) vol. 1, pp. 101–102)。

在医学方面,尤其是诊断和治疗方面,为统计方法辩护要困难得多。在该领域,对统计学的反对意见比任何其他领域都更明显。医生直接关注的对象自然是病人,但医院中大量各种试验的平均结果,是否为治疗患病的个体提供了恰当依据,这一点还远未可知。对平均值的盲目使用,正在威胁取代医生们引以为傲的医学智慧——“只可意会不可言传”(*je ne sais quoi*)。因此,所谓数值方法,在医学上遭到了许多人的怀疑,有时甚至还会受到尖刻的攻击。

在不同名目下开展的医学统计学,至少和政治算术一样古老。在18世纪晚期,数值方法被应用于各种各样的情况,其中就包括医学治疗。[①]菲利普·比奈尔(Philippe Pinel),这位十分欣赏孔多塞的医生,在19世纪的头几十年里,一直是数值方法的倡导者。[②]他为了指导医生在个别病人身上的实践而收集的数值,大都来自19世纪20—30年代。与数值方法联系得最为紧密的名字,是皮埃尔·查尔斯·亚历山大·路易(Pierre Charles Alexandre Louis)。路易最著名也最有争议的著作,是1828年发表的关于放血疗法对肺炎影响的定量研究。他的结论是,尽早放血看来稍微减少了疾病的持续时间,但效果比通常认为的要小得多。虽然该结论模棱两可,却引起一片哗然。他的研究结果被看作是对传统做法的质疑,只是部分原因。但是更一般地来讲,在那个对诊断方法的研究日益重视,而传统治疗方法面临危机的时代,数值方法是被作为一种促进医学手段进步的系统方法而提出的,因此比任何特定的疗法都更有风险。

路易认为他的数值方法“既自然又严谨”[③],它的精确度前所未有,并且完全符合公认的医学标准。有人反对说,每个病例差异太大,无法用统计学方法划为一类。对此,路易回应,即使没有两个病例是完全相同的,疾病也可以按类型来分类,如果他的反对者否认个体病例之间的所有相似之处,那

158

---

① Ulrich Tröhler, *Quantification in British Medicine and Surgery, 1750–1830, with Special Reference to Its Introduction into Therapeutics* (Ph. D. Dissertation, University of London, 1979).

② Erwin Ackerknecht, *Medicine at the Paris Hospital, 1789–1848* (Baltimore, 1967), pp. 47–48.

③ P. C. A. Louis, *Recherches sur les effets de la saignée dans quelques maladies inflammatoires et sur l'action de l' émétique et des vésicatoires dans la pneumonie* (Paris, 1835), p. 70.

么在医学中,除纯粹的个体性之外,就什么也不剩了。如果这样的话,那么用任何方法来获得普遍知识,都是毫无希望的。事实上,"正是由于不可能以数学上的精确性来理解每一种情况,才有必要进行计算;既然对于两组进行不同手术的病人来说,误差,不可避免的误差,是相同的,那么它们被抵消并被忽略,也不会显著改变结果的准确性"[1]。路易认为,数值方法抓住了每名医生从经验中学习时所做的事情,他很自然地,甚至是不由自主地被引导着得到了这个结果。不过,那些会计算的人和那些只满足于耍耍嘴皮子的人之间的区别,"就是真理与谬误之间的区别,是清晰的、真正科学的东西与模糊的、毫无价值的东西之间的区别"[2]。路易承认他的数据来源太少,因而他呼吁进行更为系统的数据收集。他的学生当万(Danvin)认为,使用数值方法获得确定性的唯一障碍,是无法获得足够大的数字。当万坚信,一旦案例数量达到500个,得出的结果就会是稳定而精确的。[3]

反对医学中使用数值方法的人不在少数。在反对者看来,路易的方法在医学和物理学间建立了错误的类比,前者的事实是复杂的、多变的,而且往往是隐匿的,而后者总是简单而统一的。1836年,里苏埃尼奥·德·阿马多尔(Risueño d'Amador)发表了一篇关于数值与医学的调查报告,并在皇家医学研究院(Académie Royale de Médecine)引发了一场大讨论。他谴责概率论在治疗中的使用,认为这是反科学的。在他的论据中,有一个论断是通过萨伊流传开来的,即统计资料只是一种描述,有效寿命很短。他对概率数学的看法与孔德相仿;他称之为"拥抱经验主义的怀疑主义",并评价说,诉诸概率就是诉诸偶然性,放弃确定性的可能。阿马多尔进一步声称,过去事件的重复发生并不能证明未来如何。当概率被应用于"物理和道德世界的事

① P. C. A. Louis, *Recherches sur les effets de la saignée dans quelques maladies inflammatoires et sur l'action de l' émétique et des vésicatoires dans la pneumonie* (Paris, 1835), p. 76.

② P. C. A. Louis, *Recherches sur les effets de la saignée dans quelques maladies inflammatoires et sur l'action de l' émétique et des vésicatoires dans la pneumonie* (Paris, 1835), p. 85; P. C. A. Louis, *Recherches anatomiques, pathologiques, et thérapeutiques sur la phthisie* (2nd ed., Paris, 1843), p. xx.

③ B. Danvin, *De La méthode numérique et de ses avantages dans l'étude de la médecine* (Paris, 1831), pp. 30–31.

实时,它要么变得无用,要么变得虚幻"①。

阿马多尔声称,如果这种机械的、死板的计算成了医学的基础,那么治疗就不再是技艺,而是抽奖。数值方法否定了医学事实的可变性,这种可变性只有通过归纳法和医生的直觉才能充分认识。由于调查员把不同的情况混在一起,他们的目标显然"不是要治愈这个或那个病例,而是要从一定的数目中尽可能地进行治疗。这个问题本质上是反医学的"。毕竟,"在对付棘手病例时,从多数人中得出的定律不具权威性",那么对这些不同个体而言,医生必须要么忽略统计结果,要么判他们死刑。②即使是像英国的威廉·盖伊(William Guy)这样坚定拥护数值方法的人,也承认它应用于个别案例是有问题的。③不过,阿马多尔的观点多少有点奇怪,他认为,大自然才有保护物种的职责,既然医学无意越俎代庖,那就不能用群体的结果进行判断。④

路易为他的方法辩护说,医学统计既可以证明对象的多变,也可以证明对象的一致性,而它的研究对象也不必然是"根据平均值或想象做决定"⑤。尽管从1850年起,人们对数值方法的热情有所消退,但它并未被弃置不用;1865年,使用这种方法的研究成果累加起来,足以让德国的弗里德里希·厄斯特伦(Friedrich Oesterlen)编纂出一本厚厚的手册。⑥许多数值方法的研究者基本不了解概率论,而且常常只采用很小的研究样本。为此他们受到了猛烈批判。此外,仍然有许多人强烈地抵制基于数值的医学研究,不管数据来源有多少。奥古斯特·孔德认为,数值方法仅仅是"绝对的经验主义,以肤浅的数学表象作伪装",只能导致"医学艺术的极大的、直接的退化"——

160

---

① Risueño d'Amador, "Mémoire sur le calcul des probabilités appliqué à la médecine", *Bulletin de l'Académie Royale de Médecine*, 1 (1836), pp. 622–680.

② Risueño d'Amador, "Mémoire sur le calcul des probabilités appliqué à la médecine", *Bulletin de l'Académie Royale de Médecine*, 1 (1836), pp. 622–680.

③ William Augustus Guy, "On the Value of the Numerical Method as Applied to Science, But Especially to Physiology and Medicine", *JRSS*, 2 (1839), pp. 25–47.

④ Risueño d'Amador, "Discussions sur la statistique médicale", *Bulletin de l'Académie Royale de Médecine*, 1 (1836), p. 805.

⑤ Risueño d'Amador, "Discussions sur la statistique médicale", *Bulletin de l'Académie Royale de Médecine*, 1 (1836), p. 741.

⑥ Fr. Oesterlen, *Handbuch der medicinischen Statistik* (Tübingen, 1865), pp. 17–21.

退向随机试验的治疗方法。[1]在19世纪40—50年代,作为统计学的替代品,一种用以改良治疗方案的方法开始得到越来越多的支持。那就是实验生理学(experimental physiology)。从那时起直到现在,这门学科的方法都没有变化。它强调在控制各个方面后进行实验,而不是求出误差的平均值。还原论者杜·波依斯-雷蒙德直言不讳地反对数值表,强调完全的决定论。[2]然而,对医学统计最具影响力的批评,来自实证主义者克劳德·伯纳德(Claude Bernard)。

伯纳德并不像孔德那样,排斥数学在生物学现象上的实用性。他认为,数学的精确性总是令人神往,而发现精确的关系是所有科学天经地义的目标。但是,在他看来,数学能带来好处的前提是,所有相关现象都已被完全理解了。因此,他坚持认为,对生命现象的研究还没有为数学做好准备。生命现象的复杂性构成了生理学的核心问题,但要解决这个问题,不能用平均计算排除掉各种变化。相反,医生必须学会了解细节。

伯纳德反复强调,不论是对不同的个体而言,还是对不同时间的同一个体而言,生理功能都不是同质的(homogeneous)。他说,世上没有平均的脉搏,只有在休息、运动、进食时的脉搏。某个不知名的生理学家声称,要从大城市的火车站小便池里收集"欧洲人的平均尿液",这是极其荒唐的行为。对于平均值而言,"你试图统一它,它就会混淆;你试图简化它,它就会失真",因此,生理学家"万万不能用平均值来描述实验,因为在平均值中,现象的真实关系就消失了"。[3]这一点在医疗领域尤为明显。"统计数据的确可以告诉你一种疾病是否比另一种更严重;你也可以告诉你的病人,每100个这样的病例中,有80个是治愈的。……但这对他而言毫无意义。他想要知道的是,被治愈的这些人中有没有他自己。"[4]

161　　医生杜布勒(Double)认为,统计"剥夺了人的个性",不过伯纳德并不赞

---

[1] Auguste Comte, *Cours de philosophie positive* (6 vols., Paris, 1830–1842), vol. 3, p. 420.

[2] Brigitte Lohff, "Emil Du Bois-Reymonds Theorie des Experiments", Gunther Mann, *Naturwissen und Erkenntnis im 19 Jahrhundert* (Hildesheim, 1981), pp. 117–128.

[3] Claude Bernard, *An Introduction to the Study of Experimental Medicine* (1865), H. C. Greene, trans., (New York, 1957) p. 135.

[4] Bernard, *Principes de médecine expérimentale* (Paris, 1947) p. 67.

同这个观点。①当然,伯纳德也不同意克吕韦耶(Cruveilhier)的观点,后者认为疗效的普遍性是不可能的,"因为在医学中,除了个体外什么也没有"②。他同样不赞同的是,用某种难以言传的医学智慧,来补充观察收集到的不完善知识。伯纳德的目标是温和的,他想通过完全受控的实验操作,彻底地找出支配生命现象的普遍定律。他认为,给统计结果贴上定律的标签,是一种荒谬的做法,因为现在我们使用统计学,恰恰是因为构成数据的事实并不完全具有可比性。他坚持说,数值方法只给出了概率,但作为科学的医学,其唯一正当目标是确定性,它不能满足于相对的比例。当80个患者被治愈,而20个患者仍然死亡时,我们必须知道原因,这样知识才会完整,药物才能可靠。伯纳德一再宣称实验决定论的必要性:"实验科学的绝对原则,是在现象条件下自觉的、必然的决定论。"③他认为,医生"与所谓的大数定律毫无关系。从某位伟大数学家的表述来看,大数定律在一般情况下会是正确的,但就具体情况而言总是错误的。这就等于说,大数定律从来没有教过我们关于任何特定情况的任何东西。医生需要知道的,是他的病人是否会康复,而这必须诉诸科学决定论"④。

不过,对于大量尚未完全了解其行为模式(如果真能了解一点的话)的病人,使用药物与手术进行仔细的对照实验,能够得到良好的结论。伯纳德无疑没有预料到这一点,他对统计学的批评后来成了他的追随者的一大尴尬。但实际上,生理学家还是很少用到统计学,除非出于某种责任感,才会稍稍使用一下,且通常情况下结果糟糕。那些像伯纳德一样,想要寻求普遍有效的原则,但首先不强求数量原则的人,才可以简单地忽略统计数据。伯纳德的批评应该是那个时代,有关统计推理的最为深刻的见解之一。他最了不起的地方,不是他对概率数学的理解,而是他清晰地阐述了统计学认识论问题。伯纳德完全明白,使用统计方法意味着,承认我们对于一个宏观领

① Joseph Schiller, "Claude Bernard et la statistique", *Archives internationales d'histoire des sciences*, 17 (1963), pp. 405–418.

② 转引自 Paul Delaunay, "Les doctrincs médicales au début du XIXe siècle: Louis et la méthode numérique", E. A. Underwood, *Science, Medicine, and History* (2 vols., London, 1953), vol. 2, pp. 321–330。

③ Bernard, *Principes de médecine expérimentale* (Paris, 1947), p. 53.

④ Bernard, *Principes de médecine expérimentale* (Paris, 1947), p. 138.

域是无知的,只能把各种异质的材料混为一谈,从而得出不能确定地应用于个人的概括。

就像萨伊和孔德一样,伯纳德认为这种权宜之计毫无必要。当然,这些统计学的反对者、倾向于实证主义的法国人都不相信,在正确理解自然或社会方面,统计学这种有瑕疵的科学可以产生任何影响。因此,虽然他们对于统计思维的发展起到了重要作用,但我们更需要看一看另一群对统计学发表评论的人。他们的观点是,关于个体的详尽知识是无法获得的,所以要转向对群体现象的统计研究——尽管它有种种局限性,但仍然是某些科学的最佳方法。对于这些学者来讲,对统计学的重新解释,需要对科学定律的重新理解,或者把它理解为人类知识可能性的表达,甚至可能将它理解为对现实世界的描述。

### 统计学与自由意志

早在1819年,托马斯·杨(Thomas Young)就认为,像巴黎邮政系统中的死信这样具有令人惊讶的规律性的现象,并不意味着"神秘的宿命",而拉普拉斯等人对此的解释"等于是在暗示,在事物的成因中,有某种比理性更为接近永恒的东西"[1]。然而,杨所反对的这种观点,恰恰是对统计规律性的公认解释。凯特勒的统计定律,不仅表明了事物的根本原因具有一定的稳定性,甚至还与一种模糊的决定论有关(如果不是神秘的宿命论的话),而且在相当长的一个时期内,统计学是否可能与人的自由相矛盾,是一个被激烈争论的问题。尽管包括凯特勒与巴克尔在内的伟大统计学家都知道,统计学的成功需要忽视个别现象,但人们还是普遍将它与知识领域的极大扩张而不是其局限性联系在一起。统计决定论的过度扩张,导致在19世纪60年代和70年代,出现了对统计学更为严重的怀疑态度。

几乎就在凯特勒一开始研究统计学的时候,他就被一种可能性所困扰,即人们可能会认为,统计规律性与人的自由相矛盾。甚至在他提出"社会力

*163*

---

[1] Thomas Young, "Remarks on the Probabilities of Error in Physical Observations, and on the Density of the Earth, Considered Especially with Regard to the Reduction of Experiments on the Pendulums", *Phil Trans*, 109 (1819), pp. 70-95.

学"之前,他就已经因量化人类科学的尝试而受到了尖锐批评。早在1829年,他就为许多指摘抱怨不已,比如他的研究是唯物论,或者他将国家看作死尸,或者他关于犯罪稳定性的言论将导致危险的宿命论。维莱姆显然也遭到了同样的指责。在他1829年写给凯特勒的一封信中,他认为,生育是一种经济学现象,人的生产(出生)是由其消费(死亡)决定的。他紧跟着评论道:"你看,如果人们责难你把社会看作死尸,那么我也会因把社会看作商品而同样受到指责。"①

1848年,凯特勒发表了一篇论文,试图调和统计规律性与自由意志之间的关系,但在比利时科学院,这篇论文同时受到了两位保守派学者的批评。P. 德·德克尔(P. De Decker)认为,统计规律性必须归因于神意,而不是概率定律;M. 范·米南(M. Van Meenen)强调,道德统计学是自相矛盾的,因为人对人的灵魂只能一无所知。②本书第一部分开篇所引用的格雷应的观点,展现了在查尔斯·狄更斯眼中,类似的教导在年轻人的头脑中造成的影响。威廉·惠威尔批评凯特勒的想法就像在错误的场合给出的一句祝福。他认为,再没有哪个主题,能比凯特勒1848年发表的论文中的主题——婚姻,更能揭示出道德统计学与自由意志之间的关系了。很明显,惠威尔对从犯罪的统计资料中得出的结论更加怀疑。通过精确的数值形式给出的,只能是外部的影响,而不是内部的思想过程。惠威尔写道:"你的统计结果对立法者很有价值,但指导不了伦理学家。犯罪,不会因为它是犯罪率更高的年龄段的人犯下的,或者在犯罪行为更频繁的月份发生的,就不再是犯罪了。"③

*164*

但是像这样的反对意见并不常见。直到1857年,大多数读者认为,虽然道德统计学中的规律性多少有些令人惊讶,但鉴于人类意志的自由是显然成立的,就算对自由意志有威胁的话,也只是轻微的威胁。因此,从苏格兰常识学派的立场出发,乔治·布尔认为,形而上学的自由是意识的一个自明

---

① 参见1829年4月25日维莱姆致凯特勒的信,出自cahier 2560, *AQP*;亦可参见 Quetelet, "Recherches statistiques sur le Royaumc des Pays-Bas", *NMAB*, 5 (1829), p. v, 33。

② De Decker, "De l'influence de libre arbitre de l'homme sur les faits sociaux", *NMAB*, 21 (1848), pp. 69–92. 亦可参见以下评述:Moritz Wilhelm Drobisch, "Moralische Statistik", *Leipziger Repertorium der deutschen und ausländischen Literatur*, 2 (1849), pp. 28–39。

③ 1847年10月7日惠威尔致凯特勒的信,出自cahier 2644, *AQP*。

的事实。他写道:"乍看之下,人类的自由能动性似乎排除了这样一种观点,即社会体系的运动,应该永远显示出有序进化的特征,而这种特征是我们认为在物理必然性的统治之下能够出现的。然而,统计学家的研究已经让我们认识到,事实与预期不同。"[1]

巴克尔的《英格兰文明史》,用强有力的论据摧毁了这种调和精神。此书的反响足以打消残存在现代读者心中的一种观点,即认为统计学的扩张首先与哲学上或然论的影响日益壮大有关。相反,统计学的目的是,扩大精确科学的确定性的领域,将人与社会以及物理的、有机的自然收纳其中。巴克尔的书大获成功,在通俗大众与知识分子中均有广泛受众。他提出的新的、包罗万象的决定论,最终成功地排除了自由的可能性,不论这自由是神圣赋予的还是人类本有的。他激起了一种恐惧,从英美弥漫到德国,甚至俄罗斯的陀思妥耶夫斯基也受到了影响。他的地下室人(underground man)[2]先是抱怨统计学,后来又对巴克尔发牢骚。[2]很难说,在19世纪60—70年代,对巴克尔的讨论和对达尔文、孔德的讨论,何者更为紧要。

*165*　　统计学的拥趸们一定也注意到了这门科学被突然卷入的争议,因为这些指责有可能破坏它的合法性。在1860年于伦敦举办的国际统计大会上,阿尔伯特亲王总结了这些指责的最极端的形式。阿尔伯特亲王曾是凯特勒的学生,并和他保持着密切的往来,他还是统计学的坚定倡导者,曾任大会主席。他解释说,有人声称对社会的数值研究:

> 必然会导致泛神论以及正统宗教的毁灭,因为它剥夺了人们所认为的上帝自由自决的全能,使他的世界变成一台机器,按照一种普遍的、预先安排好的模式运转,这种模式的一部分可以使用数学来衡量,其本身也可以用数字来表达。它导致了宿命论,因此剥夺了人的尊严、美德和道德。人成了机器上的一个轮子,不能自由地选择行动,但注定要完成一项指定的任务、走上规定的路线,无

---

[1] Boole, *An Investigation of the Laws of Thought* (New York, 1958), p. 20.

[2] 参见 Fyodor Dostoevsky, *Notes from Underground*, Mirra Ginsburg, trans., (New York, 1981) p. 23, 25。

论是好的还是坏的。①

对既有观点的质疑,让人们更为批判性地思考了统计定律的特征与影响。在《康希尔杂志》(*Cornhill Magazine*)上,威廉·赛普斯(William Cyples)发表了一篇关于"平均学说中的道德性"的文章,以出色的夸张手法道出了这项任务的紧迫。统计学"让人的心脏停止跳动",他写道:

> 要么,人类世界就要大规模毁灭;要么,就要承认有些人由于对统计学的狂热而走偏,把逻辑应用到了可证明范围以外的问题上。当二者必择其一,我们必须呼唤常识;我们完全可以抗议这种现代的算术迷信,如果它得到默许,给人类带来的灾难要比以往任何一种迷信都更严重——与其说是一种不变的命运,不如说是一种分数形式的命运,它是平均分配到我们头上的,而不只是个别地降临。

许多人指出了各种把统计学与人的自由与责任统一起来的可能。同样还是威廉·赛普斯,就提出了一个颇具创意的观点:"如果一个囚犯在法庭上请求辩护,说他的罪行是维持统计数字所必需的……那么法官宣判说,他的十年刑役也必须执行,以防在每年的刑罚表中出现例外情况,这也是完全符合逻辑的。"②还有几位巴克尔的批评者,质疑了自由意志表现出无序形式的假设。其中至少有一个人认为,统计学定律般的规律性并不与自由相矛盾,而仅仅涉及原因未知的现象中"被观察到的连续一致性"③。

巴克尔在英语界的批评者还发现了一个很好的办法,那就是强调凯特勒和巴克尔采用统计方法的主要理由中的负面因素。统计学体现了长远的眼光;它是一种权宜之计,以便使个别现象的混乱性与不可预测性,被群体

166

---

① Prince Albert, "The Address of the Prince Consort on Opening as President the Fourth Session of the International Statistical Congress", *JRSS*, 23 (1860), p. 280.

② William Cyples, "Morality of the Doctrine of Averages", *Cornhill Magazine*, 10 (1864), pp. 218–224.

③ Anon, "Statistical Averages and Human Actions", *Temple Bar*, 15 (1865), pp. 495–504.

中美好的规律性与秩序性取代。但是，一种完全由个人特质所构成的群体规律，很难证明存在某种铁一般的必然性，这种必然性调控着事物，通过相互平衡的方式规避了多样化。在反对巴克尔的主张时，阿克顿勋爵（Lord Acton）认为，历史实际上是关于个人的，与统计学无关。他认为："只有作为个体的人才有自由意志：以群体观之，他们就变成了机器；以个体观之，你可以抽象出他们的自由。"[1]T. C. 桑德斯则更同情地指出，巴克尔的统计观完全适用于社会史，但不能证明他的任何关于个人自由的结论是正确的。[2]

在1858年的《爱丁堡评论》中，菲茨詹姆斯·斯蒂芬（Fitzjames Stephen）更全面而清晰地论述了这些问题。根据斯蒂芬的说法，巴克尔错误地假设了自由意志必须以无规律的方式发挥作用，或者神意必然会造成相对于自然定律的偏差。与此同时，他断言自然定律只适用于构思它们的头脑，而不适用于"它们被认为起到了支配作用的事实上"[3]。最为针锋相对的是，他坚持认为，统计规律性的普遍事实，决不能证明任何有关个体行为的论断是正确的。他写道：

> 如果自由意志真的存在，那么在任何假设条件下，它都不会比任何其他事物的原因，比如我们所不知道的行为或性质，在统计结果中引入更多的混淆。但是巴克尔先生所提到的这门科学，它的目的正是使我们能够对这些原因的影响做出一般性的断言。如若从中推断出，这些未知的原因并不存在，这将是对该学说最奇怪的颠倒。如果一个人是否要谋杀另一个人，要由掷骰子来决定，这么这次谋杀是否会发生的不确定性，将会和它是否取决于自由意志一样大。考虑掷骰子的问题，我们可以准确地预测出，在10000次投掷中会出现多少个6和1，但是我们绝不能预测出任何特定的某

---

① Lord Acton, "Mr. Buckle's Thesis and Method" (1858), William McNeill, *Essays in the Liberal Interpretation of History* (Chicago, 1967), pp. 3–21.

② T. C. Sanders, "Buckle's 'History of Civilization in England'", *Fraser's Magazine*, 56 (1857), pp. 409–424.

③ James Fitzjames Stephen, "Buckle's 'History of Civilization in England'", *Edinburgh Review*, 107 (1858), pp. 465–512. 亦可参见他的 "The Study of History", *Cornhill Magazine*, 3 (1861), pp. 666–680。

次投掷结果会是什么。我们对总体结果的肯定,丝毫无助于得出关于特定结果的结论。这和人类行为的情况一定是完全相似的。我们可以预测总体结果,但是无法预测个别结果。[1]

在法国和比利时,巴克尔所言的统计学与自由意志的对立,没有引起那么大的争议,这也许是因为他的书在法国和比利时没有吸引到很大注意力。凯特勒关于"平均人"和"社会物理学"的伟大创造,相比于英国,在法国更受冷落。凯特勒本人对巴克尔书中对他的宣传感到十分高兴,还在其1869年出版的《社会物理学》(*Physique Sociale*)一书中详细引用了有关章节。统计决定论并未使他反感。当约翰·赫歇尔向他抱怨,巴克尔关于自由意志的不合理言论给统计学带来的污点时,凯特勒平静地回应说,他的好友只是"过于严格地"进行了概念分析。[2]

相比之下,在德国,除个别学者之外,很少有人在1860年前知道凯特勒的名字。巴克尔的书提高了两人在德国的知名度,并引发了一场关于自由意志和统计学的争论,这场争论至少和英国的一样激烈。奇怪的是,巴克尔的书是由阿诺德·鲁格(Arnold Ruge)翻译的。他是一位上了年纪的青年黑格尔主义者,当时在英国流亡,并决心将巴克尔的译介与解释作为自己毕生的事业。他认为,这并不意味着放弃他以前的信仰;巴克尔的历史观抓住了黑格尔哲学的真谛。他接着说,不能因为此书作者没有理解自由的真正概念,就严厉地批评他,巴克尔"实际上只是个英国人,把他说成唯物主义者"将是一个错误。[3]巴克尔在德国取得的成功,可能是因为,他的书幸运地在德国自由主义崛起的时期出现了——根据一位评论家的说法,他的书帮助

*168*

---

[1] James Fitzjames Stephen, "Buckle's 'History of Civilization in England'", *Edinburgh Review*, 107 (1858), pp. 465–512, p. 473.

[2] Adolphe Quetelet, "Notice sur Sir john Frédéric William Herschel", *AOB*, 39 (1872), pp. 153–197.

[3] Arnold Ruge, "Ueber Heinrich Thomas Buckle, und zur zweiten Auflage", H. T. Buckle, *Geschichte der Civilisation in England* (2 vols., 7th ed., Leipzig, 1901), pp. xvi–xvii. 关于鲁格译介巴克尔的志向,参见1862年6月18日卡尔·马克思(Karl Marx)致弗里德里希·恩格斯(Friedrich Engels)的信,出自 *Briefwechsel, Marx-Engels Gesamtausgabe* (MEGA), vol. 3, sec. III ("Glashütten in Taunus", 1970), p. 78.

奠定了德国自由主义的基调。然而,像德罗伊森(Droysen)这样的学院派历史学家,却对巴克尔不太感兴趣,他们往往认为,巴克尔的书不过是一知半解,充满了非哲学的经验主义。[1]尽管如此,在德国,和在英国一样,将统计学问题转变为哲学问题,主要仍是巴克尔的功劳。而且,他的历史观激发了一些学者的兴趣,让他们回过头来研究凯特勒的著作。

阿道夫·瓦格纳(Adolph Wagner)是其中最早也最重要的研究者,他也是为数不多的毫无保留地对凯特勒和巴克尔的贡献表示赞赏的人之一。他的父亲是一位倾向于整体论的哥廷根生物学家。虽然瓦格纳把自己的统计学著作献给了父亲,但他更喜欢将科学解释为严格的自然定律。他的研究领域是经济学,年轻时,他接纳了经济学的演绎方法以及自由市场的自由主义。同样地,他把穆勒的普遍因果学说作为统计学的出发点,认为虽然这一假设似乎是不言而喻的,但"一旦我们发现,我们在解释自己的行为和生活中发生的事时,经常采用相互矛盾的方式,它的重要性就立刻变得明显起来"[2]。

但无论瓦格纳多么欣赏统计学,他都不愿意承认统计学所揭示的规律本身就是自然定律。他质疑大数定律的一致性,坚持认为没有哪个定律能够在无法适用于个体时,还能适用于群体。不过,他最后还是被说服了,认为群体规律性表明了,存在着作用于每一个个体的真正定律。他指出,摄动力经常取消自己的影响,这就是为什么这些定律无法一致地表达自身。他认为,统计学家不应只论证规律性,还要通过数据的拆解与重新组合,找到真实的原因,从而论证规律为何产生。犯罪、自杀和婚姻随季节或谷物价格的波动,在瓦格纳看来,是反对意志自由的最佳统计论据。他认为,既然不受社会中不断发生的原因制约时,自由意志具有内在的多样性,那么这些事件年复一年的规律性本身,就足以以很高的概率驳斥这样的观点,即这些事

---

[1] Joh. Droysen, "Die Erhebung der Geschichte zum Rang einer Wissenschaft", *Historische Zeitschrift*, 9 (1863), pp. 1–22. 关于德国的自由主义,参见 James J. Sheehan, *German Liberalism in the Nineteenth Century* (Chicago, 1978); 关于巴克尔和德国的自由主义者,参见 G. F. Knapp, *Aus der Jugend eines deutschen Gelehrten* (Stuttgart, 1927), p. 155。

[2] Adolph Wagner, "Statistik", J. C. Bluntschli, K. Brater, *Deutsches Staats-Wörterbuch* (11 vols., Leipzig, 1867), vol. 10, pp. 400–481.

件可以由自由意志产生。最为著名的是,瓦格纳讲述了一个虚构的故事:在一片土地上,一个独裁者每年年初颁布法令,规定不同年龄段的婚姻数量,不同年龄、性别、职业使用不同武器自杀的人数,以及各种犯罪的数量,因此几乎生活的每一个方面都受到控制。他指出,很明显,没有一个国家有能力完成这一切——然而,"这个不能通过人类意志和权威来人为地实现的东西,却是由于人类社会的自然组织而出现,由它自己以不同寻常的方式执行的"[①]。

尽管瓦格纳对巴克尔和凯特勒"情有独钟",但关于统计学与自由意志之间的关系,他并没有得出严格的结论。他承认存在着道德责任的主观感受。虽然瓦格纳觉得,凯特勒等人并未成功克服道德责任与现象规律性的明显矛盾,但他还是认为存在着调和的可能。而其他人并未如此审慎。1859年,唯物论者J. C. 费希尔(J. C. Fischer)发表了一篇反对自由意志的短文,记述了对人类自由所有由来已久的反驳,尤其是强调了统计学的工作在这方面的意义。有人认为,即使社会成员保留着一定程度的自由,社会也可以被定律所统治,费希尔对此不以为然。他认为,如若果真如此,人们也可以"合理地"假设出一群盲人组成了一个有视力的社会,或者原子不受力的影响,同时宏观的物体却严格遵循万有引力。[②]  *170*

任何反对自由意志的观点,都不可能赢得毫无保留的赞誉。基于统计学的观点也不例外,它成了一种反面例子。在19世纪末德国关于自由意志和决定论的讨论中,它经常被提起,又被否定。至少可以说,这一观点并非没有缺陷,其逻辑的不精确性,阻碍了一个广泛认可的、定位清晰的反驳出现。在一篇文章中,凯特勒已经暗示了最常见的反对意见。他认为,启蒙的意志倾向于对抗一切摄动力,从而维持一种平衡状态,这种平衡甚至比自然还要完美。瓦格纳在他的文章标题中,强调的是统计数据与任性(*Willkühr*)而非意志(*Wille*)的对立。在康德的传统中,启蒙意志无疑是秩序的来源。在他颇具影响力的关于道德统计学和人的自由的著作中,莱比锡哲学家莫

---

① Wagner, *Die Gesetzmässigkeit in den scheinbar willkührlichen menschlichen Handlungen vom Standpunkt der Statistik* (Hamburg, 1864), p. 46.

② J. C. Fischer, *Die Freiheit des menschlichen Willens und die Einheit der Naturgesetze* (2nd ed., Leipzig, 1871), pp. 235-236.

里茨·威廉·德罗比施(Moritz Wilhelm Drobisch)非常强调这一点。古斯塔夫·施莫勒(Gustav Schmoller)坚持说,意志的稳定性为解释统计规律性提供了唯一的可能,因为物质因素永远不可能在精神领域产生因果性的影响。卡尔·戈林(Carl Göring)认为,婚姻随粮食价格变化而产生的系统性变异,并不能证明意志的无力,而恰恰相反:它表明,人类理性有时能够战胜盲目的冲动。赫尔曼·西贝克(Hermann Siebeck)指出,道德统计结果并非有意志的行动被取消后才出现的,而是它们加总而来。[①]

　　另一个广为流传的观点是,群体规律性并不一定意味着因果必然性。该观点在德国学者中得到了最深入的探讨。哲学家赫尔曼·洛策(Hermann Lotze)提出了该进路的一个变体,试图反驳他眼中巴克尔论点之核心,即社会中存在一定数量的恶,且必须以某种方式加以表达。洛策认为,如果这种稳定存在的恶是真实的,它确实会与自由意志相矛盾,因为这暗示着,例如,一个小偷,"其自由不在于是否决定要去偷窃,而在于决定是骑马还是步行去偷窃"[②]。但是,洛策认为,同一法律范畴下的不同犯罪行为,具有非常不同的道德价值,把几百个这样的行为合并一处,从中获得的规律性并不能说明社会中罪恶的程度。因此,这种规律性不能用任何恒定的原因来解释,仍然是一个巨大的谜团。

---

① M. W. Drobisch, *Die moralische Statistik und die menschliche Willensfreiheit: Eine Untersuchung* (Leipzig, 1867); Gustav Schmoller, "Die ucucren Ansichten über Bevölkerungs-und Moralstatistik", *Zur Litteraturgeschichte der Staats-und Sozialwissenschaften* (Leipzig, 1888), pp. 172–203; Carl Göring, *Ueber die menschliche Freiheit und Zurechnungsfähigkeit. Eine kritische Untersuchung* (Leipzig, 1876), p. 128; Hermann Siebeck, "Das Verhältniss des Einzelwillens zur Gesammtheit im Lichte der Moralstatistik", *Jbb*, 33 (1879), pp. 347–370; C. Schaarschmidt, "Zur Widerlegung des Determinismus", *Philosophische Monatsschrift*, 20 (1884), pp. 193–218.

② Hermann Lotze, *Mikrokosmus: Ideen zur Naturgeschichte und Geschichte der Menschheit: Versuch einer Anthropologie* (3 vols., Leipzig, 1856–1864), vol. 3, p. 78; Hermann Lotze, *Grundzüge der praktischen Philsophie: Diktate aus den Vorlesungen* (Leipzig, 1884), pp. 24–28. 此观点又在以下文章中被以赞同的口吻重述了一遍:Friedrich Albert Lange, *Geschichte des Materialismus* (2 vols., Iserlohn, 1866), vol. 2, pp. 479–480. 以下文章基于道德价值的偏差会被平均抵消的观点提出质疑:Johannes Wahn, "Kritik der Lehre Lotzes von der menschlichen Wahlfreiheit", *Zeitschrift für Philosophie und philosophische Kritik*, 94 (1888), pp. 88–141。

但这一观点似乎否认道德行为的计算有任何价值或合法性，所以没有受到德国统计学家的普遍认可。但是，他们坚持从根本上区分犯罪者与清白者。也就是说，他们拒绝了凯特勒的策略，即通过给"倾向"赋值，将犯罪从一系列离散的个人行为转变成连续的社会现象。奥地利的利奥波德·诺伊曼（Leopold Neumann）认为，在相当类似的情况下，人的反应的广泛性与多样性（有一些人犯罪，有一些人不犯罪）证明了，存在着很大程度的个人自主权。[1]德罗比施指出，犯罪统计资料不能揭示全体人口共有的倾向，而只能揭示一小部分人的倾向，因此，不可能从包罗万象的平均情况出发，推论出关于个人的特征。他写道："'平均人'这样的数学虚构物……被阐述为，好像每个人……都拥有这个'平均人'的某一真实的部分，这种解释只可能出自极其失败的理解。"[2]

### 属于多样性的科学

然而，德罗比施反对决定论的观点，开启了一个更为普遍的统计学问题，即统计在多大程度上预设了统计现象的同质性（homogeneity）。关于这个问题的讨论十分广泛，但并不仅仅是为了回应巴克尔的主张，甚至也不一定涉及人类自由的问题。早在1831年，对于凯特勒第一批关于社会力学的论文，就有一位目光尖锐的评论者警告说，单凭平均值无法充分反映整个社会中的任何给定的特点。这位评论者说，我们还必须了解极端情况，同时他指出，少数特权阶层的财富积累，能够给社会带来道德和知识上的巨大益处。平均值可能足以解决大多数物理问题，但要想解决社会力学中最重要的问题，那就得有更为详尽的知识。

在"平均人"这个概念刚提出的时候，它的一致性就不断遭受质疑。1843年，库尔诺指出，将许多直角三角形的三边分别取平均值，得到的三条边绝对不能代表直角三角形的类型，因为几乎可以肯定，它根本就不是一个

172

---

[1] Leopold Neumann, "Zur Moralstatistik", *Preussische Jahrbücher*, 27 (1871), pp. 223-247; Richard Wahle, "Eine Verteidigung der Willensfreiheit", *Zeitschrift für Philosophie und philosophische Kritik*, 92 (1888), pp. 1-64.

[2] M. W. Drobisch, *Die moralische Statistik und die menschliche Willensfreiheit: Eine Untersuchung* (Leipzig, 1867), p. 18.

直角三角形。那么同样,某一特定物种的所有平均的器官和平均的四肢甚至可能无法组成一个活的有机体。所以,"平均人"很有可能就成了"不可能人"(*l'homme impossible*)。[①]普鲁士牧师、天文学家 J. W. H. 莱曼(J. W. H. Lehmann)指出,当绘制出一条与年龄有关的平均身高曲线时,青春期的"发育高峰"(*Schuss*)就完全消失了,因为不同的人"发育高峰"出现在不同的年龄。[②]对于这些反对意见,凯特勒并未让步。尽管有库尔诺的反对,但是凯特勒随后证明了误差定律对人的适用性,以此说明"平均人"可以是一种真实的类型。而他对莱曼的回答是,"发育高峰"并非人类成长的正常特征,而只是在当代文明中才有的现象。[③]但很难说这些反驳是否具有说服力。

173 　　对平均数的价值与用途的质疑,还有一些是从实际角度出发的,因为一些直接而简单的研究常常表现出令人不悦的结果。1828年,A. 巴尔比(A. Balbi)、A. M. 盖里(A. M. Guerry)、伯努瓦东·德·沙托纳夫(Benoiston de Châteauneuf)的研究让统计改革家大为震惊,因为他们的研究结果表明,犯罪和教育并不是负相关的,相反,受教育者更多的地区往往也有更高的犯罪率。为了不放弃他们的公共教育运动,统计学家不得不重新解释说,他们的科学是一件微妙而复杂的事业。人们不能再像教育改革家卢卡斯(Lucas)那样,指望道德因素对犯罪的影响,可以直接在一张以教育和休闲为基础的文明状况表与一张有关犯罪的表的比较中确定。在得知初步结果后,巴尔比认为,在解释这些数字之前,有必要考虑很多因素——极端的贫穷与富裕、人口密度、邻近边界或海岸的程度、城市、是否存在获释罪犯,以及无知度和迷信度。类似地,盖里考察了一系列可能影响犯罪水平的因素,得出了一个

---

[①] A. A. Cournot, *Recherches sur les principes mathématiques de la théorie des richesses* (Paris, 1838), p. 214.

[②] Jacob Wilhelm Heinrich Lehmann, "Bemerkungen bei Gelegenheit der Abhandlung von Quetelet: Über den Menschen und die Gesetze seiner Entwicklung, in diesem Jahrbuche, Jahrgang 1839", H. C. Schumacher, *Jahrbuch für 1841*, pp. 137-219.

[③] Adolphe Quetelet, *Du système social et des lois qui le régissent* (Paris, 1848), pp. 23-35.

含混的结论：文化和习俗的差异是最重要的因素。[1]

犯罪与教育之间关系的问题，让人们认识到，在统计学中，特定原因的影响往往被掩盖住了，很容易同没有加以明确考虑的其他因素混淆起来。阿方斯·德·康多勒认为，犯罪和教育之间的正相关，并不能说明前者直接受到后者的影响，而只是反映出，在贫富差距最为明显的繁华地带，教育的普及度更为广泛。他强调，必须对干扰因素的影响进行分类，并认为这在社会科学中甚至比在物理学中更为必要。[2]在英国，查尔斯·摩根等人找到了一些证据，认为盖里的研究结果显示的相关性是错误的，不足以明确地得出犯罪与教育的关系。[3]凯特勒也同意德·康多勒的看法，尽管他仍以其一贯的事后诸葛亮的作风补充说，他从未指望通过简单的教育就能减少犯罪，这只能通过道德教化来实现。[4]每当调查结果与预期或成见相左时，统计学那令人困惑的复杂性就会一再被人发现。19世纪后期，德国学者发现，新教徒中自杀率相对较高，这使他们十分困惑。像哥廷根经济学家黑尔弗里希（Helferich）这样的学者，就找到了一些证据，指出新教自身不可能是自杀的原因，而是与其他的因素纠缠在一起。[5]威廉·卢卡斯·萨金特（William Lucas Sargant）使用异质性问题，来批评巴克尔关于犯罪和自由意志的结论，而其他人则以之指出卫生统计学的缺陷。[6]

*174*

---

[1] A. Balbi, A. M. Guerry, *Statistique comparée de l'état de l'instruction et du nombre des crimes dans les divers Arrondissements des Académies et des Cours de France* (Paris, 1828), 其中有一份大表格；M. Lucas, "Influence morale de l'instruction et de la civilisation en général sur la diminution des délits et des crimes", *Bulletin universel des sciences et de l' industrie*, 6th sec., *Bulletin des sciences géographiques*, 15 (1828), pp. 105–117; E. 埃罗 （E. Héreau）对巴尔比–盖里表格的评论，载于 *Bulletin des sciences géographiques*, 16 (1829), pp. 6–10; 亦可参见 A. Balbi, "Rapport du nombre des crimes à l'état de l' instruction publique en France", *Bulletin des sciences géographiques*, 20 (1829), pp. 252– 264; A. M. Guerry, *Essai sur la statistique morale de la France* (Paris, 1833), p. 40。

[2] Alphonse De Candolle, "Considérations sur la statstique des délits", *Bibliothèque universelle des sciences, belles-lettres et arts*, 104 (1830), pp. 159–186.

[3] Charles Morgan 对盖里的评论，载于 *Athenaeum*, 303 (1833)。

[4] Adolphe Quetelet, "Recherches sur le penchant au crime aux différens ages", *NMAB*, 7 (1832), pp. 26–75.

[5] Helferich 对瓦格纳的评论，载于 *Göttingische gelehrte Anzeigen*, vol. 1, pp. 486–506。

[6] William Lucas Sargant, "Lies of Statistics", *Essays of a Birmingham Manufacturer* (4 vols., London, 1869), vol. 2, pp. 56–182.

在巴克尔发表了那些令人困扰的言论后,人们才形成了对统计学的特征进行批判性思考的连贯传统。在这个传统中,德国人是主力;法国人对此意兴索然;英国人则不太专业,往往更加冲动,他们的贡献也往往体现为偶尔出现的批判性综述。但也不能一概论之。在这个问题上,W. S. 杰文斯以及约翰·维恩的观点,后来被研究、引用了许多年。

在巴克尔的《英格兰文明史》的刺激下,维恩写出了《机会的逻辑》(*Logic of Chance*),并在1866年首次出版。维恩不是一名自由意志的卫道士。一方面,他承认自己赞同有限的必然性,这种观点允许意志发挥突出作用,但同时认为,相同的前提必然产生相同的结果。另一方面,他拒绝接受那种他称为"宿命论"的学说,即事件的发生完全独立于人的目的,他认为这是一种危险的谬论。同时,他还断然否认,他的不那么极端的哲学必然性,从统计规律性的存在中得到过哪怕一点支持。普遍因果关系只能从系统性共变(systematic covariation)中,而不是广泛的一致性中得出:"在我看来,再多的规律也无法证明,统计中所包含的每一个独立的事件都有其不变的、无条件的前提。"①

我们也许还记得,维恩认为概率陈述只适用于事件序列,而不是个别事件。使用概率论的前提是,这些事件可按照某种特定的目的被划分为同类事件。维恩拒绝将其应用于证言、司法判决以及医学等方面的研究中。他的理由是,在这些领域,人们通常对个案的特殊性所知甚多,因此很难假设它们是同类的。维恩明白,概率的使用也意味着对个体无知程度的衡量,因为错综复杂的差异总是存在。他认为,在统计学中存在着长期的不规律性(尽管在机会游戏中情况不是这样),反映出习俗、信仰和法律的逐渐演变。因此,概率论可以用不完美的方式描述出有限的中期范围内的秩序。②

对于维恩来说,群体规律性是概率论的基本材料。他反对凯特勒的观点,并不认为有充分的理由,可以在群体规律性中推断出,存在着一个能够代表种族或民族类型的"平均人"。他认为,这个错误体现了一种深层主观主义,与拉普拉斯和德·摩根的错误类似,因为它假定了一个不变的、预先存

---

① John Venn, *The Logic of Chance* (London and Cambridge, 1866), p. 335.
② John Venn, *The Logic of Chance* (London and Cambridge, 1866), pp. 20-22, 234-236.

在的概率,这个概率支配着我们想要从中推导出群体规律的单个试验。他写道:"我们只关心平均数,或只关心从平均数中推导出的、作为序列中的一个元素的单一事件。我们的出发点是一个以经验为基础的假设,即在这个平均数中存在着一致性。只要我们对此有把握,我们就可以完全不用再考虑,其中个体的因果关系和它们的命运。"①也就是说,概率既不预设也不证明因果关系。

  W. S. 杰文斯的立场,与维恩的概率解释完全相反,但在使用群体规律性理解单个事件或预测未来的问题上,他与维恩看法一致。杰文斯在现代社会中闻名,是因为他是经济学中边际效应研究的先驱。但他也是一位逻辑学家、科学哲学家,在他刚开始进行学术活动时,他还在澳大利亚研究气象学,并于19世纪60—70年代在曼彻斯特统计学会(Manchester Statistical Society)担任要职。和维恩一样,他也受到了巴克尔的极大刺激。杰文斯关 *176* 于概率的评论所涉内容颇为广泛,并详细讨论了统计学的本质。杰文斯的出发点是古典概率观,这与德·摩根对他的教导以及拉普拉斯、泊松的著作是分不开的。他解释说,我们的知识总是不确定的,因此概率对科学研究不可或缺。"各种事件的发生就好像是从大自然这个抽签盒中取出的球一样。"②他说,世界的确可能曾经是由偶然性支配的,"但幸运的是,我们居住的**宇宙**并非偶然性的结果,在偶然性似乎起作用的地方,是能力的不足妨碍了我们认识到**定律**和**设计**的运作"③。让杰文斯大为赞叹的是,自然秩序甚至延伸到了误差和偏差之上,他认为这一发现是凯特勒的功劳。这保证了,在研究自然时成效卓著的科学方法原则,同样也适用于人类。"在这部著作中,几乎不需要再去暗示这个事实,即人在其经济上、卫生上、智力上、美学上、道德上的关系,可能会成为所有科学中最高级、最有用的那门科学所研究的主题。每一个从事统计调查的人都必须承认,这些事实受自然定律支

---

① John Venn, *The Logic of Chance* (London and Cambridge, 1866), p. 330, 343.

② W. Stanley Jevons, M. A., F. R. S., *The Principles of Science: A Tpeatise of Logic and Scientific Method* (London, 1874), p. 149, 239.

③ W. Stanley Jevons, M. A., F. R. S., *The Principles of Science: A Tpeatise of Logic and Scientific Method* (London, 1874), p. 2.

配是可能的。"①

尽管杰文斯毫无保留地接受了主观的概率逻辑,但他的观点还是与之有些细微差别,他强调对自然多变性的关注,以及在处理这些变异时,概率论的有用性。"数字不过是多样性的另一个名字。"②他如是说,并驳斥了"一种错误印象……即概率理论必然要求事件发生时具有一致性",就像巴克尔"肤浅地"认为的那样。③相反,他认为,概率理论明确表示出,运气在一定程度上起到作用。杰文斯认为,统计学中,"在一种情况下被称为误差的量,在另一个研究中却可能是最重要和最有用的现象。当我们谈到消除误差时,我们实际上是指,要解开复杂的自然现象"④。他不断强调,真实的事件,尤其是心理现象与社会现象,总是复杂的,因此"定律和解释在某种程度上是假设性的,完全无法用于我们现在所知的存在"⑤。科学研究需要使用抽象过程,用想象的事物来代替那些存在于现实世界中的事物。因此,"那些谈论自然的统一性和定律的统治的人,误解了它们的含义。定律与极致的多样性并不矛盾"⑥。

就像拉普拉斯、凯特勒和德·摩根一样,杰文斯认为,纯粹的、不可还原的偶然性是不可想象的。但他同时也反对说,机械的、盲目的定律控制了世界上所有事物的每个细节。他注意到,通过改变初始条件,同样的定律产生的结果可以大相径庭,并认为在这种情况下,即使在达尔文主义取得胜利之后,人们仍然可以从目的论和设计论的角度来思考问题。杰文斯嘲笑孔德和巴克尔,他认为,既然无法获得关于个体的定律,那么确定的社会定律的

① W. Stanley Jevons, M. A., F. R. S., *The Principles of Science: A Tpeatise of Logic and Scientific Method* (London, 1874), p. 334, pp. 359–374.

② W. Stanley Jevons, M. A., F. R. S., *The Principles of Science: A Tpeatise of Logic and Scientific Method* (London, 1874), p. 156.

③ W. Stanley Jevons, M. A., F. R. S., *The Principles of Science: A Tpeatise of Logic and Scientific Method* (London, 1874), p. 655.

④ W. Stanley Jevons, M. A., F. R. S., *The Principles of Science: A Tpeatise of Logic and Scientific Method* (London, 1874), p. 339.

⑤ W. Stanley Jevons, M. A., F. R. S., *The Principles of Science: A Tpeatise of Logic and Scientific Method* (London, 1874), p. 458.

⑥ W. Stanley Jevons, M. A., F. R. S., *The Principles of Science: A Tpeatise of Logic and Scientific Method* (London, 1874), p. 750.

可能性就要被排除。他断然否认建立一门历史科学的可能性，认为社会是不稳定的，最轻微的扰动都会被放大，直到一切都被改变。至于自由意志、道德责任和祈祷功效，杰文斯否认它们会被统计学反驳。"自然定律是一种统一性，它被发现存在于某些物质能动者的行为中。但在逻辑上，想证明所有其他能动者都必须按照定律运行，是不可能的。在物理学的某些分支上钻牛角尖的做法，似乎产生了一种过于自负和教条主义的精神。"①科学应该尊重世界的丰富多样，认识到自己的缺点。杰文斯希望澄清这一点："无神论和唯物主义不是科学方法的必然结果。"②

### 德国统计学：在自然和历史之间

对于德国的统计学实践者来说，用一个无所不包的平均值概念，在表象中寻找定律般的总体性，这种想法所能引起的兴趣极为有限。唯一值得注意的例外，是保守派路德宗神学家、统计学家亚历山大·冯·厄廷根。他的道德统计学和社会伦理学著作问世于 1866 年，影响深远并大获成功。但即使是厄廷根，也并非毫无保留地同意这一观点，因为他深为关切所谓的统计学与自由意志之间的矛盾，并进而不愿承认统计学的定律地位。厄廷根试图在集体主义和个体主义之间找到中间道路。一方面，他反对阿道夫·瓦格纳③和凯特勒的社会决定论；甚至在瓦格纳短暂就任于多尔帕特期间，厄廷根还说服了瓦格纳，让后者觉得自己在这个问题上的想法"太夸张了"。同时，他也拒绝其批评者、犯罪学家埃米尔·威廉·瓦尔贝格（Emil Wilhelm Wahlberg）的个体主义。他还认为德罗比施是一个贝拉基主义[3]者（Pelagian）、"骄傲的法利赛人[4]"（Pharisee），因为德罗比施声称，大多数人不受犯罪冲动

*178*

---

① W. Stanley Jevons, M. A., F. R. S., *The Principles of Science: A Tpeatise of Logic and Scientific Method* (London, 1874), p. 737, pp. 759–761, 764–765.

② W. Stanley Jevons, M. A., F. R. S., *The Principles of Science: A Tpeatise of Logic and Scientific Method* (London, 1874), p. 766.

③ 关于瓦格纳，参见 Oettingen, *Die Moralstatistik in ihrer Bedeutung für eine Socialethik* (3rd ed., Erlangen, 1882), p. 19。

的影响。[1]在厄廷根看来,社会概念中最重要的一点是,整体是由自由的个体相互结合组成的;他甚至将德国在普法战争中的胜利,归结为德国人强烈的集体意识和法国的原子主义之间的对比。[2]厄廷根的目标,是从社会整体维度上说明问题,而不是寻找个体行为产生的原因,为了这个目的,没有必要把数字一一拆解,平均值的规律性本身就足以鼓舞人心。"如果所有的个体都能自由地以自主的、不受约束的方式生活,那么在整体的伦理活动中,这种恒常性是如何产生的呢?又该如何解释呢?"[3]尽管如此,厄廷根还是否认这种规律性是"不偏不倚的,好像可以从中推断出存在着一种必然的自然定律"[4]。

对于从大量数据中得出平均值的做法,德国统计学家们普遍地并不感兴趣。但是,J. E. 瓦帕斯(J. E. Wappäus)——哥廷根大学的一位教授,也许是个例外。他认为,统计学真理"只适用于作为一个整体来考虑的全体人口,或者如凯特勒所说,适用于一个国家的'平均人'"[5]。但他是一个老派统计学家,他的著作写于1859年,当时那种基于数字的、致力于解决社会问题的大学统计学新传统才刚刚开始盛行。新一代学者虽然也学习了一部分经济学,但主要接受的还是历史学教育,因此他们关心的问题完全不同。新一代学者对方法论问题要敏感得多,而对社会科学的特点也有着更明确的看法。巴克尔的书出现得正是时候,成了他们集体教育中的关键一环。更重要的是,巴克尔将他们引向了凯特勒。在他们看来,凯特勒对统计科学的阐

*179*

---

[1] Alexander von Oettingen, *Die Moralstatistik und die Christliche Sittenlehre: Versuch einer Socialethik auf empirischer Grundlage*, vol. 2, *Die Christliche Sittenlehre: Deductive Entwicklung der Gesetze Christlichen Heilslebens im Organismus der Menschheit* (Erlangen, 1873)。亦可参见瓦尔贝格对厄廷根的评论:*Die Moralstatistik in ihrer Bedeutung*, *ZGSW*, 26 (1870), pp. 567–576.

[2] Alexander von Oettingen, *Die Moralstatistik und die Christliche Sittenlehre: Versuch einer Socialethik auf empirischer Grundlage*, vol. 2, *Die Christliche Sittenlehre: Deductive Entwicklung der Gesetze Christlichen Heilslebens im Organismus der Menschheit* (Erlangen, 1873), p. 3.

[3] Oettingen, *Die Moralstatistik in ihrer Bedeutung für eine Socialethik* (3rd ed., Erlangen, 1882), p. 37.

[4] Oettingen, *Ueber akuten und chronischen Selbstmord: Ein Zeitbild* (Dorpat, 1881), p. 12.

[5] J. E. Wappäus, *Allgemeine Bevölkerungsstatistik: Vorlesungen* (2 vols., Leipzig, 1859), vol. 1, p. 17. 弗朗茨·福伦德(Franz Vorländer)同样认为统计原则只适用于平均值,参见 Franz Vorländer, "Die moralische Statistik und die sittliche Freiheit", *ZGSW*, 22 (1866), pp. 477–511。

释,既具启迪作用,也存在严重缺陷。在他们眼中,凯特勒方法中最为核心的不足,是其对平均值的推崇以及对变异值的排斥。

以平均值规律性为基础创制科学,这种想法遭到反对的原因有很多。在德国内外,有一种被普遍接纳的反对意见,它只是简单地指出,统计规律并非因果关系。在德国,早在19世纪40年代,图宾根的统计学家法拉蒂和柏林的著名公共卫生学家J. L. 卡斯珀(J. L. Casper)就指出,观察到的统计集合的稳定性本身,并不能证明"定律"这个词是正确的,因为没有证据表明同样的规律性会延续到未来。[1]最能证明这种不足的是,这种所谓的"定律"是无法适用于个体的。阿道夫·瓦格纳的一位批评者指出,定律必然能在因果之间提供确定的、必要的关系,因此,它不仅必然适用于抽象的整体,而且也必然适用于各个部分。由于统计规律不适用于小数目,也不能必然地适用于大数目,因此,"大数定律"用词不当,而"统计定律"充其量只是用数字表示出的土地或国家的特征。[2]

自19世纪50年代起,德国的数值统计学家们就把寻找系统性共变,而不仅仅寻找规律,作为他们所研究的科学的主要目标。恩斯特·恩格尔(Ernst Engel)是柏林统计学研讨会(Berlin Statistical Seminar)的创始人,该研讨会培训了许多德国统计学家。他还显然是凯特勒的崇拜者之一。1851年,他发表了他的第一篇统计学论文,在文中他声称,从规律性的累积中,只能得出经验定律,而非因果定律。[3]而25年后,在布达佩斯召开的国际统计大会上,恩格尔在他为凯特勒所写的悼词中表示,他们的领袖对平均值的迷恋,把学会引向了歧途,"不是最大限度的,而是相对局部的平均值才是真正有价值的"[4]。瓦格纳著作的目的是,通过给出自杀率与其所列举出的各种

---

① Fallati, *Einleitung in die Wissenschaft der Statistik* (Tübingen, 1843), p. 54; J. L. Casper, *Über die wahrscheinliche Lebensdauer des Menschen* (Berlin, 1843), pp. 29–30. 德国人关于统计异质性的讨论在以下文章中得到了本人更为详细的讨论:"Lawless Society: Social Science and the Reinterpretation of Statistics in Germany, 1850–1880", *Prob Rev*。

② 一篇匿名评论,出自 *Jbb*, 4 (1865), pp. 286–301。

③ Ernst Engel, "Das statistische Seminar und das Studium der Statistik überhaupt", *Zeitschrift des königl. preussischen statistischen Bureaus*, 11 (1871), pp. 188–194. 关于恩格尔,参见 Ian Hacking, "Prussian Numbers", *Prob Rev*。

④ Engel, "L. A. J. Quetelet: Ein Gedächtnisrede", *Prob Rev*, 16 (1876), pp. 207–220.

可能变量之间关系的表格,来寻找事物的部分原因,这些变量包括气候、天气、一天内和一年内的时间、性别、年龄、宗教、职业、教育、政治和经济状况等。他觉得,以这种方式说明了不同时间、地点的变量与自杀的关系后,自杀现象就可以得到解释,或者被还原为定律。研究变异原因是统计学的最高目标,这种说法同样得到了布鲁诺·希尔德布兰(Bruno Hildebrand)、阿道夫·黑尔德(Adolf Held)、利奥波德·诺伊曼和古斯塔夫·施莫勒等人的认可。[①]

然而在实际上,国家和社会的有机概念,支撑并常常控制着这些强调变异的研究。这种有机概念是当时的学院派自由主义改革者所赞同的,他们既反对社会主义也反对自由放任主义。在19世纪60年代成长起来的那一代统计学家,他们的哲学观主要受到了德国唯心主义传统的影响;但是在某种程度上,他们也采纳了早先统计学家们的观点,这是因为他们的观点似乎能回答他们那个时代的需求。在德国,社会科学与所谓的工人问题(worker question)密切相关。1843年,激进的洛伦茨·冯·斯坦因(Lorenz von Stein)在研究法国社会主义和共产主义运动时,向德国人介绍了一个观点,即社会是一个充满活力的、强大的实体,它需要一门独立的科学,而如果国家忽视了这一点,就会面临危机。这个结论,是通过研究当时"畸形的社会主义和野蛮的共产主义的教条与阴谋"[②]而得出的,并且因为1848年革命吸引了公众的注意力。随后,海德堡的政治学家罗伯特·冯·莫尔(Robert von Mohl)清除了该结论中的激进性,以有机多样性和"利益共同体"为基础的"真正的社会科学",取代了阶级斗争的"错误的社会教条"。[③]自19世纪50年代始,工业的爆炸性增长让社会运行混乱,工人问题也日益紧张。在很大程度上,

181

---

① Bruno Hildebrand, "Die wissenschaftliche Aufgabe der Statistik", *Jbb*, 6 (1866), pp. 1–11.

② Anon., "Neuere deutsche Leistungen auf dem Gebiete der Staatswissenschaften", *Deutsche Vierteljahrsschrift*, 3 (1854), pp. 1–78.

③ Robert von Mohl, "Gesellschafts-Wissenschaften und Staats-Wissenschaften", *ZGSW*, 7 (1851), p. 25. 亦可参见 Erich Angermann, *Robert von Mohl, 1799–1875: Leben und Werk eines altliberalen Staatsgelehrten* (Neuwied, 1962); Eckart Pankoke, *Socicle Bewegung-Sociale Frage-Sociale Politik: Grundfragen der deutschen "Socialwissenschafi" im 19 Jahrhundert* (Stuttgart, 1970)。

社会的数值研究主要是为了帮助找到并实施温和适中的解决方案。

实际上,所有在19世纪60—70年代间有影响的德国统计学家,后来都成了1871年成立的社会政治联盟的成员。他们中的大多数人,包括恩格尔和施莫勒,都赞成组建自发性合作组织,来解决工人问题。[①]虽然1870年前后,阿道夫·瓦格纳在一次"大马士革经历"中宣布不再支持自由市场理念,并转而拥护国家社会主义,而且在1878年俾斯麦经济政策改革后,他的影响力与日俱增[②],但无论如何,所有这些"讲坛社会主义者"都反对严格的自由放任经济,特别是反对经济现象完全由自然定律控制的假设,在这个假设面前,政府面对自然定律无能为力。例如,施莫勒、卢霍·布伦塔诺(Lujo Brentano)与G. F. 克纳普(G. F. Knapp)等人就对所谓的"工资铁律"(iron law of wages)大为恼火。这条"铁律"认为,任何经济体在特定时间内"工资基金"的总额是一定的,因此劳资谈判只不过是把工资从一个阶层转到另一个阶层。[③]这些社会政治学家认为,这个所谓的"铁律"和工资上涨的实际经验证据不一致,它之所以还没有被扫进垃圾堆,是因为它符合短视商人的利益,最终它只会引发更为激进、暴力的社会变革。

实际上,在威廉二世时期的德国,古典经济学几乎已被完全抛弃了。它似乎给贪婪披上了自然定律的神圣外衣,并否认了自觉改革的可能性。它将社会变成了一台机器,而不是一个有机体,一个集合,而不是一个共同体。尽管人们承认,古典经济学能够释放个人的能量,增强经济活力,但人们也认为,它自此堕落为金融投机和愚蠢的曼彻斯特学派(*Manchestertum*)[5]。从历史的角度来看,英法两国的特点体现在原子式的个人主义,以及僵化的演绎思维的过度自由膨胀上。现在是时候把这些观念从根本上置于德国的社

*182*

---

① See Gustav Schmoller, "Die Arbeiterfrage", *Preussiche Jahrbücher*, 14 (1864), pp. 393-424, 523-547.

② 参见瓦格纳的评论,载于 *ZGSW*, 34 (1878), pp. 199-233, 以及 Lujo Brentano, *Mein Leben im Kampf um die soziale Entwicklung Deutschlands* (Jena, 1931), pp. 63-76。

③ 参见 James Sheehan, *The Career of Lujo Brentano: A Study of Liberalism and Social Reform in Imperial Germany* (Chicago, 1966), p. 21。甚至连经济学的数学和演绎方法——边际主义的创始人,英国的杰文斯,也在1876年呼吁建立一个新的政治和统计科学分支来研究自由放任政策的局限性。参见 T. W. Hutchison, "Economists and Economic Policy in Britain after 1870", *History of Political Economy*, 1 (1969), pp. 231-255。

会和历史观念之下了。19世纪末的德国经济学是历史经济学,他们对研究数值统计资料的新兴趣,反映出对经验主义而非抽象演绎的追求,以及对社会动荡的高度关注。德国对统计学的再解释,经过了类似对经济学的再解释过程。①历史经济学家反对统计定律的理由,与他们反对永恒的经济学自然定律的理由是一样的。"平均人"的物理学将社会定义为个体间的相似性,而信奉历史主义的德国人则认为,社会科学的关键,在于不同社会群体的和谐互动。凯特勒的统计规律性所给出的研究内容,只有在统计学被重新定义,符合了德国的社会和政治思想之后,才能在大学里的统计学课程中被讲授。

这种对统计学的重新定义,始自古斯塔夫·吕梅林(Gustav Rümelin)。吕梅林在图宾根大学接受过神学教育,在他因政治活动而当选为法兰克福国会议员之前,他还当过牧师和教师。后来,他出任了符腾堡文化部教会和学校司司长,在此期间,他还主持了一场关于政府应如何对待天主教学校的争论,这相当于一次小型的文化斗争(*Kulturkampf*)[6]。1861年,他在岗位上待不下去了,此时统计-地质办公室的职位刚好出现了空缺,于是他被任命为该办公室的负责人。他比大多数德国新生代统计学家要年长20岁左右,而且在主要德国统计学家中,他几乎是唯一没有接受过正式的统计学或国势学(*Staatswissenschaft*)学术训练的人。但即便如此,他依然是位成就斐然的统计学家。在1867年担任行政官员期间,他针对统计理论撰写了两篇颇具影响的论文,后来这帮助他在图宾根大学找到了教职。他的著作甚至比瓦格纳的还要多,开创了统计学中"青年历史学派"(younger historical school)这一脉;与之对应的另一脉,即威廉·罗舍尔(Wilhelm Roscher)、布鲁诺·希尔德布兰、卡尔·克尼斯关于经济问题的"老年历史学派"(older historical school)。②

在写于1863年的第一篇统计学论文中,吕梅林谈到了在德国长期存在

---

① 关于历史学派,参见 Eckart Pankoke, *Socicle Bewegung-Sociale Frage-Sociale Politik: Grundfragen der deutschen 'Socialwissenschaft' im 19 Jahrhundert* (Stuttgart, 1970); Ulla G. Schäfer, *Historische Nationalökonomie und Sozialstatistik als Gesellschaftswissenschaften* (Cologne, 1971)。

② 参见吕梅林的妹夫、比他年轻得多的古斯塔夫·施莫勒所写的传记,出自 *Charakterbilder* (Leipzig, 1913), pp. 140-188。关于老年历史学派,参见 Gottfried Eisermann, *Die Grundlagen des Historismus in der deutschen Nationalökonomie* (Stuttgart, 1956)。

的一个争论：统计到底是一种科学还是一种方法。他的回答倒很省事——两者都是，不过他认为主要应该从方法论来定义。吕梅林认为，统计学本质上是一种观察和研究"群体现象"的技巧，因此，它所适用的正是那些由完全异质的个体组成的复合现象。吕梅林援引了法国统计学家迪福（Dufau）提出的一个区分，[1]并解释说，在自然科学中，全部或大部分个体都是典型的，因此，只靠很好地记录下来的事实，就足以证明归纳命题的成立。相比之下，社会是一个多元化的领域，每个人虽然受定律支配，但仍受制于许多扰动因素，因此从单一案例中无法推断出特殊定律的作用。他认为，这种二分实际上是一种程度问题：动物的一致性程度低于植物，人的一致性程度低于猿，现代人低于古代人，成人低于儿童，白种人低于黑种人，男人低于女人，有文化的人低于没有文化的人。然而，人与自然之间有着极大的鸿沟，以至于对人类科学而言，"如果不用观察法来弥补个体性和异质性经验的不足，并把我们的经验作为一个整体加以把握的话，这门科学就可能永远不会脱离其婴儿期，更不可能在一些领域原地踏步的同时，在另一些领域已经经历了好几代科学家的发展"[2]。

184

　　虽然统计学的本质是处理多元化的对象，并因此无法将现象还原为几个简单的定律，但统计学家也不应止步于对整体的一般印象。凯特勒所言的统计总体中的类律性，应当仅仅是一个起点。"最后，"吕梅林写道，"道德统计学的指归，根本不在于展示人类任意行为中体现的规律性，而在于揭示这些数字所经历的永恒的运动和变化。"[3]的确，统计一致性大都停留在表面，只有当所考虑的事物数目庞大，并将现象的多样性混杂在一起时才能得出。他指出，平均数本身是完全不够的，因为财富、住房面积、死亡年龄或粮

---

① P. A. Dufau, *Traité de statistique, ou théorie de l'étude des lois d'après lesquelles se développent les faits sociaux* (Paris, 1840), p. 24.

② Gustav Rümelin, "Zur Theorie der Statistik, I" (1863), *Reden und Aufsätze* (Freiburg, 1875), pp. 208–264.

③ Rümelin, "Moralstatistik und Willensfreiheit", *Reden und Aufsätze* (Freiburg, 1875), pp. 370–377.

食价格的给定平均数,可能从属于完全不同的分布。①更重要的是,在一个庞大、混杂的群体中强调某一总体值,这种倾向必然会抑制而不是促进对原因的追寻。因此,根据吕梅林的说法,正确的统计流程是,将群体拆成小块,然后以不同的方式重新组合。例如,通过找出导致犯罪和自杀增加或减少的条件,以及在哪些子群体中这些条件最为常见,统计学家就能超越单纯的规律性断言,获得真正有价值和令人感兴趣的命题。

即便如此,这一流程所揭示的趋势也不属于任何个体,而是属于"或多或少的人群和过程的整体"②。和德罗比施一样,吕梅林否认可以使用统计结论推断心理状态:"我所说的森林并不适用于单独的树木。"③吕梅林认为,鉴于统计学概括不能对个案进行预测,那么像"统计定律"和"大数定律"这样的短语,就反映出一种根本的误解。他在1867年提出,"定律"一词应该用来表达一种基本的、不变的、在任何情况下都清晰可辨的因果关系。相反,统计学的特别之处是,它可以帮助人们获得像社会这种领域的知识,在这样的领域中,存在着多种复杂力量的同时作用。统计分析可能会得出定律,但一旦找到了定律,既然每个案例都可以被解释,那么对统计学的需要就必然消失。例如,真正的关于出生性别的定律不属于统计学,而属于生理学,并且肯定适用于每一个案例。④

尽管吕梅林一直都是统计学的忠实拥趸,但后来,他更加关注的是统计学的局限性。在1878年的一次关于历史定律的演讲中,他反思说,近20年密集的统计学研究,没有让他得到任何可以被称为社会定律的东西。他进

---

① Rümelin, "Zahl und Arten der Haushaltungen in Württemberg nach dem Stand der Zählung vom 3 Dec. 1864", *Württembergische Jahrbücher für Statistik und Landeskunde*, 1865, pp. 162-217; Rümelin, "Ergebnisse der Zählung der ortsanwesenden Bevölkerung nach dem Stande vom 3 December 1867", *Württembergische Jahrbücher für Statistik und Landeskunde*, 1867, pp. 174-226. 同样的观点可见于 Fr. J. Neumann, "Unsere Kenntniss von den socialen Zustände um uns", *Jbb*, 18 (1872), pp. 279-341。

② Rümelin, "Statistik", Gustav Schönberg, *Handbuch der politischen Oekonomie, Finanzwissenschaft und Verwaltungslehre* (3 vols., 3rd ed., Tübingen, 1891), vol. 3, pp. 803-822.

③ Rümelin, "Zur Theoric der Statistik, II" (1874), *Reden und Aufsätze. Neue Folge* (Freiburg, 1881), pp. 265-284.

④ Rümelin, "Ueber den Begriff eines socialen Gesetzes", *Reden und Aufsätze. Neue Folge* (Freiburg, 1881), pp. 1-31.

一步说,因此,他不得不思考物理现象和心理现象在性质上有多么不同,两者适用相同的定律概念的假设又是多么不合理。他断言,只要涉及自由的概念,知识的方法和理想类型就必须改变。[1]鉴于此,统计知识的不确定性,不再像法国实证主义者所认为的那样,是一种缺陷,而变成了一种优点,准确地反映了它所要描述的现实。吕梅林相信,统计学为需要处理高度多样化个体的共同行为的学科——社会科学——提供了合适的方法,正是因为它不需要发现不变的、永恒的定律。

吕梅林将统计学定义为一种大规模观察的方法,同时,他用多样性来描述其主要研究对象——社会的本质。这些说法几乎立刻就被德国统计学界接纳了,并使吕梅林获得了广泛的赞誉。曾在慕尼黑大学和巴格利亚统计局任职的格奥尔格·迈尔认为,唯一适合研究人类社会的方法就是统计学;艾蒂安·拉斯佩尔(Etienne Laspeyres)将其誉为一种新型科学推理,在那些"所有其他东西"都不能等量齐观的研究领域起到关键作用。[2]在这种形势下,统计学在逻辑学教材中占据了突出地位,比如克里斯托弗·西格瓦特(Christoph Sigwart)的教材。[3]在社会定律是否实际存在的问题上(不管统计学是否适用于这些定律的发现),吕梅林并未引领着更年轻的统计学家,而是追随着他们。改革家和伦理学家们,如施莫勒、克纳普和威廉·莱克西斯,寄希望于"礼俗社会"(*Gemeinschaft*)或共同体的理念,以期通过价值共享、经济学教授们指导下的互帮互助,来维持秩序。正如克纳普明确提出的那样,主张人类服从统一和不变的定律,就是在抹去人与自然之间的根本区别,否定独特的文化价值的重要性。容纳着人类个体的社会,不是由必然定律统治的机械集合,而是一种多样化的共同体,它能够从共同情感中汲取力量,并由植根于自由的历史所定义。

格奥尔格·弗里德里希·克纳普是最直言不讳地反对统计定律的人之

[1] Rümelin, "Ueber Geseze der Geschichte", *Reden und Aufsätze. Neue Folge* (Freiburg, 1881), pp. 118–148.

[2] Georg Mayr, *Die Gesetzmässigkeit im Gesellschaftsleben: Statistische Studien* (Munich, 1877), p. 10; Etienne Laspeyres, "Die Kathedersocialisten und die statistische Congresse", *Deutsche Zeit-und Streitfragen*, 4 (1875), pp. 137–184.

[3] Christoph Sigwart, *Logik* (2 vols., 2nd ed., Freiburg, 1893), vol. 2, p. 101.

一,他也更一般地反对社会受任何形式的不变自然定律约束。因此他强烈抨击了凯特勒,虽然他在批评时认识到,自己从凯特勒那里学到了很多,比如怎样从误导性和站不住脚的东西中,筛选出有价值和正确的东西。在德国历史经济学派和社会政治学家中,克纳普是少有的精通数学的统计学家之一,而且他对数学的态度十分严肃认真。他对单纯的统计汇编工作不感兴趣,在哥廷根时,他十分厌恶年迈的统计学家瓦帕斯那些过时的、缺乏创见的作品。因此他十分欣赏凯特勒对数学的热忱,不过在他的心目中,凯特勒的实际成果比不上约瑟夫·傅立叶和路德维希·莫泽(Ludwig Moser)发表的人口与死亡率的数学模型。在学术立场上,克纳普是一位虔诚的历史主义者,但这并没有扼杀他对人口变化的抽象演绎模型的浓厚兴趣。[①]

克纳普出生于吉森,是尤斯图斯·李比希的外甥,他的父亲是李比希早年的一名学生。他的自传里记录着他年轻时对法国文化的痴迷,但也记录了一桩小事:他们全家在蒂罗尔度假时,母亲曾在经济学家弗里德里希·李斯特(Friedrich List)坟前敬献鲜花,而这位经济学家是一位民族主义者。1861年,他在慕尼黑上大学,向巴伐利亚统计局主任赫尔曼(Hermann)学习政治经济学。他还记述到,在1862年,大卫·弗里德里希·施特劳斯(David Friedrich Strauss)的《耶稣传》(Leben Jesu)让他的心灵获得了震撼与启蒙。但在他搬到柏林大学后,他的政治与社会观开始改变。在那里,普鲁士议会在与俾斯麦的斗争中陷入僵局。当时,革命似乎迫在眉睫,他开始发觉自由主义是一条死胡同。他此时觉得,施特劳斯式的自由主义卫道士的说教毫无意义,甚至是应当鄙视的。虽然他仍然认为自己是一个"名义上的自由主义者",但他看到了费迪南德·拉萨尔(Ferdinand Lassalle)的《现在怎么办?》(Was Nun)一书中的惊人观点:自由主义是毫无力量的,并认为这非常正确。在哥廷根大学的古典经济学家黑尔弗里希门下,他获得了博士学位。他很尊敬黑尔弗里希,但在完成学业时,他却相信,"教条式"的自由主义政治经济学是无用的"花架子",形式化理论的抽象永远也发现不了解决实际问题

---

① 参见 Georg Friedrich Knapp, *Die Sterblichkeit in Sachsen nach amtlichen Quellen dárgestellt* (Leipzig, 1869); Georg Friedrich Knapp, *Theorie des Bevölkerungs-Wechsels: Abhandlungen zur Angewandten Mathematik* (Brunswick, 1874).

的方法。他参加了恩格尔的柏林统计研讨会，接受实践教育，并成为统计局的行政人员，这是他的第一份真正意义上的工作。1867年，他在莱比锡市统计局任职，并于2年后进入莱比锡大学。在1874年到第一次世界大战结束期间，他在斯特拉斯堡担任教授。但是1875年后，他的兴趣就不再集中于统计学上了。[1]

在莱比锡，克纳普得到了和德罗比施交流的机会，他十分赞赏后者对道德统计学的评价。另外，从他的好友阿道夫·黑尔德于1867年发表的关于亚当·斯密与凯特勒的论文中，克纳普受益匪浅。黑尔德首先赞扬了两位学者的贡献，但他认为凯特勒的社会物理学不值一哂，并批评这位比利时天文学家对个体的自主性和自由缺乏兴趣。根据历史主义者黑尔德的说法，凯特勒肤浅地把人类当作"同质群体"，这显然是因为他曾有宣传民主与平等的经历。黑尔德还否认凯特勒揭示的统计规律性能被真正地看作定律，也否认它们与自由意志相矛盾。[2]

在克纳普关于人口统计模型的第一部著作中，有一个章节题目为"存在 188 死亡率的定律吗"。在该章节中，他明确认为，除非死亡率与年龄呈现不变的函数关系，且不受时间、地点的影响，否则在这方面讨论定律是不合适的。但显然，并不存在这样的函数。他还认为，没有理由对统计数据的规律性感到惊讶。[3]在1871—1872年间，克纳普发表了一系列有关凯特勒等现代统计学家的论文，并充分阐述了他自己对统计的解释。他认为凯特勒犯下了两个具有内在关联的错误：物理学上的社会决定论和人类学上的原子式个人主义，两者都与真正的社会科学不一致。第一个错误是物理学家凯特勒的研究成果，也是"社会自然定律"（natural laws of society）学说的渊源，巴克尔和瓦格纳夸大了这个定律，激起了所谓统计学与人类自由之间的冲突。克纳普指出了一种"社会的天文学概念"，它的定义是："正如我们从其效果

① G. F. Knapp, *Aus der Jugend eines deutschen Gelehrten* (Stuttgart, 1927), p. 155; Knapp, "Ernst Engel, Erinnerungen aus den Jahren 1865-1866", *Einführung in einige Hauptgebiete der Nationalökonomie* (Leipzig, 1925), pp. 322-327.
② Adolf Held, "Adam Smith und Quetelet", *Jbb*, 9 (1867), pp. 249-279; 亦可参见他对凯特勒《社会物理学》的评论，载于*Jbb*, 14 (1870), 81-95。
③ G. F. Knapp, *Die Sterblichkeit in Sachsen nach amtlichen Quellen dárgestellt* (Leipzig, 1869), pp. 95-101.

的规律性中所认识到的那样,作用于社会的力量,似乎与那些影响单个事件和行为的力量相独立,因此必须将其理解为外在的。"①捎带一提,正是在这个概念的指导下,威廉·莱克西斯驳斥了凯特勒及其追随者关于离散的研究。据克纳普所言,凯特勒的另一个重大错误,在于他混淆了社会科学和关于人类的自然科学,即人类学。在此,克纳普反对的是"平均人"理论,该理论用一组倾向来解释社会现象,而这种倾向,至少在一阶近似(first order of approximation)上,对所有社会成员来说都是一样的。在这种观点下,社会仅仅是个体的加总。克纳普认为,凯特勒在人类学和天文学上犯下的错误,大体上都符合启蒙自由主义与法国理论思想的特点,并且要为法国政治的习惯性动荡负责,尤其是为"当今可怕的灾难"——巴黎公社的诞生负责。②

在克纳普眼中,统计学的正确理解应该与这两种观念不一致,不过他的理解也源自凯特勒"无哲学的头脑",甚至能体现"真正的凯特勒主义"的教益。对统计规律性的认识确实可以成为社会科学的关键,但如果它被解释成一种神秘的、普遍存在、否定个人自由的力量,或被认为是所有社会成员共同拥有的特质的话,那就适得其反了。社会不仅是相似个体的聚集,更是植根于共同文化的自由人的联盟,既依赖于他们的相似点,也依赖于他们的不同点。有鉴于此,克纳普认为,凯特勒有关误差定律的观点,在人类学领域是合理的,但在社会科学上是无用的。他还更进一步,否认概差理论可以对统计学做出重大贡献。统计学家不能使用误差分析方法,原因很简单——每个人都是十分不同的。没有什么"误差",只存在"变异",因此在各种有待挖掘的现象之下,不存在"真"值。③

克纳普之所以强调人类多样性的内在重要性,是因为他的一种信念,即社会经验性研究所能找到的最可靠的知识,是由被观察到的各种统计序列的规律性构成的。与瓦格纳和早期的吕梅林不同,克纳普不相信可以通过

① G. F. Knapp, "Bericht über die Schriften Quetelet's zur Sozialstatistik und Anthropologic", *Jbb*, 17 (1871), pp. 167-174, 342-358, 427-445. 几乎可以确定凯特勒不会赞同这种说法,不过巴克尔可能会赞同,而厄廷根曾表示过赞同。

② G. F. Knapp, "Die neueren Ansichten über Moralstatistik", *Jbb*, 16 (1871), pp. 237-250.

③ G. F. Knapp, "A. Quetelet als Theoretiker", *Jbb*, 18 (1872), pp. 89-124; 他对凯特勒《人体测量学》的评论,出自 *Jbb*, 17 (1871), pp. 160-167。

对变异的研究发现社会的真正规律。在克纳普看来,在凯特勒同时代的法国学者盖里身上,最大的问题是他相信统计学研究可以得出"社会-历史常量",比如犯罪率和教育水平之间的常相关。就此而言,凯特勒对犯罪的看法是完全令人满意的,因为在克纳普看来,凯特勒解释犯罪的角度,全都来自造成犯罪出现的社会。克纳普认为,社会是一个复杂实体,在一种文化中发现的犯罪与教育的负相关关系,不一定能在另一种文化中成立。他暗示,统计学家最多只能确定个人行为和社会环境之间存在密切联系。由于他同样相信,人口或经济学的演绎原理不能直接应用于真正的社会实体,所以他的观点就相当于否认了任何形式的社会定律的可能。①

克纳普对凯特勒的大面积批判,有着颇为广泛的读者,其影响可与瓦格纳、吕梅林、厄廷根和德罗比施相媲美。他对统计科学的实证主义观点,和吕梅林的一道,被纳入了使统计成为新兴社会学的基础的运动中。但这个运动在德国进行得不如在奥地利那样顺利,在1880年的德国②,作为学院派社会科学的统计学,逐渐被充满官方色彩的统计汇编所取代。而对统计学在理论与意识形态方面的兴趣,奥地利学院派统计学家至少又多保持了10年。19世纪60年代初,在维也纳,和柏林一样,一个统计研讨会在大学和政府统计部门的联合指导下成立了。奥地利统计学界的执牛耳者,乔尔尼希男爵(Baron Czoernig),非常钦佩比利时的统计学组织,并且模仿了他们的组织形式。他的继任者阿道夫·菲克尔(Adolf Ficker),即使为凯特勒表面上体现出的唯物主义,以及将个人溶解于社会之中的倾向感到不安,也极为支持凯特勒将这个描述性的学科转变为归纳科学的尝试。早在19世纪60年代,维也纳大学统计系主任利奥波德·诺伊曼就对统计规律能否等同于社会定律表示怀疑。③可见,奥地利人和他们的德国邻居一样,对同样的问题很敏感。

到了19世纪70年代后期,F. X. 冯·诺依曼-斯帕拉特(F. X. von Neumann-Spallart)和K. T. 冯·依纳玛-斯特内格(K. T. von Inama-Sternegg)成了维也

---

① G. F. Knapp, "A. Quetelet als Theoretiker", *Jbb*, 18(1872), pp. 98-100.

② 参见 Anthony Oberschall, *Empirical Social Research in Germany, 1848-1914* (Paris, 1965)。

③ Adolf Ficker, Quetelet Nekrolog, *Statistische Monatschrif*, 1 (1875), pp. 6-14; Leopold Neumann, "Über Theorie der Statistik", *Oesterreichische Vierteljahresschrift für Rechts-und Staatswissenschaft*, 16 (1865), pp. 40-62.

纳统计学界的领军人物。这些学者进一步发展了对统计学的解释,从吕梅林和威廉·莱克西斯所谓关于群体现象的科学,发展为对统计社会学的重要性和适当性的论证。他们认为,需要用另一种方法,来代替赫伯特·斯宾塞、美国的H. C. 凯里(H. C. Carey)、俄国的P. F. 利林菲尔德和德国的阿尔伯特·沙夫尔(Albert Schäffle)所谓演绎的社会学(deductive sociology)。他们批评了这些统计学家依赖生物学或物理学类比的倾向,并认为,无论是凯里对社会最基本要素的分析,还是沙夫尔将社会比作天衣无缝的网,都不是社会科学的可行方法。

根据奥地利学派的说法,凯里与沙夫尔犯了一个共同的错误——坚持社会科学的绝对确定性。而诺依曼-斯帕拉特和依纳玛-斯特内格认为,这种确定性是无法得到的。他们和同事古斯塔夫·阿道夫·席默尔(Gustav Adolf Schimmer)一道,强调社会异质性的重要性,并坚持认为,如果要获得关于社会的可靠知识,大量观察的策略必不可少。他们的目的不是找到社会定律,也不是进行国际比较。继克纳普之后,依纳玛-斯特内格坚持认为,由于每个国家都是一个复杂的、高度差异化的共同体,具有独特的个性,所以寻找跨文化的常数所能得到的成果,可能还不如将统计与历史结合起来。他的目的,不是将社会学消解在传统的政治学史中,而是要在对群体现象的定量研究基础上,书写一部社会史。统计学虽然不能严格地证明因果关系,但这并没有削弱,而是证实了它作为社会科学方法的适用性。[1]

尽管有迪尔凯姆对自杀的研究珠玉在前,但至少在较短的一段时间内,将社会学统计学化的努力还是失败了。对于这个目的,瑞士学者、凯特勒传记的作者纳姆·赖希伯格(Naúm Reichesberg)仍然坚持着,他在1893年所撰写的有关统计学与社会科学的著作,或许是对德国和奥地利在此前30年发展起来的统计思想最全面的总结,但社会学学术界无动于衷。[2]丹麦社会学

---

① 参见 F. X. v. Neumann-Spallart, "Sociologie und Statistik", *Statistische Monatschrift*, 4 (1878), pp. 1–18, 57–72; Karl Theodor von Inama-Sternegg, "Vom Wesen und den Wegen der Socialwissenschaft", *Statistische Monatschrift*, 7 (1881), pp. 481–488.

② 参见 Naúm Reichesberg, *Die Statistik und die Gesellschaftswissenschaft* (Stuttgart, 1893); Naúm Reichesberg, "Was ist Statistik", *Zeitschrift für schweizerische Statistik*, 33 (1897), pp. 269–275.

家、数学家哈拉尔德·韦斯特加德(Harald Westergaard)试图复兴以往作为科学的统计学,并给它注入更复杂的数学知识,但没有成功。[1]但可以说,不论在哪种意义上,对社会的统计研究都没有消失。进入20世纪后,费迪南德·托尼斯(Ferdinand Tönnies)仍研究了社会分析的统计方法。[2]历史学家卡尔·兰普雷希特(Karl Lamprecht)试图复兴巴克尔的方法,同时通过接纳吕梅林、克纳普和莱克西斯的统计学观点,将其中的原子唯物主义净化掉,并与威廉·冯特的非决定论心理因果性相结合。[3]到了20世纪末,意大利人对数理化的社会统计学的兴趣越发浓厚[4],而德国在1900年前后的具体统计工作,似乎比凯特勒那一代的还要复杂精细得多。海因茨·毛斯(Heinz Maus)总结道,统计学在19世纪末确立了社会学和经验性的社会研究之间的联系,这是该学科值得肯定的一点。[5]

*192*

然而,在这些对统计学知识之本质的讨论中,最重要的影响却体现在其他学科上。罗伯特·坎贝尔(Robert Campbell)和威廉·莱克西斯,将实际分布的离散性,与从组合模型中得出的期望值相比较,他们是第一批这样做的学者,都受到了某些反对凯特勒和巴克尔的意见的启发。他们在数学上的重要贡献(见第八章)属于这里所讨论的传统。诺顿·怀斯认为,德国人的这些观点,特别是卡尔·兰普雷希特提出的"统计因果性"观点,可能导致了在几十年后德国量子物理学界出现的对因果性的全新看法。[6]甚至在量子物

---

[1] Harald Westergaard, "Zur Theorie der Statistik", *Jbb*, 10 (1885), pp. 1–23.

[2] Ferdinand Tönnies, "Eine neue Methode der Vergleichung statistischer Reihen", *Jahrbuch für Gesetzgebung, Verwaltung, und Volkswirtschaft im Deutschen Reiche*, 33 (1909), pp. 699–720.

[3] 参见 M. Norton Wise, "How Do Sums Count? On the Cultural Origins of Statistical Causality", *Prob Rev*。

[4] Luigi Perozzo, "Nuove applicazione del calcolo delle probabilità allo studio dei feno-meni statistici", *Atti della R. Accademia dei Lincei, Memorie della classe di scienze morali, storiche, e filologiche*, 10 (1882), pp. 473–503; Antonio Gabaglio, *Storia e teoria generale della statistica* (Milan, 1880), pp. 78–91.

[5] Heinz Maus, "Zur Vorgeschichte der empirischen Sozialforschung", René König, *Handbuch der empirischen Sozialforschung*, vol. 1, Geschichte und Grundprobleme (Stuttgart, 1967), pp. 21–56. 想要了解德国日益精进的统计工作,仅需参看 *Archiv für soziale Gesetzgebung und Statistik* 或 *Archiv für Sozialwissenschaft und Sozialpolitik*。

[6] 参见 M. Norton Wise, "How Do Sums Count? On the Cultural Origins of Statistical Causality", *Prob Rev*, p. 10–19。

理学兴起之前,就能够很明显地看出,社会统计学与概率在物理学中的出现之间,有着密切而重要的关系。这是19世纪最后30年的故事。

**译者注:**

[1]观念学派是指18世纪末19世纪初以法国德斯蒂·德·特拉西为首的哲学派别,是研究从人的感性经验中产生的观念的学说,即"观念学"。他们拥护洛克的感觉论,但其经验论带有一定的神学色彩。

[2]地下室人是陀思妥耶夫斯基的中篇小说《地下室手记》的主人公。

[3]贝拉基主义指的是5世纪初不列颠隐修士贝拉基提出的相悖于奥古斯丁的学说,这种学说认为人本来无罪。

[4]法利赛是一个与耶稣同时的犹太人宗派,曾被耶稣斥为"假冒伪善",见《马太福音》。

[5]曼彻斯特学派主张推行彻底的自由放任的经济政策。

[6]文化斗争指1871—1887年俾斯麦政府与天主教会及其代表中央党的斗争。

# |第七章|
# 时间之矢与物理学和哲学中的统计不确定性

德国历史学派的经济学家和统计学家认为,社会定律或统计定律的概念,是精神与物质相混淆的产物——换句话说,是历史与自然相混淆的产物。在大多数情况下,他们对于力学定律与进步历史之间不一致的感觉,并没有被任何真正的物理知识所破坏,但是他们所发现的矛盾其实是普遍存在的,虽然他们自己可能没有意识到这一点。牛顿力学具有完全的时间对称性,因此可以向前或向后同等作用,而这与热总是从较热的物体流向较冷的物体这一常见的观察结果不一致。这种不符一度成了气体动力学理论——或者后来所谓统计气体理论——最深刻的理论问题之一。詹姆斯·克拉克·麦克斯韦回应了热力学和统计学对自由意志学说的明显威胁,指出热力学第二定律只是概率性的,他设想了一个行动迅捷、感知敏锐的存在,可以让热从较冷的物体流到较热的物体。路德维希·玻尔兹曼抵制这种概率论对物理学的侵犯,但最后,主要由于力学可反演性问题带来的困难,他也不得不承认,至少在热力学中,存在着偶然效应的理论可能性。美国哲学家、物理学家查尔斯·桑德斯·皮尔斯认为,进步就是从同质性中产生异质性,而这永远不可能从死板的力学定律中产生,需要宇宙中存在客观的偶然性。虽然他的立场不能代表19世纪末的共识,但也并非与当时的讨论完全相悖。

## 巴克尔的定律与"麦克斯韦妖"

统计定律已经被凯特勒和巴克尔呈现给世人,证明无序和偶然只是一种附带现象。麦克斯韦将最著名的非理性的定律——凯特勒的误差曲线——应用到分子速度这个棘手的问题上,但这并不意味着证明了存在客观的偶然性(这是在未经训练的心灵中产生的难以想象的、自相矛盾的错觉),而是使科学秩序的领域得到极大扩张。麦克斯韦使用的组合数学运算既严格又优雅。同时,人们也不认为,与数值的使用对社会科学的影响相比,把热力学命题还原为力学命题,会给物理学带来新的不确定性。宏观规律如热力学第二定律只具有或然性的看法,显然是从与统计学进路相关的某些概念发展而来的,但同时,这种看法也包括了对凯特勒和巴克尔所提出的统计学观点的否定。

在对统计推理的再解释过程中,麦克斯韦所扮演的重要角色,完全符合他的性格特点和理想信念。当然,他是一位天赋异禀的物理学家。和他关于气体物理学的研究相比,他于1854年开始的电磁学研究,也同样能清晰地体现出他的卓越天赋。他总是渴望从新的角度看待旧的真理。在其1856年于阿伯丁和1860年于伦敦国王学院的就职演讲中,他都曾警告他的学生,不要"认为我们所不了解的高级定律,能够与我们所知道的低级定律以相同的形式表述出来"[1]。作为一个笃信宗教的人,麦克斯韦对自然科学的局限性十分敏感。他在爱丁堡的哲学老师威廉·汉密尔顿爵士(Sir William Hamilton)认为,既然神性不受物质宇宙中的必然性的制约,那么对自然的研究,就只能获得"或然的确定性"。[2]尽管在1850年,麦克斯韦离开爱丁堡去剑桥后,对汉密尔顿的推崇有所减退,但他总是小心地避免让科学气质阻碍宗教信仰。"我已尽力表明,物理科学的独特功能,是将我们引入无法理解的领域,并吩咐我们通过信仰看到它、接受它,直到谜团向我们打开。"[3]

与他同时代的某些人认为,难以理解的事物的边界正在迅速缩小,而麦克斯韦不相信这一点。有时,他对以科学的名义所发表的那些夸张言论感到不安。在那些主张必然性的学者中,最令他不安的当数亨利·托马斯·巴

① Maxwell, "Inaugural Lecture at Aberdeen, 2 Nov. 1856", *Notes and Records of the Royal Society of London*, 28 (1973), pp. 69-81; "James Clerk Maxwell's Inaugural Lecture at King's College, London, 1860", *American Journal of Physics*, 47 (1979), pp. 928-933.

② Sir William Hamilton, *Discussions on Philosophy and Literature* (New York, 1856), p. 41, 275, 297. 关于麦克斯韦和苏格兰常识学派,参见 George Elder Davie, *The Democratic Intellect: Scotland and Her Universities in the Nineteenth Century* (Edinburgh, 1961); Richard Olson, *Scottish Philosophy and British Physics, 1750-1880* (Princeton, 1975)。

③ Maxwell, "Inaugural Lecture at Aberdeen, 2 Nov. 1856", *Notes and Records of the Royal Society of London*, 28 (1973), p. 78. 关于麦克斯韦与汉密尔顿的关系,以及他的生平,参见 C. W. F. Everitt, "Maxwell's Scientific Creativity", Rutherford Aris et al., *Springs of Scientific Creativity* (Minneapolis, 1983), pp. 71-141。

克尔。麦克斯韦对巴克尔第一卷著作中的某些内容印象深刻,在书出版几个月后他就向他的朋友、后来为他作传的刘易斯·坎贝尔提到巴克尔:"一天晚上,我读了160页巴克尔的《英格兰文明史》——一本自以为是的书,具有强烈的实证主义倾向。但若抛弃书中繁杂的概念等类似的东西,还是有许多原创性内容的。他不是仅靠脑袋去想,而是通过丰富的研究得出了真正的成果。"[1]显然,巴克尔让他开始思考统计数据中,引人注目的规律性与自由意志之间的关系,就像他的许多同事一样,这可以从他在3个月后,写给好友R. B. 利奇菲尔德(R. B. Litchfield)的信中,清楚地看出来:

> 现在我要全凭自己的理解写下一些东西,你不要过分解读。现在世上有些写书的人假定:任何有秩序的、确定的、阅历丰富的人可以准确预测的事物属于一类;而另一些事物是有意识的行为的结果,是善变的、偶然的、不能预见的,这些事物属于另一类。
>
> 在我的生活和思考中,我看到了越来越多的反对这个观点的理由。我认为,所有的秩序的缺乏、善变和不负责任的行为都源于对自由的妨碍。如果不受阻碍的话,自由将会带来秩序、确定性和可靠性(预测成功的确定性)。记住,我并没有说善变和无序不是(所谓)自由意志的结果,我只是说,有一种自由不是无序的,但这并不意味着它拥有的自由比无序的自由更少,而是更多。[2]

维多利亚时代科学自然主义[1]者的公开演讲及其通俗读物也同样令麦克斯韦这样虔敬又保守的人反感。麦克斯韦似乎和T. H. 赫胥黎关系不错,但是有充分的证据表明,他心目中的约翰·廷德耳(John Tyndall)是个执迷不悟的讨厌鬼。在一篇受P. G. 泰特的启发而作的评论中,麦克斯韦暗示廷德耳"折损了他的科学权威",并补充道:"如果他仅用那枯燥无味的方式去写作的话,那就已经够糟糕的了,但只是对学生有害。然而如果他是为了公众而写,

196

---

① Maxwell, "Inaugural Lecture at Aberdeen, 2 Nov. 1856", *Notes and Records of the Royal Society of London*, 28 (1973), pp. 294–295.

② Maxwell, "Inaugural Lecture at Aberdeen, 2 Nov. 1856", *Notes and Records of the Royal Society of London*, 28 (1973), pp. 305–306.

让公众把它生吞下去,还说这是一项有用的工作,那就大错特错了。"①更为有趣也同样尖锐的,是麦克斯韦模仿廷德耳成功的演讲风格所写的《廷德耳颂》。这场廷德耳式的演讲从一些浮夸的演示实验开始,然后断言"这些瞬变的事实/这些无常的现象/必须通过精神的作用/转化为永久的财产"。最后,他要用他的实验之沙建造了一座形而上学的巴别塔:

> 去吧! 准备好用你的精神做砖,
> 每一个季节都要记得拿着,
> 要想筑牢砂砾、固定地基,
> 感觉是最好的研钵。
> 它的顶端将升至高处的天堂——
> 抑或如此的高地,
> 我们从那里飞翔时的急速旋转
> 能战胜地心引力。②

科学自然主义在英国的兴起是为了捍卫达尔文的进化论,但它的杰出代言人,包括物理学家廷德耳、数学家 W. K. 克利福德(W. K. Clifford)以及生物学家赫胥黎等,言语修辞间充斥着力学的概念和术语。自然主义在某种程度上是为科学专业性辩护的工具。生物学家们认为,物理学的科学帝国主义所造成的威胁,要远远小于英国国教神职人员们带来的威胁。这些神职人员坚持将生物学纳入自然神学的领域,更糟糕的是,他们还占据着稀缺的科学教职,排挤敬业的异见科学家。对物理学的诉求体现了一种与自然神学断绝关系的愿望,让生物学摆脱目的论的帝国统治。正如赫胥黎所言,他们的目的是"将所有科学问题,除了那些纯粹的数学问题,还原为分子物理学问题"③。有一些自称权威的人认为,达尔文科学理论的基础不过相

---

① 参见麦克斯韦对泰特反驳廷德耳的评论,出自 *JCMP*, 7655/III, d/5。

② Maxwell, "Inaugural Lecture at Aberdeen, 2 Nov. 1856", *Notes and Records of the Royal Society of London*, 28 (1973), pp. 635–636.

③ T. H. Huxley, "The Scientific Aspects of Positivism", *Lay Sermons, Addresses, and Reviews* (London, 1895), p. 144.

当于"僧侣式的自吹自擂",赫胥黎对这种大言不惭感到震惊。[①]廷德耳对科学的纯粹性和学者的神圣性同样敏感,他大胆地宣称"科学的地位坚不可摧":"我们主张,要整个地从神学领域夺走宇宙理论。因此,所有侵入科学领域的计划和体系,都必须服从科学的控制,就像迄今事实上已经发生的那样,并完全放弃控制科学的想法。"[②]

如果自然科学想要实现这些雄心,它就不能有任何留白,因此赫胥黎和廷德耳对科学中的偶然性概念表示怀疑。反对达尔文理论的一个原因是,它用偶然的变异取代了目的论——这被约翰·赫歇尔称为"乱七八糟定律"[③]。当然,达尔文所说的"偶然"是指没有方向的,而不是没有原因的,但他的辩护者们仍然对生物变异定律的缺失感到不安。因此赫胥黎在1861年给胡克的信中写道:"因为尚未能发现任何定律,达尔文不得不把变异说成自发的或偶然的,所以主教和高级神职人员(世界上仅存的真正的无神论者和偶然性的信徒)都在攻击他,好像他是另一个卢克莱修(Lucretius)。"[④]

这绝不是维多利亚时代晚期最后一次对古代原子论者的科学讨论的提及,也不是最后一次讨论他们所常常涉及的偶然性和决定论之间的问题。廷德耳发现,将古代的原子论纳入自然主义者的事业是可能的,只要回避卢克莱修并直接援引他的先辈德谟克利特(Democritus)的,因为前者的《物性论》(De rerum natura)中包含着麻烦的原子偏斜学说(doctrine of the swerve),而后者的传世著作则很贴心地没有给当时的历史学家带来困扰。1874年,廷德耳在贝尔法斯特的科学促进会上发表了一篇有争议的演讲,他列举了德谟克利特的六个基本科学命题,并认为前五个命题是"目前对原子哲学清楚的一般性陈述"。它们是:

① Huxley, "On the Hypothesis That Animals Are Automata, and Its History", *Collected Essays* (9 vols, New York, 1968), vol. 1, p. 249. 亦可参见 Frank M. Turner, "The Victorian Conflict Between Science and Religion: A Professional Dimension", *Isis*, 69 (1978), pp. 356–376。

② John Tyndall, "The Belfast Address", George Bassala et al., *Victorian Science* (New York, 1970), pp. 436–478.

③ David L. Hull, *Darwin and His Critics: The Reception of Darwin's Theory of Evolution by the Scientific Community* (Cambridge, Mass., 1973), p. 7, 61.

④ Leonard Huxley, *Life and Letters of Thomas H. Huxley* (2 vols., New York, 1901), vol. 1, p. 245.

（1）无中不能生有。任何现存的东西都不可能被摧毁。所有的变化都是由于分子的结合和分离。（2）没有什么事情是偶然发生的。每一件事都必然随其原因而发生。（3）唯一存在的事物是原子和虚空，其他的一切都只是意见（opinion）。（4）原子的数目无限多，形式也千变万化；它们相互碰撞，因此产生的横向运动和旋转就是世界的开端。（5）事物的变化取决于它们原子的数量、大小和聚集方式的变化。①

廷德尔的思想进路甚至比巴克尔的更让麦克斯韦讨厌，因为被打扮成支持决定论和唯物论模样的原子论，正是麦克斯韦的专长之一。长期以来，麦克斯韦一直认为动力学解释代表着科学的一种理想目标，早在1856年他就写道："如果我们知道在任何指定的空间点和时间点发生了什么，我们就可以说知道了自然界的所有事件。我们想不出还有什么别的事情是必须知道的。"②看到这些明显与宗教对立的思想被积极地应用到生活和心灵中，他感到相当不安。麦克斯韦更喜欢卢克莱修的说法：

当卢克莱修希望我们在心中理解原子的运动时，他让我们观察一束穿过一间黑暗的房间的阳光（正是廷德耳博士用来让我们看到我们呼吸的灰尘的同一种研究方法），并观察在房间里相互追逐的尘埃。他告诉我们，这种可见微粒的运动，只是撞击着微粒的不可见原子更为复杂的运动的结果。在他关于自然的梦境中，正如丁尼生（Tennyson）[2]告诉我们的那样，他

"看到了闪耀的原子正在涌出

"汇合成万千宇宙的洪流

① John Tyndall, "The Belfast Address", George Bassala et al., *Victorian Science* (New York, 1970), p. 443. 亦可参见 Frank M. Turner, "Lucretius Among the Victorians", *Victorian Studies*, 16 (1972-1973), pp. 329-348; Turner, *The Greek Heritage in Victorian Britain* (New Haven, 1981).

② Maxwell, "Inaugural Lecture at Aberdeen, 2 Nov. 1856", The Royal Society of London, *Notes and Records of the Royal Society of London* (London, 1973), p. 28, 238.

"在无尽的虚空中奔腾,

"飞起,又碰撞,创造出

"一个又一个事物的框架,

"直到永远。"

　　毫无疑问地,他应该尝试过让他的原子在不定的时间和地点偏离轨道,以打破命运的束缚,从而把一种非理性的自由意志赋予它们,这是在他的唯物主义理论中,对我们自己所意识到的那种力量的唯一解释。[①]

　　当然,麦克斯韦并不想暗示说,自然科学应当被限制在支持某些宗教教义这样的用途上。"科学假设的变化速度自然要比《圣经》解释的速度快得多,"1876年他对一名神职人员这样说,"所以如果后者建立在前者基础之上,那么在这个假设早就该被埋葬并遗忘的时候,对《圣经》的解释还能让它回光返照。"[②]他认为,基督徒应该做的,是努力使科学与信仰相和谐,但他坚持认为,这种努力的结果只对相关的个例有效,而且只能持续很短的时间。[③]在他看来,关于当代科学与宗教相矛盾的争论似乎违背了这一论断,正如他的朋友 P. G. 泰特和鲍尔弗·斯图尔特(Balfour Stewart)所解释的那样,这证明了信仰的反对者,而非宗教人士,才是真正的教条主义者。[④]刘易斯·坎贝尔评价麦克斯韦说:"没有人比他更喜欢猜测了,但也没有人比他更嫉恶那些在他看来是关于最高主体的粗糙的、半生不熟的理论的实际应用或广泛传播了。"[⑤]当卡尔·皮尔逊结束麦克斯韦所主持的剑桥大学史密斯奖 200 (Smith's Prize)的考试时,他的想法并不友善:

---

[①] Maxwell, "Molecules", *The Scientific Papers of James Clerk Maxwell* (7 vols., Cambridge, 2013), vol. 2, p. 373.

[②] Maxwell, "Molecules", *The Scientific Papers of James Clerk Maxwell* (7 vols., Cambridge, 2013), vol. 2, p. 394.

[③] Maxwell, "Molecules", *The Scientific Papers of James Clerk Maxwell* (7 vols., Cambridge, 2013), vol. 2, p. 405.

[④] Peter Guthrie Tait, Balfour Stewart, *The Unseen Universe, or Physical Speculations on a Future State* (London, 1875), p. v.

[⑤] Maxwell, "Molecules", *The Scientific Papers of James Clerk Maxwell* (7 vols., Cambridge, 2013), vol. 2, p. 322.

讨论转向了达尔文的进化论;我说不清到底是怎么一回事儿,但我对挪亚的洪水说了些不敬的话。麦克斯韦顿时勃然大怒,指责我不相信《圣经》。当时我并不知道他还保有儿时那种死板的信念,而且如果可能的话,他比格莱斯顿(Gladstone)[3]还要相信《创世记》的准确性。①

正是在这种背景下,麦克斯韦发展了他关于热力学第二定律的思想,以及更一般的关于人类知识中的必然缺陷的思想。1867年,麦克斯韦在他写给P. G. 泰特的一封诙谐的信中,首次指出他的气体动力学理论暗示了违反第二定律的可能。在信中,他假想了一个"观察力很强、身手矫健"的生物,后来被威廉·汤姆森(William Thomson)称为"麦克斯韦妖",它的任务是在第二定律中"找出漏洞"。这个小妖只需要在隔开两团不同温度的气体的弹性壁上开一个小洞,就能让热量从较冷的气体流向较热的气体——方法是,只允许能量最大的分子从冷的一侧传递到热的一侧,而另一个方向上只允许能量最小的分子传递。尽管汤姆森给这个虚构的生物起了个名字,但麦克斯韦觉得这个名字可能会引起异议,因为这并不需要什么超自然的力量,只要把普通的力放大一点就行了。②

麦克斯韦的虚构物暗示着,一些物理学原理,其中包括第二定律,实际上不仅是自然的属性,而且也是人类感觉的特性。10年后,他在《大英百科全书》中的"扩散作用"(Diffusion)条目下写道:

"能量耗散"这一概念取决于我们的知识范围。可用的能量指的是可以被我们划入任何所需要的利用方式中的能量。耗散的能量是我们不能掌握的、不能随意支配的能量,比如分子混乱的无规则运动的能量,我们称之为热。那么,混乱,和与之有关的其他术

201

---

① Karl Pearson, "Old Tripos Days at Cambridge, as Seen from Another Viewpoint", *Mathematical Gazette*, 20 (1936), pp. 27-36.

② 信件可见于 C. G. Knott, *Life and Scientific Work of Peter Guthrie Tait* (Cambridge, 1911), pp. 213-214。亦可参见麦克斯韦致泰特的一封未标注日期的信,出处同前,第214—215页。

语一样，并不是物质事物本身的属性，而只是与感知它们的心灵有关。如果一本纪要使用了许多缩写，那么它对于一个完全不识字的人，以及纪要的所有者——这个能够彻底理解它的人来说，就并不会显得混乱。但是在其他任何识字的人看来，它就显得混乱不堪。同样地，如果一个人不能把自然界的任何一种能量为自己所用，或者能够追踪每一种分子的运动，并能每时每刻把握它，那么他就不会想到"耗散"这个概念。只有当一个人处于中间阶段，在他能够获取某种形式的能量的同时，其他形式的能量却逃之夭夭，这时能量才从可用状态变为耗散状态。[①]

1868年，麦克斯韦将气体分子采取正态速度分布的趋势与盒子中黑白球的混合进行了类比，第一次描画出某些热力学原理的不确定性与其统计学特性之间的联系。1870年，他写信给年轻的物理学家瑞利（Rayleigh）说，第二定律"正确的程度，就像是说你把一大杯水倒进海里，就不能再把一大杯同样的水捞出来一样"[②]。1871年，麦克斯韦成了剑桥大学新成立的卡文迪许实验室的负责人，在他的就职演讲中，他论述了统计方法在物理学中更广泛的意义。在此他明确而公开地指出，基于统计知识的预测是先天地不确定的。气体定律显然与动力学原理具有不同的性质，产生的知识形式在他看来具有值得关注的意义。麦克斯韦立刻转向了人的自由这一棘手难题，他认为：

> ……统计学方法……在我们目前的知识状况下，这是研究实体性质的唯一可行的方法，它需要放弃严格的动力学原理，采用的数学方法属于概率论。这种方法的使用很可能会得到重要的结果，但我们对此尚且知之甚少，也不太熟悉。如果实际的科学史原

*202*

---

[①] Maxwell, "Diffusion", *The Scientific Papers of James Clerk Maxwell* (7 vols., Cambridge, 2013), vol. 2, p. 646.

[②] R. J. Strutt, Fourth Baron Rayleigh, *Life of John William Strutt, Third Baron Rayleigh* (Madison, Wisc., 1968), p. 47. 亦可参见 Stephen Brush, "Randomness and Irreversibility", *The Kind of Motion We Call Heat* (2 vols., Amsterdam, 1976), vol. 1, pp. 543–654; "Irreversibility and Indeterminism", *Statistical Physics and the Atomic Theory of Matter from Boyle and Newton to Landau and Onsager* (Princeton, 1981)。

来不是我们现在想象的这样,如果我们最熟悉的科学学说原来必须是用这种方式表达出来的命题,那么我们就有可能已经把某种偶然的存在看作不言而喻的真理,并把哲学必然性的学说视为纯粹的诡辩。[1]

到1873年,麦克斯韦已经把这种理论进路发展成一个完善的论证,以反对威胁日增的机械决定论。他的目的不是用物理学来证明人的自由的存在,因为他拥护苏格兰常识学派的原则,即对自由意志的信念自然地来自对心灵自身活动的反思。他对物理学知识的检查恰恰是为了说明已知的科学原理在这一至关重要的问题上什么也没有证明。然而,麦克斯韦并不否认自然科学与形而上学问题的关系。他认为,物理学可以通过展示自由不可能是什么,为辨别"自由是什么"的问题提供宝贵的指导。对该问题的内在兴趣,以及证明自由行动不违反任何物理定律的可能性的需要,让麦克斯韦对自由意志的物理学解释付出了相当多的精力。

早在1862年,麦克斯韦就已经对刘易斯·坎贝尔说过,能量守恒让灵魂成了身体的扳道工,而不是动力源。"在身体和灵魂之间存在着作用和反作用,"他写道,"但不是以能量从一方传递到另一方的方式。"他的想法是,灵魂对身体活动的作用,就好比扳机和枪、扳道工和火车的关系一样。麦克斯韦驳斥了所有自称解决了这个问题的主张——"不错,它将来会得到解决,不过它现在还是个问题,我们没有理解它"[2]——但是他不愿长时间地安于无知。守恒定律常常被引用来反对人的自由,这使形而上学自由的捍卫者确信,他们必须证明意志可以在不消耗任何能量的情况下运作。[3]引用次数最多的那篇由物理学家写就的为自由意志辩护的文章,是1868年被弗莱明·

① Maxwell, "Introductory Lecture on Experimental Physics", *The Scientific Papers of James Clerk Maxwell* (7 vols., Cambridge, 2013), vol. 2, p. 253.

② Maxwell, "Introductory Lecture on Experimental Physics", *The Scientific Papers of James Clerk Maxwell* (7 vols., Cambridge, 2013), vol. 2, p. 336.

③ 就像皮尔斯从西蒙·纽科姆(Simon Newcomb)那里注意到的一样,自由意志的捍卫者很奇怪地对违反牛顿第三运动定律的行为漠不关心。参见 Charles Sanders Peirce, "Variety and Uniformity", Charles Hartshorne et al., *Collected Papers of Charles Sanders Peirce* (8 vols., Cambridge, 1931–1958), vol. 6, pp. 67–85。

詹金(Fleeming Jenkin)不具名地发表在《北不列颠评论》(*North British Review*)上的。有证据表明,他提前把论证发给了麦克斯韦。[①]他的论证,被认为是对卢克莱修偏斜学说的辩护,实际上和麦克斯韦的观点是一样的。詹金写道:"如果思想或意志在运动时使物质偏转,它可能会产生所有那些意志派(Wilful School)声称的结果,但它不会给宇宙增加任何非物质的能量。"[②]

麦克斯韦对统计知识的局限性进行反思的主要动机在于,他希望证明自由并不与当代科学所知的自然定律相矛盾。他的基本观点是,人类要想在这个由分子所形成的宇宙中获得一般性知识,统计学方法是唯一的手段;但它只能得出关于分子群体的概括,而不能提供关于个体的信息。他在1871年出版的一本热学教材中写道:

> 因此,我们得出的结论可能具有这样的特征:只要我们处理的是一大团气体,那么这些结论就能够很好地呈现出事实;但是如果我们的感官和仪器灵敏得能让我们探测并掌控每一个分子,并跟踪它的全过程,那么这些结论就不再适用了。
>
> 基于同样的原因,人们可能会发现,从教务主任给出报告中(报告上没有学生的名字)所推导出的关于教育效果的结论,在一位能够追踪每个学生进步情况的校长看来,可能就和他的经验不符了。[③]

因此,诉诸统计学的需要,必然让我们无法知道单个分子的特殊情况,而且即使是它们自身的运动规律,也可能与可观察到的群体规律没有决定性的关系。

在1873年初,在一篇为依拉努斯俱乐部(Eranus,一个类似剑桥使徒会的组织)宣读的论文中,麦克斯韦进一步充分阐述了这些观点,该论文题为

---

① 参见1868年7月10日詹金致麦克斯韦的信,出自 *JCMP*, 7655/II, Box 1。

② Fleeming Jenkin, "The Atomic Theory of Lucretius", *North British Review*, 48 (1868), pp. 111–128. 此文广为流传,并被大量引用,其中就有 William Thomson, "The Structure of Matter and the Unity of Science", Bassala, *Victorian Science*, pp. 101–128.

③ Maxwell, *Theory of Heat* (London, 1904), pp. 315–316.

204 《物理科学的进步是否会让必然性(或决定论)的观点优于偶然性和自由意志》。原子论、热力学和统计学,这三个学说本来是在维多利亚时代中期的英国被视为最具说服力的决定论的来源,却在这篇文章中被颠倒了,并被重新解释为人类自由可能性的证据。麦克斯韦在开篇便指出,"拉普拉斯的解释最为科学,而巴克尔使之广为流传"的统计方法,从本质上讲是不完美的,恰恰只能在单个事件的过程无法被记录或解释时使用。他认为统计方法的使用取决于这样一个假设:"广泛的原因所产生的影响,虽然在每个人身上有很大的不同,但在整个国家会产生一个平均的结果,从这个研究中我们可以估计出一个被称为'平均人'的虚构人物的性格和倾向。"然而,这种推理形式远非社会科学所独有;如果分子假说成立的话,它还能构成"我们对物质的全部知识"的基础。他接下来写道:"一个物体的组成分子的性质和它所属物体的性质是大不相同的。那些我们在实验中所观察到的一致性,是从包含了成百万上千万分子的大量物质中得出的,这与拉普拉斯所解释的、巴克尔所感到惊奇的一致性是同一种类型,这种一致性是由众多彼此不相一致的原因堆叠在一起造成的。"①

这显然就留下了一个无知的空间,在其中意志可以发挥作用而不被觉察。就此而言,"我们的自由意志最多就像卢克莱修的原子一样",只涵盖一个无穷小的范围。然而,在某些情况下,这些限制可能会被超越。麦克斯韦写道:"鲍尔弗·斯图尔特教授已经很好地指出,物理的稳定性是系统的特征,这种系统让决定论者从中思考出了他们的观点;物理的不稳定性是活体的特征;道德的不稳定性是那些可延展的灵魂的特征,这种灵魂为意识提供了自由意志的信念。"他指出,心灵是一个产生和调节不稳定的系统,人类的自由和道德责任通过它得以表达。"在这有限的生命中,我们或多或少会发

205 现自己处于物理和道德的分水岭上,一个难以察觉的偏差就足以决定我们将落入两个山谷中的哪一个。自由意志论断言,在某些情况下,只有**自我**才是决定性的原因。"②知识的统计性特征保证了,没有任何有限的人类能够反

---

① Maxwell, "Inaugural Lecture at Aberdeen, 2 Nov. 1856", *Notes and Records of the Royal Society of London*, 28 (1973), pp. 434-444.

② Maxwell, "Inaugural Lecture at Aberdeen, 2 Nov. 1856", *Notes and Records of the Royal Society of London*, 28 (1973), pp. 440-441.

驳这种可能性。

几年之后,麦克斯韦灵光一现,发现了一种更能令他满意的对自由意志问题的解决方法。他的灵感源自一群法国和比利时的天主教科学家,他们同样厌恶廷德尔的决定论唯物主义,还有源自孔德的门徒埃米尔·利特雷(Emile Littré)和美国的约翰·德雷珀(John Draper)。正如玛丽·乔·奈(Mary Jo Nye)所指出的,像麦克斯韦一样,伊尼亚斯·卡尔博内勒(Ignace Carbonelle)、约瑟夫·德尔索(Joseph Delsaulx)和朱利安·蒂里翁(Julien Thirion)也在气体分子运动论中,找到了理由来论证某种程度的不确定性和不可预测性是科学定律的特征。他们对布朗运动(Brownian motion),也就是悬浮在液体中的微小但可见的粒子的无规则运动问题特别感兴趣,首先将这个问题与分子运动论联系起来的是德尔索。在这群人中,还有约瑟夫·布辛尼斯克(Joseph Boussinesq)的流体力学研究给了麦克斯韦很大的启发。布辛尼斯克在1878年指出,规定力学系统的微分方程在某些奇点上应该有多个解,因此,确定的力也可能产生不唯一确定的运动。在这种情况下,就有可能通过意志等"指导原则"来确定实际发生的可能的情况。[1]

麦克斯韦在给弗朗西斯·高尔顿的一封信中充分地讨论了这一思路。这可真是奇哉怪也,因为他并不经常与高尔顿通信,还曾经用这样的话描述高尔顿:"他的使命似乎就是沉溺在别人的爱好中不能自拔。"[2]在麦克斯韦的一封用来例行延长哲学俱乐部(Philosophical Club)会员期限的简短信件的附言中,出现了这样一番话:

> 你对定命、自由意志等问题有兴趣吗?如果有的话,布辛尼斯克[此人因在流体力学领域的工作声望很高]的《机械决定论与生命和道德自由的存在的调和》(*Conciliation du veritable determinisme*

*206*

---

[1] 参见 Mary Jo Nye, "The Moral Freedom of Man and the Determinism of Nature: The Catholic Synthesis of Science and History in the *Revue des questions scientifiques*", *BJHS*, 9 (1976), pp. 274-292。"指导原则"这一概念起源于 A. A. 库尔诺,又被布辛尼斯克的导师圣·维南重新发扬。奈还提到了克劳德·伯纳德。

[2] Maxwell, "Inaugural Lecture at Aberdeen, 2 Nov. 1856", *Notes and Records of the Royal Society of London*, 28 (1973), p. 390.

*mécanique avec l'existence de la vie et de la liberté morale*)就想用运动微分方程的奇异解理论解决整个问题。另外两名法国人也在进行同样的或类似的工作——库尔诺(现已去世)和圣·维南[其因在弹性力学领域的工作而知名,如柱体的扭转问题等]。

还有一个人,也处于工程学的研究进路中。在我看来,菲利普·布雷顿(Philippe Breton)似乎和他们所见略同。

在某些情况下,对于一个物质系统,当它所描述的特定路径与所有这些路径的包络线相吻合时,它可以继续沿着特定路径行进,也可以走到包络线上(在这些情况下,包络线也是一条可能的路径),它所走的路线不是由系统的力量决定的(对这两种情况而言,力量是相同的),但是当路径的分歧发生时,系统事实上当然会另外使用一些物理的(而不是自然的)决定性原则来确定要走两条路径中的哪一条。

当它在包络线上行进时,它可以在任何时刻,按照自己的意愿,在不施加任何力量或消耗任何能量的情况下,沿着恰好与系统在那一瞬间的实际状况相吻合的特定路径之一离开。

以鲍尔弗·斯图尔特博士等人之前采取的大多数方式,意志所要做的工作有限,仅限于扳机所做的事情。布辛尼斯克成功地在数学上将意志的做功简化为0,但代价是必须把运动的某些任意常数限制在一个确定的数值上,我认为这一点从长远来看会是非常不值当的。但我认为,布辛尼斯克的方法是一种非常有力的方法,可以反对关于因果关系的形而上学争论,而且这种方法比暗示自然定律具有一些虽然不是很明显但足以让它及时回到正轨上的不精确之处要好得多。①

麦克斯韦关于物理知识的不完善性,甚至力学定律中可能存在的不完全性的观点,应该是从他关于统计学对物理学的影响的思想中发展出来的,

---

① 1879年2月26日麦克斯韦致高尔顿的信,出自folder 191, *FGP*。在第一段中我插入了一对圆括号,方括号中的内容是麦克斯韦写的。

现在回想起来,这一论断显得非常有道理——甚至也许太有道理了。当然,麦克斯韦自己也开始把这种联系看作一种自然的联系。他即便没有注意到自然定律本身的不精确性,也常常注意到了统计概括的不精确性。他使用*207*高尔顿最喜欢的比喻之一,在一份未出版的手稿中写道:"一个水乡的人口,仅仅考虑它作为一个数字,无论它的访客一季又一季地回到这里,也无论每年的人群是否都包含着新面孔,其变化方式都是一样的。"①当然,他是对的,但我们也不应忘记这些观点的新颖性——在 1857 年以前,统计知识的不完善性,除那些完全否定统计知识的人外,几乎没有受到任何关注;在麦克斯韦受到巴克尔和廷德耳关于统计学和机械决定论的言论的刺激之后,他才开始研究这一思路。

对热力学或然论完全不感兴趣的玻尔兹曼,被统计气体理论中出现的问题所驱使,也在同一方向上走了很长一段路,这可以清楚地证明麦克斯韦关于统计知识的结论的说服力。然而,统计学并不必然包含非机械的因果关系,更不用说非决定论了,因为总有一种可能是,潜在的现象是机械决定的,只有大规模的数值规律才表现出概率性。弗朗西斯·高尔顿并没有从知识的统计性特性中看出放弃决定论的理由,从某种程度上说,他对麦克斯韦主动来信的迟缓答复便是明证。在回信中高尔顿表示,在他的心理学自省实验中,他"几乎被吓到了,因为因果关系是如此毋庸置疑地掌控着一切"②。

---

① 未注明日期的手稿,出自 *JCMP*, 7655/V f/11。

② 1879 年 2 月 27 日高尔顿致麦克斯韦的信,出自 *JCMP*, 7655/II (Box l)。高尔顿回信的有关文字如下:

非常感谢你关于自由意志等问题的来信。——这个问题的最终原理不和不稳定平衡(unstable equilibrium)的原理相一致吗?——现在我正忙着做关于我自己心灵作用的实验,我几乎被吓到了,因为因果关系是如此毋庸置疑地掌控着一切。——如果你碰巧看到了即将出版的《19 世纪》(3 月刊),并仔细阅读了我写的一篇短文《心理测量的事实》("Psychometric Facts")——正如你将看到的那样,它将表达出我的想法,以及我如何把几乎超出意识范围的概念彻底展示出来。

我怀有无限的兴趣——甚至更多的兴趣,去聆听 W. 汤姆森爵士在皇家科学研究所讲解你的那个会分类的恶魔。我毫不怀疑有些人会想再去看看中世纪恶魔的艺术插图的。

高尔顿甚至更加明确地得出结论:"人不过是一台有意识的机器",而且"我们必须理解'自发性'这个词,就像一个科学工作者理解'偶然性'这个词一样。他在此肯定自己不知道某一事件的确切原因,但他并不以任何方式否认确定这些原因的可能性"。见 Galton, "Free Will-Observations and Inferences", *Mind*, 9 (1884), pp. 406-413。

*208* 玻尔兹曼最终接受了他的统计进路的意义,但总是强调统计方法中的积极内容及其成就之有力,而不是它的局限性。

### 玻尔兹曼:统计学与不可反演性

气体分子运动论让玻尔兹曼付出了毕生精力,而概率论的话语与概念从一开始就占据了他在这一领域研究的中心。然而这种数学形式意味着,由此产生的定律蕴含着不确定性,想到这一点他便如芒在背。玻尔兹曼不会像麦克斯韦那样,满足于从热力学第二定律中"开一个小洞"。相反,他总是强调科学的确定性:

> 一切科学知识的前提是所有自然过程的完全(*eindeutig*)确定性,或者说,比如在力学方面,所有运动的完全确定性。根据这一原则,物体的运动并不是偶然发生的,有时跑到这里,有时跑到那里,而是完全由物体所处的环境所决定的。[1]

正如我们已经说明的,玻尔兹曼将气体理论与社会统计学进行类比,以支持而不是削弱其科学结论的确定性。不过,他没有蜻蜓点水式地略过所面临的困难——至少没有长时间略过它们——而是以韧性与创造力对待之。他对分子模型深信不疑,甚至将其视为一个原则——他认为连续性即使在数学中也只有在讨论有限微分方程的极限时才有意义[2]——他坚持原子论,即使是在他发现自己被迫承认某些宏观定律,如热力学第二定律,只是高概率的陈述之后。

玻尔兹曼是奥地利人,一名维也纳税务官的儿子。他生于1844年,比德

*209* 国和奥地利的历史经济学派中的大部分学者大约年轻10岁,这些学者试图

---

[1] Boltzmann, "Über die Grundprinzipien und Grundgleichungen der Mechanik", *PS*, pp. 276-277.

[2] 在这方面,也许可以指出,根据他的朋友、维也纳的同事弗朗茨·克莱门茨·布伦塔诺(Franz Clemens Brentano)的说法,玻尔兹曼认为,一旦认识到连续统的假设是个谬论,约瑟夫·贝特朗的概率悖论就会得到解决。参见 Brentano, "Von der Unmöglichkeit absoluten Zufalls", *Versuch über die Erkenntnis* (Hamburg, 1970), p. 141。

重新解释统计推理，以消除它与原子论、机械决定论和自然定律的所有联系。在玻尔兹曼成长的过程中，自由主义是当时社会的主导思想；从我们所掌握的证据中可以看出，他一生都是坚定的自由主义者。在"工人问题"、德国统一以及1873年开始的大萧条的压力下，他的政治观点并没有发生重大改变，这大概部分是因为物理学家比经济学家更有可能远离政治，不过仍然要注意：尽管新德意志帝国的经济学家们几乎一致地倒向了历史主义，但在奥地利，演绎式的自由主义经济学仍是主流。我们可以看到，玻尔兹曼极为赞扬自由经济的精确性与高效率，为资本主义辩护，反对那些讥讽资本主义是崇拜贪欲之神的人。[1]自19世纪80年代起，激进的泛德主义者和反犹主义给维也纳大学，乃至整个奥地利帝国，都带来了很大的麻烦；玻尔兹曼对这些激进思潮极为反对，这可以体现出他对"法律与科学"（*Recht und Wissenschaft*）文化的忠诚。玻尔兹曼深爱着奥地利，他为将奥地利建成一个世界性帝国的目标尽心尽力，也曾因帝国在1866年的遭遇而恸哭，称之为"不幸之年"，这可以再次印证他的自由主义信仰。[2]同样值得一提的是，他一直很喜欢美国，曾三次访问那里。

在科学方面，玻尔兹曼赞同各个领域的机械解释。他称达尔文的进化论是机械的，并认为人类的思维，无论是以科学理论还是用对音乐的喜爱来表达，都是"机械的必然性"。在他的青年时期，他曾在赫尔曼·冯·赫姆霍尔兹（Hermann von Helmholtz）的实验室中工作过一段时间，后者是一位主张将自然科学（*Naturwissenschaften*）与人文科学（*Geisteswissenschaften*）相区分的伟大人物。玻尔兹曼对原子论的一贯坚持，不仅违反了历史经济学派的形而上学指导原则，也逾越了19世纪末的唯能论者（energeticist）和马赫主义的实证主义者的原则，比如威廉·奥斯特瓦尔德（Wilhelm Ostwald）和恩斯特·策梅洛。唯能论者认为，在实验和观察中最基本的东西，是感知到的能量转

① Boltzmann, "Über die Principien der Mechanik", *PS*, p. 322.

② 参见 Engelbert Broda, *Ludwig Boltzmann: Mensch, Physiker, Philosoph* (Vienna, 1955), p. 7; Boltzmann, "Josef Stefan", *PS*, p. 102. 关于19世纪末奥地利的自由主义以及对它的反抗，参见 Allen Janik, Stephen Toulmin, *Wittgenstein's Vienna* (New York, 1973); William J. McGrath, *Dionysian Art and Populist Politics in Austria* (New Haven, 1974); Carl Schorske, *Fin-de-Siècle Vienna: Politics and Culture* (New York, 1980)。

210 换,而不能被进一步解释为纯粹假设出来的分子之间的相互作用。在玻尔兹曼人生的最后几年——在他通过自杀来彻底完成他的统计学使命之前——他开始感到自己被科学界孤立了。科学界普遍反对将共同体或可感知的现象还原到个体,不管是在人还是在原子个体的层面,因此他开始自称"反动分子",一个被遗弃的人,"最后一个全心全意接受旧的(机械论的科学图景)的人"。但他坚持自己的原则,发誓"只要我有能力,就会以尽可能清晰、合乎逻辑的方式,把旧时古典理论的成果弄清楚,这样,我所深信的其中所包含的许多美好的、永恒的理论就不需要别人再发现一遍了"[1]。

在玻尔兹曼关于分子运动论的最早的论文中,他经常提到概率,并普遍地使用了概率数学,但正如洛伦兹·克鲁格指出的那样,其中不包括一丝不确定性的痕迹。在文中,玻尔兹曼认为概率和频率是完全可以互换的。也就是说,他将使用任意分子从长远来看具有任意给定状态的时间比例表示出来的概率,视为在特定时间处于该状态的分子的实际比例,而丝毫没有表示会意识到这可能是有问题的。像克劳修斯一样,他引用概率主要是为了证明采用简化假设的合理性,从而超越分子运动的混沌,得到简练的解析表达式。玻尔兹曼认为,他已经对第二定律给出了严格的分析证明,将其还原为一个力学命题。[2]在1872年他引入 H 定理时,尽管他的方法已经更为精确,但他的推导仍是基于频率与概率可以互换的假设。正像麦克斯韦在他的专业论文中所假设的那样,玻尔兹曼假设说,每一种碰撞的发生都与某些211 统计参数,如特定类型的分子频率的乘积成正比。他没有考虑平均值附近的变异,他的结论也不允许例外出现。他在1872年写道:"据此我已严格地

---

[1] Boltzmann, "Über die Entwicklung der Methoden der theoretischen Physik in neuerer Zeit", *PS*, p. 205. 亦可参见 Erwin N. Hiebert, "The Energetics Controversy and the New Thermodynamics", Duane H. D. Roller, *Perspectives in the History of Science and Technology* (Norman, Oklahoma, 1971), pp. 67–86; Daniel Gasman, *The Scientific Origins of National Socialism* (New York, 1971)。从法国人的视角来看这一表述的,可参见 Mary Jo Nye, *Molecular Reality* (New York, 1972)。

[2] Boltzmann, "Über die mechanische Bedeutung des zweiten Hauptsatzes der Wärmetheorie", *WA*, vol. 1, pp. 9–35. 亦可参见 Lorenz Krüger, "Reduction as a Problem: Some Remarks on the History of Statistical Mechanics from a Philosophical Point of View", Jaakko Hintikka et al., *Probabilistic Thinking, Thermodynamics and the Interaction of the History and Philosophy of Science* (Dordrecht, 1981), pp. 147–174。

证明，无论动能的初始分布如何，在很长一段时间过后，它必然总是接近麦克斯韦所说的形式。"[1]

可以肯定的是，玻尔兹曼早在1868年就承认，一些初始构型不会收敛于麦克斯韦分布，其中一个表现是：所有分子以相同的速度朝同一方向运动，垂直碰撞到壁面上。[2]然而，当他的同事、他在维也纳的老师约瑟夫·洛施密特(Josef Loschmidt)提出所谓"可反演性悖论"(reversibility paradox)时，H定理中可能出现的例外才引起了他的兴趣。热力学第二定律是有可能被违反的，只需要反演一个封闭系统中所有粒子的速度，从而在效果上实现时间的倒流。自1867年开始，这个观点就已经在英国被私下里讨论过了。当时，该观点是威廉·汤姆森在麦克斯韦寄给他们的共同好友P. G. 泰特的一封信中提到的，在那封信里，麦克斯韦第一次设想了那个会分类的小妖。[3]洛施密特和玻尔兹曼一样是原子论者，他独立于汤姆森和麦克斯韦提出了这个观点。他受到的启发来自对"热寂"(heat death)的担忧：如果熵必须单调地增加，直到宇宙中的所有能量都转化为无序的热运动，就像第二定律所表明的那样，那么"热寂"必然会随着时间的推移而到来。玻尔兹曼很快意识到，他面临着一个深奥的悖论，即力学定律是不依赖于时间方向的，而热的流动却显然依赖于时间方向，两者需要调和。在机械系统中，弹性碰撞是完全可反演的，但热总是从较暖的物体流向较冷的物体。

玻尔兹曼使用他最为出色的学术成果来回应这一反对，但得出这个令人满意的答案耗费了他十几年的光阴。在这段时间里，他为这个悖论提出了几个相互矛盾的解决办法，但从来没有承认过他的看法有丝毫改变。他直接给出了让步，认为他现在所坚持的不证自明的东西——第二定律的力学推导不可能绝对肯定地适用，因为速度的每一种分布至少都是可能的。 *212*

---

[1] Boltzmann, "Weitere Studien über das Wärmegleichgewicht unter Gasmolekülen", *WA*, vol. 1, p. 345; Martin Klein, "The Development of Boltzmann's Statistical Ideas", *Acta Physica Austrica*, X (1973), pp. 53–106.

[2] Boltzmann, "Studien über das Gleichgewicht der lebendigen Kraft zwischen bewegten materiellen Punkten", *WA*, vol. 1, p. 96.

[3] 参见 Martin Klein, "The Development of Boltzmann's Statistical Ideas", *Acta Physica Austrica*, X (1973), p. 75。

"数学概率本身就是这样告诉我们的。"[1]但是,他指出,均匀分布的热量比不均匀分布的热量要多得多,因此"在一个时间间隔$t$之后,产生均匀分布的状态数量,一定要比产生不均匀分布的状态数量多得多"[2]。正是在如此思考后,玻尔兹曼决定进一步计算,并写出了他在1877年发表的一篇重要的组合数学论文,这篇论文在前文已经讨论过了,它不仅给出了给定分子占据特定差速的概率,还给出了在整个系统中任意给定速度分布的概率。我们可能还记得,他利用组合数学找到了速度分布概率的表达式,从而解决了这个问题,然后证明了这个概率的最大化等于熵的最大化,并让他在1872年论文中的H函数取得了最小值。

    无论使用何种标准来看,这都是一项了不起的成就,但作为洛施密特的可反演性悖论的解决方案,它还是有一定不足的。H函数具有单调递减的特点,直至达到其最小值,从而与麦克斯韦分布相一致。因此,通过复杂的概率理论,力学定律似乎被迫产生了方向性,尽管它们本身是完全可反演的。玻尔兹曼解释说:"在大多数情况下,初始状态是一个不太可能的状态;由此,系统将加速朝向更可能的状态,直到最终达到最可能的状态——热平衡。"[3]玻尔兹曼显然在相当长的一段时间内都对这个解决方案十分满意,他在10年后写道:"一个给定的物体系统本身绝不可能变为一个可能性绝对相同的状态,相反,它总是进入一个更可能的状态。"[4]直至1897年,他还认为系统总是向更可能的状态演化的趋势"简直是废话"[5]。然而,洛施密特的反对暗示了,对于每一个熵增过程,都存在一个熵减过程,也就是从最终态回到

[1] Boltzmann, "Bemerkungen über einige Probleme der mechanischen Wärmetheorie", *WA*, vol. 2, p. 120.

[2] Boltzmann, "Bemerkungen über einige Probleme der mechanischen Wärmetheorie", *WA*, vol. 2, pp. 120-121, 译自 Thomas Kuhn, *Black-body Theory and the Quantum Discontinuity* (Oxford, 1978), p. 47.

[3] Boltzmann, "Über die Beziehung zwischen dem zweiten Hauptsatze der mechanischen Wärmegleichgewicht und der Wahrscheinlichkeitsrechnung respektive den Sätzen über das Wärmegleichgewicht", *WA*, vol. 2, p. 165. 译自 Thomas Kuhn, *Black-body Theory and the Quantum Discontinuity* (Oxford, 1978), p. 58。

[4] Boltzmann, "Der zweite Hauptsatz der mechanischen Wärmetheorie", *PS*, p. 48.

[5] Boltzmann, "Über die Unentbehrlichkeit der Atomistik in der Naturwissenschaft", *PS*, p. 154.

初始态的过程。显然,在给定的时间内,一个系统更有可能处于可能的状态而不是不可能的状态,这是一句废话;但力学定律和概率定律都不能为从不可能状态过渡到可能状态而非相反提供依据,除非假定有特殊的初始条件。

即使在他 1896 年和 1898 年出版的《气体理论讲演录》(*Lectures on Gas Theory*)中,玻尔兹曼对其统计方法所隐含的不确定性的处理也并非完全没有矛盾的。在《气体理论讲演录》的第一部分,他以决定论的形式发表了 H 定理,这里他依赖的假设是"分子无序性"——也就是说,他预先排除了所有那些能导致熵大量减少的特殊构型,比如洛施密特的构型。他认为,这些都是人为计算出来的产物,拿来"故意违反概率定律"[1]。但很明显,此时他已经不再认为 H 定理是完全决定论的了,因为仅仅几页之后,他就谈到了 H 的波动,指出它必须不时地轻微上升,不过它大概率还是会很快回落到它的最小值。[2]除直达最小值之外,H 定理的决定论形式不允许其他任何事情发生,但很明显,这样的论断并不是他的数学运算所要表达的。他大概把他对分子有序性的排除看成一个有用的假设,虽然它在理论上并不严格有效,但在实践中却相当可靠;有了这个假设,他就可以不用把特殊情况考虑在 H 定理的数学表达中了。

事实上,此时玻尔兹曼已经圆满地解决了可反演性悖论。1894 年,爱德华·卡尔弗韦尔(Edward Culverwell)、S. H. 伯伯里(S. H. Burbury)、乔治·布赖恩(George Bryan)和约瑟夫·拉莫尔(Joseph Larmor)在科学促进会的一次会议上提出并讨论了这一难题。在那次讨论中,玻尔兹曼发表了一篇英文论文,直接解释了自己的立场。根据概率定律,他认为,对于给定时间内的任意系统,"H 极有可能接近其最小值;如果它的值较大,它可能增大也可能减小,但它减小的可能性总是更大"[3]。尽管任何给定的分布都存在着偏离麦克斯韦分布的概率,但这一概率会随着偏离程度的提高而急剧下降。实际上,它的下降速度非常快,因此如果一个人任意地选择一个明显高于最小值的 H 值,并且观察系统在相当的时间内达到那个偏离值的所有情况,那么

*214*

---

[1] Boltzmann, *Lectures on Gas Theory*, Stephen Brush, trans., (Berkeley, 1964) p. 4l.

[2] Boltzmann, *Lectures on Gas Theory*, Stephen Brush, trans., (Berkeley, 1964)p. 59.

[3] Boltzmann, "On Certain Questions of the Theory of Cases", *WA*, vol. 3, p. 541. 我纠正了此处引文的拼写。

他就会发现所选择的值几乎总是一个局部最大值。系统将只会以微不足道的幅度超出这个水平——这对向来不重视这些细小差别的玻尔兹曼来说相当于没有——然后下降到其最小值。

在最小值附近出现可察觉的波动是罕见的,这为玻尔兹曼提供了19世纪90年代中期产生的另一个所谓悖论——复现悖论(recurrence paradox)的答案。它是由马克斯·普朗克的实验室助手恩斯特·策梅洛提出的。根据庞加莱(Poincaré)的复现定理(recurrence theorem),策梅洛认为,只要有足够的时间,任何分子系统最终都必然回到任意接近其初始状态的构型;但是没有观察到这样的复现,因此分子假设一定是错误的。玻尔兹曼直截了当地回答说,这种复现一定罕见,举例来说,少量气体大约每 $10^{10^{10}}$ 年就会自发地分离成氮气和氧气。他写道:

> 人们可能会认识到,在这么长的时间里,根据概率定律,一个大国的每一个居民在同一天意外自杀,或者每一栋楼房都在同一天被烧毁,这样的事件实际上等于**永远不会**发生。通过忽视这些事件的可能性,保险公司经营日善。如果比这小得多的概率实际上并不等同于不可能,那么谁也不能肯定今天过后会不会先出现一个夜晚,然后才是白天。[1]

215　　热力学第二定律便是"只在理论上具有命题的概率特征",但"实际上等同于自然定律"的原理之一。[2]

按照他的"保险之喻",真实的宇宙似乎确实处于一个极不可能的位置。玻尔兹曼开始感到,在将统计热力学应用于真实世界时需要谨慎。美国人乔赛亚·威拉德·吉布斯(Josiah Willard Gibbs)在20世纪之初最为明确地阐述了玻尔兹曼观点的这一转变。吉布斯以一门纯粹的演绎科学的形式提出了统计力学,并指出:"自然事实与假设的一致性,是不会有任何岔子的,因

---

① Boltzmann, *Lectures on Gas Theory*, Stephen Brush, trans., (Berkeley, 1964), p. 444.

② Boltzmann, "Entgegnung auf die wärmetheoretischen Betrachtungen des Hrn. Zemelo", *WA*, vol. 3, p. 578.

为在这方面没有任何无依据的假定。我们唯一可能犯的错误是前提和结论不相一致,而这一点,我们希望,可以大体上通过小心谨慎来避免。"①玻尔兹曼没有走这么远,他推卸了所有解释实际宇宙的责任。气体分子运动论是理性力学的一种形式,它的对象不是实际的宇宙,而是支配具有某些假定性质的任意气体系统的分子构型的定律。

不过,玻尔兹曼确实对热力学第二定律在可观测宇宙中的地位提出了一些意见。这就立刻出现了两种可能性。一种观点认为,宇宙可能是简单地从一个极不可能的状态诞生的,它将从这个状态开始,逐渐演化到热平衡状态。然而,也可以相信,与地球相邻的这片空间呈现出熵曲线的巨大波动;人们能观测到这样的波动也不是完全偶然的,因为如果没有它,就不可能产生能够感知周围环境的生命。早在1877年,玻尔兹曼就曾提到"洛施密特的理论的一个特殊结果",即从力学推导出的热力学定律,可以以不亚于预测无限未来之后的热寂一样的确定性,预测到原初的热平衡状态如何。② 1895年,他准备告诉他的英国同事一个假说,该假说是由他的前实验室助理许茨博士(Dr. Schuetz)提出的,即在地球上所观察到的那种偏离热平衡的现象,代表了一个不可思议的巨大宇宙中的正常波动。他写道: *216*

> 我们假定整个宇宙处于热平衡状态,并且永远处于热平衡状态。宇宙的一个(唯一的)部分处于某种状态的概率,离热平衡越远,这个概率就越小;但宇宙越大,这个概率就越大。如果我们假设宇宙足够大,那么我们就可以让一个相对较小的部分处于任何给定状态(无论它离热平衡状态有多远)的概率变得很大,想有多大就有多大。即便整个宇宙都处于热平衡状态,我们的世界处于现在的状态的可能性仍然很大。有人可能会说,世界是如此地远离热平衡状态,以至于这样的状态在我们的想象中是不可能的。但我们能想象这个世界所占据的宇宙是多么小的一部分吗?假设

---

① Josiah Willard Gibbs, *Elementary Principles in Statistical Mechanics* (New York, 1902), p. x.

② Boltzmann, "Bemerkungen über einige Probleme der mechanischen Wärmetheorie", *WA*, vol. 2, pp. 121–122.

宇宙足够大,那么像我们的世界这样小的一部分处于目前状态的可能性就不再小了。

如果这个假设是正确的,我们的世界将越来越趋近热平衡;但是,由于整个宇宙太大了,很可能在未来的某个时候,另一个世界也会偏离热平衡,就像我们现在的世界一样。然后,前面所提到的H曲线就会表示出宇宙中正在发生的事情。曲线的顶点代表存在着可见运动和生命的世界。①

这篇文章还恰如其分地说明了麦克斯韦和玻尔兹曼在处理第二定律的不确定性时的区别。麦克斯韦认为统计学是不完善的,因此大多数物理学知识也是不完善的,他强调不稳定性和奇点的存在;而玻尔兹曼则强调可见宇宙中异常状态的不可能性,并试图使其符合一种受统计规律性制约的平衡模式。麦克斯韦虽然从来不提倡绝对的非决定论或因果律,但他希望确立一种依赖于意志行动的非物理的因果关系的可能。玻尔兹曼向来不喜欢科学对概率的依赖(除稳定的频率外),他拒绝承认自然界最基本的现象可能不是机械论决定的。后来,他认为知识的统计特征与这一态度是一致的,即使如他所认为可能的那样,概率甚至可以适用于分子运动。他在1898年写道:

鉴于我们现在都期待着对自然的看法完全改变的那一天,我将提出这样一种可能性,即单个分子运动的基本方程最终只能给出平均值的近似公式,这是根据形成环境介质许多独立的运动实体之间的相互作用进行的概率演算而得出的结果。例如在气象学中,这些定律只对利用概率演算进行一系列长期观测所得到的平均值有效。这些实体的数量必然是众多的,行动也必然是迅捷的,因此正确的平均值只能在百万分之一秒内获得。②

---

① Boltzmann, "On Certain Questions of the Theory of Cases", *WA*, vol. 3, p. 541, pp. 543–544.

② Boltzmann, *Lectures on Gas Theory*, Stephen Brush, trans., (Berkeley, 1964), p. 449.

到了19世纪90年代,当玻尔兹曼那些被忽视的工作终于开始引起应有的注意时,概率论也进入了物理学的另一个领域,即对新发现的符合泊松分布的放射性衰变现象的研究。量子物理学从一开始就是统计学。马克斯·普朗克将玻尔兹曼的组合数学应用于黑体的辐射,讽刺的是,他是在通过一个连续统假设来寻求调和力学与不可反演性时,被领入这个领域的。爱因斯坦的量子不连续性之路始于统计力学的一些重要工作。1918年,马里安·斯莫鲁乔斯基(Marian Smoluchowski)和爱因斯坦从布朗运动中得出了一个理论预测,这个预测让克劳德·佩兰(Claude Perrin)最终能够决定性地证明分子是真实存在的。因此,斯莫鲁乔斯基认为,概率论已经成了大多数现代物理学的核心。"从这个趋势来看,"他指出,"只有洛伦兹方程、电子理论、能量(守恒)定律和相对论没有受到影响,但很有可能在一段时间内,甚至这里所说的这些精确定律也会被统计规律所取代。"[1]

玻尔兹曼预言,甚至分子也可能受到统计原理的支配,但现在看来,这一预言显得过于保守。20世纪20年代,概率被应用到已知的最基本的粒子上,而通过假设存在一些隐变量来拯救这些现象的决定论解释,也变得越来越站不住脚。很明显,马克斯·玻恩(Max Born)、尼尔斯·玻尔(Niels Bohr)、欧文·薛定谔(Erwin Schrödinger)的工作需要一个非因果律的物理学。保罗·福曼(Paul Forman)认为,这些进展反映出魏玛共和国时期的德国物理学家被奥斯瓦尔德·斯宾格勒(Oswald Spengler)这样的人攻击时所采取的防御态度。[2]此外,还值得注意的是,英国和德国的许多物理学家都称赞他们的工作,因为它似乎为上帝和人的自由留出了位置。

*218*

---

[1] Marian Smoluchowski, "Üeber den Begriff des Zufalls und den Ursprung der Wahrscheinlichkeitsgesetz in der Physik", *Oeuvres* (3 vols., Cracow, 1924–1928), vol. 3, pp. 87–110. E. 阿玛尔迪 (E. Amaldi)强调放射性的发现是新的非决定论的源头,但 J. 冯·布拉克尔(J. van Brakel)有力地指出,它的影响有限。参见 van Brakel, "The Possible Influence of the Discovery of Radio-active Decay on the Concept of Physical Probability", *Archive*, 31 (1984–1985), pp. 369–385。

[2] Paul Forman, "Weimar Culture, Causality, and Quantum Theory: Adaptation of German Physicists and Mathmagicians to a Hostile Intellectual Environment", *Historical Studies in the Physical Sciences*, 3 (1971), pp. 1–115.

统计方法并不必然否定决定论。阿尔伯特·爱因斯坦后来发表的"上帝不玩骰子"的言论,反映了他的原初预设就是从19世纪继承下来的观点:统计定律是基于因果假设的,反映了因果现实。[1]不过,正是统计学使对决定论的否定成为可能。19世纪的社会思想证明,统计学的成功,和其局限性一样,引发了伊恩·哈金所称的"决定论的侵蚀"——我们这个时代值得注意的知识进步之一;而物理学中的例子更说明了这一点。[2]统计学让人们有理由相信,无须为每分每秒的事件预设一个确定的原因,就可以解释大尺度现象中秩序的存在。同时,它也带来了一些激进主张,如神或人的自由是不存在的,这也激发了对其自身教条的批判性审视。在顺着这条道路进而拒绝决定论的旅途中,物理学并不孤独,甚至它都不是第一个走上这条路的。无论
219 如何,在20世纪开始之前,它确实为一些哲学思想家拒斥决定论做出了重大贡献。美国物理学家、哲学家查尔斯·桑德斯·皮尔斯为自然界中的"偶然性"进行了最为强烈、最无条件的辩护。

### 皮尔斯对必然性的拒斥

关于他对泛灵论的信仰和与之相关的反常行为,皮尔斯在自传中写下了如下片段:

> 对那些研究心理发育感兴趣的人,我可以提一句,我出生和长大的地方在康科德(Concord)附近——我是说在剑桥——当时,爱默生、赫奇(Hedge)和他们的朋友们正在传播他们从谢林(Schelling),谢林又从普罗提诺(Plotinus)、伯姆(Boehm)以及天知道哪个受到了东方怪异神秘主义的冲击的脑袋那里得到的思想。但是剑桥的氛围对康科德的超验主义来说就像是杀菌剂;我没有

---

[1] 参见 Patrick H. Byrne, "Statistical and Causal Concepts in Einstein's Early Thought", *Annals of Science*, 37 (1980), pp. 215-228。

[2] 参见 Ian Hacking, "From the Emergence of Probability to the Erosion of Determinism", Hintikka, *Probabilistic Thinking*, pp. 105-123; Ian Hacking, "Nineteenth-Century Cracks in the Concept of Determinism", *Journal for the History of Ideas*, 44 (1983), pp. 455-475; Ian Hacking, "The Autonomy of Statistical Law", N. Rescher, *Pittsburgh Lectures in the Philosophy of Science* (Berkeley, 1983), pp. 3-20。

意识到自己是否感染了那种细菌，但不管怎样，也可能有一些培养出来的杆菌、一些良性的疾病不知不觉植入了我的灵魂，现在，过了长时间的潜伏期，它在数学概念的修饰下和物理研究的训练下浮出了水面。[1]

剑桥的知识分子们所感染的另一种杆菌就是统计学。皮尔斯年轻时就接触过它，它既是形而上学的好奇心的对象，也是还原观察数据的工具。甚至在巴克尔出版他的《英格兰文明史》之前，拉尔夫·沃尔多·爱默生（Ralph Waldo Emerson）就从凯特勒那里认识到了统计规律性。在他1845年于瑞典的演讲中，他提到了"法国国势学派可怕的表格"，它"把每一个突发奇想和诙谐笑料都简化成了精确的数字比例。如果在两万或三万人中，有一个人吃掉了一双鞋，或娶了他的奶奶，那么国势学家就会得出结论：每两万或三万人中，就会有一个人会吃鞋或娶他奶奶"。[2]在他1860年的论文《命运》（"Fate"）中，统计学也占有重要地位，他在文中提出了一个统计学定律——"庞奇每周开且只开一个大玩笑"，并从一个假定的事实中得到了安慰：如果两万分之一的人会吃鞋，那么命运不可避免地会要求以同样的规律性产生英雄和天才。[3]

　220

皮尔斯和他的父亲、哈佛大学著名的天文学家和数学家本杰明·皮尔斯（Benjamin Peirce）之间的智识联系显而易见地容易证明。这个父亲在他的著作中经常使用误差理论，甚至还在这方面做出了值得关注的贡献，提出了一种拒绝"可疑的观察值"或离群值的概率标准。[4]皮尔斯职业生涯的大部分时间也花在了对凯特勒和赫歇尔的观察与测量科学上，这门科学在19世纪晚期已经变得非常复杂。1861年，他从哈佛大学毕业，此后在大约30年的时间里，除担任父亲的助手外，他没有找到任何立刻从事科学职业的机会，

---

[1] Peirce, "The Law of Mind", *Papers*, 6 (1892), pp. 86–113.

[2] Ralph Waldo Emerson, "Swedenborg", *Representative Men* (Boston and New York, 1903), pp. 93–146.

[3] Emerson, "Fate", *The Conduct of Life* (Boston and New York, 1904), pp. 1–49. 非常感谢芭芭拉·帕克（Barbara Packer）提醒我注意这些文章。

[4] Benjamin Peirce, "Criterion for the Rejection of Doubtful Observations", *Astronomical Journal*, 2 (1852), pp. 161–163.

于是他入职美国海岸勘探局(United States Coast Survey)领了一份薪水。在测量领域,他取得了一些成就,特别是他利用钟摆来测量重力,并估计出地球的椭圆度。他还大力倡导"新"心理学,或者说冯特式心理学,因为他像凯特勒一样,相信数字和测量是科学的基本特征。[①]然而,皮尔斯从来没有自欺欺人地认为有可能获得绝对的精度。相反,他引用他的科学经历来支持他的主张,即误差不可能因为最精细、最小心的观察而消失。皮尔斯认为这个真理具有重要的哲学意义。他在1892年写道:

> 必然论的本质是,特定的连续量具有特定的精确值。那么,如何观察到这样一个可能误差绝对为0的值呢?对于那些在幕后工作的人来说,他们知道,对于质量、长度和角度的最精确的比较,即便其精度远超其他测量方法,但也不能做到像银行账目那样准确;对于一般的物理常数的测定,就是月复一月在期刊上出现的那些,其精度也与家具商对地毯和窗帘的测量大致相当。因此在实验室里证明数学精度的想法真是荒唐。[②]

皮尔斯的概率哲学思想形成的时间相当之早。早在1866年,他就已经在为偶然性定律辩护,并以典型的统计学证据支持他的主张。他甚至希望使统计方法成为科学推理的中心。他写道:"众所周知,如果我们计算马萨诸塞州10年来的自杀人数,并计算这个数字与人口的比率,便可以确定无疑地预测明年将有多少人自杀。这就是归纳法,它对应着世界上一种特殊的一致性。这就是一致性和所有归纳法的典型。**统计学**,它是归纳法。"[③]与此同时,他赞同概率的频率解释,就像穆勒在他的第一版《逻辑体系》中所阐述

---

① 关于皮尔斯和自然科学,参见 Victor F. Lenzen, "Charles S. Peirce as Astronomer", E. C. More, R. S. Robin, *Studies in the Philosophy of Charles Sanders Peirce* (Amherst, 1964), pp. 33-50, 以及伦曾(Lenzen)、托马斯·卡德瓦拉德(Thomas Cadwallader)和托马斯·曼宁(Thomas Manning)于1975年在 *Transactions of the Charles S. Peirce Society* 上所发表的文章。

② Peirce, "The Doctrine of Necessity Examined", *Papers*, 6 (1892), pp. 28-45.

③ Peirce, "Lowell Lectures, 1866", Max H. Fisch, *Writings of Chares S. Peirce: A Chronological Edition* (Bloomington, 1983), vol. 1, p. 423.

的那样。不久之后,他在约翰·维恩的书中读到了对偶然性的逻辑解释,并觉得这更合他意;但此时,他对局部的不规律性和群体的一致性的兴趣已经超过了逻辑。1868年,皮尔斯指出,由于知识总是不完善的,所以每个人都像一家保险公司,如果只关注单一的特例而不关注其他,就不能可靠地行事;因此真正合乎逻辑的行为只有在遵循社会的原则的情况下才有可能发生。[1]10年后,他又提出,由于可靠的一致性只出现在群体之中,个人追求自己狭隘的私利的做法不可能是符合严格逻辑的——他的表述即便不那么完全令人信服,至少也很清晰。在给出的案例数量有限的情况下,选择遵从其中出现概率最高的案例,这可能是个错误的办法。唯一的办法是将私人利益与"无限共同体的利益"等同起来,并希望这种利益能够持续千秋万代。其他的一切做法都是不合逻辑的。[2]

另一个与剑桥有关的重要联系是皮尔斯与威廉·詹姆斯(William James)那亲密而长久的友谊。他们都对科学决定论问题感兴趣。詹姆斯对自由意志深有感触,他激动地争辩说,既然科学不能反驳这一学说,那么人们在行动时就好像自由意志存在一样,这至少在知性上是可以接受的。由于我们缺乏对细节的确切了解,所以那种认为人类每一个琐碎的决定都已被预先决定的说法,在詹姆斯看来只是"独断"(*Machtspruch*)——"只是一种纯粹的概念、一种教条,缺乏对细节的洞察,我们应严词谴责它"[3]。对詹姆斯来说,捍卫自由就是捍卫多元主义,就是捍卫个人或小团体自主行动的能力,而不是完全由整体支配。詹姆斯能够设想,并且愿意允许个体行为中存在真正的偶然性,他还特别提出,局部的自发性完全符合群体的有序性。反过来,他坚持认为,科学上对于集合现象的类律性的论证并不妨碍自由以及道德责任存在于个人层面。

詹姆斯还从几位法国哲学家那里获得了很多启发,尤其是夏尔·勒努维耶(Charles Renouvier)、阿尔弗雷德·富耶(Alfred Fouillée)以及约瑟夫·德尔

222

① Peirce, "Lowell Lectures on the Logic of Science", Max H. Fisch, *Writings of Chares S. Peirce: A Chronological Edition* (Bloomington, 1983), vol. 1, p. 396.
② Peirce, "The Doctrine of Chances", *Papers*, 2 (1878), pp. 389–414.
③ William James, "The Dilemma of Determinism", *The Will to Believe and Other Essays in Popular Philosophy* (New York, 1915), pp. 145–183.

伯夫（Joseph Delboeuf），他们和布辛尼斯克、圣·维南一样，都关心着现代科学和自由意志之间的矛盾。皮尔斯也阅读了这些哲学家的著作，并坚持认为他的"偶成论"（Tychism），或客观偶然性的信念，与他们的理论密切相关。①富耶在意志问题上关注的是更早的在心理学和哲学上有关决定论的观点，而不是由物理学、生理学和统计学所引起的新的争论；他更在意的是调和，而不是反驳。②但无论如何，勒努维耶和德尔伯夫确实提出了后来为皮尔斯所发展的偶然性思想。

自19世纪50年代起，勒努维耶便致力于反对决定论。他的《一般评论文集》（*Essai de critique générale*）前两卷是一部关于逻辑的鸿篇巨制，在该文中他颠倒了对概率的通常解释。他坚持说，不能轻易认为拉普拉斯的论点与决定论相一致，他认为大数定律特别依赖于对个别事件不确定性（*imprédétermination*）的假设。③他继而在随后的一篇心理学文章中称，概率和道德统计事件之间的契合并不能证明科学决定论是正确的，反而是对科学决定论的一种挑战，而且或许是一种无法克服的挑战。根据勒努维耶的观点，自由和偶然性高度相似，而数学概率对道德事件的适用性表明，道德事件表现得就像它们是真正自由的一样。当然，这并没有排除秩序："我没有理由不去得出巴克尔那样的结论，即行为——不管是善良的还是邪恶的，甚至还有中性的（如果存在的话），都和犯罪行为一样，受到普遍定律的管束。但是我要补充一点，它们是通过平均值被管束的，是近似地被管束的。"④勒努维耶并不认为自由和偶然性是完全相同的，因为前者需要道德的考虑以及定律的不在场，但他认为，从逻辑上讲，决定论者有义务公开发誓放弃概率，就像一些法国学者所做的那样。

到了1869年，当他出版了《道德科学》（*Science de la morale*）时，勒努维耶已经从这个关于数学概率的含义的强硬立场中稍稍退却了几分。现在，

---

① Peirce, "Answers to Questions Concerning My Belief in God", *Papers*, 6 (1892), pp. 340–355.

② Alfred Fouillée, *La liberté et le déterminisme* (Paris, 1872), pp. 126–137.

③ Charles Bernard Renouvier, *Essais de critique générale* (5 vols, 2nd ed., Paris, 1912), vol. 2, p. 146.

④ Charles Bernard Renouvier, *Essais de critique générale* (5 vols, 2nd ed., Paris, 1912), vol. 1, p. 329.

很明显,他认识到群体规律性的基础可能是一种更复杂的因果结构,并坚持认为用统计学肯定决定论缺乏说服力。他为自由意志辩护的形式,是否定"我们可以称之为偶然决定论(the determinism of chance)的观点"。这是库尔诺、温德尔班德(Windelband)等人根据亚里士多德思想提出的观点——偶然性,至少在它的客观形式中,指的是独立的因果链的交叉,而每一条因果链都是被完全决定的。这种交叉可以用一块砖头掉落在行人头上这一悲剧来说明:它们来到这个致命的场景,都是出于一个确定的原因,但是它们的相撞却无缘无故,因此受伤可能被认为是偶然的,即使它是被完全决定的。[1]勒努维耶认为,每条因果链都必须有一个起始点,但起始点本身不是由其他原因造成的,因此,也就没有理由认为整个过程中的所有事件都被完全决定了。[2]

皮尔斯对非决定论或"偶成论"的第一个论证与约瑟夫·德尔伯夫在1882年提出的论点更为接近。德尔伯夫的出发点是对布辛尼斯克的改进,他认为布辛尼斯克对物理学和自由的调和在两方面有缺陷——首先,本质 *224* 上并不存在不连续的点,而这是(德尔伯夫认为)布辛尼斯克的方程所要求的;其次,他的论证将意志描述得软弱无力,而实际上它是基于理性的。德尔伯夫提出,解决的办法在于承认有未知之物,而决定论者的错误在于,他们预设我们不知道的东西不存在。德尔伯夫认为,如果原因真的等于它们的结果,那么自然就有可能倒退,老人就会逐渐年轻,橡树就会缩成橡子,然后飞到空中,等等。但这是不可能的;只要看看桑迪·卡诺和威廉·汤姆森所证明的定律就知道了:热只能从较热的物体传到较冷的物体。他的结论是:首先,我们的知识明显是不完整的;其次,物理学的关键变量是可用的力,而不是守恒量、绝对的力。他解释说,人类的自由根植于时间。意志的作用是在选定的时刻"把机体中积累着的潜在力量发挥出来",以便产生预期效

---

[1] C. C. Gillispie, "Intellectual Factors in the Background of Analysis by Probabilities", A. C. Crombie, *Scientific Change* (New York, 1963), pp. 431–453; Wilhelm Windelband, *Die Lehren vom Zufall* (Berlin, 1870).

[2] Renouvier, *Science de la morale* (2 vols., 2nd ed., Paris, 1908), vol. 2, pp. 366–373.

应。①在没有一个可以从无限小的缝隙中侵入物质领域的心灵的情况下,如何能做到这一点,我们还不清楚。然而反对机械决定论的论证,并不取决于如何设计触发装置,而在于力学定律和时间方向之间的不相容性。

皮尔斯的第一个明确反对机械决定论的论证,发表在1887年的一篇题为《科学与不朽》("Science and Immortality")的文章中。该论证和德尔伯夫的一样,也基于时间的方向性。皮尔斯注意到了热力学中的不可反演性问题。他引用了克劳修斯和麦克斯韦的工作来说明他的统计学进路,在测量误差问题上他也几乎同样是这么做的,但他似乎从来没有提到玻尔兹曼和洛施密特的思想。在他反对决定论的语境里,他将力学定律(尤其是能量守恒定律)的内在可反演性,和有机自然界中可观察到的现象(而不仅是热运动)对立起来。"只要走到外面,睁开眼睛,就足以看到世界并不是完全机械论的。"他写道,"生长的本质在于,它是朝着一个确定的方向发生的,而**不会**颠倒过来。……就我在这个时代所能看到的迹象而言,形而上学必然性的末日已经注定。"②

在19世纪90年代早期,皮尔斯更为详细地阐述了这个问题。他指出,以现有的科学依据,仍不足以证明决定论。这让20世纪的读者联想到寓言《皇帝的新衣》中那个诚实的小男孩的形象。19世纪普遍将决定论视为科学推理理所当然的公理,但在皮尔斯看来这毫无道理;这相当于银行要求贷款人提供担保时,贷款人认为银行同意放贷是"理所当然"。重复测量时所显示的不可避免的波动,让任何在实验室中找到精确定律的想法不攻自破。此外,自然界的秩序同样可以用一个偶然性的宇宙来解释。

皮尔斯相信偶然性的理由也许没有那么令人信服,而他将偶成论学说纳入其中的宇宙体系,与他那个时代或我们那个时代的常识,也完全不一致。皮尔斯的思想比他所认为的更接近斯宾塞主义,他不仅虔诚地相信生命的进化,而且相信物质的进化,甚至还相信支配物质的定律的进化。然而,正如我们所见,他否认生长和进化可能是机械定律的产物,例如赫伯特·

---

① Joseph Rémi Leopold Delboeuf, "Determinisme et liberté: la liberté demontrée par la mécanique", *Revue philosophique de la France et de l'étranger*, 13 (1882), pp. 453-480, 608-638.

② Peirce, "Science and Immortality", *Papers*, 6 (1892), pp. 370-374.

斯宾塞所假设的物质从同质演化为异质的趋势。成长意味着对定律的背离，也就是说，需要随机变异；成长还意味着，对固定的定律所带来的某种机械论的背离。皮尔斯坚称，宇宙中的一切事物都服从于自发的波动，而这些波动的调节和组织所依赖的原则，类似心理学中的关联原则。皮尔斯认为，通过这个过程，宇宙已经从纯粹的混沌，进化为比以往都更为有序的状态。

在1891年至1893年间为《一元论》(the Monist)撰写的5篇系列论文中，上述观点构成了皮尔斯宇宙论的核心。《一元论》是芝加哥的一本哲学期刊，具有密切的德国背景。值得注意的是，该期刊的主要使命是通过物质、生命和心灵的调和，以及科学和宗教的调和，建立一元论的或统一的科学，这与皮尔斯自己的目标大致一致；不过，他所持有的有关不可还原的偶然性的观点，被视为疯狂的异端邪说，招致了期刊主编保罗·卡勒斯(Paul Carus)的详文反驳。皮尔斯的理论认为，成长只能是随机变异的结果，这为"人孰能无过"这一命题赋予了新的意义，因为从皮尔斯的观点来看，犯错不是精神定律的缺陷，而是它的本质。以这种方式，皮尔斯提出了人的自由的命题。自由对他来说的确很重要，不过这个概念对他的客观偶然性的信念而言，不像麦克斯韦和勒努维耶的类似论证那样不可或缺。他相信宇宙的进化，还认为度量值的波动反映出被测量物体的真实变化；结合这两点来看，皮尔斯认为误差与意识是一致的。这意味着，即使是物质也部分地具有意识。他认为，随着物质的属性逐渐定型，它就失去了它的大部分意识；这是在原初沼泽中发生的一种联合固定(associative fixation)过程，在这个沼泽中存在着处于不受约束的随机性中的强烈意识。像《一元论》的许多作者一样，他认为某种形式的泛灵论是解决身心问题的唯一可行方法。

皮尔斯的进化哲学似乎在暗示，达尔文主义已经违背了赫胥黎的期望，成了纯粹偶然性的支柱。的确，皮尔斯和威廉·詹姆斯①都认为，进化是偶然性的明证，尽管许多法国生物学家正是这个原因而反对自然选择学说。皮尔斯一直认为，在统计学方面，达尔文的理论具有重大意义，就像气体分子

*226*

---

① 参见 Reba N. Soffer, *Ethics and Society in England: The Revolution of the Social Sciences, 1870–1914* (Berkeley, 1978)。

运动论一样。然而,到19世纪90年代,这位执着的科学哲学家已经成为自然选择的强烈反对者,他认为该理论的出现,只不过是19世纪占主导地位的经济主义精神延伸到了对自然的研究上。皮尔斯宣称,他更喜欢"基督福音"(Gospel of Christ)而不是"贪婪福音"(Gospel of Greed),更喜欢个体性的结合、集体情感而非利己主义;他认为自己的进化论观点与拉马克的相同,应该用习性取代无感情的选择,作为宇宙和有机进化的调节力量。这与他的"连续论"(Synechism,即相信绝对的连续性)结合起来之后,就意味着进化在根本上是属于共同体的。因此,这个孤僻而刁钻的逻辑学家,发明了一个新词"唯爱论"(Agapasm)来描述世界,表明世界是由纯粹的"进化之爱"(Evolutionary Love)组成的。①

　　很显然,皮尔斯有着哲学目的,这是其他概率论学者所不一定具有的。他明确地把他的"偶成论"归在"连续论"之下。这是因为,他认为,所谓自然常数的可能值,存在着一个完美的连续统,这使得彻底的精确性,无论是在我们测量中还是在现象本身中,都是不可想象的。不过应该清楚的是,皮尔斯的概率观不是纯粹闭门造车、"别出心裁"的天才的产物。他经常使用误差理论,并对误差曲线在社会统计学、生物学特别是气体分子运动论中的应用赞赏有加。②他借鉴了穆勒和维恩对概率的解释,并像麦克斯韦、维恩、勒努维耶和吕梅林一样,接受了不完全的物理决定论的可能性。这部分是出于对机械世界观的反对,部分是出于一种根本上源于凯特勒和巴克尔的信念,即统计学足以解释世界上观察中所发现的秩序,而不需要一个复杂详尽的决定论公理。在物理学家的工作已经普及流行的今天,皮尔斯很难因抛弃世界的决定论图景而成为20世纪的知名典范,因为他所相信的连续性与量子物理学的伟大创新是直接对立的。他看待偶然性和宇宙进化的奇特观点,也不能再被视为他所处世纪的典型代表。然而,他的工作再次说明了,统计学在有关决定论的争论中占据核心地位。

　　因此,对决定论的否定,虽然具有讽刺意味,但本质上是统计传统的发展。它呈现出统计思维被引入19世纪的科学、社会思想和哲学后所产生的

---

① Peirce, "Evolutionary Love", *Papers*, 6 (1893), pp. 190–215.

② Peirce, "Evolutionary Love", *Papers*, 6 (1893), pp. 197–198.

最有用的结果之一。它还在统计学的数学领域的创建中发挥了作用——它给出了一套融贯的、可以应用于广泛的科学领域的方法和理论,这些方法和理论不仅可以查明规律,还可以认识到潜在的因果结构,而不需要获得其组成个体的完整知识。反对巴克尔的统计定律概念中的决定论的运动,对新的数理统计学做出了一些重要的早期贡献,而其中最为主要的是认识到,在统计学所研究的社会与生物对象中,异质性有着至关重要的意义。

**译者注:**

[1]科学自然主义主张,可观察的自然现象只能由自然原因来解释,而不假设超自然能力是否存在,也不接受超自然的解释。

[2]阿尔弗雷德·丁尼生,维多利亚时代的著名诗人。

[3]威廉·格莱斯顿,曾四次出任英国首相,相信神创论。

第四部分 *229*

　　当一个人正在进行某项研究时,如果他突然意识到,这类研究可以广泛地一般化,并且它的结果在前人从未想过的方向上都是适用的,那么这时几乎没有人所享有的智识之趣能比他的更为强烈。

——弗朗西斯·高尔顿(1890)

　　无论我们的研究有多么需要强调以深度而非广度为目标,也不管当今时代有多么需要专精人才,总是有工作要做的。不仅要有人建构特定科学并就其撰写专著,还要有人开启不同的建构者群体之间的交流、促进他们的良性互动。

——詹姆斯·克拉克·麦克斯韦(1878)

　　统计学乃不精确科学之首。

　　——埃德蒙·龚古尔和朱尔·龚古尔(Edmond & Jules Goncourt)(1877)

# 多学科与单学科

统计数学是通过学科间的相互作用发展起来的。在20世纪,统计的数学领域,对于所有依赖大量观察,或者研究的是群体而非个体的科学而言,已经成了不可或缺的手段。而事实上,导致统计数学诞生的那些学科,恰恰是现在看上去作为统计数学的应用的那些。只有当统计数学和统计思维,已在不同范围的特殊科学领域变得足够复杂,能够具体地设想出一个囊括这些不同技术和方法的、连贯的数学分支时,数理统计才成为可能。

"纯"数学是在19世纪早期发明的,纯概率论则要等到19世纪下半叶,切比雪夫(Chebyshev)和他的学生对中心极限定理的研究之后才出现。[①] 在概率论里,对数理统计学最有用的部分,主要是在对保险、政治算术、理性信仰和天文学的研究中发展起来的。拉普拉斯和孔多塞的见解,即概率可以为社会科学和生物科学的数学化提供一把钥匙,在很大程度上得到了证实,但在这一过程中,概率定律的抽象数学表达发挥的作用相对较小,至少在19世纪是这样。那些想尽力实现拉普拉斯的理论设想的国势学家、物理学家和博物学家,并没有直接地关注数学,而是聚焦于其他社会或自然科学,这些科学成功地融合了概率理论,或是将它视为科学理论中的要素,或是作为还原观测值的手段。因此,统计思维的扩散,需要认识到不同学科对象之间的可类比性。然而,这里涉及的不是简单地"扩散",因为这些类比几乎从来不是完美的。将已有的概念与技巧应用于新的对象时,往往会使人们对其重要性和局限性的理解更具广度,从而发展出更适合新的研究主题的新方法与新路径。

对于现在大获成功的数理统计学,与其说它兴起于观测误差理论,不如 *232*

---

[①] 直到20世纪30年代,许多数学家仍对它持怀疑态度。参见 Mark Kac, *Enigmas of Chance: An Autobiography* (New York, 1985), p. 54。

说它来自对概率分布公式的使用。从19世纪最后25年开始,概率分布公式常被用于模拟自然界和社会中的真实事件。在1875—1880年间,这种模拟就已部分地在德国发生了,概率分析首次被建设性地应用于统计社会科学。不过,英国才是这种做法主要发生的地方。在19世纪80—90年代,经济学家弗朗西斯·埃奇沃斯为奠定一般数理统计的基础做出了巨大贡献。更重要的是弗朗西斯·高尔顿的生物学工作,这些工作让他在1889年发表了相关性的一般方法,并启发了一系列社会调查和生物调查。卡尔·皮尔逊是高尔顿在这方面的追随者,他有着出众的数学本领、与高尔顿相似的广泛兴趣以及开创新学科领域的天赋,在社会上和智识上划出了数理统计学的领域。

# |第八章|
# 统计学的数学理论

　　凯特勒、赫歇尔以及他们那一代的定量博物学家，已经发现一种极高的可类比性，即统计学、观测天文学、测地学、气象学、潮汐学等相关领域，可以通过类比联系在一起。这个类比首先是程序上的计数与测量。之所以会产生这种灵感，是因为人们深信，计算与详细的分析必然能产生精确的定律。人们普遍预期，这些定律可以掌控普遍现象，而不是仅仅对现象的还原性解释。一个十分典型的体现是，19世纪早期，保险公司普遍期待，从他们精密的研究手段中，真正的"死亡定律"很快就会被发现。在查尔斯·巴贝奇于1832年发表的一篇著名论文中，这种被普遍认可的方法论体现得淋漓尽致，他呼吁测量"自然和艺术的常数"，从天文距离、原子重量到平均劳动力、君主平均统治时长，以及各种语言中字母出现的频率，都在研究范围之内。[①]统计改革家十分重视这些想法，他们想找到疾病和死亡率的标准单位，让卫生科学家能够识别异常的不健康情况。[②]

　　数值社会科学本身就是这种思维的典范。这就削弱了伦敦统计学会理事会的官方观点，即统计是一门科学，而不是一种方法。例如，经济学家波利特·斯克罗普（Poulett Scrope）提出了一种基于化石的统计分析的方法，用于对地质构造进行分类、确定年代，后来查尔斯·莱尔（Charles Lyell）将该方

---

[①] Charles Babbage, "On the Advantage of a Collection of Numbers to Be Entitled the Constants of Nature and Art", *Edinburgh Journal of Science*, 12 (1832), p. 27. 亦可参见 Babbage, *A Comparative View of Various Institutions for the Assurance of Lives* (London, 1826)。

[②] 参见 John Eyler, *Victorian Social Medicine. The Ideas and Methods of William Farr* (Baltimore, 1979), p. 262。

234 法与人口统计学之间建立了类比。①很快,统计学被迫放弃了作为科学的名称专有权,因为有许多类似地质学、人口学的学科,都受到了统计学方法的影响。然而,这一转变遭到了统计改革家和欧洲大陆上传统描述性统计学的实践者的抵制。至少在英国和德国,它一直被争论到19世纪末。事实上,只有当作为一门一般社会科学的统计学被社会学取代时,这些争论才算结束。

然而,正如我们所看到的,仅靠事实的集合就可以构成一门科学的观点,在更早的时候就遭到了质疑。德国人不得不承认,只要在统计学的定义中加入与量化有关的内容,那么它就至少可以暗示,自己能够成为一种广泛适用的方法。在英国,1850年后,社会动荡的威胁减少了,因此,最初激发了统计活动的改革呼声,似乎也不再那么迫切了。在19世纪50年代,伦敦统计学会进入了一个新阶段,冷静下来研究更广泛的主题。到1860年伦敦主办国际统计大会的时候,包括阿尔伯特亲王和纳索·西尼尔在内的许多学者都打算承认,统计是一种积累事实并验证事实的过程,适用于"所有可以计算和记录的现象"②。

在当时,虽然很少有人真的使用概率论,但它在各种观察和测量科学中所可能起到的核心作用,已得到了广泛承认。凯特勒一直支持这个观点,并在其1846年的《概率通信》(*Letters on Probability*)中最充分地表达了出来。1838年,法国公务员别内梅开始深入地研究数学,旨在建立一种分析各种观察结果的一般理论。③库尔诺在其1843年出版的关于概率论的著作中,从广 235 泛的统计学角度处理了各种各样的问题。他认为,无论什么时候,只要事件是由多个相互交织的因果链产生的,统计学角度都必不可少:

---

① 参见 Martin J. S. Rudwick, "Poulett Scrope on the Volcanoes of Auvergne: Lyellian Time and Political Economy", *BJHS*, 7 (1974), pp. 205-242; Martin J. S. Rudwick, "Charles Lyell's Dream of a Statistical Palaeontology", *Palaeontology*, 21 (1975), pp. 225-244。

② Lord Stanley, "Opening Address of Nassau W. Senior, ESQ., as President of Section F", *JRSS*, 23 (1860), p. 359.

③ 参见 C. C. Heyde, E. Seneta, *I. J. Bienaymé: Statistical Theory Anticipated* (New York, 1977); Irenée Jules Bienaymé, "Mémoire sur la probabilité des résultats moyens des observations", *Mémoires présentés par divers savants à l'Académie royale des sciences de l'Institut de France* (1838), pp. 513-558.

统计学(如词源所示)主要被理解为,在政治社会中,人的集合所产生事实的累积,但对我们来说,这个词将有更广泛的含义。我们所说的统计学是指"一种科学,它的目的是收集和整理各种各样的事实,以便得到在实际上与偶然的异常现象无关的、表明存在有规律的原因的数字关系,这些原因的作用又是与偶然的原因相结合的"。……为了使统计学成为名副其实的科学,它不应仅是数字和事实的汇编;它必须有自己的理论、规则和原理。现在这个理论适用于物理和自然秩序中的事实,也适用于社会和政治秩序中的事实。从这个意义上说,发生在天界的现象,就和大气的搅动、畜牧业的异常,以及在社会状态中,由于个人和群体之间的相互作用而产生的更复杂的事实一样,都可以服从于这些规则和统计调查。[1]

和凯特勒一样,库尔诺也将天体科学——这些统计科学中最先进的一个,视为他的典范。"一句话,正如观测天文学是观测科学的典范,天文学理论是科学理论的典范一样;同样地,恒星统计学(如果允许使用这种术语组合的话)也总有一天要成为所有其他统计调查的典范。"[2]

后来,在英国出现了把统计学看作一种抽象的数学研究的观点。该观点最初由 J. J. 福克斯(J. J. Fox)提出。在1860年向伦敦统计学会宣读的一篇论文中,他主张:统计学不是一门名副其实的科学,因为它"没有属于它自身的事实;如果要说它是一门科学,那么它应该属于数学的范畴。它不可估量的价值在于,它是检验其他科学的一种'方法'。它是一个'研究方法',建立在抽象科学定律的基础上,建立在概率的数学理论的基础上,建立在已经被我们恰当地称为'大数逻辑'(logic of large numbers)的基础上"[3]。然而, *236*

---

[1] A. A. Cournot, *Recherches sur les principes mathématiques de la théorie des richesses* (Paris, 1838), pp. 181–184.

[2] A. A. Cournot, *Recherches sur les principes mathématiques de la théorie des richesses* (Paris, 1838), p. 262.

[3] J. J. Fox, "On the Province of the Statistician", *JRSS*, 23 (1860), p. 331. 亦可参见威廉·盖伊的论文,载于 *JRSS*, 2 (1839), pp. 25–47; 威廉·纽马奇的论文,载于 *JRSS*, 41 (1869), pp. 359–384; 杰文斯的论文,载于 *JRSS*, 41 (1878), pp. 597–599。

无论是福克斯,还是比他成就更多的法国先贤们,都没有成功地展示出如何用误差分析或概率论的分析方法,来阐明生物学和气象学的重要问题,或者使实证经济学更加严谨。库尔诺是数理经济学的重要开创者,也是一位机敏的理论家和哲学家,但即使是他也无法超越这一藩篱,将误差分析技术实际应用于社会科学。

在拉普拉斯的时代,误差理论便取得了长足发展,并且在傅立叶和凯特勒的著作中得到了清晰的阐述。然而,在19世纪的社会统计学中,乍一看,对不确定性的概率估计却是如此罕见,这似乎令人吃惊。但这并不神秘。在当时,国势学家和统计学家几乎不约而同地怀疑抽样,并一有机会就强调全数调查的重要性。依赖一项不完整的调查,就等于依赖猜测——统计学家将这种做法与不可靠的政治算术联系在一起;而且在官方统计资料的大规模扩张之后,他们也不再必然要使用不完整的调查数据了。直到1901年,拉迪斯劳斯·冯·鲍特凯维兹(Ladislaus von Bortkiewicz)才准确地指出,社会统计学很少有对推断计算准确性的研究,"因为在19世纪,对社会现象的详尽的大规模观察取得了决定性的进步,这使得统计学家们逐渐远离了……这些推断计算"[1]。

统计学家对样本推断的怀疑并非完全没有道理,因为在缺乏关于整体人口的可靠信息的情况下,很难知道某一特定样本是否具有充分的代表性。然而,即使在这一障碍已被基本消除之后,抽样仍然在社会统计学中遭到普遍反对。1895年,挪威人 A. N. 基埃尔(A. N. Kiaer)在国际统计学会
237 (International Statistical Institute)会议上,第一次严肃地建议,要把代表性抽

---

[1] Ladislaus von Bortkiewicz, "Anwendungen der Wahrscheinlichkeitsrechnung auf Statistik", *Encyclopädie der mathematischen Wissenschaften* (Leipzig, 1900-1904), pp. 821-851. Alexandre Moreau de Jonnès, *Eléments de statistique* (2nd ed., Paris, 1856), p. 45, 在该文等文章中,可发现对准确性是统计学的决定性属性的强调,参见 Joseph Garnier, "Statistique", Ch. Coequelin, Guillaumin, *Dictionnaire de l'économie politique* (2 vols., Paris, 1853), vol. 2, pp. 653-662, 该文强调了实事求是的统计学和基于臆测的政治算术之间的明显差异。

样法纳入社会统计学的领域,但该提议并未受到欢迎。[①]那些主张使用误差分析的人,如凯特勒和威廉·莱克西斯,建议不把它用来从总体的某个子集中推断出总体的属性,而是用来从一次完整的普遍调查中推断出潜在原因的存在。而且即便是为了这个目的,这些学者也没有在解决他们的理论问题时,设想出能让概率检验发挥重要作用的框架,而且他们所使用的数字往往大得让标准误计算得不出什么结果。正如我们所看到的,即使是凯特勒也从来没有这样做过。

正如鲍特凯维兹所指出的,在难以或不可能获得大量数据的情况下,特别是每一项数据结果都得自实验或试验,而不是像人口普查那样容易时,误差理论的必要性便更容易得到重视了。19世纪早期,除保险业外,概率在人类科学中最值得注意的应用,出现在医学统计领域。在治疗试验结果方面,概率论有着简单而直接的应用,因为这是个标准的根据对平均值误差的估计,以判定是否可以合理推断出确定原因的问题。它所需的形式体系,与18世纪晚期拉普拉斯从人口统计调查中得到、随后由泊松改进并发展的理论直接相关。而且,这些概念与那些已广为人知的、因天文学中最小二乘法的重要性而被接受的概念完全一致。既有的观念可以顺理成章地应用于医学统计,这或许可以解释,为何在该语境中出现的创新如此之少、无足轻重。

但是从医生的角度来看,医学统计就不再那么简单了。我们说的首先不是实验设计的问题,在20世纪,双盲实验(double-blind experiment)已经对该问题进行了回答,但19世纪的统计学著作没有强调过这个问题;我们也不是要讨论,医生完全依赖统计思维是否合适这个令人为难的话题。概率在治疗中的应用,首先给医学统计学家们带来了一个严肃的算术问题。当数字达到四位数时,人们默认概率是不必要的;但是当数字不到三位数时,概率通常被认为是无效的。朱尔·加瓦雷(Jules Gavarret)——一位泊松的法国

238

---

① 关于基埃尔,以及奥尔格·迈尔、鲁吉·博迪奥对其想法的拒绝,参见 You Poh Seng, "Historical Survey of the Development of Sampling Theory and Practice", *SHSP*₂, pp. 440–457; William Kruskal, Frederick Mosteller, "Representative Sampling, IV: The History of the Concept in Statistics, 1895–1939", *International Statistical Review*, 48 (1980), pp. 169–195。

信徒,在1840年出版了最有影响力,也是最有争议的医学统计数学的著作。他的结论是,除非进行了至少200次试验,最好是300—500次试验,否则不可能做出可靠的判断。[1]加瓦雷的可靠度标准是保守的,为2个离散单位(等于我们标准差的2.83倍,产生的概率为0.995)。但如果实验的概率分布彼此之间相差巨大,即使是这样的可靠度标准,也可以不经过数百次试验就得到满足。尽管如此,他的著作还是激励了数值方法的支持者们,去寻找一个更可行的标准,来评估他们的统计结果。雅克·雷热-德洛姆(Jacques Raige-Delorme)猜测说,对数学概率的严格遵循,会让统计学对医学毫无用处,并建议在数学分析之外,用医生的直觉作为补充。他认为,医学试验所提供的信息,要比在盒子中抽签更多,因为医生可以观察到治疗的快慢、病程的进展以及疾病的最终结果。1877年,卡尔·利贝迈斯特(Carl Liebermeister)提出了一种新的统计检验方法,它似乎比加瓦雷的方法更有效,因为他选择用高度离散的概率进行比较来说明它。[2]在很大程度上,数值方法刺激了统计技术的改进,但几乎没有取得任何成果。

在19世纪后期的新实验心理学中,概率也被越来越多地用于测量不确定性。新实验心理学是由莱比锡大学教授古斯塔夫·特奥多尔·费希纳(Gustav Theodor Fechner)提出的。费希纳是心理物理学的创始人,信奉唯能一元论。他认为,对一个给定刺激的感知力,与刺激的绝对大小成反比,这在"身体和灵魂的交互的领域"的重要性,不亚于牛顿的万有引力定律对物理学的重要性。费希纳定律不仅可以追溯到恩斯特·海因里希·韦伯(Ernst Heinrich Weber),后者后来将该定律引入心理学;还可以追溯到卡尔·奥古斯特·施泰因海尔(Karl August Steinheil)和诺曼·波格森(Norman Pogson)对恒星等级的分类、赫尔巴特(Herbart)和德洛比施关于音程感知的

*239*

---

[1] Jules Gavarret, *Principes généraux de statistique médicale, ou développement des règles qui doivent presider son employ* (Paris, 1840).

[2] Jacques Raige-Delome, "Statistique médicale", *Dictionnaire de médecine, ou repertoire general des sciences médicales* (30 vols., 2nd ed., Paris, 1844). vol. 28, pp. 549-559; C. Liebermeister, "Über Wahrscheinlichkeitsrechnung in Anwendung auf therapeutische Statistik", Richard Volkmann, *Sammlung klinischer Vorträge*, 110 (Leipzig, 1877), pp. 935-962. 关于19世纪医学统计的数学方法,参见 O. B. Sheynin, "On the History of Medical Statistics", *Archive*, 26 (1982), pp. 241-280。

研究、丹尼尔·伯努利的道德期望定律——这些理论是他可靠的理论渊源。[1]正如他的崇拜者弗朗西斯·高尔顿所指出的那样,费希纳并没有把自己的反比定律和误差定律结合起来[2],但他仍然是误差分析熟练而又热忱的使用者。在他的《心理物理学纲要》中,费希纳指出,对于建立在大数定律上的概率方法,"没有比普罗透斯(Proteus)[1]更与之相像的了:面对问题时,普罗透斯不是直接地、情愿地回答,而是似乎通过他所具有的不断变化的形式,来回避每一个答案;我们只要不被它吓到,在同一个点上牢牢抓住它,就能逼问出可靠的答案来"[3]。

正如众多为统计数学做出贡献的人一样,费希纳的职业背景也是多样的,他分析"群体现象"的方法主要来自天文学。分析刺激和内在感觉之间的关系,需要大量的测量,没有天文学方法是很难处理的。在威廉·冯特实验室中,新一代量化实验心理学家经常使用误差理论,这主要是费希纳的功劳。他不只是简单地模仿了天文学家。他还使用被库尔诺最初称为"中位数"的东西来替代平均值,因为在费希纳看来,要想证明平均值所带来的略微提高的准确性,需要付出太多额外劳动。他还进行了一个旨在使各种误差最小化的,更一般的数学研究,即得到最小和、最小二乘、最小立方等数值的方法。在他去世 20 年后,他的最后一本著作由 G. F. 利普斯(G. F. Lipps)编辑出版,书名为《集体研究》(*Kollectivmasslehre*),即关于"集体对象" *240* 及其分析方法的研究。正如迈克尔·海德堡最近指出的那样,费希纳可能也是最早的科学非决定论者,尽管我们仍然不知道,他是从什么时候开始将概

① G. T. Fechner, *Elemente der Psychophysik* (2 vols., 2nd ed., Leipzig, 1907), vol. 1, p. 64, 67.

② 参见 Galton, Donald MacAlister, "The Geometric Mean in Vital and Social Statistics", *PRSL*, 29 (1897), pp. 365-376, 以及高尔顿致一位赫兹夫人(Mrs. Hertz)和 G. G. 斯托克斯 (G. G. Stokes)的信,出自 *Galton*, vol. 3B, p. 464, 468。

③ Gustav Theodor Fechner, *Elemente der Psychophysik* (2 vols., 2nd ed., Leipzig, 1907), vol. 1, p. 78, pp. 120-129.

率论与非决定论相等同的。[1]

德国的学院派统计学家们非常关心的是，如何制定出一些方法和理论，来确立他们的学科作为一项庄严学术事业的价值。在19世纪60年代，其中一些人为此开始了对真正的数理统计学的追求。包括克纳普和物理学家、统计学家古斯塔夫·安东·措伊纳（Gustav Anton Zeuner）在内的一些学者认为，"数理统计学"所研究的是，不直接依赖于概率的演绎式人口模型。长期以来，这种工作一直与保险研究联系在一起，并最终构成了阿希尔·吉亚尔（Achille Guillard）在1855年命名的"人口统计学"（demography）的重要组成部分，尽管当时该学科几乎无法与统计学区别开来。[2]在19世纪的最后1/3，误差理论和概率模型在社会统计学中的应用，也在德国不断取得进展。在这些数理统计学家中，最成功、最具影响力的是经济学家、统计学家威廉·莱克西斯。

### 莱克西斯的离散指数

除凯特勒对误差定律无心插柳的重新解释以外，统计社会科学对统计
241 数学最为重要的具体贡献，是一种评估统计序列稳定性的方法。不可避免地，这项工作的语境包括社会、意识形态以及数学。这些方法的本意，或许并不一定是回应巴克尔对社会定律与统计定律的大力倡导，但事实上这些

---

[1] Fechner, "Überdie Bestimmung des wahrscheinlichen Fehlers eines Beobachtungsmittels durch die Summe der einfachen Abweichungen", J. C. Poggendorff, *Annalen der Physik und Chemie, Jubelband* (Paris, 1874), pp. 66–81; Fechner, "Über den Ausgangswerth der kleinsten Abweichungssumme, dessen Bestimmung, Verwendung und Verallgemeinerung", *Abhandlungen der mathematisch-physischen Classe der königlich sächsischen Gesellschaft der Wissenschaften*, 11 (1878), pp. 1–76. 此前，拉普拉斯在 *Théorie analytique des probabilitiés* (2nd ed., Paris, 1820) 附录中讨论了使用中位数代替平均值的问题。关于费希纳的非决定论，参见 Michael Heidelberger, "Fechner's Indeterminism: From Freedom to Laws of Chance", *Prob Rev*。

[2] 参见 Gustav Anton Zeuner, *Abhandlungen der mathematischen Statistik* (Leipzig, 1869); Gustav Anton Zeuner, "Zur mathematischen Statistik", *Zeitschrift des k. sächsischen statistischen Bureaus*, 31 (1885), pp. 1–13。"人口统计学"这个词的提出参见 Achille Guillard, *Eléments de statistique humaine ou démographie comparée* (Paris, 1855)。统计学作为方法和人口统计学作为科学之间的区别参见 Maurice Block, *Traité theorique et pratique de statistique* (Paris, 1878), pp. 85–86。恩斯特·恩格尔以类似的意图提出了"人口学"（demology）一词。

方法确实成了对巴克尔的回应。对统计序列离散度的测量,正如麦克斯韦发现热力学第二定律的不确定性一样,是对统计决定论的批判,也是对人类意志自主性的捍卫。

1859年,罗伯特·坎贝尔在《哲学杂志》上,发表了一篇关于统计规律性的数理意义的研究文章。这位坎贝尔是为麦克斯韦作传的那位作家的兄弟,他本人也是麦克斯韦的密友,他俩曾是爱丁堡学院(Edinburgh Academy)的同学。还在爱丁堡时,麦克斯韦在一封信中提及,"R. C.""写了一篇关于概率的论文里面有非常宏大的命题;所有的东西都是原创的,但我猜,还没有人读过"[1]。坎贝尔1859年的论文,和麦克斯韦的第一篇分子运动论论文,是在同一场科学促进会会议上宣读的,后来也被统计数学家们忽视了,并只有在莱克西斯等人更为充分地提出了类似观点之后,才被重新发现。但它仍然是一份原创性的、具有启迪作用的文件。

坎贝尔称,他的目的是查明,在巴克尔如此夸张地引用的犯罪表中,是否有什么"不寻常"的地方。他解释说,巴克尔"从(统计)一致性事实中得出某些道德结论,即存在某些道德定律,社会中一定数量的一部分人,总是根据这些定律被迫从事这种(犯罪)行为"。他认为,巴克尔结论的有效性取决于这样一种假设:所发现的规律性,大于在假设相关个体的行为是自由和独立的情况下,产生如此规律性的合理预期。为了验证这一假设,他构想了一个从盒中抽签的情况,并据此推导出一个组合公式,根据统计数据所显示的罪犯在人口中的比例,来设定黑白球的比例。他的结论是,在巴克尔的表格中"所发现的一致性"甚至比"从对于个人来说是纯粹偶然的事件中,可以预期到的一致性还要少"。巴克尔这位激进的实证主义历史学家,充其量只是提出了一个"形而上学问题,与任何实际情况都没有关系",他反对自由意志的统计学论证毫无价值。[2]

威廉·莱克西斯也打算通过对统计序列稳定性的分析,来纠正对统计定

---

[1] Maxwell, "Inaugural Lecture at Aberdeen, 2 Nov. 1856", *Notes and Records of the Royal Society of London*, 28 (1973), pp. 127–128.

[2] Robert Campbell, "On a Test for Ascertaining Whether an Observed Degree of Uniformity, or the Reverse, in Tables of Statistics Is to Be Looked upon as Remarkable", *Phil Mag*, 18 (1859), pp. 359–368.

律的过度信仰,但后来,他将其视为一种数值社会科学研究的基础。在德国学院派统计学界,他的声望如日中天,因而能够吸引到其他有能力、有意愿从事该研究的人,而坎贝尔就不行。然而,莱克西斯在大学里接受的训练并非统计学;他在波恩大学(University of Bonn)的学位论文(1859)是关于分析力学的,而在接下来的一年左右,他又去了海德堡,在本生(Bunsen)的化学实验室做研究。他与统计学的接触可能是在波恩。1857—1858年,哲学家弗里德里希·阿尔贝特·朗格(Friedrich Albert Lange)在那里曾发表过关于社会统计学的演讲。1858年,物理学家古斯塔夫·拉迪克(Gustav Radicke)发表了一种相当原始的概率检验方法,通过这种方法,医生可以判断,观察到的平均值差异是否足以确定治疗真正地起到了效果。该研究引起了一些争议,但朗格在他1866年出版的影响深远的《唯物论史》(*Geschichte des Materialismus*)中,对此进行了讨论并表示赞同。[1]无论如何,在1861年,莱克西斯真正地接触到了社会科学。当时他在巴黎学习经济学。他的第一本专著出版于1871年,是对法国大革命以来的贸易政策的研究。

从一开始,莱克西斯就表现出对抽象理论的怀疑,这标志着他转向了历史经济学派。尽管他对演绎方法的批评,不如他的许多同辈那样尖锐,但他比德国以外的任何知名经济学家,都更重视经验性研究。莱克西斯认为,效用是一个不精确的概念,因此,新近的边际主义进路不太可能有助于理解实际的经济运转过程。他承认,经济学推理的出发点,即个人只追求自身利益这一片面假设,是有用处的;但他坚持认为,推论必须与经验事实进行核对,并根据需要进行修正。他并没有从社会科学的角度排斥数学;相反,他是数学的拥护者,他对卡尔·门格(Carl Menger)和奥地利边际主义者的批评,部

---

① 当时的争论是,有人认为唯物主义者放弃了概率论,转而支持"事实的逻辑"(logic of facts),参见 Friedrich Albert Lange, *Geschichte des Materialismus und Kritik seiner Bedeutung in der Gegenwart* (2 vols., Iserlohn, 1866), vol. 2, pp. 354-357, 474-481。哲学家弗里德里希·于贝韦格(Friedrich Ueberweg)也对这场争论有所评论,见 Friedrich Ueberweg, "Ueber die sogenannte 'Logik der Tatsachen' in naturwissenschaftlicher und besonders in pharmakodynamischer Forschung", *Archiv für pathologische Anatomie und Physiologie und für klinische Medizin*, 16 (1859), pp. 400-407。亦可参见 William Coleman, "Experimental Physiology and Statistical Inference: The Therapeutic Trial in Nineteenth Century Germany", *Prob Rev*。

分针对的是他们对精确推理的忽视。[①]

考虑到莱克西斯的认识论取向,他对社会政治联盟的赞同也就不足为奇了。在该组织中,他并没有担任领导角色,但他大体上认同其中较为接近自由派的成员,如布伦塔诺和施莫勒。莱克西斯坚定地赞同工人自发地组织起来,以捍卫他们的利益,并让他们在现有的制度中占有一席之地。1879年,他在社会政治联盟的赞助下,出版了关于法国工会和雇主协会的研究著作,认为工人的团结可以和雇主的利己主义一样强大,特别是,后者往往会破坏商人协定的稳定性。对于那些以抽象推论——工资铁律为依据,否认有效劳动合作的可能性的死板的经济学家,莱克西斯不以为然,认为他们对这些"所谓的经济学'自然定律'的盲目自信,并不比空想社会主义者的异想天开好到哪里去"[②]。

莱克西斯对经验论以及数学的执着,使他转向了统计学。和克纳普一样,他并不满足于仅仅由各种事实混杂而成的统计数据。他希望解除统计学的身份危机,并通过将高等数学注入统计学中,以赋予它一门真正的学术学科的尊严。莱克西斯很欣赏克纳普的人口数学模型,并且参与了这项工作,但他的主要兴趣在于,使用数学概率来分析经验性的统计数据。1875年,他出版了一部写于斯特拉斯堡大学(University of Strasbourg)的人口统计理论著作。这部著作体现了他将概率误差分析应用于实际社会数据的努力,这还是自拉普拉斯(或至少是泊松)时代以来的首次。莱克西斯所使用的数学方法来自泊松。对于这种方法,他与拉普拉斯观点相似。莱克西斯使用组合数学结果 $3\sqrt{2pq/L}$ 来表示随机偏差的极限,其中 $L$ 是案例总数,$p/L$ 是正面结果的概率,$q/L$ 是互补的负面结果的概率,数字 3 是他的可靠度标准,对应 4.24 个标准差,真实值在指定范围内的概率为 0.999978。莱克西斯的组合数学结果可用来说明,例如,20 岁男女的死亡概率,与 10 年后同样年

*244*

---

[①] 参见 Klaus-Peter Heiss, "Lexis, Wilhelm", W. H. Kruskal, J. M. Tanur, *Encyclopedia of Statistics* (2 vols., New York, 1978), vol. 1, pp. 507–512。莱克西斯对经济学中抽象演绎的怀疑可参见 Wilhelm Lexis, "Zur mathematisch-ökononmischen Literatur", *Jbb*, 3 (1881), pp. 427–434 和 Wilhelm Lexis, "Zur Kritik der Rodbertus' schen Theorien", *Jbb*, 9 (1884), pp. 462–463。

[②] Lexis, *Gewerkvereine und Unternehmerverbände in Frankreich: Ein Beitrag zur Kenntnis der socialen Bewegung* (Leipzig, 1879), p. 7.

龄的男性和女性的死亡概率,没有明显差异,但在 1834—1835 年至 1845—1846 年这 12 年间出生的巴伐利亚年轻男性 20 岁的死亡概率,与相同条件下年轻女性的死亡概率,则显著不同。

从表面上看,这并不是一个特别令人激动的结果,但是莱克西斯的研究,不仅仅在炫耀他那远远超过他的法国前辈的数学能力,还包含着他对研究对象更为严肃的关切。莱克西斯对处理异质性材料的问题十分警惕,并非常重视吕梅林所讨论的"群体现象"的研究方法。他论证了最小二乘法的应用需要假定存在着一个不变的、潜在的值,而且观察到的度量值与之近似。他据此认为,他的证明,即年轻的巴伐利亚男子和女子的死亡概率在不同时间段内是相当恒定的,是他根据整个时期的两个平均值,对男子和女子进行比较的先决条件。他坚持说,单纯的数据集合的规律性并不等于自然定律,群体必须被拆开,这样才能查明原因。对他而言,人口不是一个无差别的整体,而是一个复杂的群组系统,每个群组都以不同的死亡概率、自杀概率等为特征。从这一点出发,他说:

> 社会-生理统计学的任务从而可以概括为:它应尽可能地分别描述其基本组成群组,并通过概率关系,描绘出决定群组发生变化的机会系统(*Chancensysteme*);它应该进一步研究,机会系统的多样性,在多大程度上源于相互区别的基本群组的特征的多样性;最后应确定,随着时间的推移,各个机会系统是保持近似恒定的,还是以一定的方式变化的。[1]

第二年,莱克西斯将他的注意力转向了对群组内部变异的分析。这并非没有先例。在 19 世纪 60 年代,汉诺威人寿保险公司的一位精算师特奥多尔·维特斯坦(Theodor Wittstein),就这个问题写了大量的文章,而莱克西斯

245

---

[1] Lexis, *Einleitung in die Theorie der Bevölkerungstatistik* (Strasbourg, 1875), p. 121. 亦可参见 Lexis, "Zur mathematischen Statistik", *Jbb*, 25 (1875), pp. 158-163. 类似莱克西斯在 *Einleitung* 中展示的概率检验方法也可以在这位奥地利公务员的著作中找到:Joseph Hain, *Handbuch der Statistik des Österreichischen Kaiserstaates* (2 vols., Vienna, 1852-1853), vol. 1, pp. 8-98.

对此十分清楚。维特斯坦在 1863 年创造了"数理统计"（mathematical statistics）一词，意思是把作为社会科学的统计学，提升到一个更高的数学理论层次。他希望让统计学成为一门名副其实的科学学科，但采取的还是老一套办法——通过发现真正的定律，让统计学从开普勒式科学发展到牛顿式科学。为此，他用泊松的组合公式，进行了一项对特定人口死亡率预期波动的研究。他认为，这样做既能得出关于自然的伟大真理，也对保险公司具有实践意义。保险机构需要对这些波动的幅度有一定的了解，才能计算出它们应该保留的准备金。[1]

当然，坎贝尔已经证明了这些组合数学公式并不适用。1874 年，《法国精算杂志》（*Journal des Actuaires Français*）的一位作者也提出了同样的观点，同时先于莱克西斯给出了许多分析。在埃米尔·多莫伊看来，统计序列的变异，可以与组合教学结果所预测的变异进行比较，从而确定所讨论的事件实际上是不是相互独立的。为此，多莫伊使用两个数的比值，作为统计时间序列的平均误差。分子是他从这个系列的实际数字中计算出来的，使用的是现在被称为均值标准误（standard error of the mean）的公式，这个公式是拉普拉斯给出的，并由傅立叶进一步简化。分母则使用泊松的组合表达式来计算，这与 1875 年莱克西斯用来求变差极限（limits of variation）的是同一个公式。如果所研究的事件是真正独立的，那么经验所得的值，应该近似等于推论值，此时这个比率应该接近 1。如果该比率以相当大的程度大于或小于 1，那就说明这两个事件确实在相互作用——在大于的情况下是正相关，在小于的情况下是负相关。在使用不同的统计量计算了离散系数后，多莫伊发现，只有男孩和女孩的出生比率，可以解释为在统计上相互独立事件的结果。非婚生育的比率、死亡率和年降雨量都与它们的平均值相差太大，系数远大于 1，这说明这些测量值的每次偏差都不是独立的，而是由"一般原因"[2]造成的。

对于这些发现与支持决定论的统计学观点之间的关系，多莫伊只字未

246

---

[1] Th. Wittstein, "Zur Bevölkerungs-Statistik", *Zeitschrift des königl. preussischen statistischen Bureaus*, 2 (1863), pp. 12–16.

[2] Emile Dormoy, *Théorie mathématique des assurances sur la vie* (2 vols., Paris, 1878), vol. 1, pp. 1–47. 我并未见到过他所声称的 1874 年《法国精算杂志》中那篇文章的重印版。

提。也许他也没怎么想到这个问题,因为它在法国早已失去了吸引力。然而,在德国,关于统计规律性在哲学和道德上的含义,争论仍然很激烈,因此这个问题不容忽视。奇怪的是,在1875年以前的德国,几乎没有人挑战这种类似定律的规律性的神话,即使那些相较于统计学一致性,更青睐系统性变异的统计定律批评者也是如此。人们总是理所当然地认为,统计表的确揭示出一种显著的规律性。[①]然而,终于在1876年,也就是莱克西斯首次发表离散指数的同一年,哥廷根哲学家爱德华·雷尼希(Eduard Rehnisch)发表了一篇长文,尖锐地批评了凯特勒、巴克尔以及他们对统计规律性的吹捧。这篇文章旨在为自由意志和统计学之间的争论画上句号,而至少在1877年,莱克西斯就已读过它了。按照雷尼希的说法,把社会数值统计资料当作哲学必然性的证据,是十分荒唐的,这种方法只能被解释为(用通常的历史主义的话说)法国启蒙运动的影响,以及19世纪60年代的唯物主义时代精神的反映。

*247*　　雷尼希试图证明,统计序列的规律性实际上被严重夸大了,所以用统计学来支持决定论观点十分荒谬。他指出,凯特勒所谓"犯罪预算",在相邻的年份中显示出3%、21%和30%的差异,而谋杀案的统计数据,则显示出254%—323%的差异。法国1826—1844年谋杀案的统计表可以确凿无疑地证明,那种通常所谓令人震惊的统计规律性的基础,只不过是一种肤浅的印象。凯特勒在他1848年的一篇关于道德统计学的论文中,第一次给出了这张统计表,同时他还得意扬扬地说,15年前他预言这些数字将始终不变,而这已被完全确证。但雷尼希指出,事实上,这些数字的范围,从1831年的363,到1844年的163,有着程度不等的变化,而且该时期末的各种凶杀案数量,都比刚开始那些年低。不过这实际上也是有原因的:1833年,法国修改了法律,将45%的谋杀案列入了一个新类别,如果把它们重新列入表中,规律性将会显著提高。但是雷尼希写道:"这位有着洞察力的'新牛顿',正幻想着自己已经走在了'定律'的康庄大道上,并认为有了这些定律,人们就可以成功把握世上道德和政治科学(*sciences morales et politiques*)的现象,就像

---

[①] 我所见到的唯一例外是L. N. Leopold Neumann, "Zur Moralstatistik", *Preussische Jahrbücher*, 27 (1871), pp. 223–247。

有重量的物质世界由万有引力定律统治一样。……这些数字……一点也没有让他感到惊奇。"[1]

　　同样,对统计定律问题及其对自由意志和文化特殊性的影响,莱克西斯较为关注。1874年至1876年,他曾在多帕特任教,而在就职演讲中,他选择的是"自然科学与社会科学"这一主题。但在一本经济学教材中,他仍然觉得有必要详细讨论将自然定律应用于社会的反对意见。该书于1913年再版,也就是在他去世的前一年。莱克西斯比吕梅林还要更明确地强调,定律无法得出统计学,因为它必须同时适用于个人和群体,而且统计方法是被统计规律的局限性,即概率性陈述所定义的。他进一步认为,统计学是"社会科学的自然科学基础"(这隐约预示着后来由威廉·狄尔泰(Wilhelm Dilthey)所详细阐述的一种区别);因此,不像物理学能从现象下得出力一样,统计学无法深入社会行为的真正根本原因,即"动力"。[2]在物理科学中,现象性的知识足以得出真正的定律,但在社会科学中,它却仅限于经验性的规律。要想触及社会科学真正的因果性根基,在使用自然科学方法时,必须辅以对我们自身意识的"无中介的理解"(unmediated comprehension),才能"洞察外部现象的内在因果联系"[3]。其中一种直觉,是理论经济学中隐含的自利心理假设。这个假设虽然有些片面,但至少是因果性的。在任何情况下,"(伦理)现象中的数值规律性不占主导作用,而是受到了人类社会的道德构成的制约"[4]。

　　莱克西斯研究了独立事件组合模型所预测的平均值偏差与实际统计序列所揭示的平均值偏差之间的关系。他的首次研究涉及的是,社会定量研究中最古老的课题——出生比率。他进行这些分析的目的,不仅仅是拆穿凯特勒学派的夸张结论,因为他的研究结果完全是实证的。通过泊松的平

248

---

① Eduard Rehnisch, "Zur Orientierung über die Untersuchungen und Ergebnisse der Moralstatistik", *Zeitschrift für Philosophie und philosophische Kritik*, 68 (1876), pp. 213–264.

② Lexis, "Naturwissenschaft und Sozialwissenschaft", *ATBM*, pp. 233–251. 亦可参见 J. Conrad et al., "Gesetz (im gesellschaftlichen und statistischen Sinne)", *Handwörterbuch der Staatswissenschaften* (7 vols., 2nd ed., Jena, 1898–1901), vol. 4, pp. 234–240.

③ Lexis, "Naturwissenschaft und Sozialwissenschaft", *ATBM*, pp. 242–243.

④ Lexis, "Naturwissenschaft und Sozialwissenschaft", *ATBM*, pp. 250–251.

均值组合误差，或者他所说的"统计"误差公式，以及所观察到的"物理"离散的标准表达式，莱克西斯比较了普鲁士各地区和英格兰各郡的出生比率，并证实了观察到的偏差与预测值是非常接近的。他还分别将34个普鲁士地区相较平均比率（1.065）的偏差，和1868—1869年的24个月中每个月相较平均比率的偏差，在按照幅度分类后，把它们放在误差曲线的相应区域上。而该误差曲线的宽度，或平均误差，可以从组合数学中预测出来。它们的吻合性又一次十分令人满意。他总结说，男性出生的经验性概率，可以被看作"能被某种标准值随机修正"的特殊统计量。[1]

249　　莱克西斯谨慎地指出，抽签盒模型与这些统计比率之间的匹配性，意味着没有控制着个别事件的稳定力量，它们是完全相互独立的。因此，统计规律性虽然与组合公式的预测相符，但这种结果的出现，绝不与意志的完全自由相违背。然而，即使是这种程度的规律性，在统计学中也绝不是普遍的。1877年，莱克西斯指出，自杀率的稳定性，这个长期以来被视为定律渗透到了人类最隐秘的决策领域的惊人证据，并不足以为组合模型的应用正名。他调查了大量关于这个问题的19世纪末的研究结果，然后发现，在道德统计数据中，唯一显示出完全独立的稳定性特征的，是哈拉尔德·韦斯特加德所研究的，从1861年到1886年丹麦的自杀人数。所有其他的研究都显示出更加显著的变化，因此更不可能被解释为严格的统计定律的必然结果。[2]

　　1879年，可能是在看到多莫伊的相同公式之后，莱克西斯提出了离散指数。离散指数为他的观点提供了融贯的数理框架。莱克西斯定义了一个数值 $Q$，它是实际的或"物理的"离散度 $R$ 和组合公式预测的离散度 $r$ 的比值。他提出，$Q$ 的值使人能够区分出3种统计类型。当 $Q=1$ 时，组合模型的和物理的离散度至少是近似相等的，这意味着，抽签盒的二项模型或多或少可以适用。在道德和人口统计中，$Q$ 的值明显大于1的情况几乎普遍存在，这意

----

[1] Lexis, "Das Geschlechtsverhältnis der Geborenen und die Wahrscheinlichkeitsrechnung", *ATBM*, pp. 130-169. 在其1903年的重印版中，莱克西斯加入了一个脚注，承认了多莫伊的学术优先权。这里的"typical"（译者注：文中译为"类型的"）一词不是指"普通的"，而是指"符合潜在类型的"。

[2] Lexis, *Zur Theorie der Massenerscheinungen in der menschlichen Gesellschaft* (Freiburg, 1877), p. 19, 87.

味着有相当大的子群组的概率，甚至整个群体的概率，会随着时间的推移而波动——这种变化可能是不规则的，也可能是渐进的。而第三种情况，$Q$ 小于1，会支持凯特勒、巴克尔、瓦格纳所提出的机械决定论，或者是厄廷根所强调的神秘的统一性，因为它暗示了某种无意识力量的存在，驱使着个体去实现与集合整体相关的某个数字比例。由于没有任何序列揭示出如此完美的、定律般的规律性，那么莱克西斯就认为，这种"次正态"（subnormal）的离散特征，即序列中的元素在某种程度上结合在一起的情况，在统计学上是不存在的。①

尽管莱克西斯批评凯特勒的"统计定律"观点，但就凯特勒对误差定律适用范围的扩展而言，他仍饶有兴味。他曾批评凯特勒未能将这一曲线应用到人体测量学之外——当然，这种说法是错误的。在1875年的《使用相互比较法的统计学》（"Statistics by Intercomparison"）一文中，高尔顿给出了一种更为广泛的解释，而这种解释在莱克西斯看来很有用处。在文中高尔顿指出，在按照等级排序，而不是单独测量之后，就可以利用曲线来确定一个群组的均值和分布。莱克西斯在文章中引用了这种方法。和高尔顿一样，他认为这种方法在人种学（ethnography）方面成效斐然，可以通过对"中间人"（Mittelmann）的识别，描绘出种族类型（Stammestypus）。莱克西斯同样希望，这条曲线可以像高尔顿所认为的那样，得出一种"平均类型"，来体现学龄儿童平均才能的发展情况。②

*250*

19世纪最后25年，与误差定律相关的分析方法，开始在德国人体测量学界有了越来越多的使用者。其中，莱克西斯关于离散度以及人体属性分布的著作很有影响。路德维希·斯蒂达（Ludwig Stieda）——一位多帕特的解剖学教授，曾与厄廷根一起向学生讲授人体测量数据的分类，以及如何使用误

---

① Lexis, "Ueber die Theorie der Stabilität statistischer Reihen", *ATBM*, pp. 170–212. 亦可参见 Lexis, "Moralstatistik", *Handwörterbuch*, vol. 5, pp. 865–871。关于机械论和神秘主义的统计学概念，见 Lexis, *Zur Theorie der Massenerscheinungen in der menschlichen Gesellschaft* (Freiburg, 1877), p. 11。

② Lexis, *Zur Theorie der Massenerscheinungen in der menschlichen Gesellschaft* (Freiburg, 1877), pp. 38–40. 亦可参见其文章："Die typischen Grössen und das Fehlergesetz", *ATBM*, pp. 101–129。

差曲线来识别、区分种族类型。[①]莱克西斯本人则将误差曲线应用于死亡年龄的分布上——表面上是为了画出欧洲各国两性的死亡率曲线，但实际上是为了证明误差曲线的普遍性。他想要查明，存在着一个对每个人都适用的标准死亡年龄（normal age of death）。但在这一过程中，他却发现实际上似乎有偏差在意外地产生。他认为，实际死亡曲线具有明显的不对称性，这是早夭造成的，因此首先要将这种情况减去。婴儿的死亡似乎容易解释；它简单直接地反映出人类体质的缺陷。而他所谓另一种早夭，则发生在青春期直到大约 60 岁。他认为，这可能是由于非正常条件或外部影响，而不是"人的自然结构"。但让人为难的是，在这些死亡情况与误差定律所表示的标准死亡率重叠之后，只有以一个渐次递减的比例将 40—60 岁之间的死亡情况归于异常，才能符合误差曲线。莱克西斯正是这样做的。60 岁以上的实际死亡率曲线十分符合根据标准寿命（比利时男子为 67 岁，挪威和瑞典妇女为 75 岁，可能误差为 6 或 7 岁）所做的理论预测。然而，只有在挪威，在标准寿命那年死亡的人群占总人口的一半以上。[②]

那么对于莱克西斯而言，正如高尔顿和凯特勒一样，误差函数起到了类定义的作用。而在他看来，任何其他概率分布都是无法解释的。他坚持认为，相较于使用更高的精度拟合不对称曲线，使用近似的精度将真实数据拟合为对称曲线要有用得多。这种强烈的偏好限制了他乐意使用概率进行分析的对象。除评估观察到的相关平均值之间差异的显著性外，他想不到概率在分析数值数据方面还有什么用处。他坚持说，只有在所讨论的平均值是"真实平均值"的情况下，这类测试才有意义。也就是说，潜在的值必须是稳定的，或者在一个稳定的平均值附近波动，这样每一次测量都是对某个实在的近似。如果偏差分布符合误差定律，就最能说明存在着这种平均值。只有这样，一个序列才能被认为是"类型的"；也只有这样，误差分析才能被

---

[①] 参见 Ludwig Stieda, "Ueber die Anwendung der Wahrscheinlichkeitsrechnung in der anthropologischen Statistik", *Archiv für Anthropologie*, 14 (1883), pp. 167-182。斯蒂达引用了雨果·维特（Hugo Witt）、马克斯·施特劳赫（Max Strauch）以及 A. V. 施伦克（A. V. Schrenck）在 1879—1881 年间的论文。

[②] Lexis, Lexis, *Zur Theorie der Massenerscheinungen in der menschlichen Gesellschaft* (Freiburg, 1877), pp. 41-64.

合理地使用。①组合数学所适用的这类现象,即那些离散指数等于1的现象,反过来构成了这些"类型的"序列的子集。

根据莱克西斯的分类,还有三种统计序列类型是概率所无法应用的。第一种是"波动"(undulatory)序列,或者说其波动是无规则的、不符合误差分布的序列;另外两种是"周期"(periodic)序列,以及"进化"(evolutionary)或曰"历史"(historical)序列。莱克西斯相信,在统计学中,在人类生活的物理世界中,符合类型的序列占据压倒性优势,而在道德统计学中,进化才是常则。②他进一步相信,就道德行为而言,人类社会在本质上是多样化的,或异质的。因此,即使在一个确定的时间,也无法为任何特定个体结婚或犯罪的概率赋值。他认为,在大多数统计序列中,出现比"标准"更大的离散是因为,社会中的事件实际上不是从同一个抽签盒中抽取的,而是从大量内容各异的抽签盒中抽取的,而且所有这些抽签盒都服从于独立的波动,或以不同的速度演化。③

这种内在多样性完全符合统计学——这门专门用来处理"群体现象"的科学的本质,但对于概率论数学的适用范围,它带来了难以逾越的障碍。莱克西斯同意吕梅林的观点,即计数和表格可以应用到任何科学领域,但莱克西斯认为,只有在对相关现象没有统一解释的情况下,它们才能成为一门独立的科学的根基。对于那些性质基本一致的现象,统计学可以作为一种辅助性科学,来检验它们定律的精确性,比如对经济学原理的检验。但无论如何,它是研究人类伦理生活所产生的"群体现象"的唯一可能手段,而"群体性现象由单个案例组成,它们的相似性只能从其结果的相似性中找到"④。这里没有所谓不变的原因,因此没有潜在的真值,也没有应用组合概率或最

251 (252)

① Lexis, *Zur Theorie der Massenerscheinungen in der menschlichen Gesellschaft* (Freiburg, 1877), pp. 23–24, 32–34. 亦可参见 Lexis, "Naturgesetzlichkeit und statistische Wahrscheinlichkeit", *ATBM*, pp. 213–232, 此文简要地说明了概率论在统计方面的有限作用。

② Lexis, *Zur Theorie der Massenerscheinungen in der menschlichen Gesellschaft* (Freiburg, 1877), pp. 90–92.

③ Lexis, *Zur Theorie der Massenerscheinungen in der menschlichen Gesellschaft* (Freiburg, 1877), pp. 22–23.

④ Lexis, *Zur Theorie der Massenerscheinungen in der menschlichen Gesellschaft* (Freiburg, 1877), p. 4.

小二乘法的基础。

莱克西斯一贯认为:"数学概率原本属于纯粹主观的领域,后来又属于客观事实的领域。这种转变绝不是理所当然的。"[1]他认为,只要处理的是纯数学问题,主观的概率概念便完全适用,但概率体现了人类的不确定性,决不能被伪装成定律应用于自然。在他看来,使用概率关系来模拟自然或社会,需要证明观察到的频率与盒中抽签的结果表现一致,正如误差分析的应用取决于误差定律的存在。不需要绝对的一致(因为完美的精确度是不可能的),但必须是近似的。

这样看来,他着实小心谨慎、心思缜密。但是对于统计概率的任务,他界定得过于狭窄了。而且,他只愿意承认二项分布函数与误差分布函数是密切相关的。这严重限制了他作为一名数理统计学家所可能取得的成就。莱克西斯一直没有放弃的观点是,周期序列和进化序列不受概率表达公式的影响。在他1879年的一篇重要论文中,他提出,进化序列的拟合结果就是我们称之为回归方程的表达式$v=a+bt$,其中$v$是因变量,可能是每年的自杀人数,$t$是以年为单位的时间,$a$和$b$是常数,要选择"最可能的值"。他认为,只有当方程的残差不大于从一个内容物按照同一线性表达式变化的盒子中抽签的预期值时,这个方程才有效。当然,他的社会统计序列中没有一个能满足如此严格的要求,而且他也从未给出这样的分析,尽管这种分析是他所提出的问题所预设的基础。[2]

1879年,德国的统计科学严重衰落,因此当莱克西斯最重要、最具独创性的3部著作中的最后一部出版时,他的追随者寥寥无几。其中最著名的是他的学生拉迪斯劳斯·冯·鲍特凯维兹,他和莱克西斯一样关注统计序列中离散度的分析,但对概率在现实世界中的事件的应用持怀疑态度。鲍特凯维兹的著作多为抽象的统计理论,他将自己的概率论知识用于放射性衰变

---

① Lexis, "Über die Wahrscheinlichkeitsrechnung und deren Anwendung auf die Statistik", *Jbb*, 13 (1886), pp. 433–450.

② Lexis, "Ueber die Theorie der Stabilität statistischer Reihen", *ATBM*, p. 103. 意大利统计学家安东尼奥·加巴利奥(Antonio Gabaglio)也认识到了使用最小二乘法来模拟社会统计数据中随时间变化的可能,他的模型是二次方程:$y=a + bx + cx^2$,其中$a$, $b$, $c$的设置要能使残差的平方和取得最小值。参见 Antonio Gabaglio, *Storia e teoria della statistica* (Milan, 1880), pp. 422–424。

等新问题上①,但除他写的一些关于马克思的评论外,他最著名的是在1898年提出的所谓"小数定律"(law of small numbers)。通过这个定律,他试图将数学概率应用到诸如普鲁士儿童自杀率和被马踢死的普鲁士士兵数等颇 *254* 具特色的主题上。

鲍特凯维兹指出,像这样的罕见事件长期以来一直被数理统计学所忽视,因为其年复一年的波动常常相比其绝对量要大好几倍。然而鲍特凯维兹认为,正因为如此,小数目才更适合概率论。他的推理很有说服力,他预测的和观察到的变异之间的一致性确实很好,尤其就被踢死的士兵数量而言。但是,这对所有想从概率分析中了解社会进程的人来说,并不是什么令人振奋的消息——除非有人真的想知道,被踢死的士兵能揭示出什么样的社会进程。莱克西斯的统计序列无法与组合概率相统一,因为涉及误差项的潜在过程有着很大的波动。鲍特凯维兹的解决方案是提高误差项的值,对于个位数的数字,比如每年被踢死的士兵数目,这样的提高便会非常显著。尽管在群体数量足够大的时候,这些波动可能会很明显,因为每一个微小的部分都能代表一个与普鲁士自杀儿童的数量一样大的绝对值;但是在鲍特凯维兹的情况下,自然波动相比之下便会显得微不足道了。这样,鲍特凯维兹得出了在某种意义上是正确的结论:概率函数一定是所有人口统计数据和道德统计数据的基础。但他显然属于歪打正着。②

莱克西斯对统计序列稳定性的数理分析,成了欧陆统计数学传统之肇始。这个传统虽略显稀薄,但持续未断,其成员越来越多地主要对数理问题而不是社会科学感兴趣。鲍特凯维兹对罕见事件的研究已经体现出这种转变。他所参与的讨论,以及俄国数学家亚历山大·丘普罗夫(Aleksandr Chuprov)、A. A. 马尔科夫关于次正态离散的可能性的讨论,纯粹是出于数学上的旨趣,因为其基础——泊松公式,从社会科学甚至自然科学的角度来

① 参见 Ladislaus von Bortkiewicz, "Kitische Betrachtungen zur theoretischen Stistik", *Jbb*, 8 (1894), pp. 641–680; Ladislaus von Bortkiewicz, *Die radioaktive Strahlung als Gegenstand wahrscheinlichkeitstheoretischer Untersuchungen* (Berlin, 1913)。

② Bortkewisch (Bortkiewicz), *Das Gesetz der kleinen Zahlen* (Leipzig, 1898) p. 112.

看,几乎完全不符合现实。[1]在英国、美国和德国,莱克西斯的离散指数都广
255 为人知;直到20世纪,他对误差分析的应用仍是统计学家们的范例。在数理
统计的发展中,他最重要的影响是通过弗朗西斯·埃奇沃斯和卡尔·皮尔逊
的工作发挥出来的,这两人都比高尔顿更了解欧陆统计学的发展。也许有
些讽刺的是,正是在英国,那些被统计方法的威力所震撼的生物学家和社会
科学家,而不是数学家,发展了现代数理统计领域。

## 埃奇沃斯:数学与经济学

弗朗西斯·伊西德罗·埃奇沃斯是统计学家中的诗人。在将高等数学引
入道德和社会科学的过程中,他走向了概率论。他是一个爱尔兰地主的儿
子,并最终继承了这个潦倒家族的财产。他早年渴望成为一名古典学家,在
都柏林圣三一学院(Trinity College, Dublin)和牛津大学接受了古典学教育。
在他的专业科学著作中,时常有古希腊格言与典故的点缀,这可以看出古典
学对他的长久影响。在19世纪70年代早期,他改变了职业目标,开始研究
商法;但到1877年,当他取得法律职业资格时,他的兴趣又发生了转变。在
那一年,他出版了第一本著作《伦理学的新旧方法》(*New and Old Methods
of Ethics*),试图通过将变量计算应用于亨利·西奇威克(Henry Sidgwick)在
此前不久出版的《伦理学方法》(*Methods of Ethics*)中所提出的功利主义命
题,完善这个古老哲学分支的严谨性。正如史蒂芬·斯蒂格勒所言,这本书
指明了埃奇沃斯余生将要追求的研究方向。他开始热心地研究数学,并很
快涉及大部分数学分支和数学物理学(mathematical physics)。他希望通过
学科类比,让经济学和伦理学获得同样的严谨和优雅。[2]

埃奇沃斯的以上目标,都被明确总结在其1882年的杰作《数学心理学:

---

[1] 参见 Ladislaus von Bortkiewicz, "Anwendungen der Wahrscheinlichkeitsrechnung auf
Statistik", *Encyclopädie der mathematischen Wissenschaften* (Leipzig, 1900–1904), pp.
827–829; Kh. Ondar, *Correspondence between A. A. Markov and A. A. Chuprov on the
Theory of Probability and Mathematical Statistics*, Charles M., Margaret Stein, trans.,
(New York, 1981)。

[2] 参见 Stephen Stigler, "Francis Ysidro Edgeworth, Statistician", *JRSS*, 141 (1976), pp.
287–322; J. M. Keynes, "Francis Ysidro Edgeworth", *Essays in Biography* (New York,
1963), pp. 218–238。

数学在道德科学中的应用》(*Mathematical Psychics: An Essay on the Application of Mathematics to the Moral Sciences*)中。这本书旨在表明,不完全竞争(imperfect competition)导致了市场交易结果的不确定,于是需要说明经济仲裁所具有的科学基础,而这或许能够由功利主义计算给出:

256

> (如果)竞争领域不像流体那样连续,缺乏作为物理一致性基础的原子的多样性;如果人们发现竞争存在缺陷,不仅其定律的规律性有缺陷,甚至机会的公正性也有缺陷(骰子的投掷充满了罪恶),那么经济学将真正成为一门"差劲的科学",人们对竞争的崇敬也将不复存在。
>
> 于是对仲裁原则的普遍要求出现了。
>
> 商界的这一愿望,就好像全世界对和平条约的一声叹息。……
>
> 所有被造物都在呻吟着、向往着,渴望仲裁原则,渴望争端的终结。[1]

具体而言,他所关注的对象是爱尔兰所面临的麻烦。为了捍卫地主的利益,埃奇沃斯费了好大功夫。他说,功利主义伦理不会带来平均主义,而会带来"快乐统治论"(hedontocracy),因为上层阶级有更大的增加快乐的能力。[2]

毫无疑问,对于这些实际问题,埃奇沃斯确实感兴趣。但他除笼统地指出,数学让我们在"改革中更为谨慎,倾向更加保守"之外,没有给出精确的数值解,也没有得出具体的政策建议。[3]相反,他试图根据不同的数学元素定义出不同的函数,并寻找使这些函数取得最大值的一般条件。他对抽象科学知识的应用问题并非漠不关心。"当我们处理具体问题时,必须对纯概

---

[1] Francis Ysidro Edgeworth, *Mathematical Psychics: An Essay on the Application of Mathematics to the Moral Sciences* (London, 1881), p. 50.

[2] Francis Ysidro Edgeworth, *Mathematical Psychics: An Essay on the Application of Mathematics to the Moral Sciences* (London, 1881), pp. 126–148.

[3] Edgeworth, "The Hedonical Calculus", *Mind*, 4 (1879), pp. 394–408.

率理论保持怀疑(*cum grano*)。数学推理和数值事实之间的关系,与经济学的抽象理论和实际工业界之间的关系非常相似——它们联系的程度千差万别、无法确定,学究们夸大了这种联系,庸人忽略了这种联系,而智者们则会利用这种联系。"[1]正确的目的不是求出精确的值,而是要让误差保持在合理范围内,"不是要击中某只特定的鸟,而是要在最密集的鱼群中射击,从而打到最多的猎物"[2]。

约翰·梅纳德·凯恩斯(John Maynard Keynes)将埃奇沃斯的作品与马歇尔(Marshall)的作品进行了比较,并指出,埃奇沃斯研究经济学和伦理学的目的,与其说是提出行为准则,不如说是发现"具有智识和审美趣味的定理"[3]。在社会力学的基础上,这无疑是一种正确解释——这是埃奇沃斯和他之前的凯特勒一样,根据物理学定律的类比所定义的学科。他提出,社会可以被想象为一个"双轮马车夫系统"(system of charioteers),其中的原子由快乐主义原则控制,而物理粒子的运动由能量约束:

> "社会力学"也许有一天会和"天体力学"一起,根据同样的最大化原理,在道德科学和物理科学中各自成为女王,成为这两类学科里的最高峰。在物质宇宙中,每一个粒子的运动,无论是受约束的还是散漫的,都一直受到同一个最大和(maximum sum)的支配——累积能量的总值的支配。因此,每一个灵魂的运动,无论是孑然自立的还是同心相连的灵魂的运动,都可能在不断地实现快乐的最大能量,即宇宙的神圣之爱。
>
> 与她的姐姐相比,"社会力学"不会吸引到俗不可耐的爱慕者,因为只有信仰者才能清楚地看到她。这对佳人中的一个高挑挺拔,她的美丽显而易见;但是另一个可人儿,她仙女般的特征和流畅的曲线却在遮掩着。但是数学一直在原子世界中看不到的事物附近走来走去(顺便提一下,不论是统计学的还是粗略的社会力学

---

① Edgeworth, "Tests of Accurate Measurement" (1888), *PPE*, vol. 1, p. 325.

② Edgeworth, "Tests of Accurate Measurement" (1888), *PPE*, vol. 1, p. 331.

③ J. M. Keynes, "Francis Ysidro Edgeworth", *Essays in Biography* (New York, 1963), p. 224.

方法,都可以说明社会数学的可能性)。电的无形能量可以用拉格
朗日的神奇方法来掌握;快乐的无形能量也可以有类似的处理
方式。①

尽管在这本书以及埃奇沃斯的其他作品中存在着大量的隐喻,但埃奇
沃斯绝对没有随便为自己的社会科学选择模仿的对象。正如他在1877年
所言:

> ……经常有人沾沾自喜地问:"数学计算如果连三体问题(the problem of three bodies)都解决不了,那又如何能成功地研究社会现象呢?"但是,力学的例子也许能得出不同的结论——数学有能力高歌猛进,即使它在后面留下了坚不可摧的堡垒。因此,在我们面前的这类问题中,如果对数据有一个足够清晰和适当的概念,我们便可以指望近似方法。②

*258*

这里他所谓能绕过坚不可摧的堡垒的理论,便是指摄动理论。但他很快就被引向了另一种解决伦理学和经济学数理复杂性的方法——概率理论,而且从许多方面来看,概率理论更令人满意。

到19世纪80年代中期,埃奇沃斯已对气体分子运动论有所认识,该理论本身就是从局部混乱中得出数理秩序的典范,可以为经济学所效仿。因此他断定,尽管三体问题难以解决,但物理学的类比"并不完全令人气馁。问题的难度不会随着它复杂性的增强而无限增大。即使有无数实体以不同的速度向各个方向冲去,也仍有解决问题的方法。在某些方面,群体现象要比几个个体的结合更容易处理。因为混沌产生了一定的秩序"③。更具体而

---

① Edgeworth, *Mathematical Psychics: An Essay on the Application of Mathematics to the Moral Sciences* (London, 1881), pp. 12–13.

② Edgeworth, *New and Old Methods of Ethics, or "Physical Ethics" and "Methods of Ethics"* (Oxford, 1877), p. 66.

③ Edgeworth, "The Element of Chance in Competitive Examinations", *JRSS*, 53 (1890), pp. 460–475, 644–663.

言,他指出:"气体中相互碰撞的颗粒所趋向的气压一致性,和市场竞争时所趋向的价格的统一,两者之间有某种相似之处。"[①]

物理学不是埃奇沃斯进行类比的唯一来源。与高尔顿一样,他兴趣广泛,研究了概率和统计的各种应用,而他自己将统计推理和概率数学,所应用到的问题和学科领域的范围,也令人惊叹。除了库尔诺和别内梅(他们生活的时代太早了,因而未能详细了解统计应用的可能范围),埃奇沃斯是第一个将统计思维想象成数理问题,并寻找具有普遍性的分析方法的人。他的成功,虽然不是全部,却有相当大一部分,来自对不同学科之间类比可能性的认识,以及进行这种类比的能力,而这正是19世纪统计革新的特征。

埃奇沃斯首先对数学概率论表现出了兴趣,因为它可以类比为快乐主义的计算。"将数学应用于信念,即概率计算"的成功,他表示,为快乐主义的数学化提供了合理性。他还补充说,根据杰文斯的理论,"行动和有效欲求(effective desire)可以通过统计学方式进行数值测算"[②]。很快,他就对信念本身的计算产生了兴趣,并开始注意到它的哲学含义。他在主观主义和频率主义之间采取了一种折中的方法,用"部分不完全的信念"来解释概率性陈述,同时坚持认为,分配这种信念的合理标准是,在经验中发现的统计比率的一致性。对此,他根据一种假定的普遍经验,为各种后验概率辩护;这种普遍经验是所有人的共同经验,能够证明等可能性的先验假设的合理性。埃奇沃斯也详细研究了统计学与自由意志的问题,并在1885年得出结论,统计学中的发现,并没有为任何一方提供有说服力的证据。从那篇文章中来看,他的研究范围包括巴克尔、凯特勒、穆勒、勒努维耶和麦克斯韦。[③]

到埃奇沃斯以统计学为研究主题时,社会数值的规律性已经广为人知,甚至乔治·艾略特(George Eliot)在她1876年的小说《丹尼尔·德隆达》(Daniel Deronda)中,也把它视为一种讨人嫌的陈词滥调。[④]埃奇沃斯认为,

---

① Edgeworth, "On the Application of Mathematics to Political Economy", *PPE*, vol. 2, p. 280.

② Edgeworth, *Mathematical Psychics: An Essay on the Application of Mathematics to the Moral Sciences* (London, 1881), p. 1.

③ Edgeworth, "Chance and Law", *Hermathena*, 5 (1885), pp. 154-163.

④ George Eliot, *Daniel Deronda* (New York, 1967), pp. 582-583.

集合量的稳定性,是所有依赖概率的经验性研究的"第一原理",并简单地引用了凯特勒在社会科学中的伟大发现。"现在一种已司空见惯的观点是,"他在1889年写道,"像自杀和结婚这样的行为,虽有着最为反复无常的动机,也是属于个体的最难预测的行为,但是从总体上看,就能发现它们的恒常性和一致性。这种所谓大数定律的优点,可以同样为涉及市场等结合体的理论所享。"①他从统计学和天文学最小二乘法中所学到的东西并不新鲜,但他的表述却相当新颖。"这门学科有助于我们在这个世界上漫步,世上的物体本身,虽然是不易改变的,但从这些物体自身的许多方面来看,它们的身影总是在振动。概率计算……给我们上了一堂社会科学研究的必修课,让我们体会到一种力量,能够透过个别物游移的媒介关照到一般趋势。"②

　　概率论最大的悖论是,"我们的无知愈彻底,推理就愈准确;我们陷入了混乱,就同时也跃入了秩序"③。不出所料,他惊叹于误差定律的应用范围之广,认为该定律"总像是要在整个自然中确立起来——而且如果我们用形而上学家的观点来理解的话,它几乎超出了自然的范围。我们可以设想出一个领域,其中的集合现象总是显示出统计一致性,而个体事件是任意的、无定律的。在能够实现古老的科学理想、可以从普遍的必然公理中推导出来的理论中,误差定律是除纯数学之外唯一的一个,或是最好的一个"④。他尤为惊奇的是,误差定律所揭示的秩序,恰恰是从我们个别地考虑时完全无规律的事件中得到的:

　　　　无论我们如何定义误差,计算误差范围的想法看上去都犹如
　　悖论。"误差科学"这样的术语似乎自相矛盾。就像在古代喜剧中,
　　在一名奴隶主开始对爱进行理性思考时,聪明的奴隶所说的那样,
　　一种本质上无规则和非理性的东西,是不可能被理性控制的。按

① Edgeworth, "On the Application of Mathematics to Political Economy", *PPE*, vol. 2, p. 274; Edgeworth, "The Statistics of Examinations", *JRSS*, 51 (1888), pp. 599–635.

② Edgeworth, "On Methods of Ascertaining Variations in the Rate of Births, Deaths, and Marriages", *JRSS*, 48 (1885), pp. 628–649.

③ Edgeworth, "The Philosophy of Chance", *Mind*, 9 (1884), pp. 223–235.

④ Edgeworth, "On the Representation of Statistics by Mathematical Formulac", *JRSS*, 61 (1898), pp. 670–700. 这里所指的形而上学家是勒努维耶。

方法行事一定是疯了。

然而自然哲学战胜了这个悖论。数学家们已经构造出了一种简化方法来统治误差。[1]

埃奇沃斯还注意到,在不同语境下,误差曲线需要不同的解释。他认为观察和统计之间存在着至关重要的区别——前者的偏差是真正的误差,因为每一个观察值都代表了对一个真实的、潜在的值的不完美的测量,而后者中的变异反映了自然本身的多样性,并且不能作为误差而被忽略,即使两者有着相同的分布。为了进一步说明,他给出了一个高尔顿式的图景:"观察结果是一个原初事物的不同副本;统计结果则是从不同的原初事物中得到的'一般肖像'(generic portrait)。"[2]他还注意到,统计数据有可能会以其他方式分布。在其一生中,有关这个问题的立场他有过很大的改变。在其1883年的第一篇统计学论文中,他宣布,误差定律"古老而独自的统治"已然终结,并认为现实世界中的许多分布,或大多数分布都偏离了它。[3]然而,这种唯名论态度,即认为误差定律不具有客观实在性的观点,并没有持续多长时间。到了世纪末,他便已对卡尔·皮尔逊对偏斜变异(skew variation)的强调颇有微词,认为应该使用正态律来表示频率分布,除非有其他更精确的曲线。[4]但不管怎样,埃奇沃斯终其一生都认为,统计数据的组成有着极高的可变性,因此他总是对由拒绝正态而导致的统计方法的改变十分警惕。

在埃奇沃斯的成就中,数学是一个重要组成部分;但同样重要的是,他对统计技术的娴熟应用。他将统计技术应用到原本难以处理的数值记录

---

[1] Edgeworth, "The Element of Chance in Competitive Examinations", *JRSS*, 53 (1890), pp. 460–475, 644–663.

[2] Edgeworth, "Observations and Statistics: An Essay on the Theory of Observation and the First Principles of Statistics", *TPSC*, 14 (1889), pp. 138–169. 亦可参见 Edgeworth, "On the Application of the Calculus of Probabilities to Statistics", *Bulletin de l'Institut international de satistique*, 18 (1909), pp. 505–536.

[3] Edgeworth, "The Law of Error", *Phil Mag*, 16 (1883), pp. 300–309. 同时,单纯依赖对称二项式的做法也遭到了约翰·维恩的批评,参见 John Venn, "The Law of Error", *Nature*, 36 (1887), pp. 411–412。

[4] 参见 Edgeworth, "On the Representation of Statistics by Mathematical Formulac", *JRSS*, 61 (1898), p. 551.

中。正如史蒂芬·斯蒂格勒所说的,埃奇沃斯展示了凯特勒、库尔诺和杰文斯的崇高理想,即把误差理论看作社会科学数学化的一把钥匙,是如何开始实现的。本质上,他在数学上完成了社会统计学家总是在建议但几乎从未做过的事情;他只是在群体规律性面前稍作停留并表示惊叹,然后就把整体分解成部分,以便应用合适的概率检验,然后分析原因、模拟现象。

　　促使埃奇沃斯开始研究数理统计的,是一段时间以来,政治经济学家们非常感兴趣的问题——(物价或人口的)指数(index number)。作为分析经济学(analytical economics)的先驱,在1838年,库尔诺就已经强调,某些量在货币价值变化中的重要性。库尔诺建议,使用概率,从众多商品的价格中,推断贵金属价值的变化。他认为平均价格类似"平太阳"(*soleil moyen*, or mean sun)[2],这个概念是天文学坐标系的核心。①19世纪六七十年代,德罗比施、黑尔德、拉斯佩尔和莱克西斯等人,经常讨论研究货币价值变化的方法。②然而埃奇沃斯的主要理论来源是W. S. 杰文斯。尽管杰文斯极为喜爱概率论,并且坚持认为,"作为演绎科学的经济学,必须通过纯粹经验性的**统计科学**来得到确证,并证明自己的有用性"③,但他在经济学的理论问题和统计数字之间,并没有发现其他重要的联系。我们可以发现,库尔诺以及随后的约翰·梅纳德·凯恩斯,同样都注意到了经济学与统计学之间旨趣的关联,也同样未能填补它们之间的鸿沟。

　　杰文斯对统计规律性的信念已经被讨论过了。他认为,对货币价值变化的测量,必须忽略影响某一特定商品价格的个别情况,并"相信在较宏观的平均水平上……所有个体差异都将被中和"④。尽管如此,价格波动所符合的基本分布情况,还是不能被忽略的,因为它决定了如何计算平均值。"必须承认,"他写道,"决定价格是上涨或下跌的模式究竟是什么样的,这尚有疑问。在这个决定过程中,我们是否应该把所有商品等同视之,还是应该根

① A. A. Cournot, *Recherches sur les principes mathématiques de la théorie des richesses* (Paris, 1838), pp. 22–25.

② 参见 E. Laspeyres, "Die Kathedersocialisten und die statistische Congresse", *Deutsche Zeit-und Streitfragen*, 4 (1875), pp. 81–118.

③ W. S. Jevons, *The Theory of Political Economy* (5th ed., New York, 1957), p. 22.

④ Jevons, "A Serious Fall in the Value of Gold Ascertained, and Its Social Effects Set Forth", *Investigations in Currency and Finance* (London, 1884), p. 58.

*263*

据商品重要性和买卖数目来分配权重呢?"[1]还有一个问题是,应该使用算术平均数、几何平均数,还是其他平均数。杰文斯选择了几何平均数。他认为,相比算术平均数,几何平均数更能衡量一般价格波动,因为一种商品价格翻倍比价格归零更容易。然而,比他的具体解决方案更重要的是,指数问题引起了对价格统计学的数理基础的讨论,而这场讨论的焦点,很快便在新的数理统计学中成了主要问题。

货币的通胀与通缩,一直都是借贷双方非常关注的问题,而且在19世纪最后几十年的通缩期内,该问题在英国等地引起了特别激烈的争论。借方鼓吹金银二本位制(bimetallism),而且阿尔弗雷德·马歇尔(Alfred Marshall)等人提出了一些严肃的建议,要求不再将货币作为价值的标准(不过不放弃它作为交易媒介的用途),用一种具有固定购买力的单位来替代货币,这种单位需要通过对价格变化进行仔细而系统的研究来确定。[2]1883年,埃奇沃斯就在一篇论文中提到了这个话题,这是他最早写成的关于概率和统计分析方法的论文之一。他在文中讨论了如何选择合适的平均值,认为应当以对效用(utility)的考虑为基础。他还指出了天文学中算术平均数的优点,在天文学中,误差是典型地根据误差函数分布的。他认为,选择算术平均数作为价格指数,也有三个很好的理由。首先,有许多小的、会导致偏差的原因可以影响到价格,而它们通常遵循着误差定律的模型。其次,埃奇沃斯认为,价格问题中的经验数据与误差曲线非常吻合——事实上,比物理学数据吻合得还好。最后,如果把所有的商品都考虑在内,价格变化的算术平均数,在根据其所涉及的数量分配权重之后,能够直截了当地给出货币价值的变化。[3]

1887年至1888年间,埃奇沃斯为科学促进会委员会写了3篇长文,由委员会负责评审衡量货币价值变化的替代方案。在这些文章中,他讨论了各种理解货币价值变化的方法。他仍然尊重那种最直接的方法,即根据商品

① Jevons, "A Serious Fall in the Value of Gold Ascertained, and Its Social Effects Set Forth", *Investigations in Currency and Finance* (London, 1884), p. 21.

② Alfred Marshall, "Remedies for Fluctuations of General Prices", *Contemporary Review*, 51 (1887), pp. 355–375.

③ Edgeworth, "On the Method of Ascertaining a Change in the Value of Gold", *JRSS*, 46 (1883), pp. 714–718.

数量加权计算算术平均数。如果假定货币价值的变化是构成实际价格基础 *264* 的一个客观函数,从而也就是各种商品价格像误差一样分布的恒常原因,那么,这些商品的价格就应该被视为货币变化的指示物,而非度量值。由于给定商品的交易不是独立的,因此按照数量比例来确定权重,与根据汞的体积来确定气压读数的权重一样,都没有意义。相反,要想用一种特定商品的价格变动作为通胀指数,那么它所应赋予的合理权重,应当与它的离散度——它所经历的随机波动的幅度——成反比。

埃奇沃斯还讨论了平均值和中位数的相对优点。他认为,中位数可能是衡量长期价格变动的最佳标准,因为对于正态分布系统而言,中位数的精确度仅略低于平均值;它还易于计算,而且不会对个别商品某个时刻的剧烈波动产生反应。他用一个相当夸张的气象比喻,来表述他的论点:"相比于多次观察得出的平均值,中位数更有资格用来确定和衡量货币晴雨表的平均变化。在这个领域,商业的气象变化无常;在这个领域,战争的旋风和投机的反旋风会产生偏离平均结果的偏差。平均结果的产生,是所有能够影响到商品的不同原因导致的,所以无论如何,中位数都比平均数更好。"①

在同样的这几年间,埃奇沃斯还发表了一系列抽象的数学论文,论述一组量值可以采取的各种可能分布,以及这些分布对选择最有利的平均值的影响。在数理统计的早期发展中,对非正态分布的关注发挥了突出作用;埃奇沃斯——也许间接地,还有皮尔逊——是由于他们在研究指数时遇到的问题,而转向非正态分布领域的。他的目标是,对最小二乘法的工具和方法进行修改,将其应用于经济学中遇到的多样且常常无规律的事件分布上,也就是,将天文学家发明的处理观测误差的方法,推广到复杂的统计数据上。②

埃奇沃斯的灵感大多来自特定的问题,但他始终没有忘记自己的总体 *265* 计划,并从一开始就遵循着它。那就是,在道德科学中使用数学,尤其是概率。每当他开发统计工具来处理他感兴趣的特定问题时,他就发现或创造了统计推理的新应用,因为它们可以为他改进统计过程,或为展示他的方法

---

① Edgeworth, "Some New Methods of Measuring Variation in General Prices", *JRSS*, 51 (1888), pp. 346–368. 埃奇沃斯的三篇备忘录载于 *PPE*, vol. 1。

② Edgeworth, "On Discordant Observations", *Phil Mag*, 23 (1887), pp. 364–375.

的威力提供语境。他不断地寻找新方法,用数学函数或理想化的模型,来表示社会和道德现象,比如"抽签盒"——他从莱克西斯那里认识到,在统计学中,抽签盒内必须被认为由数团相异的部分组成。[1]和皮尔斯一样,他也深入研究了关于度量的问题,尤其是信念和期望。因此,他饶有兴趣地继续研究费希纳和冯特在精确实验心理学方面的工作。甚至他关于概率哲学的著作,也主要是在寻找客观频率和主观信念之间关系的时候,得到了启发。[2]

在埃奇沃斯最重要的工作中,有很多都涉及现在所谓显著性检验(significance testing),即使用标准误和正态性假定(assumption of normality),来确定两个平均值之间的差是否足以排除它是偶然产生的可能性。他最先应用这些方法的领域之一,是心理学研究。他认为这是概率最直接的应用之一,因为有充分的理由假设逐次的试验是完全独立的。正如他所认识到的那样,如果猜测正确的次数更多,那么这表明了特殊心理力量的存在,还是仅仅说明实验设计具有缺陷,这样的问题超出了统计学家的能力范围。然而,对所观察到的与预期的平均值之间差异的显著性检验,可以使用组合公式进行演绎,而不需要进行大量的实验,来获得概差的可靠近似值。后验计算仍然存在一个障碍,即很难为公式中参数赋值的改变,找到任何具体理由。与许多人相比,埃奇沃斯不那么怀疑"原因概率",但是在这里,他简单地对后验分析不予理会,并且认为,根据观察到的、仅因偶然而产生的成功和失败的数量,所计算出的概率,仅仅是没有恒定原因影响下的概率的一个近似值。[3]

1885年,也就是埃奇沃斯短暂涉足心理研究的同一年,他在统计学会50周年纪念刊上发表了一篇关于统计方法的综述。他在文中将概率的概念与方法应用到了一系列问题上,这些问题最显著的特点就是它们的混杂性。伦敦各大俱乐部的出席率,死亡率,以及维吉尔式的六步格诗[3]——他使用六步格诗,来反对莱克西斯对次正态离散的排除,进而引发了他与鲍特凯维兹的辩论。他选择这些内容进行讨论,主要是因为它们作为统计方法范例

[1] Edgeworth, "Methods of Statists", *JRSS*, 5 (1885), pp. 181–217.
[2] Edgeworth, "The Physical Basis of Probability", *Phil Mag*, 16 (1883), pp. 433–435.
[3] Edgeworth, "The Calculus of Probabilities Applied to Psychical Research", *Proceedings of the Society for Psychical Research*, 3 (1885), pp. 190–199.

的价值,而不是它们的内在兴趣或重要性。例如,埃奇沃斯使用了一个相对简单的、不受历史发展影响的问题,取代了政治经济学问题。他通过对"昆虫经济"的观察检验了他的方法,用他在爱尔兰住所中的观察结果,研究了蜂巢中"交易"变化的统计显著性。他将分析结果总结如下:

> 如果在一个"昆虫共和国"中,存在着贸易理论家,也存在着工业阶级,我可以想象,会有一些贸易保护主义者在 9 月 4 日 12 点左右发表他的观点,并得意扬扬地指出,最新的报表表明,贸易下降了 2.5%。想要立刻反驳他也并不容易,除非表明,虽然观察到的平均值之间的差只有 2,但相比较的模数却是 $\sqrt{\dfrac{70}{5} + \dfrac{70}{13}}$ 或至少为 4;因此,差异是不显著的。[1]

当然,自从拉普拉斯之后,计算标准误的公式就很容易得到了。在这方面,埃奇沃斯的主要成就是,他找到了新的主题、新的途径,来应用这种已为人熟知的方法。它不仅适用于那些类似人口统计学和气压测量中平均值的比较这样的罕见问题,还有着非常广泛的适用范围。他对选拔考试的可靠性进行了评估,依次考虑了由使用离散量表而不是连续量表、考官标准的变化,以及考试成绩的无规律波动而产生的误差。他的目标有限,只是打算评估"考试的气压形势",也就是说,在考试的智识价值受误差函数控制的假设下,考试能把它们所要直接测量的无论什么东西测量得有多好。他断定,考试的不准确性是明显的,但不是决定性的。他认为,相邻考生的位次总是任意的,因此应当放弃以数字排名——除了那些最有能力的人,如高尔顿曾证明的那样,他们在误差曲线上所占据的区域与普通考生有着极大差异。"概率计算,"他总结道,"被证明是一种平等主义,它与迪斯雷利小说中的贵族改革家一样,主张废除除了公爵等级之外的一切等级差别。"[2]

---

[1] 参见其关于"胡蜂经济学"的完整论文:Edgeworth, "Statistics of Unprogressive Communities", *JRSS*, 59 (1896), pp. 358–386。

[2] Edgeworth, "The Element of Chance in Competitive Examinations", *JRSS*, 53 (1890), p. 656.

埃奇沃斯还使用一个简化模型,成功地使他的方法与不断变化的数值相适应。1886年,他使用最小二乘法,对一个随时间变化的序列进行了线性近似拟合,然后展示了如何估计斜率的概差。[①]同年,他也对银行业理论做出了统计贡献。他要解决的问题是,一名银行家在某一较短的时间间隔内,被要求承担超过某一特定比例的债务的概率,也就是说,足以耗尽任何给定水平的准备金的概率。埃奇沃斯并没有假装认为,自己的研究结果能给银行家提供实务指导,因为客户的行为存在独立性问题;但他能够模拟出,银行经营理论和库存理论中的一个典型特征——任何给定时刻的准备金,都是根据先前的经验数据而设定的。银行准备金的记录构成了一个"纠缠序列",可以用一系列数字表示,他每隔一段时间就剔除掉序列中最后的数字,并随机选择一个新数字填补进去。将前后相继的数个时期的数字组合在一起,就构成了一个序列,这就是埃奇沃斯为银行准备金所创造的模型。他利用高尔顿的中位数和四分位数的方法,计算了离散度并估计了其误差,以便确定预测波动的上下限。[②]

埃奇沃斯最令人难忘的成果是,他所描述的一种方法,在许多方面与现代方差分析过程相似。他的问题是,画出一个二维的统计表格,给出某一时间段内、每年不同地区的死亡率或其他量,然后将由于时间和地点而产生的波动分开,并把两者从不可还原的、不依赖于时间和地点的变异中分离出来。为了让自己与读者为解决这个问题做好准备,他分析了维吉尔《埃涅伊德》(Aeneid)中的格律,这很符合他的风格。他问道,在多大程度上,强弱弱格——或者说由一个长音节和两个短音节组成的韵律步格——的数量会因步格的不同或每五行单位的不同而变化。他的讨论有些地方令人费解,但正如史蒂芬·斯蒂格勒所言,如果仔细阅读,就会发现他对自己模型的假设和功能的理解非比寻常。[③]

30多年后,R. A. 费希尔(R. A. Fisher)提出了方差分析方法,但他似乎并未读过埃奇沃斯的这个研究,因此在统计数学的历史上,该研究重要性有

① Edgeworth, "Progressive Means", *JRSS*, 49 (1886), pp. 469-475.

② Edgeworth, "Problems in Probabilities", *Phil Mag*, 22 (1886), pp. 371-384.

③ Stephen Stigler, "Francis Ysidro Edgeworth, Statistician", *JRSS*, 141 (1976), pp. 287-322.

限。但是这些技巧与过程能够主要用来说明埃奇沃斯的工作;没有任何特定的公式或方法可以被单独认定为他的伟大统计发现。相反,他在如何将概率应用于经济学和社会科学的某些问题上,提出了见解;并就超越特殊应用和特殊方法的一般统计理论,提出了观点。埃奇沃斯应用数理工作的广范围和高质量,证明了斯蒂格勒将他、高尔顿和皮尔逊列为数理统计学创始三人组的合理性。

然而,还有其他的原因,使埃奇沃斯只能屈居第三(*tertium inter pares*)。他在统计学界只有一个数学上的追随者——阿瑟·鲍利(Arthur Bowley)。[①]尽管后来几十年的经济学家,都知道并钦佩埃奇沃斯的统计工作,但只将他的观点应用于相对狭窄的问题范围,大多与衡量和解释货币价值的变化这种经验性问题有关。在这方面,当然,经济学家只是在跟随他的脚步。但是埃奇沃斯在统计方面的领导地位,并没有延伸到其他公认的重要经济问题上。特别是,他的统计著作几乎完全与其经济理论的建立无关;正如约瑟夫·熊彼得(Joseph Schumpeter)所注意到的,他和莱克西斯都没有通过他们在数理统计方面的工作,对分析经济学做出许多直接贡献。[②]埃奇沃斯总是自己定义问题,而且通常有点自说自话,而不是为了回答当时多数人正在研究的统计问题。他未能证明概率数学与经济学和社会统计学主要问题之间的相关性,这无疑大大降低了他的影响,并在很大程度上解释了,为何在社会科学中,他的工作没有引起堪比生物统计学派的统计运动。

因此,埃奇沃斯的统计学影响,主要是通过生物统计学派产生的。他对该学派的影响不容忽视,尽管卡尔·皮尔逊总是抱怨说,埃奇沃斯总是在生物统计学家的田垄内来回翻土,而高尔顿却未能说服他去处理高尔顿所感兴趣的问题。[③]斯蒂格勒认为,在1892年,埃奇沃斯激发了皮尔逊早年对概

① 参见 Bowley, "Francis Ysidro Edgeworth", *Econometrica*, 2 (1934), pp. 113–124; Bowley, *F. Y. Edgeworth's Contributions to Mathematical Statistics* (Clifton, 1972)。

② Joseph Schumpeter, *History of Economic Analysis* (New York, 1954), p. 961.

③ 麦肯齐引用了皮尔逊的评论,并注意到高尔顿试图指导埃奇沃斯的研究。埃奇沃斯致高尔顿的信出自 file 237, *FGP*。埃奇沃斯未能专注于任一特定的应用领域可能解释了他在统计学领域影响有限的原因。以下文章中也持有这一观点:E. S. Pearson, "Some Reflections on Continuity in the Development of Mathematical Statistics", *SHSP₁*, pp. 339–353。

率论的兴趣。在高尔顿引入数理相关性(mathematical correlation)概念的几年后,埃奇沃斯第一个推导出了近似现代积矩相关估计(product moment estimate of correlation)的东西。[1]皮尔逊对他的工作很熟悉,并能将他的思想运用自如。不过,他只在满足生物统计学需要的情况下才使用它们。现在,我们必须转向生物统计学,寻找数理统计学的真正起源。

译者注:

[1]普罗透斯是希腊神话中一个能改变形体的神。

[2]平太阳,或称假太阳,是一个假想的天体,它每年和真太阳同时从春分点出发,在天赤道上从西向东匀速运行,这个速度相当于真太阳在黄道上运行的平均速度,最后和真太阳同时回到春分点。

[3]维吉尔即普布留斯·维吉留斯·马罗(Publius Vergilius Maro, 公元前70—公元前19),古罗马诗人,被誉为荷马之后最重要的史诗诗人。六步格诗(hexameter)是被他发扬光大的一种史诗韵律。

① Edgeworth, "Correlated Averages", *Phil Mag*, 34 (1892), pp. 190–204.

# |第九章|
# 生物统计学的起源

现代数理统计能够从生物统计学中发展而来,并非一件完全偶然的事情。生物遗传与进化的定量研究,是统计思维的极佳语境。同时,在将理论建立在统计概念上的科学领域中,数量遗传学堪称最佳范例,该领域使用的基本统计概念包括方差-协方差矩阵(variance-covariance matrices)、回归系数(regression coefficients)等等。此外,生物计量学家和优生学家们,还有一种强烈的"普世"愿望,以及相当的开创新学科领域的才能,这尤其在卡尔·皮尔逊身上体现得淋漓尽致。在这两方面,他们与埃奇沃斯都非常不同;埃奇沃斯只是大约在1893年之后,才断断续续地写了一些统计学文章(他于1891年担任了牛津大学经济学教授),而且从他的时代到我们的时代,经济学几乎都只把统计学用于数据的分析,而不是作为理论的基础。如果声称,经济学或社会学不可能为统计学发展提供有益课题,那就太大胆了。但是,为统计学提供了主要课题的,仍然是生物统计学。高尔顿相关性方法的发明,极大地推动了现代统计学的诞生。需要注意的是,他最初并没有把这种方法看作一种数值分析的抽象技术,而看作一种关于遗传的统计定律。在这里,如同在整个19世纪一样,特殊领域的特殊问题,对统计数学的发展至关重要。

## 高尔顿的生物统计学类比

高尔顿是最后一批科学全才之一,他所提出的类比并不比埃奇沃斯少多少。他提出相关性方法的过程,可以显而易见地证明,统计学史上的这一里程碑,并不完全是密切关注单一学科的结果。拉普拉斯、凯特勒、麦克斯韦、费希纳、莱克西斯、埃奇沃斯和皮尔斯的例子,都可以证明这样一句总结:19世纪的伟大统计学家不是也不可能是思维狭隘的专家。但是,若要说明兴趣的多样性和统计学创造力之间的联系,弗朗西斯·高尔顿的职业生涯乃是最佳例证。作为一名非洲探险家和地理学家,他开始了科学研究。后来他又对气象学、人种学和人类学产生了兴趣。而后,他接受了优生学改革的信条,这启发了他着手研究生物学、心理学、人体测量学、遗传学、人身识别(personal identification)以及社会学的新科学。由于这些多样化的追求,以及他本人明显的统计学倾向,高尔顿掌握了各种形式的统计推理,并从每种形式中都学到了一些有用的知识。

我们有充分的理由认为,在年轻的时候,高尔顿就已经知道了社会统计数据中的规律性,因为他常常把集合量的稳定性与社会统计中的规律性联系起来,而这种规律性在他那个时代又被认为是老生常谈。[1]在19世纪50年代开始的气象研究中,他就已积极使用统计方法,不过可能没有用到误差分析。他从地理学家威廉·斯波提斯伍德处,得知了凯特勒对误差曲线的使用,并用乔治·艾里的观测天文学教材,自学了该函数的基本性质。在进行《科学界的英国人》的统计研究时,高尔顿得到了赫伯特·斯宾塞以及总登记局的威廉·法尔的帮助。据高尔顿说,总登记局的年度报告,能够深刻地体现出"可称之为'统计学的诗意的一面'"[2]。为了达到遗传学研究的目的,他与概率哲学家约翰·维恩一起收集并分析了学生档案。[3]他还十分欣赏心理物理学,并研究了费希纳《心理物理学纲要》中的统计方法。[4]在数学方面,他还得到了埃奇沃斯、分子运动学家亨利·W. 沃森(Henry W. Watson)、S. H. 伯伯里以及另外三位数学家唐纳德·麦卡利斯特(Donald MacAlister)、J. D. 汉密尔顿·迪克森(J. D. Hamilton Dickson)和W. F. 谢泼德(W. F. Sheppard)的帮助,并寻求过和他们的合作。[5]简言之,没有哪些有用的信息,或关于统计学见解的可用来源,是高尔顿没有挖掘过的。更重要的是,他后来关于物质遗传和人身识别的工作,从他对气象学和遗传天赋的统计学研

272

----

[1] 他在1844年写到,他正在使用的医疗记录分类"就像统计图表的寻常设计一样",但我没有发现更早的对统计规律性的提及。

[2] Francis Galton, *Memories of My Life* (3rd ed., London, 1909), p. 292.

[3] 参见 John Venn, "Cambridge Anthropometry", *JAI*, 18 (1889), pp. 146–154。

[4] 参见 Galton, "The Just-Perceptible Difference", *PRI*, 14 (1896), pp. 13–26。

[5] 高尔顿对了解到凯特勒感到高兴,并欣赏他对误差定律的运用,但是对他和巴克尔在实际统计工作中的成就不屑一顾。

究中受益匪浅。

在高尔顿的交叉学科背景中，最值得注意的是气象学。例如，他对叠加合成照片的使用，就源于他以前比较"地图和气象轨迹"的一种方法。他改进了研究人类面相的技术，并帮助在邱园天文台相识的 G. M. 惠普尔（G. M. Whipple）在气象学中引入了这个改进后的流程。[①]更一般地来看，在他的气象学研究中，高尔顿锻炼出了解释地图和图表的非凡能力。作为一名气象学家，他最喜欢的技巧之一，是在天气图上构建等压线、等温线和其他连接某种相等变量的线条。在19世纪80年代中期，他发现，当绘制父母的平均身高与他们子女的身高的变量关系曲线时，可以得到一个密度恒定的椭圆线，它的主轴的斜率由回归值决定。有人可能已通过抽象地思考二元正态（bivariate normal）的性质，发现了这一现象。后来，高尔顿的结论确实被数学分析证实了。高尔顿发现它的方法很简单，他把图形上每单位面积中的点相加，然后用肉眼把所有近似相等的数字连接起来。[②]

大约在1858年，在被任命为伦敦城外邱园天文台的主任之后，高尔顿开始了对气象学的研究。定量的、经验性的研究，如气象学、测地学和观测天文学，就像社会统计学一样，已经在欧洲，特别是在英国盛行了几十年，而且自1800年以来，信息的绝对数量已经大大增加。新近天文台之间的电报通信为一种全新的技术——天气预报开辟了可能。即使是对天气现象的理论 *273* 性研究，也需要大量的记录。在19世纪中期，邱园天文台可能是世界上气象统计学的最高学府，而直到1901年，高尔顿一直与它有交集。[③]当然，在这场越来越多地使用图表的运动中，高尔顿并不是个不情愿的参与者，而是乐在其中。他积极倡导对天气图进行系统编纂，并于1863年发表了一部关于绘

---

① 参见 Galton, "Composite Portraits", *Nature*, 18 (1879), pp. 97–100; G. M. Whipple, "Composite Portraiture Adapted to the Reduction of Meteorological and Other Similar Observations", *Quarterly Journal of the Meteorological Society*, 9 (1883), pp. 189–192。

② Galton, "Family Likeness in Stature", *PRSL*, 40 (1886), pp. 42–73, 其中有 J. D. 汉密尔顿·迪克森（J. D. Hamilton Dickson）所做的数学附录；亦可参见 Galton, "Results Obtained from the Natality Table of Körösi, by Employing the Method of Contours or Isogens", *PRSL*, 55 (1894), pp. 18–23。

③ Robert Henry Scott, "The History of the Kew Observatory", *PRSL*, 39 (1885), pp. 37–86。

制天气图方法的研究。[1]

高尔顿关于变量之间相关性的思想,可能主要源自他的气象学工作。大多数气象学家,就像高尔顿一样,在天文台工作,很多人把时间花在气象学和测地学、观测天文学等有关研究上。因此,高尔顿在1858年开始从事的这门科学,至少从拉普拉斯对气压表的昼夜变化所做的研究起,就一直同数学概率方法联系在一起。因此,气象学家往往懂得误差分析,而且只要有可能,就将其应用于他们自己的科学。然而,当这些熟悉的数学程序被纳入气象学时,就出现了一个全新的角度。

在最小二乘法的背后,隐藏着一个对相关性的数学定义,它在天文学中叫作"观测纠缠"(entanglement of observations),是"独立"的反义词。[2]在天文学中,要避免纠缠几乎是不可能的,尤其是当天文学家进行的测量需要两个或更多天文台的数据时。在这种情况下,任何有关天文台相对位置的不准确知识,都会在每次测量中反复出现。天文学家发明了发现并抵消这些纠缠的方法。事实上,在1846年,法国天文学家、海军军官奥古斯特·布拉韦(Auguste Bravais)就用过"相关"(corrélation)这个词,来指代这种纠缠。他甚至推导出了一个联合误差分布,并给它起了"相关"这个名字。所以,他被卡

274 尔·皮尔逊等人誉为相关性的真正发现者。皮尔逊,这位机敏的科学史家,后来改变了他的想法——正如唐纳德·麦肯齐(Donald MacKenzie)所指出的那样,这么做是正确的,因为布拉韦对研究甚至测量这种相关性没有兴趣,也没有理由这样做。[3]自然,天文学家和测量员主要关心的是如何清除纠缠,而对于社会统计学家和生物统计学家,除非他们找到了更合适的术语来表述它们,否则不可能意识到在他们自己的工作中,这些天文学概念有何用处。在某种程度上,气象学在纠缠问题上所起的作用,与凯特勒在误差函数方面所起的作用是一样的。气象学为纠缠问题赋予了实质性内容,把消除误差的方法转化为处理自然变异的实际过程。

---

[1] Galton, *Meteorographia, or Methods of Mapping the Weather* (London, 1863), pp. 19-31.

[2] 参见 G. B. Airy, *On the Algebraical and Numerical Theory of Errors of Observation* (London, 1861), p. 12。

[3] 正如麦肯齐所说,类似的考虑也适用于荷兰军事工程师和数学家查尔斯·朔尔斯(Charles Schols),他有时因1875年所写的一篇论文被誉为相关性的发现者。

在高尔顿第一次提出遗传回归问题时,观测天文学、统计气象学和相关性概念之间的关系,就已经被一个问题很好地说明了。这个问题已引起科学界广泛地兴趣和相当多的公众注意,即太阳黑子周期和地球气象状态之间的联系。1843年,萨穆埃尔·海因里希·施瓦贝(Samuel Heinrich Schwabe)首次确凿地证明了太阳黑子的存在。到了1860年,人们普遍认识到,在太阳黑子密度最高的时期,磁暴现象更为频繁和严重。19世纪50—60年代,维多利亚时代英国"磁学哲学家"的领袖人物爱德华·萨拜因(Edward Sabine)致力于通过图表和表格的编制,来研究这一联系。重要的是,在任命高尔顿为邱园天文台管理委员会成员的决定中,萨拜因是该决定的负责人;并且正如高尔顿在他的回忆录中所记录的,"他对我的学术生活产生了重大影响"[1]。萨拜因让英国天文学家和气象学家注意到太阳黑子周期的重要性,并让该现象在邱园得到了最为深入的研究。太阳黑子被普遍怀疑是太阳表面的对流下沉,因此是太阳活动的指示器。它们可能对地球气候有某种重要影响,这种看法至少有着内在的合理性。

1873年,英国毛里求斯气象观测站主任C. 梅尔德伦(C. Meldrum)提出,太阳黑子周期应该对地球大气层有着周期性的影响。他收集了印度洋周围18个天文台的记录,来研究这一假设,并得出结论:在太阳黑子密度最大的年份,印度洋南部的气旋比密度最小的年份更加频繁、猛烈。[2]在随后几年的时间里,整个英国的天文学家和气象学家们,都开始收集记录,并发表关于这个问题的论文,其中大部分结论都支持梅尔德伦的假设。早在1874年,J. A. 布龙(J. A. Broun)就试图通过一个线性模型,来计算降雨量和太阳黑子面积之间的关系,其形式为$\Delta R=f\Delta A$,其中,$\Delta R$是降雨量相对于平均值的多或少,$\Delta A$是太阳黑子面积相对于其平均值的偏差,$f$是一个常数,将由经验性研究确定。这个相关模型是使用距离均值的偏差来清楚地表达出来的,尽管它没有标准概差单位。魄力十足的布龙提出,只有该地区观测站的气象学家们合作起来,才能证实这种关系。他呼吁扩大帝国的气象系统,

---

[1] Galton, *Memories of My life* (3rd ed., London, 1909), p. 224.

[2] C. Meldrum, "On a Periodicity of Rainfall in Connexion with the Sun-pot Periodicity", *PRSL*, 21 (1873), pp. 197–208; J. H. N. Hennessey, "Note on the Periodicity of Rainfall", *PRSL*, 22 (1874), pp. 286–289.

并很快应者云集。[①]

人们很快就清楚了,任何现象都可以归因于太阳黑子的变化。杰文斯认为,他对英国货币史的研究揭示出,定期发生的商业危机与太阳黑子的波动密切相关。这引起了一片哗然。他认为,原因可能是,英国在南亚的属地的天气周期,导致属地与母国的贸易受到了影响。后来他又提出,这些同样的周期可能是17世纪瘟疫周期性复发的原因。[②]物理学家阿瑟·舒斯特(Arthur Schuster)描述了太阳黑子密度与德国葡萄酒质量之间的联系,这种联系以天气为中介。[③]1877年印度爆发的饥荒引起了人们的极大研究兴趣。不久,印度统计局总干事亨特(Hunter)宣布,他怀疑太阳黑子是罪魁祸首。

自1859年起,鲍尔弗·斯图尔特担任了邱园天文台主任,他主要致力于太阳物理和光谱学的研究。他立刻意识到,对太阳黑子的研究,将为他提供一个绝佳的机会,让他可以在促进自己研究领域的同时,对另一个重要的知识分支做出贡献。事实上,就在这个时候,一个"太阳物理委员会"开始活跃,为英国的太阳学研究的未来方向制定政策,并募集资金,但这并没有抚慰斯图尔特的急切心态。因此斯图尔特将他的想法公之于众,并引用了上面提到的各种太阳黑子的研究结果,来支持他的雄心:

> 如果我们现在把这三篇论文的结果放在一起,我们就可以把太阳学、地磁学和气象学这三个问题,比作一个三角形紧密联系的三个角。在三者的关系中,我们……对太阳学和地磁学之间的关系了然于胸。太阳学和气象学之间的联系也许并不那么明确,但地磁学和气象学之间,也有着相互联系的痕迹,能让我们的证据在这里得到单独补充。因此,这三个领域是结合在一起的,按照科学的审慎精神,把它们作为一个整体来研究是可取的。我相信,在气

---

① A. Broun, "On the Sun-spot Period and the Rainfall", *PRSL*, 22 (1874), pp. 469-473; 亦可参见他的另一篇文章,载于 *PRSL*, 25 (1876), pp. 24-43, 515-539。

② Jevons, "Commercial Crisis and Sun-spots", *Nature*, 19 (1878), 33-37, 588-590. 亦可参见他在1875年公开宣读但未发表的文章"The Solar Period and the Price of Corn"。

③ 转引自 Balfour Stewart, "Suspected Relations between the Sun and the Earth", *Nature*, 16 (1877), pp. 9-11, 26-28, 45-47。

象学的重组计划中,这一点不会被忽视。

最后,我要诚恳地提出这样一个问题,并结束我的发言:我们在此不正是在请求建立某种机构,来天天观测这个以各种方式影响着我们的发光体吗?[①]

斯图尔特独自撰写或与他人合著了一系列研究报告,题为"向太阳物理委员会提交的报告",并提出了发现并发周期(concurrent periodicity)的统计方法,建立了一个基于太阳观测和磁场记录的、用来预测长期与短期天气的知识体系。他提出,"磁性天气"(magnetic weather)是通过太阳的影响,与"大气天气"(atmospheric weather)同时形成的,但它的传播速度要快得多,因此可能对气象预报有用。[②]他赞同统计局总干事亨特对印度的治理状况的推测,即印度的饥荒是由与太阳黑子活动有关的定期气象波动造成的,并认为进一步的太阳研究可能使科学家能够预测未来的饥荒。其他气象学家和太阳物理学家同样热情地揭示了所有这些科学发现的意义。例如,弗雷德里克·钱伯斯(Frederick Chambers)解释了太阳观测如何能够提供"可能用以预见未来饥荒"的手段,并理所当然地得出结论说:"太阳观测的整个课题现在正由伦敦的绅士们组成的一个委员会进行研究……因此,我们也许可以希望,太阳观测所能提供的最重要的信息不久就可以为我们所用。"[③]

就本书目的而言,太阳黑子研究中具有最重要贡献的,是理查德·斯特雷奇(Richard Strachey)的一篇论文。斯特雷奇的各项活动极大地为这出好戏增加了彩头。他是英国皇家学会气象委员会(Royal Society Meteorological Committee)的一员,和高尔顿一起在邱园天文台的管理委员会工作,按高尔

277

---

① Balfour Stewart, "Suspected Relations between the Sun and the Earth", *Nature*, 16 (1877), p. 47. 斯图尔特也热衷于心理学研究,这或许并非毫无干系的,他认为行星的运动与结合对太阳活动可能产生的影响是占星术可信的科学基础。

② 见斯图尔特的论文,或是独作,或是与瓦朗·德·拉·鲁(Warren De la Rue)、理查德·洛伊(Richard Loewy)或威廉·道奇森(William Dodgson)合著,载于 *Nature*,具体有:16 (1877), p. 457; 24 (1881), pp. 114-117, 150-153, 260; 26 (1883), pp. 488-489; PRSL, 29 (1879), pp. 106-122, 303-324; 32 (1881), pp. 406-407; 33 (1882), pp. 410-420; 34 (1882), pp. 406-409。

③ Frederick Chambers, "Abnormal Variations of Barometric Pressure in the Tropics and Their Relation to Sun-spots, Rainfall, and Famines", *Nature*, 23 (1880), pp. 88-91, 107-111.

顿的说法，还是他最亲密的朋友之一。[1]他也是令人尊敬的太阳物理学委员会的成员、第四代印度公务员，还被任命为一个委员会的主席，该委员会专门调查1877年印度可怕饥荒发生的原因。[2]遗憾的是，他并没有被太阳黑子周期和天气波动之间的联系所说服。在1877年，为了回应亨特的论文，他提出，用一种一般的统计检验，来看待整个问题。这个统计方法的过程如下：首先，他计算了年降雨量与其总平均值之间的平均差或误差。接下来，他计算了这些同样的年降雨量，与基于太阳黑子波动周期的最佳可用模型预测值之间的平均差。他认为，如果用周期性曲线代替一般平均值来预测降雨量，残差不会减少多少，那么这个证据就不支持降雨模型中假设的周期性。他发现，实际上，当使用周期性来取代平均值时，误差几乎没有变化，他得出结论："从6个11年周期的平均值中，得出的假定的变化规律，还不如用简单的算术平均值作为任一年的最可能值得出的结果，更接近实际观察值。"[3]

　　其他天文学家急忙争辩说，斯特雷奇的方法并不是真的要检验规律性的波动是否存在，而是衡量波动相对于无规则变异源的大小。[4]正因如此，事情才变得更有趣了。尽管他的数学既简单又无独创性，但它与最小二乘法的结果、拉普拉斯和莱克西斯使用的统计检验的结果以及不时被提出解释各种变异现象的线性模型的结果，有着微妙但重要的区别。斯特雷奇使用他的统计方法，来测量真实的相关性，而不是简单地消除误差；他测量的是一个变量的波动与另一个变量的波动的关系，而非仅仅证明存在着随时间的推移而发生的变化。虽然我们并不知道斯特雷奇的方法有没有先例，也不确定高尔顿本人在多大程度上参与了太阳黑子研究，但这段插曲仍然

278（左侧页码标记）

---

① 参见 Galton, *Memories of My life* (3rd ed., London, 1909), p. 241："在我的'回忆'中，他[斯特雷奇]应该占据一个突出的位置，因为在我们的工作中，我们常常以各种不同的方式联系在一起。"

② Robert Hamilton Vetch, "Sir Richard Strachey", *Dictionary of National Biography*, 23 (1900-1910), pp. 439-442; Strachey, "Physical Causes of Indian Famines", *PRI*, 8 (1877), pp. 407-426.

③ Richard Strachey, "Indian Rainfall and Sun-spots", *Nature*, 16 (1877), pp. 171-172. 亦可参见 Richard Strachey, "On the Alleged Correspondence of the Rainfall at Madras with the Sun-spot Period, and on the True Criterion of Periodicity in a Series of Variable Quantities", *PRSL*, 26 (1878), pp. 249-261。以下文章也支持他的观点：C. M. Whipple, "Results of an Inquiry into the Periodicity of Rainfall", *PRSL*, 30 (1880), pp. 70-84。

④ J. A. Broun, "Rainfall and Sun-spots", *Nature*, 16 (1877), pp. 251-252.

具有启发性。它表明,气象问题和高尔顿那个时代的思想,甚至让像斯特雷奇(或高尔顿)这样数学创造性平平的科学家,也能认识到误差分析的适用性,促使他们将误差分析方法应用于相关性研究。

事实上,就气象问题,高尔顿也使用过一种相关性分析。1870年,他发表了一篇论文,从统计学角度研究了大气压、风速和湿度之间的关系,并提出了一个线性模型,该模型后来被卡尔·皮尔逊认定为一个多元回归公式。[①]这个模型,与最终导致高尔顿走向回归和相关性研究工作的相似性,无疑被夸大了。他在解决问题时,使用的是相较于先前数值记录的偏差,而不是根据一般平均值,所以很难想象,他如何能从这项工作中推导出他的相关性方法。因此,这项研究,或者斯特雷奇和杰文斯对太阳黑子的研究,都不能为高尔顿后来对相关性方法的发现造成具体的影响。不过,它们的意义可能还是相当大的。在英国邱园天文台等地,寻找气象变量之间系统性的统计关系,显然是常规研究;那里还有大量关于气压梯度和风速之间关系的文献,其中高尔顿的朋友惠普尔扮演了重要角色。[②]在气象学中对相关性的追寻鼓励了高尔顿,让他能在其他科学领域如法炮制,并为他在遗传学研究中应用有关的统计方法提供了指导。

社会统计学给高尔顿造成的影响,看起来甚至比气象学还要大。而且,这种影响可以被具体地辨认出来。高尔顿在作品中使用了一个明喻来说明社会统计学的地位,这个明喻不仅是一种解释,而且也是他的遗传学理论的实质内容。这个明喻最为有力地证明了,类比在统计思维的发展中所起的作用,说明了统计思维的诞生,依赖于不同学科间思想的有效传递。高尔顿的社会学类比,为统计学方法引入进化生物学提供了一个楔子。回想起来,

279

---

① Galton, "Barometric Predictions of Weather", *BAAS*, 37 (1870), pp. 31–33.

② 参见: William Ferrel, "The Influence of the Earth's Rotation upon the Relative Motion of Bodies Near Its Surface", *Astronomical Journal*, 5 (1858), p. 99; W. Clement Ley, "Suggestions on Certain Variations, Annual and Diurnal, in the Relation of the Barometric Gradient to the Force of the Wind", *Quarterly Journal of the Meteorological Society*, 3 (1877), pp. 232–237; G. M. Whipple, "Barometric Gradients in Connection with the Wind Velocity and Direction at the Kew Observatory", *Quarterly Journal of the Meteorological Society*, 8 (1882), pp. 198–203。惠普尔写了许多论文,粗略地给出了数值记录的统计相关性。

它几乎可以被视为对他的统计学思想起源的不自觉致敬。他引入类比的方法，与凯特勒、麦克斯韦和埃奇沃斯的类似，并至少在这个类比中，让他们的思想获得了进一步的详细发展。他的文笔从不是干巴巴的，也很少充斥着专业名词，即使以他自己的严格标准来看，他关于遗传机制的讨论也足够生动形象。

高尔顿的生物学研究始于其表哥达尔文关于自然选择的进化论，而达尔文的"临时性的泛生假说"(provisional hypothesis of Pangenesis)为他对遗传机制的研究提供了灵感。高尔顿此时还没有成为生物学家，对有机现象有着广泛的兴趣，而泛生论假说试图为有机现象提供一般框架。该假说认为，从本质上讲，有性生殖与无性生殖、组织修复是相似的。达尔文认为，身体的每一部分都会萌发出微芽，这些微芽在体液中循环，集中在性器官中。受精卵聚集的微芽达到临界值后，它们会结合形成一个胚胎。每一个元素以类似结晶的过程，通过"选择性吸引"(elective attraction)找到自己的位置。为了解释已被发现的隔代遗传现象，达尔文提出，遗传给后代的微芽，比确定生物表型结构所需要的微芽多得多；他在结尾反思了自己的模型对于理解生命个体性的含义："一个有机体就是一个微观世界——一个小宇宙，由许多自我繁殖的有机体组成，它们微小得难以置信，数量众多，就像天上的星星一样。"[1]

微芽遗传理论能够明显地支持在进化研究中使用统计方法，以至于至少到20世纪初，该理论在生物统计学中都一直保留着，尽管在其他生物学分支中，它实际上彻底地失败了。[2]高尔顿立刻接受了微芽理论。他特别难以忘却的，是达尔文的观点——胚胎是通过复杂的选择过程形成的，包括了无

---

[1] 该理论是 Charles Darwin, *Variation of Animals and Plants under Domestication* (2 vols., London, 1868)第 27 章的内容。参见 Gerald L. Geison, "Darwin and Heredity: The Evolution of His Hypothesis of Pangenesis", *Journal of the History of Medicine and Allied Sciences*, 24 (1969), pp. 375–411.

[2] 高尔顿在他出版 *Natural Inheritance* (New York, 1889)时仍然喜欢他提出的一个泛生论的变体。皮尔逊提到微芽遗传是在艾丽丝·李(Alice Lee)的帮助下发表的，参见：Karl Pearson, "Mathematical Contributions to the Theory of Evolution. —VIII. On the Inheritance of Characters Not Capable of Exact Quantitative Measurement," *Phil Trans*, 195 (1900), pp. 79–150; Pearson, *The Grammar of Science* (2nd ed., London, 1900), p. 335.

数不同元素的偏向（affinities）与相互吸引。和他的表哥一样，高尔顿认为，在后代的生理结构中，只有一小部分微芽得到了表达，其余的要么被丢弃，要么以隐性形式遗传。然而，高尔顿对微芽在人体组织细胞中如何萌发，或者如何修复受伤的四肢都毫不关心，而且他那时就对获得性遗传学说表示怀疑，所以他仅仅承认，所有的微芽都存在于性器官中。他的注意力主要集中在微芽被选择的过程上，而这个过程达尔文只是稍稍提到过。

在《遗传天赋》的最后一章中，高尔顿首次讨论了泛生论。这本书出版 281 于 1869 年，正是在达尔文写出《动物和植物在家养下的变异》（*Variation of Animals and Plants under Domestication*）一年之后。他概括性地把该理论解释为两个命题：首先，"胚芽"（germ）或"微芽"是大量生长出来的；其次，"在选择（胚胎上的）附着点时，胚芽应该完全由它们各自的自然偏向所控制；因此，生命形式的奇妙结构是在无数不能自制的偏向的影响下，而不是在集中的支配力量下建立起来的"。高尔顿继续写道：

> 这个由达尔文先生"临时性"提出的理论，在某种程度上是明确地基于纯粹假设的，而在很大程度上也是基于类比的。不管它的对错，它对那些探究遗传的人都有着巨大的帮助。它提供了一把钥匙，让我们在理解遗传过程时，打开其中每一道尚未打开的门；它把在广泛的有机生命中所见到的各种各样的繁殖形式，约束在一个极其简单的定律之内，而且根据泛生论，所有的繁殖形式所处的条件，都与支配每一个个体正常生长的条件相同。因此，从泛生论的角度来研究遗传天赋的真相，将是一个明智的做法。[①]

为了阐明达尔文的假设，高尔顿提出了一套关于自然遗传过程的"明喻"。他认为，既然所有的微芽都是自主活动的，那么它们所决定的特征，"就好比在对不同人群的描述中，通常所能发现的典型面貌。……我所说的这些人群，不受任何集中权力的控制；他们的典型面貌，是通过组成他们的个体的自由行动而呈现出来的。在寻找自己的位置时，他们每个人都专注

---

① Galton, *Hereditary Genius* (London, 1869), pp. 363–364.

于自己的直接利益,并且受到的唯一影响,是他的邻居的选择性偏向"[1]。在一个高度多样化的社会中,一个"水乡",或者任何其他独特人类共同体的形成,可以被纯粹看作"年轻的工匠和其他英国人作为流动的微芽",经历他们的无数自由选择产生的;同样,仅靠人类个体的偏向和精力水平的作用,也能从类似的多样化遗传元素中,形成不同类型的人。[2]

高尔顿的模型可以很容易地用以解释许多遗传现象。例如,自然界表现出形成某些类型的合子的倾向,而排斥其他类型的出现,这可以用一个水乡或度假村的可能形式来说明。这样一个社区,可以很容易地与一个渔村结合起来,因为海边使游客感到愉悦,而游客又为每日捕捞上来的鱼提供了一个市场,等等。然而,如果一个工厂主想要在这里立足,他们的结合将是不可能的,因为"制造业中的尘土、噪音和粗犷的工匠与水乡内的居民趣味难投"[3],二者不可兼得。

高尔顿接着从政治平衡的角度,描述了隐性的微芽和活跃的(或"显性的")微芽之间的区别。根据英国和美国的选举制度,只要一个政党在一个地区占多数,它就完全控制了该地区的政治属性。"然而,假设一个选民阶层迅速增长,比如说爱尔兰人群体,较弱政党的力量会逐渐增强,由少数变成多数,那么政治平衡的运行就会突然出现逆转,该地区或国家的性质就会完全地改变,这可以从它的集体行为中得到证明。这就相当于一种所谓自然'运动'。"高尔顿又问为什么"运动"和"隔代遗传",或者说返祖现象,常常是由来自两个大不相同的类型的人联姻而产生的呢?原因是一样的:如果有两个地区,一个由辉格党控制,另一个由保守党控制,但每个行政区都有大量的爱尔兰少数群体;现在将两地合并,爱尔兰派可能会占多数。高尔顿最

---

① Galton, *Hereditary Genius* (London, 1869), p. 364.

② Galton, *Hereditary Genius* (London, 1869), p. 365. 这个权力的去中心化的比喻极具维多利亚时代的特征。比较以下文章中所讨论的关于心脏的活动的解释:Gerald Geison, *Michael Foster and the Cambridge School of Physiology* (Princeton, 1978), pp. 340-355。亦可参见史蒂文·夏平(Steven Shapin)的一篇评论,载于 *Isis*, 71 (1980), pp. 146-149。这些去中心化的含义可能已经隐含在细胞理论中了,这在杰出的德国生物学家和政治自由主义者鲁道夫·菲尔绍(Rudolf Virchow)的著作中尤为明显。在皮尔逊的时代,甚至英国的生物统计学家也发现它们之间远没有那么一致。

③ Galton, *Hereditary Genius* (London, 1869), pp. 366-367.

后为他的表达方式辩护说:"按照泛生论,这些明喻是完全正当的,值得我们乐此不疲地寻找,因为在我们对遗传的看法上,它们能够提供相当的精确性,并迫使那些乍一看显得反常的事实落入可理解的秩序之内。"①

如果在这个课题上,他的其他更专业著作没有出现这种形式的类比,那么《遗传天赋》中的类比,也许仅仅体现了他的文学想象力。但事实上,他后来仍然使用同样的想象,来表达自己的思想。他坚持认为,一个人的微芽的集合和议会政府的政治进程之间,存在着"严格的类比"。②对于这个明喻,最值得注意的,是高尔顿在1873年发表在《伦敦皇家学会学报》(*Proceedings of the Royal Society of London*)上的论文《论血缘关系》("On Blood-relationship")。该论文最为详细地阐述了他的遗传生理学理论。在文中,他解释了在一次生殖中,微芽繁殖和传播的过程。

高尔顿的论述从"无结构元素"(structureless elements)开始,也就是父母传递给将来的后代的、此时还尚未形成胚胎的微芽。第一个过程是"选举",通过一些未知的过程,这些元素中的一小部分被选择来"代表"遗传物质或"血统"。这些"分离出来的元素"结合在一起,决定了胚胎的整体结构,而那些没有被选中的绝大多数元素,仍处于隐性状态。然而,这两组元素都可以自我复制,当后代成年时,这两组元素为了传递给再下一代而相互竞争。这是第二次微芽的分离,被称为"家族代表"(family representation)。高尔顿认为,这是遗传中最根本的过程,因为它决定了哪些元素会在后代中长存,哪些元素会消亡。还有一种次要的分配过程,被称为"阶层代表"(class representation)。这种过程之所以次要,是因为它只决定了一代人中某一后代的特征。因此,真正的亲属关系链,并不像家谱那样,从父母到后代;而是从父母的微芽(包括隐性的和显性的微芽)到后代的微芽。③

高尔顿模型所类比的社会,有着自由的政治制度,因此不难看出,他的分析方法同样是从当时的社会数值科学中衍生出来的。当然,这门科学叫作统计学。在以社会科学作类比的基础上,高尔顿认为,我们可以假定,决

---

① Galton, *Hereditary Genius* (London, 1869), pp. 367–368.
② Galton, "A Theory of Heredity", *Contemporary Review*, 27 (1875–1876), pp. 80–95.
③ Galton, "On Blood-relationship", *PRSL*, 20 (1873), pp. 394–402.

定后代属性的元素准确地代表了隐性和显性的微芽的总体,而这些微芽只服从于一种"程度微弱的相关性",这种相关性只能在一个非常局部的水平上起作用。他断定,不需要设定任何特殊机制,就能确保后代能得到代表身体各部分的微芽,就像在征兵时,也不用制定正式的规章,就能保证每个城镇都贡献出自己的一部分年轻人一样。在这个过程中,和在所有统计过程中一样,合理的代表性是自发产生的。

因此,根据这个模型,遗传的传递过程类似从盒子中随机抽签,或者更确切地说,一系列这样的抽签:

> 对于亲子之间的遗传过程,我们所能做出的最正确的理解是:假设有一个盒子,里面放有许多球,用不同的方法做了标记。然后我们从这些球中随机抽出一把作为样本,这个样本就代表了父母中的一个。接下来,我们要对这些样本进行检查,并根据样本的式样,在几把新球上做标记,连同它们一起扔回盒子中。现在,让另一个盒子里的东西(它代表着父母中另一个人的影响)与第一个盒子中的混合。最后再从这些由两个盒子中的东西组合而来的混合物中,抽取出第二个样本,以代表后代。用这两次抽样来表示遗传过程是最恰当不过的了。[①]

一旦用这个经典模型表达遗传过程,概率关系就会随之而来。值得注意的是,高尔顿在《遗传天赋》一书中就已经指出:"泛生论为数学公式提供了极好的材料。"[②]他对达尔文泛生假说的评论出现在该书末尾,鉴于它与达尔文的书出版时间非常接近,我们有充分的理由认为,高尔顿是在他表哥的假说的直接启发下写下它的。似乎正是泛生论,让高尔顿产生了对遗传传递过程的统计数据,进行更精确的实验研究的主意。在临近书的结论部分,他概述了这个想法:

---

① Galton, "On Blood-relationship", *PRSL*, 20 (1873), p. 400.
② Galton, *Hereditary Genius* (London, 1869), p. 370.

我看不到什么困难,能阻碍数学家们根据泛生论制定一个精
致的公式。这个公式可以表达出有机体遗传的特征,以及个体偏
好的特征,并在确定了某些常数之后,让我们能够对血统已知的大
量后代,预测其特征的平均分布情况。[①]

在他看来,对支配性原理的发现,已经是可以预见的事了。平均而言,
子代应该"以相同的比例继承存在于父母体内的微芽"。在这个平均值上,
叠加了一定数量的偏差,这些偏差即使不能逐个预测的话,也完全可以大致
预测出来。"简而言之,泛生理论把所有对遗传有影响的因素,都变成了一种
适合使用数学分析来把握的形式。"[②]

最后,高尔顿解释说,如果给出了父母能力的组合,那么就有可能提前
计算出,在他们所生育的后代中,各个才能等级所占的比例,从杰出的 F 级和
G 级,到普通的 A 级和 a 级,再到低能的 f 级和 g 级(见第五章的讨论)。但在
初步研究中,他认为关于遗传才能的数据太不稳定,而且太不可靠。当前的
研究应当致力于使用"某些简单的身体特征的平均值,这种数据在质上不会
弄错,也不会受到在能力评价过程中常常遭受的怀疑"。在泛生假设下,"我
们应该毫不犹豫地接受为遗传研究而得出的平均值,因为每个平均值的含
义和赋值都是清楚的。如果假设相互竞争的微芽具有同等的可育性,并且
假设,受个体变异影响的微芽比例,在所有情况下,都是恒定的,那么平均值
就代表着最终结果"[③]。

因此,高尔顿的遗传模型不仅仅含蓄地揭示了其统计思想的渊源。遗
传涉及无数微芽的行为,其过程可能类似从盒子中抽签,或从一个国家的年
轻人中征兵,这样的假设让他的模型能够符合误差正态律的典型推论。而
相互间偏向理论,为他的生物学相关性概念提供了结构。最重要的是,泛生
论成了遗传模型的基础。在这个模型中,统计参数发挥了根本性的作用,这
些参数包括从父母的微芽或性状中得出的平均值,以及一定的无规律偏差。

---

① Galton, *Hereditary Genius* (London, 1869), pp. 371–373.

② Galton, *Hereditary Genius* (London, 1869), p. 373.

③ Galton, *Hereditary Genius* (London, 1869), pp. 370–371.

也就是说，泛生论所提出的概念，引导着高尔顿在1875年前后开始了对遗传的统计学研究。虽然研究结果并不完全在他意料之内，但高尔顿的模型给出了一些非常适合构造回归公式的统计分析术语。

## 回归与相关

1873年前后，高尔顿终于放弃了为遗传模型建立理论的尝试，不再进行对获得性遗传的研究，转而研究《遗传天赋》结尾所讨论的自然遗传的统计学性质。在于1874年完成的对科学界人员的研究中，他进行统计计算的尝试没有成功，这证实了他早先的猜想，即遗传规律最好用最简单的材料、通过实验来研究。无论如何，他相信这些定律是普遍适用的，并且一旦发现它们，就可以将其应用到智力和道德特质的遗传中。高尔顿决定，首先研究豌豆大小的遗传情况。早在1876年，他就把几百颗测量完毕的种子送给了他的朋友，嘱咐他们把种子种在均匀的土壤里，并按照各亲本大小的类别将后代分开。这似乎是最简单的实验，因为这些豌豆是自花传粉的，所以只需要考虑一个亲本。

在收到丰收的豌豆后，高尔顿"将每个种子称了数千次重量，并像人口普查员对待大量人口那样处理它们"[1]。他以两个维度划分收集到的豌豆种子，首先是根据它们父母本的重量，然后是根据它们自己的重量。如此，他的结果给出了几种不同的重量分布形式，每一种分布都对应给定的重量类别的亲本种子。通过对这些分布的检查，高尔顿得出结论，每一批次的离散度，或概差，是独立于亲本种子的大小类别的。这些测量结果也使他得出了回归定律的第一命题：每批后代的平均值相较于一般平均值的位移量，与其亲本的位移量成正比。但子代的平均位移始终小于亲本；平均而言，它们已经部分地"回复"到了整个种族的平均水平。

考虑到高尔顿作为一名气象学家的经验，以及他对线性关系的感知能力，不难想象，他一开始就尝试过使用线性公式，来解释这些豌豆种子的结果。然而，这里的吻合度似乎足以证明，豌豆种子所显示出的关系，符合某种自然定律；而对气压变化的研究所显示的，只是某些量向同一方向变化的

287

---

[1] Galton, "Typical Laws of Heredity", *PRI*, 8 (1877), pp. 282-301.

趋势。在原始数据粗糙、不准确或高度可变的情况下,高尔顿总是警惕依赖复杂的分析结果所可能带来的危险。不管是他对大气压的研究,还是他基于调查的关于《科学界的英国人》的研究,他对数学分析的探讨都不太深入。在后一项研究的序言中,高尔顿评论道:"我本来想对这些材料详加整理;但是,通过几个月来的认真努力,我清楚地认识到,它们还不能够经受比现在更严格细致的处理。"[1]我们必须记住,高尔顿是在研究遗传,而不是在寻求新的统计学方法。他之所以使用豌豆进行研究,是为了获得至少简单可靠的数据,尽管这些数据与他最关心的智力和道德遗传问题没有直接关系。结果符合他的预期,高尔顿终于能够对遗传物质进行严密的统计分析了。

高尔顿对他发现的线性"回复"关系的准确性感到满意,每一代都有复归平均值的不可避免的趋势。而后他面临的问题是,如何解释整个总体大小分布的明显稳定性。他问道:"为什么虽然每个个体通常都**没有**留下和它一模一样的后代,但是在总体特征上,连续的几代却以极大的准确性表现得非常相似呢?"[2]这样,我们就很清楚了,正是这个问题激发了高尔顿去研究分析变异的基本数学工具。他最终认识到,从中可以发现一种普遍的相关性方法。他认为,只有在一种条件下,即微芽所代表的性状分布在每一点上都由误差定律控制时,问题才能得到回答,因为只有这个指数函数在与自身相乘时,才能够保持同样的形式。[3]

288

他对遗传过程中出现平衡的解释并不复杂。假设支配亲本大小的分布符合凯特勒误差定律 $\frac{1}{c_0}\sqrt{\pi}\,e^{\frac{x^2}{c_0^2}}$,其中 $c_0$ 是曲线离散度的度量,$x$ 是离均值的偏差。为便于分析,高尔顿将繁殖过程分解为几个部分,然后依次评估每个部分对曲线的离散度或宽度的影响。人类繁殖的第一件事情,交配(尽管高尔顿相信,这不是豌豆繁殖过程的第一件事情)将导致两个个体的微芽混合在一起。假设配偶的选择与个体大小无关,则各对亲本的平均大小,也称为"中亲本"(mid-parental)大小,将按照同样的误差曲线分布,但离散度缩小到

① Galton, *English Men of Science: Their Nature and Nurture* (New York, 1875), p. vii.

② Galton, "Typical Laws of Heredity", *PRI*, 8 (1877), p. 492.

③ Galton, "Typical Laws of Heredity", *PRI*, 8 (1877), p. 495, 512.

$c_1$,等于$c_0 / \sqrt{2}$。这个循环中的下一件事是"回复"(reversion),它表示对于任何给定父母的后代,其平均值依照固定的比例回到均值的趋势。因此,曲线将进一步收窄;这些后代平均值的离散度被简化为$c_2$,定义为$c_2 = rc_1$,其中$r$指回复度,是一个小于1的常数。最后,尽管任何给定大小的父本的后代,就平均情况而言,都会部分地回复到平均值,但它们也受制于一个离散因子,高尔顿称之为"家族变异性"(family variability)。这个因子可以用$v$表示,其效果是让曲线变宽,它的离散度$c_3$等于$\sqrt{v^2 + c_2^2}$。此时,由于后代总体的组成与亲本相同,所以$c_3$等于$c_0$。因此,4个未知数由4个方程控制,一旦测出$r$和$v$,就可以很容易地得出解。整个过程可以机械地描绘出来,高尔顿就是用他著名的五点形晶格模型(quincunx lattice model)来表示的。[①]

在1877年皇家科学研究所的一次讲座中,高尔顿首次报告了这项研究的结果。在接下来的几年里,他集中于心理学研究——当然,这些研究并非没有优生学的意味,因为他最关心的是道德和智力特征的遗传——然后,他在1884年又回到了直接的遗传学统计研究上来。此时,他希望在人类身上证实他的遗传定律,于是他不遗余力地收集了许多度量值,比如一个家庭几代人的身高记录。结果在很大程度上令人满意,因为看起来,人类的遗传确实受到与豌豆相同的统计关系的支配。因此他的分析在本质上是相同的。然而,他确实将术语从"回复"(reversion)改成了"回归"(regression),这一转变的意义尚不能完全弄清楚。可能他只是觉得后一个词更准确地表达了后代只是部分地复归均值这一事实。更有可能的是,这种变化反映了他的新信念,这种信念首次出现在他提出"回归"一词的同一篇论文中,即对均值的复归反映了类的内在稳定性,而不仅仅是祖先的微芽的重现。类型通过回归而得以保存,"孩子有效继承的""比他祖先的累积偏差要少"。稳定性源于微芽偏向性的持续存在,而且这种偏向性只有通过创造出一个新的多数,或出现一次"运动",形成了新的稳定点,才能被克服,正如他的政治比喻所表示的那样。因此,对连续变异(continuous variation)的人为或自然选择,相比运动或突变所保存的而言,最多是一种有效性低得多的进化动因。[②]

---

① 为了简单起见,我在这个模型中省略了代表自然选择的阶段。

② Galton, "Family Likeness in Stature", *PRSL*, 40 (1886), p. 62.

对人类的研究确实提出了一个新问题,它对解决高尔顿后来在相关性的一般问题上的研究非常重要。这个问题是一个明显的悖论——高尔顿发现,从中亲本的身高到后代的身高的回归,正好是从后代身高到中亲本身高回归的两倍。什么可以解释这种数学可逆性的失败呢?这个问题沉重地压在高尔顿的心头;甚至在四分之一个世纪以后,他仍然清晰地记得解决这个问题时的那种成功的欢欣。当他走在纳沃斯城堡(Naworth Castle)的地面上时,一阵狂风袭来,他在小路旁的岩石中寻求庇护。突然,他脑子里闪过这样一个念头:"遗传定律只与用统计单位表示的偏差有关。"[①]中亲本身高的分布并不完全与个体一致;它表示父亲和母亲的平均身高(后者是经过调整的,以符合与男子身高相同的尺度)。假设亲本的身高并不相称,那么中亲本身高的离散度必然比个体的离散度降低 $\sqrt{2}$ 倍。因此一个给定的相较于中亲本平均值的偏离,对子女个体的影响被放大了 $\sqrt{2}$ 倍,而相应地从子女到中亲本的回归也以同样的因数缩小。[②]

290

尽管回归和相关性在数学上有相同之处,但10多年过去了,高尔顿才意识到它们的联系。实际上,正是数学上的一致使得高尔顿认识到,他之所以能够使用数学,是因为他的回归问题是相关性的一个特殊情况,而不是因为概念上的相似性。其中的原因应该是很清楚的——回归一开始就根本不是作为一种统计方法来考虑的。尽管它可以与一套统计方法相结合,来解释一个群体中许多特征分布的连续性,但它还是一个遗传定律。使用线性模型本身作为数据的粗略近似,这并不是很大的进步,因为在气象学中,高尔顿等人已经使用了这样的模型。对高尔顿来说,回归在某种程度上比他的气象模型有趣,这既是因为线性回归代表了一种真正的自然定律,也因为它为一个未知的问题——自然变异的稳定性的原因——给出了一种有用的回答。

那么严格看来,高尔顿"相关性"观点的起源,不应追溯到他关于遗传的

---

① Galton, *Memories of My life* (3rd ed., London, 1909), p. 300. 大多数研究高尔顿的人认为这段话一定是指19世纪70年代早期。他们可能是对的。但我看不出高尔顿在19世纪80年代之前研究的遗传问题需要统计单位的概念——不管它们在为只能按等级排序的性状赋值方面有多大用处。

② Galton, "Family Likeness in Stature", *PRSL*, 40 (1886), pp. 56-57.

研究,而应追溯到习惯上用这个术语表示的生物遗传现象。[1]达尔文认为,那些本身并不有利的性状,可能会因为对它们起到促进作用的相关性,而遗传下去。[2]在《遗传天赋》一书中,高尔顿广泛运用了生物学中连锁(linkage)的概念。这让他对一些问题给出了解释,例如,为什么牧师的孩子最后往往行为恶劣。他解释说,对于神性至关重要的虔诚包括两个不同的属性:高尚的道德品质,以及在自我牺牲的崇敬和庸俗的感官享受之间明显的摇摆倾向。既然"这些属性没有任何相关性",那么就可以得出这样的结论:神学家的子女往往会继承摇摆倾向,而没有继承道德,这是一个灾难性的组合。[3]类似地,高尔顿在《科学界的英国人》中写道:"精力与头小的程度有关。"他试图寻找与科学能力或值得研究的能力相关的身体标志,希望这些知识能够有利于未来的优生计划,以培养伟大的科学家。至少在1873年前,高尔顿就已经在生物学形式中理解了相关性。他对相关性的解释是,微芽具有呈现出各种偏向并在某些群体中传播的趋势。[4]

众所周知,高尔顿通过对人身识别的研究,得出了相关性的数学概念。他再次对这个问题感兴趣的直接原因,是阿方斯·贝蒂荣(Alphonse Bertillon)用于识别罪犯的新方法。贝蒂荣是法国的一个著名统计学世家的一员[5],他建议通过测量身体的四个部位——身高、手指、手臂、脚的长度,然

---

① 就高尔顿的情况而言,也许还有地理因素,参见 Galton, "Address as President of Geography Section", BAAS, 42 (1872), pp. 198-203:"每一块土地的布局,它的土壤,它的植被,它的河流,它的气候,它的动物和人类居民,都是相互作用的。分析它们之间的相关性,取其精华,去其糟粕,是地理学的最高问题。"

② 参见 Charles Darwin, On the Origin of Species (London, 1859), chap. 5。

③ Galton, Hereditary Genius (London, 1869), p. 282. 后来他给出了类似的论证,参见 Noteworthy Families (London, 1906), p. xv。

④ Galton, "Blood-relationship", PRSL, 20 (1873), pp. 395-396.

⑤ 他的外公是人口统计学的创始人阿希尔·吉亚尔;他的父亲是路易-阿道夫·贝蒂荣 (Louis-Adolphe Bertillon),此人是《医学百科全书》(Dictionnaire encyclopédique des sciences médicales)中广为人知的"平均数"(Moyenne)一章的作者(参见 "La théorie des moyennes en statistique", Journal de la Societé de statistique de Paris, 17 (1876), pp. 265-271, 286-308);雅克·贝蒂荣(Jacques Bertillon),一位致力于提高法国人口出生率的人口学家,是他的兄弟。参见 Bernard-Pierre Lécuyer, "Probability in Vital and Social Statistics: Quetelet, Farr, and the Bertillons", Prob Rev; Michel Dupaquier, "La famille Bertillon et la naissance d'une nouvelle science sociale: la démograplie", Annales de démographie historique, 5 (1983), pp. 293-311.

后根据某种统一的标准将其分为短、中、长。他预计犯罪人群将因此被分成大致相等的81个类别。在过去的六年里，高尔顿特别积极地从事人体测量工作：他设立了一个奖金，来收集完整的"家庭教师记录"；他曾在国际健康博览会（International Health Exhibition）上打造了一间人体测量实验室，来测量好奇的路人；他还和约翰·维恩一起，从各大学校获取测量结果并加以分析。这些工作的大部分目的，是证实并推广他的遗传回归成果。但同时，他也关注到人类特征所具有的独立性或相关性。他希望发现，在统计学上独立的特征能够独立地遗传给后代，还希望能确认后代身体的每个部分都是从哪个祖先身上得来的。不管怎样，高尔顿立即发现，贝蒂荣的度量值并不是独立的——因为长脚和长腿往往会同时出现，所以大多数罪犯身体部位长短的类别，最终会集中在一个相对较小的数量上。他决定在他的人体测量实验室内重复贝蒂荣的测量，以"估计它们相互依赖的程度"[①]。

这种"相互依赖程度"的计算，必须按照他在思考中亲本和后代个体之间互为倒数的回归时，所发现的原则来进行，因为要想把比平均水平长一英寸的脚，和比平均水平长三英寸的手臂相互比较，只能以这种理论为基础。1888年底，在他的著作《自然遗传》出版之前，高尔顿突然找到了解决这个犯罪学中的"纠缠问题"的办法。按照他惯用的经验性方法，他画了一幅以左肘为单位的身材图，再以各自概差为单位缩放坐标轴，然后他开始输入从人体测量数据中得到的点。在高尔顿精湛的绘图技艺之下，这个问题烟消云散了。"我就这样写着，随着纸上记号的数目越来越多，它们的总体布局也愈加明确。我突然发现，它们的形式与我在讨论亲属关系时所熟悉的形式非常相似。"[②]他意识到，在数学上，这个问题和回归问题是一样的。"只要稍加思考，就可以清楚地看出，家族相似性只不过是相关性的广泛课题中，一个特殊的案例。而已经用在家族相似性案例上的全部推理，也同样适用于最普遍的相关性问题。"[③]亲本高度对子代高度的回归，已经用 $y=rx$ 的形式表示出来了；而身高与其他量的相关性，比如说与臂长的相关性，可以表示为 $ay=$

① Galton, "Personal Identification and Description", *Nature*, 38 (1888), pp. 173–177, 201–202.

② Galton, "Kinship and Correlation", *North American Review*, 150 (1890), pp. 419–431.

③ Galton, "President's Address", *JAI*, 18 (1889), pp. 401–419.

*brx* 或 *y=rx(b/a)*,其中 *a* 为身高 *x* 的概差,*b* 为臂长 *y* 的概差,*r* 为相关系数。他认为,这就是身体部位的相关性这一重大生物学问题的解。在发现这个答案之后,他立刻觉得这结论是如此显而易见、理所应当,于是连忙把他的发现发表了出来,甚至没有修正计算。高尔顿担心,《自然遗传》的读者很快会认识到同样的解决办法,这样他就会丢掉学术优先权。[1]

当然,并不是在相关性方法中,线性方法才被"发现"出来。高尔顿的方法中最重要的创新,是将变异分解为不同的类别——一部分可以用相关的变量来解释,另一部分仍然是误差。使用度量值与某个函数进行比较,来计算残差的做法,在当时很常见。但在这样做时所选取的那个函数,几乎总是表示一些非常具体的东西——如恒星的视位置随着地球旋转的变化。天文学家们对纠缠的兴趣,从来没有达到像高尔顿那样,将误差进行分解的地步。理查德·斯特雷奇曾经接近了这个想法,但他并没有通过赋值来具体化太阳黑子和降雨量之间的联系。即使是那些对自然相关性感兴趣的人,也不容易想到需要对变异进行分解,而这个过程是数理统计学的根本。高尔顿,一个没有多少数学才能的人,是怎样悟出这种微妙的想法的呢?

答案就隐含在他的发现过程中。从他对特定人体度量值之间相互关系的研究中,高尔顿并不是直接认识到,每种度量值的总变化可以分解为两部分。相反,他是通过经验来发现这一点的。他画出的相关图的样式,与他在回归研究中多次看到的图形完全相同,因而他推断,同样的数学方法也适用于这些问题。此时,虽然在数学上,回归和相关(正如高尔顿给它们下的定义)确实是相同的,但在概念上,回归要直截了当得多。一旦高尔顿断定,就平均而言,每一种大小类别的亲本豌豆的后代,都倾向于以一定百分比的距离回归到平均值,他就面临一个已经得到了明确定义的问题,这个问题不是用抽象的统计学变异,而是用具体的生物学变异来表述的。他面前摆着两组豌豆,一组是另一组的后代。两组都可以用相同程度的离散来表示,不过每个亲本大小的类别,都已经通过子代的平均性状回归了一定程度。这就

---

[1] Galton, "Kinship and Correlation", *North American Review*, 150 (1890), p. 420. 他关于相关性的第一篇论文是 "Co-relations and Their Measurement, Chiefly from Anthropometric Data", *PRSL*, 45 (1889), pp. 135–145。

不需要解释为何要把变异划分为两个部分了。一些亲代的变异被保留了下来,因为回归是不完全的;其余的变异,则产生于每个大小类别的亲本的后代所具有的"家族变异"。一般的相关性问题,并没有很自然地让人们从数量方面的相关性来理解问题中的变异。高尔顿发明的相关性方法,不能归因于他数学上的敏锐——尽管他对简单数学的直觉把握是不可或缺的——而是由于他广泛的兴趣,以及他举一反三的能力。

高尔顿将自然变异划分为被相关模型所解释的和未被解释的两种。这一划分方法已经成为显而易见的知识。一旦它被明确地表达出来,就很难想象具有任何水平的数学头脑的读者,怎么可能没有认识到它有效又有用。然而,当时的人并不清楚这一点,而且高尔顿很难说服一些人,尤其是数学家,他们不认为他对概率的使用是合理的。例如,我们在高尔顿的《回忆录》中发现:

> 在我第一次努力学习高斯定律的应用时,(H. W. 沃森)给了我很大帮助。但在很长一段时间内,由于某些我所未能明白的原因,数学家们,包括沃森自己,似乎都很难理解它。他们莫名其妙地感到惊慌,唯恐在不知不觉中违反了众所周知的逆概率规则,而这种违反从未发生过。我本可以给出一个显而易见的例子,但我放弃了,因为这似乎是在贬低一个数学能力远超于我的人。不过,他还是错得离谱。在某种意义上,高斯误差定律的主要对象,与我把它应用到的对象完全相反。他们想要消除误差,或者为其提供一个合理限度。但这些误差或偏差正是我想保留并了解的东西。[1]

虽然高尔顿没有透露这个"显而易见的例子",但沃森本人并不讳言。正如高尔顿所保证的那样,这个事件突出地说明了,误差定律和高尔顿的变异定律在概念上的差异。这样,相关性方法出现在生物统计学,而不是天文学中的原因,就变得更加清楚了。

高尔顿给沃森提出的问题,恰恰涉及变异的分解。这件事发生在1890

---

[1] Galton, *Memories of My life* (3rd ed., London, 1909), p. 305.

年前后,当时高尔顿在发现了一根古代人的股骨后,正试图计算出骨架的预期高度。[1]这与最初的相关性问题不同,因为大腿的长度本身就是身高的一个因素。高尔顿可能感受到了这种区别,因此对自己的推理感到不安,于是去咨询一位更有经验的数学家。然而,咨询的结果一点也不能令他满意。沃森和另一位数学家,可能是 J. D. 汉密尔森·迪克森,都不能像高尔顿那样看待这个问题。高尔顿和沃森在这个问题上的差异很有启发意义。

沃森是用以下方式叙述这个问题的。假设一个人跳了一次,又跨了一大步;假设跳远距离和步幅,都以通常的方式,分别以概差 $a$ 和 $b$ 分布在平均距离周围。很明显,假设跳远距离和步幅是独立的,那它们的和的概差 $h$ 将由 $\sqrt{a^2 + b^2}$ 给出。现在,假设已知的不是跳远距离和步幅的概差 $a$ 和 $b$,而是跳远距离和它们的总和的概差 $a$ 和 $h$,高尔顿想知道步幅的概差是否能由 $b = \sqrt{h^2 - a^2}$ 给出。沃森立即回应说,高尔顿"绝对错了"。如果已知 $h$ 而不是 $b$,那么表达式 $h = \sqrt{a^2 + b^2}$ 就不再成立,就像在解决抛 100 次硬币的预期结果问题时,虽然预期仍然是 50 次正面和 50 次反面,但是已知前两次是正面,问题就被改变了。沃森认为,总和与跳远距离的误差必须以通常的方式合并,即 $b = \sqrt{h^2 + a^2}$。

沃森的推理并不十分正确,即使对于一个除了消除误差之外,从来没有把高斯曲线用于其他任何目的的人来说,也不值得效仿——事实上,沃森在分子运动论中也使用过高斯曲线。根据乔治·艾里的原理,跳远距离与它们的和显然是纠缠在一起的,它们的误差不能像它们在独立的情况下那样结合在一起。不过,沃森是一位有才能的数学家,而高尔顿则不是,所以需要一些微妙的思维,才能理解沃森是如何同时相信 $h^2=a^2+b^2$ 和 $b^2=h^2+a^2$ 的。

显然,沃森认为,概差不过是天文学家的巧计,是一种瞬息即逝的实体,甚至不需要遵守算术规则。也就是说,他认为概差的价值完全在于认识方面的功能,它不是所考虑对象的属性。高尔顿则持有完全不同的观点,他认为:"一个体系的概差就像圆的直径一样,是同样确切的。"[2]最终,高尔顿让沃森把所有的跳远距离、步幅与总和都想象成是刻在石头上的,以此说服沃

---

[1] Galton, "Kinship and Correlation", *North American Review*, 150 (1890), p. 419.

[2] Galton, *Natural Inheritance* (New York, 1889), p. 58.

森,让沃森相信他的观点是有道理的——尽管这位数学家对此一直感到不自在。于是,方程$h^2=a^2+b^2$就不仅仅是对知识缺陷的概括;这将是一个严格的真理,可以用任何量尺来证实。这样$b^2$就等于$h^2-a^2$,而$b^2=h^2+a^2$就是错的,[1]否则就是对统计数学特征的误解。直到他的读者相信变异的统计度量是一个真正的数学量,而不是某个难以捉摸的不完善认知的标准之前,高尔顿的观点都甚至是无法被理解的。

### 皮尔逊和数理生物统计

1889年,高尔顿的《自然遗传》和相关性方法几乎同时出现,这标志着统计学走向了现代时期。相关性作为一种工具,有望在几乎每个领域都发挥作用,特别是对于那些很难查明清晰的因果关系的领域。不久,它便成了在人体测量学中经常应用的方法,而且被用来研究各种社会问题,如犯罪、贫穷、无知、酗酒和健康不佳之间的关系。《自然遗传》启发了生物学家去寻找研究达尔文进化论的方法。在高尔顿方法的早期倡导者之中,沃尔特·韦尔登(Walter Weldon)是特别有影响力的一个。他毫不含糊地说:"动物进化的问题本质上是一个统计问题。"[2]韦尔登不是一位数学家,他遇到的数值分析问题超出了他的能力范围,于是他向伦敦大学学院的同事、精通数学的卡尔·皮尔逊寻求帮助。很快,皮尔逊就为统计学的力量所折服,视之为生物科学数学化的媒介——在他看来,生物科学还包括社会科学和行为科学。他后来表示,韦尔登"首先形成了这样一种观点:总登记局局长的方法,是解决自然选择的基本问题的方法,这是生物统计学的本质特征"[3]。从1893年起,皮尔逊致力于在数学上得出这些方法,并证明它们的应用范围。他说,除"形而上学推测"外,统计学是生物学的唯一选择。"我们必须从总体中的遗传开始,到越来越小、越来越小的各类别中的遗传,而不是试图通过观察

297

---

[1] H. W. Watson, "Observations on the Law of Facility of Errors", *Proceedings of the Birmingham Natural Historical and Philosophical Society*, 6 (1889–1891), pp. 289–318.

[2] 转引自 E. S. Pearson, *Karl Pearson: An Appreciation of Some Aspects of His Life and Work* (Cambridge, 1938), p. 26。

[3] Karl Pearson, "Walter Frank Raphael Weldon 1860–1906: A Memoir", *Biometrika*, 5 (1906), p. 285.

个别情况来建立一般规则。简而言之，我们必须采用统计方法，而不是考虑典型案例。"①

统计学可以广泛应用于社会和生物科学，以及它将受益于建立在数学基础上的系统研究，这些观点并不是等到皮尔逊在1893年转向统计学之后才出现的。对数值方法所适用领域之宽广，弗朗西斯·高尔顿一直感触良深。当10多年来他一直视之为生物学原理的回归定律，被证明是一种普遍的相关性方法时，他得到了新的灵感。多年来，他一直在数学界培养人脉，希望通过给数学家们送去他无法解决的特殊数学问题，使他们对统计学的一般问题产生兴趣。其中有一位数学家名叫 W. F. 谢泼德。1892年，谢泼德批评《自然遗传》未能系统采用统计学方法，高尔顿对此完全同意：

298 　　　显然，我们想要的是一份清晰优雅的梗概，它关乎所有涉及应用指数定律的社会和传记[原文如此(biographical)，应为"生物学(biological)"之笔误——原注]问题的理论工作。我相信时机已经成熟，任何有能力的数学家都可以做到。但我一清二楚，自己不能胜任。埃奇沃斯有他自己的著述和兴趣，但没有不断将它清晰地呈现给我们。此外，他有点过于喜欢使用比通常所需的更高级、更繁杂的数学。沃森太忙，而且我觉得他太挑剔、太胆小。我常常思考这一需求，非常希望找到一个愿意投身于这种有用的、高级的工作的人。他几乎可能就要**创立**一门科学了，只是这门科学的材料现在看来还过于混乱。②

实际上，在《自然遗传》中，也大量存在着对统计学一般理论的赞颂。高尔顿解释说，在开始他的研究主题之前，有必要先讨论统计方法。然后，他补充说，他不得不进行间接式的研究，但他也不觉得遗憾，因为统计学这门学科"本身就教人兴致盎然"：

---

① K. Pearson, "Mathematical Contributions to the Theory of Evolution. —III. Regression, Heredity, and Panmixia" (1896), *ESP*, pp. 113–178.
② 参见高尔顿于1892年10月23日致皮尔逊的信，出自 file 315, *FGP*。

　　它使我们熟悉了对可变性的度量,以及各种适用于多样性十足的社会主体的偶然性定律。这一部分的研究,可以说是沿着一条海拔颇高的道路进行的,在各个意想不到的方向上有着宽阔的视野,可以很轻松地下降到与我们现在所要达到的完全不同的目标。我要写的是一个宏大的课题。①

皮尔逊在回顾他的生涯时,对《自然遗传》这本书的初次阅读经历,尤其对刚才引用的这段话的精神,赋予了特殊的意义:

　　"海拔颇高的道路""在各个意想不到的方向上有着宽阔的视野""轻松地下降到与我们现在所要达到的完全不同的目标"——这是一个冒险漫游者的领域。我好像看到了一位德雷克[1]时期的海盗。我把高尔顿的这句话理解为,有一个范畴比因果关系更广,那就是相关性,因果关系只是其中的局部,这种新的相关概念把心理学、人类学、医学和社会学中的很大一部分研究,带入了数学领域。我以为,可靠的数学只能用于因果关系范畴内的自然现象。是高尔顿把我从这个偏见中解放出来。在生命领域,尤其是在人类行为的领域,第一次出现了获得有效知识的可能性;而且这样的有效性,就像以往人们认为物理知识所具有的有效性一样。不过,我没有说一定能够获得这样的知识。②

皮尔逊在这里要么是健忘症犯了,要么就是言不由衷。相关性方法并没有出现在《自然遗传》中;虽然皮尔逊在1889年认可了高尔顿的优生学目标,但高尔顿的书只让他评论道:"将精确科学的方法,应用于描述性科学的

299

---

① Galton, *Natural Inheritance* (New York, 1889), p. 3.
② K. Pearson, *Speeches Delivered at a Dinner Held in University College, London, in Honour of Professor Karl Pearson, 23 April, 1934* (Cambridge, 1934), pp. 22–23.

问题,是相当危险的。"①只有通过韦尔登,皮尔逊才接受了高尔顿研究生物遗传的方法。在此之前,他曾经对因果关系这一范畴产生怀疑。然而,一旦他学会了统计学,他很快就让自己相信了拉普拉斯和凯特勒的名言:数学是研究各个领域的正确方法,是科学的永恒标志。

讽刺的是,对于在社会和生物统计中使用高等数学,高尔顿很快便开始持怀疑态度了。皮尔逊在其第一篇统计学论文中,提出了一种分离叠加的正态曲线的方法,他希望这可以为查明正在进行的物种形成过程提供一个标准。对此,高尔顿批判性地写道:

> 在我看来,正如达尔文教授所说,观察到的频率曲线的外形,从来没有精确到能够让它们自己可以被精确、细致地处理的程度。有一次,我把大量成年男性和成年女性的数据混合在一起,本来是想自娱自乐,但我痛苦而惊讶地发现,结果并没有像我预期的那样明显地偏离正态曲线。②

第二年,也就是1894年,皮尔逊寄给高尔顿一本《动物进化的代数》(*Algebra of Animal Evolution*),这本书的作者是伦敦大学学院 W. K. 克利福德的学生阿瑟·布莱克(Arthur Black),他在此前不久自杀了。皮尔逊认识到,布莱克和他是沿着同样的进路研究的。尽管皮尔逊、韦尔登和高尔顿对它评价良好,但是布莱克的这部手稿从未出版。但高尔顿的好评是有所保留的,他表示:"真的很怀疑,是否有哪个有机体的定律,与误差函数相符合的程度,能够严格到让人在这个不牢靠的地基上,建造起宏大的数学大厦。"③早在1906年,高尔顿就因为社会学没有按照勒普累(Le Play)[2]的模式

---

① 他还抱怨,高尔顿关于生物形式的稳定性和进化依赖于运动的言论,"这只是一个没有科学价值的类比,'如何'比'为什么'还没有价值"。皮尔逊拥有的《自然遗传》副本第30页的铅字笔记,转引自 Bernard J. Norton, "Karl Pearson and Statistics: The Social Origins of Scientific Innovation", *Social Studies of Science*, 8 (1978), pp. 3-34。

② 1893年11月25日高尔顿致皮尔逊的信,出自 file 245/18A, *FGP*。

③ 高尔顿早就意识到,误差曲线的拟合很少是精确的;1877年,他建议亨利·皮克林·鲍迪奇(Henry Pickering Bowditch)不要把他的人体测量结果"调整得与'误差定律'强求相符"。参见 Helen M. Walker, *Studies in the History of Statistical Method with Special Reference to Certain Educational Problems* (Baltimore, 1929), p. 101。

进行细致的个案分析,而表示遗憾。几个月后,在谨慎地批评皮尔逊时,高尔顿就数学与统计的关系发表了如下观点:

> 你真的误解了我内心深处对数学的看法。我崇拜并敬畏它们,不过在使用它们时我总是有节制的,因为我一直担心它们结果的准确性可能赶不上数据的可靠性。这就是全部。我的根本担忧是,过于随意地使用了统计学"公理",即"不特定的影响往往会在同一序列中相互抵消"。我的怀疑总是存在于有问题的同质性假设上,我认为极值很可能是由一种异质性的混合物产生的,这种异质性活跃着,但无法辨别。所以,我喜欢那些粗糙但理论上正确的统计数据,我总觉得在它们小数点后的一两位内比较安全。这一切都是无害的,不是吗?这是个纯粹的一般性陈述,完全没有特指生物统计学。[1]

尽管在一开始,皮尔逊对他与高尔顿在生物统计学上的冲突感到担忧,但他对《自然遗传》的回忆,仍然能体现出他转向统计方法的深层原因,这一点并没有被他对事实的错误陈述所推翻。如果智识影响的程度可以用文字来衡量,那么皮尔逊的四卷高尔顿传记诚然象征两人之间重要的联结。皮 *301* 尔逊就是高尔顿一直在寻找的那个数学家,而且作为一名智者,高尔顿知道,一位思想强劲的人不可能长期屈从于另一个人的观点。高尔顿用他的金钱和思想支持皮尔逊。当他去世时,他的财产被用于在伦敦大学学院建立一个优生学实验室,并设立了一个教授席位,根据他遗嘱的推荐授予了皮尔逊。

皮尔逊还真是个"海盗"。他有着"毅然决然的海盗倾向"[2],不断试图为数理统计抢夺知识领域——这是他几乎一直卷入激烈争论的原因之一。那些仍然主宰着皇家统计学会的社会改良主义者和非数学家,反对他的优生

---

[1] 1906年12月14日高尔顿致皮尔逊的信,出自 *FGP* 245/18G。

[2] K. Pearson, *Speeches Delivered at a Dinner Held in University College, London, in Honour of Professor Karl Pearson, 23 April, 1934* (Cambridge, 1934), p. 22.

学方法。但他也从不让步,极为鄙视前者在统计分析方面的微少工作。他非常依赖高等数学,坚定不移地认为"自然从不飞跃"(*Natura non facit saltum*),并以此拒绝孟德尔式遗传基因的存在,要求在遗传研究中只使用平滑、连续的统计函数——这些观点,让生物学家和遗传学家们,如威廉·贝特森(William Bateson)等,十分失望。①

在另一种意义上,皮尔逊也表现出了"海盗"的特征。他逐渐掌握了早期最成功的统计思想,以及数学学者的思想精粹,并将其信手拈来——他的思想无拘无束地漫游在知识的世界里。高尔顿和韦尔登的思想,是皮尔逊智识活动的焦点,他们的广泛课题正是皮尔逊的兴趣所在。在1893年之前,他研究和写作的话题种类之多令人吃惊。他的早期作品绝不肤浅或业余,而是将社会和宗教历史、文学、科学哲学、戏剧和民间故事、宗教和神秘主义、社会主义、妇女权利和进化论,作为历史和生物学的框架来看待——而在皮尔逊作为一名应用数学家开始学术生活之前,所有这些研究就已经出现了;在学术研究之外,他甚至还一度涉足法律。当他第一次被推荐为伦敦大学学院的教授时,竟然出现了如此不同寻常的情况:

> 当时,比斯利[3]教授,仅仅因为我在革命社团发表过演讲,克鲁姆·罗伯逊(Croom Robertson)教授,仅仅因为我在他的期刊《心灵》(*Mind*)上发表过关于迈蒙尼德(Maimonides)[4]的文章,亚历山大·威廉森(Alexander Williamson)教授,仅仅因为我发表过有关原子的研究报告,以及亨利·莫利(Henry Morley)教授,仅仅因为我曾参加并批评了他关于"湖畔诗人"(Lake Poets)[5]的讲座,他们就坚持让我成为数学系教授讲席候选人。②

1857年,卡尔·皮尔逊出生在约克郡的一个严厉而勤劳的律师家庭。从

---

① 关于生物统计学家和孟德尔学派之间的争论,参见 William B. Provine, *The Origins of Theoretical Population Genetics* (Chicago, 1971); B. J. Norton, "The Biometric Defense of Darwinism", *JHB*, 6 (1973), pp. 283-316。

② K. Pearson, *Speeches Delivered at a Dinner Held in University College, London, in Honour of Professor Karl Pearson, 23 April, 1934* (Cambridge, 1934), pp. 20-21。

一开始,他就充满了对知识的热忱,虽然他可能并不是一个拥有很充分的自我批评精神的人,但他在20岁时就与基督教决裂了。"就我个人而言,我并不是在理性主义之下出生、成长的,那不是我的'心灵气候';我花了5年的时间,在形而上学和神学的迷宫中苦苦挣扎,在领悟了不可知论之后找到了平和。"[1]他很快就确信,斯宾诺莎的理性主义形而上学,是唯一在科学上值得推崇的宗教形式——对于皮尔逊的斯宾诺莎信仰,乌德尼·尤尔(Udny Yule)恰如其分地将其描述为"一种宗教,有人可能会说,它让一位皇家学会会员置身其中,并告诉你这就是天国"[2]。尽管他对他所认为的普遍迷信不屑一顾,但他并没有一直努力拆穿基督教。相反,他一再表达出对中世纪天主教会的钦佩,不过是对其组织形式的赞同,而非对教义的认可。他还指责路德打破了这个令人钦佩的体制,以至于现在连伊拉斯谟(Erasmus)这样的异端观点也能被接纳了。[3]他还赞同"科学祭司制"的想法,他的政治观点令人想起孔德的精神:

> 我们从未想过使用街上行人的意见,来解释月亮为什么不按算好的时间运行;我们也不问他对于调理素指数(opsonic index)的价值有什么看法;我们认识到,这些问题需要特殊的训练和分析,完全超出了他的理解力。但我们仍然认为,他很有能力针对妇女就业是否对育儿有利发表意见,尽管他可能没有掌握任何数据,而且就算掌握了,也完全无法解释这些数据。[4]

就像之前的高尔顿一样,皮尔逊在生活中也需要一个使命——神圣的或世俗的使命。皮尔逊拒绝了高尔顿安排他成为国际统计协会荣誉会员的

*303*

---

[1] Pearson, "Reaction", *The Chances of Death and Other Studies in Evolution* (2 vols., Cambridge, 1897), vol. 1, pp. 194-195.

[2] G. Udny Yule, "Karl Pearson (1857-1936)", *Obituary Notices of Fellows of the Royal Society*, 2 (1936-1938), pp. 72-104.

[3] Pearson, "Martin Luther", *The Ethic of Freethought and Other Addresses and Essays* (2nd ed., London, 1901), p. 199.

[4] Pearson, "The Academic Aspect of the Science of National Eugenics", *Eugenics Laboratory Lecture Series*, 7 (London, 1911), p. 20.

邀请——高尔顿认为这一安排可以让皮尔逊为自己整理数据。皮尔逊不客气地写道,"虽然一个贵格会信徒的后代应该成为又一个贵格会信徒","也许我身后是许许多多的贵格会自由人,但是我不得不有所抗争,我不想成为不为我认为正确的观点而奋斗的任何组织的成员。现在,没有什么比欧洲政府统计部门更需要重组的了"。但是,皮尔逊决心把他的时间花在更高的使命上,那就是生物统计学。[①]在喜欢上生物统计学和优生学之前,他的使命是社会主义。在19世纪80年代,尽管事务繁忙,但他仍抽出时间在革命社团讲授马克思和拉萨尔(Lassalle)。然而,他不是革命者,至少不主张剧烈变革;在历史上,就像在生物学上一样,他对连续性的热烈支持几乎与凯特勒不相上下。虽然他在德国游学期间,因一名信奉社会民主主义的学生——拉斐尔·韦特海默(Raphael Wertheimer),而转向社会主义,但他对另一个德国社会主义群体——讲坛社会主义者的崇敬更为长久,而他们实际上是敌视社会民主主义的。[②]这些教授的社会主义,正是皮尔逊的那种社会主义。在他人生的最后几年,他还短暂地关注过德国社会主义的各种形式。他认真思考了希特勒的"革新德国人民的建议",并自负地指出,如果德国的实验失败了,"那不是因为缺乏热情,而是因为德国人刚刚开始研究现代意义上的数理统计"[③]。唐纳德·麦肯齐发现,皮尔逊的意识形态,与英国新兴的专业中产阶级(professional middle classes)的目标完全一致。他的个人抱负与他的阶级抱负是同样需要强调的,他强烈认同那些靠专业知识而非资本谋生的中产阶级。他的优生社会将是技术专家(technocrats)的乌托邦,而

*304*

---

① 第一句话引自1905年6月20日的信,第二句话引自1903年5月18日的信,均为皮尔逊致高尔顿,出自file 293 F, *FGP*。亦可参见1903年5月18日高尔顿的信,出自file 245/18F。这次交流的灵感来自高尔顿与国际统计学会负责人路吉·博迪奥(Luigi Bodio)的一次会面。

② 参见皮尔逊拥有的《自然遗传》副本第30页的铅字笔记,转引自Bernard J. Norton, "Karl Pearson and Statistics: The Social Origins of Scientific Innovation", *Social Studies of Science*, 8 (1978), pp. 3–34。

③ K. Pearson, *Speeches Delivered at a Dinner Held in University College, London, in Honour of Professor Karl Pearson, 23 April, 1934* (Cambridge, 1934), p. 23.

不是工人的乌托邦。[1]

早在1890年之前,皮尔逊的社会主义就变成了社会达尔文主义(social Darwinism),或者更确切地说,社会主义的达尔文主义(socialist Darwinism)。他认为,文明的进步使个体层面上的自然选择黯然失色,而历史作为斗争的舞台出现了。他指出了一种个体选择的形式,叫作"生殖选择"(reproductive selection)。这种选择不是基于他之前所认为的"社会适应性",而仅仅是以生育倾向为基础的。同样,对于经济竞争,"从科学的角度看,它不是正确的态度"[2],因为最有组织的国家,将赢得国家间的生存斗争的胜利。出于同样的理由,个人主义也必须予以铲除。皮尔逊在1892年首次出版的《科学的规范》(The Grammar of Science)中提出,要消除所有基于个人感情和个人特点的判断。私利必须让位给公民义务,而公民义务需要一个超越个人的判断标准——科学。[3]科学的地位应当是社会有机体的神经系统——对皮尔逊来说,科学就是社会的同义词。在皮尔逊的思想中,作为自由社会科学的统计学,被完全淹没在了推动行政控制的统计学之中。

从另一种意义上说,皮尔逊是凯特勒的真正追随者。两人都同意,数是普遍的,不连续性是不存在的。他们都认为,科学的任务是研究社会发展的定律,以便科学政策能够遵从这些定律,并消除实现它们的所有障碍,而不是大胆策划新路线。[4]尽管皮尔逊的遗传学说,与凯特勒的社会改良主义有着明显差异,但他们都强调统计学本质上是一门实用科学。皮尔逊反复强调,它"只有在符合实际需要,知道事情的轻重缓急时,以及在与人体测量学、医学、生物

305

---

[1] 皮尔逊将政治和经济权力与科学专业知识相结合的愿望,在他跨越四五十年的众多流行著作中都清晰可辨,且在以下图书中尤其明显:*The Function of Science in the Modern State* (2nd ed., Cambridge, 1919)。麦肯齐对优生学的解释在皮尔逊身上而非在高尔顿身上得到了彰显。虽然后者与新兴的专业中产阶级有联系,但他当然继承了一笔财富,而且他的意识形态显然不像皮尔逊那样只考虑自己。无论如何,环境主义者和优生改革运动一样,都能很好地服务于这种专业利己主义。

[2] Pearson, *National Life from the Standpoint of Science* (London, 1905), p. 59.

[3] Pearson, *The Grammar of Science* (3rd ed., New York, 1957), p. 6.

[4] Pearson, "Women and Labour", *The Chances of Death and Other Studies in Evolution* (2 vols., Cambridge, 1897), p. 243.

统计学、遗传和心理学相结合的情况下,才能发展"[1]。他写道:

> ……首先要提出大量的应用科学问题,然后进行纯科学的延伸,从而解决这些问题……当然,这一规则不是放之四海而皆准的,但在纯数学和应用数学中,它已得到了惊人的例证。纯粹分析的发展是偶尔有用的,但为解决特殊物理问题,甚至为解决技术问题而发明的分析,一次又一次地直接丰富了纯数学。[2]

埃贡·皮尔逊(Egon Pearson),像他的父亲一样,是一位杰出的统计史学家和统计学家。他指出,卡尔·皮尔逊,至少在他最具创造力的1893—1901年,"对推进遗传问题的统计检验的兴趣过于浓厚,以至于他不能充分地追问其结果的理论可能性"[3]。

1893年,皮尔逊热情投入了统计学研究,这可以由他对优生学的信念得到解释。然而,同样值得注意的是,统计学与生俱来的兼容并包,以及它的哲学气质。在《科学的规范》中,皮尔逊是一位马赫主义的实证主义者。他认为,在我们对现象的感觉之下,并没有可知的"物自体",连续的感觉就是我们知识的全部基础,我们对因果关系一无所知。他认为,科学原理之所以是合理的,是因为它们对思维经济性(economy of thought)的贡献,这些原理即便没有提高个人健全度,那也提高了我们的社会健全度。到1911年出版第3版时,他已经确信,同质性是哲学实在论者的形而上学幻想,甚至原子假设也是如此。他还相信,在所有科学解释中,统计学具有最深刻的内在意义。正如伯纳德·诺顿(Bernard Norton)所述,他成熟的观点是:"如果采用同

*306*

---

[1] 转引自 E. S. Pearson, *Karl Pearson: An Appreciation of Some Aspects of His Life and Work* (Cambridge, 1938), p. 119。

[2] K. Pearson, *The Function of Science in the Modern State* (2nd ed., Cambridge, 1919), p. 77. 文中此处省略号后面的句子是前面句子的解释。

[3] E. S. Pearson, *Karl Pearson: An Appreciation of Some Aspects of His Life and Work* (Cambridge, 1938), p. 29, pp. 26-27; E. S. Pearson, "Some Incidents in the Early History of Biometry and Statistics", *SHSP<sub>l</sub>*, pp. 323-338。

质的种类来解释,任何理论都不能准确地描述自然。"[1]

皮尔逊从他的社会主义和实证主义出发,为统计方法辩护。如皮尔逊所说,这门科学属于"群体现象",属于"德国人"[2],相对较少地考虑个人方面。皮尔逊和韦尔登于1901年创办的《生物统计学》杂志,发起了一场促进对进化论的定量研究的运动。他们为了反对老派生物学家,发表了如下声明:

> 在从种类的整体出发研究任何一种生命时,几乎都不可能不发现,个体的重要性微不足道。在大多数情况下,个体数量极多的它们分布在广阔的地区,并且存在了很长时间。进化必须从大量的实质性变化中产生,因此,它的理论属于统计学家们已经习惯性称之为"群体现象"的那一类现象。

在皮尔逊的时代,统计学与否定因果性的哲学,似乎存在着显而易见的相容性,甚至他在接触高尔顿生物学之前,就已经在讲授偶然性哲学。事实上,他与高尔顿的第一次接触,是在1893年2月的一封信中,当时,他请这位著名的生物统计学家为他的偶然性哲学课做一次讲座。[3]另外,皮尔逊的概率哲学,特别是他在频率主义框架下,对等可能性的先验假设的辩护,是从埃奇沃斯那里借用来的。[4]

在转向生物统计学研究之前,皮尔逊发现,在拉普拉斯式的理解下,即 *307*
认为偶然性是知识的不完善的情况下,将测量(*metron*)应用于生命体(*bios*)

---

[1] 皮尔逊也强调了成功的预测,但没有解释为什么一种组织观察的方法应该允许进行预测。参见 Bernard J. Norton, "Biology and Philosophy: The Methodological Foundations of Biometry", *JHB*, 8 (1975), pp. 85–93; Bernard J. Norton, "Metaphysics and Population Genetics: Karl Pearson and the Background to Fisher's Multi-Factorial Theory of Inheritance", *Annals of Science*, 32 (1975), pp. 537–553。

[2] Pearson, *Social Problems*: *Their Treatment, Past, Present, and Future* (London, 1912), p. 19.

[3] 1893年2月28日皮尔逊致高尔顿的信,出自 file 293 A, *FGP*。

[4] 参见 Pearson, *The Grammar of Science* (2nd ed., London, 1900), pp. 142–146。这里可能需要注意一下,没有理由认为他相信不可还原的客观偶然性。他在"The Ethic of Freethought"的第19页写道:"有规律的因果序列对于有序的思考而言必不可少,而'设想一个断续的定律,就是在唯一可设想的方式以外,来设想某件事情,这是不可能的'。"然而,这是在1883年,他发展出他的现象学科学哲学之前。

是合理的。作为高尔顿研究的推论,他写道:"在很多时候,不管是从经济角度还是从社会角度考虑,人们都认为,生物学现象与物理现象的区别,仅仅在于相关性的强度。"[1]他在1911年表示,此后20年,科学家们可能会"认识到,在物理科学和生物科学之间,只存在定量的区别。物理学家们虽则现在只看到了绝对的依赖或完全的独立,但到那时,可能会对自己得出的数学函数的贫乏与狭隘感到可笑,就像他们现在对旧运动定律的不足感到可笑一样"[2]。这句话中体现的哲学精神,应该根据皮尔逊的另一句评论来理解。他认为,精确性是理想化的产物,即使是数学的精确性也是如此:"几何学几乎可以被称为统计学的一个分支,而圆的定义与凯特勒的'平均人'的定义,有许多相同的特征。"[3]

皮尔逊早期的学术研究,实际上为统计学定义了新的数学领域。但正如他始终坚持的那样,该领域与科学的某些实际问题密切相关。他最初的论文关注的是自然分布的形式,在他最具学术创造力的时期,他仍然将自然变异的分布视为统计学的核心问题。从一开始,他就是"正态曲线"的忠实信徒,这个术语是他在其第一篇统计论文中提出的。"当一组度量值序列符合一条正态曲线时,我们可能会假设某物接近稳定状态;产生它与破坏它的因素都在平均值附近。"[4]他认为,正态性的缺失,可能是异质性的标志。在这篇论文中,他提出了一种方法,将这些非正态分布分离成他假定为正态的组成部分。实际上,他的灵感来自韦尔登对那不勒斯螃蟹的一些测量,这些螃蟹的额头分布显示了分化成两种类型的早期趋势。皮尔逊想要用这种方式,寻求在统计学上划分物种的标准。不过,相比将几个正态分布加和成一个总的分布,他更喜欢的是另一种可能性,即用数学分析将某个数据分布,分解为几个正态曲线的最佳组合。在这种情况下,正的组成部分大概代表出生曲线,负的部分代表经过筛选后的死亡曲线。捎带一提,这就是那个高

[1] 参见 Karl Pearson, "Mathematical Contributions to the Theory of Evolution. —XI. On the Influence of Natural Selection on the Variability and Correlation of Organs", *Phil Trans*, 200 (1903), pp. 1-66。

[2] Pearson, *The Grammar of Science* (3rd ed., New York, 1957), p. xii.

[3] Pearson, *The Grammar of Science* (2nd ed., London, 1900), p. 177.

[4] Pearson, "Contributions to the Mathematical Theory of Evolution", *ESP*, p. 2. 高尔顿曾在《自然遗传》第五章提到"正态变异"(normal variability)。

尔顿认为不可靠的工作，因为它的研究基础不是粗略的数据，而是相比之下稍显精细的分析。

早在他起草这篇论文的时候，皮尔逊就意识到，有时可能会出现明显不对称的分布——例如，"一条正态曲线的长尾巴因某种选择性因素而被切断"，因此"不足的误差与过量的误差的概率并不相等"。[①]随着高尔顿的《自然遗传》的传播，许多科学家——包括与达尔文共同发现了自然选择进化论的 A. R. 华莱士（A. R. Wallace）——开始更加批判地看待误差曲线的适用性。[②]皮尔逊有感于埃奇沃斯经济数据的不对称性，以及他所进行的一些颜色感知实验的结果，很快就相信非正态变异其实是正常的。[③]在他的第二篇统计论文中，皮尔逊宣布，偏斜分布不能被认为是异质性的，事实上，它们在自然界中比对称的正态曲线更常见。在这篇1895年发表的论文中，他以无放回抽签的形式，提出了偏斜曲线族的模型。其他一些人，包括埃奇沃斯和莱克西斯，认为这种表述莫名其妙，根本无法理解，但皮尔逊运用他最深刻的实证主义哲学观点辩称，他找不到任何理由来回答"为什么自然或经济学，从偶然性的角度来看，应该更类似抛硬币，而不是抽陀螺或者打牌"[④]。

在气象学、生物学、心理学、经济学、社会研究甚至天文学资料中，皮尔逊将他各种基于偏斜曲线分布的拟合，与正态曲线的拟合进行了比较。在每种情况下，偏斜曲线都更为优越。正如皮尔逊自己所言，这并不令人惊讶，因为他的偏斜曲线族将正态曲线也作为一种特殊情况纳入其中，而且它还包含两个额外的未定义参数，可以通过它们的设置来达到数据的最佳拟合。皮尔逊也继续使用着正态曲线，一是在它看起来很准确的地方，二是在他的复杂偏斜不方便的地方。他很明智地指出，只要能处理好，使用更准确、更一般的曲线来研究，一定是更有利、更审慎的。但有时，偏斜曲线的现

*309*

---

① 1893年11月17日皮尔逊致高尔顿的信，出自file 293 A, *FGP*。

② 参见1893年12月1日华莱士致高尔顿的信，出自file 336, *FGP*。华莱士显然不理解，当然也不接受高尔顿的统计方法。

③ 参见1894年3月11日皮尔逊致高尔顿的信，出自file 293 A, *FGP* 以及 E. S. Pearson, "Some Incidents in the Early History of Biometry and Statistics", *SHSP*₁, p. 330。

④ Pearson, "Contributions to the Mathematical Theory of Evolution. —II. Skew Variation in Homogeneous Material", *ESP*, p. 65. 亦可参见 Edgeworth, "On the Representation of Statistics by Mathematical Formulae", *JRSS*, 61 (1898), p. 551。

实实在性,也会让他产生一种与自己的激进实证主义相悖的感觉。在他论述"死亡可能"的文章中,这一点表现得最为明显。这篇文章可以被看作19世纪精算师对"死亡定律"研究的最后一份贡献。在文中,皮尔逊将死亡曲线分解成五个部分,这与莱克西斯将同样的曲线分解成三个部分非常相似,不过皮尔逊是将重叠的曲线与全部的五个部分相拟合,而莱克西斯则止步于证实老年人死亡的正态性。皮尔逊惊奇地发现:"从乞讨到板球得分,从校董事会的阶级到牛眼雏菊,从甲壳类动物到出生率,我们发现几乎普遍存在着同样的频率定律。"[1]他还在他的论文中,画了一幅中世纪的图景作为图示。画中一名中世纪凡人正在经历从出生到死亡的艰难险阻,而与此同时,一位射手将武器瞄准了他,指出那个中世纪的人犯下了错误:"我们的偶然性概念,体现在大量数值中的定律与秩序,它不是那种中世纪的人所烦恼的混乱无序的概念。"[2]他们还错误地将人类的年龄划分为七个阶段。但皮尔逊使用曲线与死亡率数据的经验性拟合,从科学上证明了实际上人的一生只有五个阶段。莱克西斯相信,这种划分,无论在理论上多么有用,"都不能让我们进一步得出关于死亡分布原因的信息"[3],特别是因为,它不能用任何模型来解释,而且确实很难理解皮尔逊是怎样将这种经验主义的实在论,与他名义上坚持的唯名论相协调的。正因如此,这篇文章更加深刻地体现了他对偏斜分布的坚持。

至少,皮尔逊所提出的消极观点,即正态律的统治并不像人们有时想象310 的那样普遍,它在很大程度上成功了。然而,他的偏斜曲线族就没有那么走运了。[4]有许多分布产生的平均值很接近正态分布,而他特殊的变量分布形式看起来并没有这个事实重要。因此,皮尔逊关于偏斜分布的工作,就其本

---

① Pearson, "The Chances of Death", *The Chances of Death and Other Studies in Evolution* (2 vols., Cambridge, 1897), p. 20. 这里,他用自然原因解释了他的偏斜曲线的一致性,并把偏离它们的原因归于非自然原因。

② Pearson, "The Chances of Death", *The Chances of Death and Other Studies in Evolution* (2 vols., Cambridge, 1897), p. 15.

③ Lexis, "Die typischen Grössen und das Fehlergesetz", *ATBM*, pp. 101-129; Lexis, "Anthropologie und Anthropometrie", J. Conrad et al., *Handwörterbuch der Staatswissenschaften* (7 vols., 2nd ed., Jena, 1898-1901), vol. 1, pp. 388-409.

④ 不过,参见 Churchill Eisenhart, "Pearson, Karl", *DSB*, vol. 10, pp. 447-473。他指出,某些抽样分布是由皮尔逊的偏斜族支配的。

身而言，比起他为了证明其优越性而开发的一种特殊数学方法意义不大。这种数学方法就是卡方分布（chi-square distribution），它构成了检验一组测量值与它们应该符合的曲线之间"拟合优度"的基础，但存在随机误差。该分析是由皮尔逊在1900年提出的，并立刻证明了，即使是在乔治·艾里和曼斯菲尔德·梅里曼（Mansfield Merriman）的教材中，那些用来说明数据分布符合正态律的天文数据集，实际上也只能以很小的甚至可以忽略的概率，与正态曲线相符合。[1]这篇文章，以及更早的一篇由皮尔逊及其助教L. N. G. 菲隆（L. N. G. Filon）合著的论文，构成了一种抽样理论的基础，具有很大的影响力。也许应该注意到，后一篇论文是针对进化论而作的，他们在处理了抽样误差之后，得出了"随机进化"（random evolution）的理论，即休厄尔·赖特（Sewall Wright）后来所谓随机漂变（random drift）。[2]

在现代数理统计学中，皮尔逊最为著名的贡献，是他在1896年提出的计算相关系数的方法，被称为积矩法（product-moment method）。他对相关性的兴趣，并不局限于它在因果哲学方面的含义。高尔顿对相关性的使用，是为了论证进化的不连续性；而皮尔逊则是为了孜孜不倦地证明，回归完全可以从古老的生物演化的角度来解释。不过，他研究生物相关性的主要动机是"生殖选择"问题。皮尔逊认为，由于自然选择几乎不会对开化了的人起作用，因而在先进社会中，决定人类进化方向的，是存在于一些属性与一种繁殖能力之间的相关性，以及其他属性与这种能力之间的次级相关性（secondary correlation），而且这种繁殖能力具有可遗传的特征。[3]在皮尔逊看来，生育最多的是那些不够聪明、生产力不够高、道德也不够高尚的人，这正是需要政府干预优生的有力佐证。然而他并不只是空喊口号。一旦国家

*311*

---

[1] Pearson, "On the Criterion That a Given System of Deviations from the Probable in the Case of a Correlated System of Variables Is Such That It Can Be Reasonably Supposed to Have Arisen from Random Sampling", *ESP*, pp. 339–357.

[2] Karl Pearson, L.N.G. Filon, "Mathematical Contributions to the Theory of Evolution. — IV. On the Probable Errors of Frequency Constants and on the Influence of Random Selection on Variation and Correlation", *ESP*, pp. 179–261.

[3] Karl Pearson, Alice Lee, Leslie Bramley-Moore, "Mathematical Contributions to the Theory of Evolution. —VI. Genetic (Reproductive) Selection: Inheritance of Fertility in Man, and of Fecundity in Thoroughbred Racehorses", *Phil Trans*, 192 (1899), pp. 257–330.

掌握了人类进化的主动权，要想从优生措施中结出最好的果实，就必须了解国家各部分之间的相互关系，以及其中所有复杂的相互作用。

在他对统计学进行研究的第一个也是最多产的 10 年里，皮尔逊的另一项重要贡献就是列联表分析（analysis of contingency tables）。这种方法涉及的是离散变量，并且通常用于例如医疗统计这样的领域中。在进行治疗方案的比较研究时，不同方案的好坏可以用两种替代效果——康复和死亡来很好地表示。[①]1900 年，在卡尔·皮尔逊之外，乌德尼·尤尔提出了另一个衡量列联相关性的公式。有趣的是，尤尔的方法是直接而实用的，其影响甚至超过了皮尔逊的方法，而且他与皮尔逊在这个问题上的争论，是他被逐出生物统计学界的直接原因。不管怎样，他是皮尔逊的学生，而且在 1900 年时，他是皮尔逊团队的忠实一员，可见他的成果也属于在皮尔逊研究数理统计学的第一个十年内，所诞生的重要方法创新之一。

在皮尔逊的遗产中，这些对统计学的数学理论的贡献是重要的内容，但绝不是全部内容。数学理论只是他宏大愿景的一部分。他要创立作为高效优生学基础的生物统计学，与此同时，他还要发展出可应用于几乎所有人类知识领域的数理统计学。皮尔逊总是留心其方法的普遍性，即使它们常常出现在一个个非常特殊的语境中。他始终如一地将统计学看作一项数学事业，这体现在他为统计学概念和术语的标准化所做的努力上，而且这种努力大部分成功了。"正态曲线"和"标准差"——后者是力学中"摆动半径"（swing radius）或"转动惯量"（moment of inertia）的类比[②]——是皮尔逊最早创造的两个最著名的新词，后来成了标准用法。

他之所以能成为数理统计学的创始人，与他作为应用数学家的才能无疑有很大关系，但如果只有数学才能，那也无济于事。同样重要的是，他组建了一个研究团队，以筹集资金（其中很大一部分资金来自高尔顿）、培养学生，并为《生物统计学》撰写统计学论文。然而，最重要的是，皮尔逊努力地

---

① 列联表也用于分析不存在有效度量单位的连续量级。

② 参见 Karl Pearson, "Mathematical Contributions to the Theory of Evolution. —XI. On the Influence of Natural Selection on the Variability and Correlation of Organs", *Phil Trans*, 200 (1903), p. 2, 10；关于摆动半径，参见 Pearson, *The Grammar of Science* (2nd ed., London, 1900), p. 356。

展示了,如何将统计数学方法有效地应用于当代各学科实际工作者真正感兴趣的领域。这并不是无私的数学研究的无心插柳,而是不懈努力的成果——当然,许多领域的科学家已经在使用着粗糙的统计工具,并急于将其更新换代。对于皮尔逊统计方法的推广,这种情况也起到了一定帮助作用。皮尔逊同样渴望看到他的方法能够流行于世。他认为,即使现象是多样的,统计方法也应该是一元的。他还认为,在几乎每一门科学中,如果想要胜任研究工作,那么使用统计方法的技巧必不可少。

他的广泛兴趣与远大抱负,可以从他关于偏斜变异的调查报告中体现出来。这篇调查报告是皮尔逊"数学进化论文稿"系列的第二部。在那里,他提出了变量分布的一般公式,然后将其应用于14个不同的统计案例:大气测量数据、韦尔登螃蟹的测量值、美国新兵的身高、圣路易女学生的身高、巴伐利亚颅骨的长宽比指数、按年龄划分的伤寒频率、对颜色的估计、按婚姻持续时间划分的美国离婚频率、英格兰和威尔士的财产估价、毛茛花瓣的数量、三叶草中伸出的花朵、英格兰和威尔士按地区划分的贫困率,最后还有对英国死亡率曲线的分解。[1]该系列的第五本调查报告,研究的是一个人类学话题——对原始种族的身材的复现,但这并不是一个有限的、针对某个特定主题的研究,而是"对一种一般方法的说明"[2]。1897年,他和实验室助理一起发表了一篇关于气压强度分布的重要论文。同样,他们的目标"不是……要对气压变化或相关性的数值进行详尽的研究,而是要向那些更直接地从事气象研究的人表明,如何将统计学的数学理论应用于气压测量,并取得新的、他们(指作者们)认为有价值的成果"[3]。

当然,在社会和生物科学中,概率和统计的数学方法早已展现出巨大潜力,皮尔逊并不是第一个被这种潜力所震撼的杰出科学思想家。拉普拉斯、凯特勒、库尔诺、杰文斯和莱克西斯都为概率而倾倒,但在误差理论之外,他

313

---

[1] Pearson, "Mathematical Contributions to the Theory of Evolution. —VI. Genetic (Reproductive) Selection: Inheritance of Fertility in Man, and of Fecundity in Thoroughbred Racehorses", *Phil Trans*, 192 (1899), pp. 257–330.

[2] Pearson, "Mathematical Contributions to the Theory of Evolution. —V. On the Reconstruction of the Stature of Prehistoric Races", *ESP*, pp. 263–338.

[3] Karl Pearson, Alice Lee, "On the Distribution of Frequency (Variation and Correlation) of the Barometric Height at Divers Stations", *Phil Trans*, 190 (1897), pp. 423–469.

们对概率的使用,更多的是用来说明概率自身的力量,而不是为自然或社会学科做出贡献。他们全都没能找到真正有益的、可以用概率来解决的具体问题。和许多社会统计学家一样,他们也有着高尔顿在1891年研究人体测量学时所敏锐地指出的那种缺点:

> 美国各大学已投入大量人力研究人体测量学。相应地,我们也可以思考这种方法的使用是否正沿着最佳的可能方向,以及它可能带来什么真正有价值的结果。把手段当作目的,这是人类的弱点,而统计学家们尤其容易受这种弱点的影响。他们学会了仅仅从表格中整整齐齐的、仔细相加算出平均数的数字的堆积中收获乐趣,而对这些数字有哪些用途却不闻不问。他们就像只会赚钱的人,一生都在为纯粹的快乐而积累财富,似乎财富本身就是目的,而不单单是使生活更充实、更有益、更光明的工具。[1]

高尔顿和皮尔逊是知道"如何花钱"的人。无论人们如何看待他们的优生学目标,他们至少是有目标的,其内容既是理论的,又是实践的和经验的。只有与理论结合在一起,统计数据才能真正结出累累硕果。

*314*  在19世纪最初的几十年里,更高级的统计方法被广泛地应用到了各种科学中,这说明皮尔逊所推动的统计学普及工作,已经取得了成功。新的统计技术在这些学科中的发展,也同样明显地证明了这一点。例如,在1904年,心理学家斯皮尔曼开发了一种因子分析(factor analysis)方法。通过这种方法,他和西里尔·伯特(Cyril Burt)在统计学上定义了"一般智力"(general intelligence)的概念。[2]斯皮尔曼、伯特和詹姆斯·麦基恩·卡特尔(James McKeen Cattell)极为依赖皮尔逊的统计工作。在经济学中,沃伦·珀森斯

---

[1] Galton, "Useful Anthropometry", *Proceedings of the American Association for the Advancement of Physical Education*, 6 (1891), p. 51. 这是维克托·希尔茨在一篇很有意义但尚未发表的论文中引用的,论述的是1889年以后美国社会科学家对统计技术——尤其是相关性的早期使用的反应。

[2] 参见 S. J. Gould, *The Mismeasure of Man* (New York, 1981), chap. 6。爱德华·桑代克(Edward Thorndike)、克拉克·威斯勒(Clark Wissler)和詹姆斯·麦基恩·卡特尔此前一直在通过相关性研究能力的结构。

(Warren Persons)、R. H. 胡克(R. H. Hooker)和欧文·费希尔(Irving Fisher)
很快就改进了相关性方法,以检验货币数量理论(quantity theory of
money)。[①]无论如何,至少在20世纪30年代之前,生物统计学一直是与统计
革新最为密切相关的学科。进化论的优生学,为社会和生物统计学提供了
一种结构。这种结构把数值收集变成了一种具有理论意义的活动,提出了
真正重要的问题,而反过来,这些问题又要求更精确的统计技术。正是由于
他们成功地创立了生物统计学的研究传统,高尔顿和皮尔逊才必须被尊为
统计学的数学领域的奠基人。

---

① 参见 Thomas M. Humphrey, "Empirical Tests of the Quantity Theory of Money in the
United States, 1900–1930", *History of Political Economy*, 5 (1973), pp. 285–316。

尾　声

统计学已经披上了现代学术学科的外衣——大学院系、专业学会、期刊
等等——这主要发生在过去的半个世纪。虽然在皮尔逊的领导下，伦敦大
学学院于1911年成立了应用统计学系，而尤尔也在1912年被聘为剑桥大学
统计学讲师，但直到1933年卡尔·皮尔逊退休后，第一个数理统计学教授席
位才出现。当时，高尔顿留给皮尔逊的优生学教授席位被一分为二，一个是
优生学教席，由R. A. 费希尔担任，另一个则是统计学教席，被授予皮尔逊的
儿子埃贡。但是，在1900年，统计学的智识特征就已经被彻底改变了。统计
思维只与最简单的数学结盟的时期，已让位于统计数学的新时代——当然，
统计数学并没有脱离统计思维。在20世纪，统计学至少在表面上，符合哲学
家和社会学家所钟爱的知识等级结构——理论支配着实践，"先进的"数学
领域为"不那么成熟的"生物和社会科学提供了坚实的基础。从19世纪发展
起来的、在大量应用中产生的数理统计的结晶，将这个故事推向了高潮。

现代数理统计的大部分标准技术，以及它的大部分形式体系，都是在
1893年以后发展起来的。现代统计学家通常认为，他们研究领域的历史，如
果不是从皮尔逊开始的话，那也是从高尔顿开始的。1896年，相关系数在数
学上得到了定义；1900年，列联表分析和卡方检验得到了定义；1908年，W.
S. 戈赛特（W. S. Gosset）定义了 $t$ 检验及其分布。方差分析源自费希尔
1918年的一篇论文。将每个独立的数据表示为一个空间维度的做法，以及
现在的标准术语"自由度"（degrees of freedom），也是由费希尔提出的——不
出人意料的是，他持有剑桥大学的数理物理学学位。他对种群遗传学和统
计物理学之间的类比有着深刻印象。他创造性的统计工作正是从种群遗传
学开始的。而在统计物理学中，麦克斯韦提出了在一个具有六维或更多维
度的超空间中，气体每一个分子——每个分子都有一个自由度——的表示

方法,并由吉布斯使之标准化。[①]

然而,统计学在19世纪末出现的突破性发展,绝对不具有彻底性。统计学在19世纪的重要性,不能完全与新生的统计学科等同起来。一些领域,尤其是统计物理学,即便不是没有受到新统计学的影响,在很大程度上也仍然是独立发展的;种群遗传学则在20世纪20—30年代脱离了新统计学领域。此外,尽管在心理学、经济学、社会学、生态学、农业、工业质量控制、医学研究、实验物理学等所有这些领域中,数理统计理论都发挥了重要作用,但这些学科仍然有着独特的统计技术和方法的实践。不同的学科经常给自己的学生讲授统计学,甚至在同一个校园里,有着统计学系的地方也如此。

或许更值得注意的是,从皮尔逊到费希尔,在这个可谓统计革新的"英雄时代"的整个时期,它仍然与特定的应用紧密相连。今天,统计学仍然主要存在于应用领域,对它的研究较少是出于抽象的数学兴趣,而更多的是为了学习或开发分析数值数据的方法。出于对优生学的痴迷,从物理学转向统计学的,不仅有皮尔逊,还有费希尔。费希尔根据自然选择学说与孟德尔遗传学说,逐步演化出"综合进化论",因此他成了知名的生物统计学家。但同时,他也因其在数理统计方面的贡献而闻名。按照他的特点来看,这两个活动领域在某些方面是不可分割的。方差分析是费希尔对统计分析技术的最重要的补充,现在在许多领域有着广泛的应用。而费希尔发明它时,目的是将其作为一种研究遗传的方法——实际上,它几乎可以说就是一种遗传理论。按照费希尔的方法,能够在一个给定的样本或总体中,对可以解释它的各种因素进行方差分解。他开发这个理论,是为了解析生物变异的来源,特别是要比皮尔逊的方法更为决定性地确定,几乎所有人类物理测量值的变异,都可以归因于各种遗传性的孟德尔因子——他还暗示,心理特征的变异也如此;而只有微不足道的5%需要由环境来解释。至于在环境的改善和优生学控制方面,费希尔对它们可能带来的好处的看法,那更是毫无疑问

*317*

---

① 关于分子运动论与基因学说之间的类比,参见 R. A. Fisher, C. S. Stock, "Cuénot on Pre-Adaptation: A Criticism", *Eugenics Review*, 7 (1915), pp. 46–61; Fisher, *The Genetical Theory of Natural Selection* (Oxford, 1930), p. 36。关于费希尔,参见 Joan Fisher Box, *R. A. Fisher: The Life of a Scientist* (New York, 1978)。有趣的是,熵的物理概念也进入了统计学。

的了。

　　小样本分析方法也起源于实践。它们与19世纪的群体现象科学决裂了。在19世纪,从小数目进行推论是对概率无知的明显表现。这反映了从观察到实验的转变。19世纪,对平均值的比较,没有建立在完全独立假设的基础上,这就需要对概差做出准确的估计,因此,除非观测上百次,否则很难可靠。对小样本统计数据进行分析,实际上是由吉尼斯啤酒厂的一名专业人员 W. S. 戈塞特发明的。对他来说,重复数百次试验所带来的麻烦远远大于它的价值。戈塞特与皮尔逊一起在伦敦大学学院度过了1906—1907年,但他心里总是想着啤酒厂的实际需要。1908年,他推导出一个样本分布,同时包含了均值误差和标准差误差,这也就是后来的 $t$ 统计量($t$-statistic)。令人吃惊的是,考虑到其他背离生物统计学方法的人的命运,戈塞特并没有卷入与皮尔逊的争论。但皮尔逊这位勤勤恳恳的生物统计学家,仍然坚定地支持群体现象的传统。他在1912年写给戈塞特的一封信中说,"只有卑鄙的酿酒商"才会在工作中使用这么小的数字。[①]另外,费希尔欣赏戈塞特的创新的价值,并将同样的策略纳入他用于方差分析的 $f$-统计量($f$-statistic)中。

　　R. A. 费希尔将统计学与实验设计结合了起来,这或许是对传统统计方法的最明显违背,这个传统从孔多塞、拉普拉斯、凯特勒,延伸向埃奇沃斯、高尔顿和皮尔逊。[②]实验设计与方差分析密切相关;1919年,费希尔在被聘为洛桑实验站(Rothamsted Experimental Station)的统计专家后,开始了这项研究。在那里,他与农业实验人员有着密切的合作;他的实验设计方法在很大程度上是根据实践需要而创造的。

*318*

　　这项工作的含义在于,它改变了统计学的很多特征,并且最终提供了一种手段,这种手段可以超越经验性的规律,证明因果关系的存在。从这个意

---

① 参见 L. McMullen, "'Student' as a Man", *SHSP₁*, pp. 355–403; E. S. Pearson, "'Student' as Statistician", *SHSP₁*, p. 368。

② 这一点要与实验分析中统计学的使用区别开来,它还没有得到系统的研究。皮尔逊坚持认为,估算不能在研究结束时获得,统计学的专门技术必须为规划以及分析提供信息,但他考虑的是数据的收集,而不是实验,对实验设计也没有提供什么指导。参见1909年6月20日皮尔逊致高尔顿的信,出自 file 293 F, *FGP*。

义上说,统计已经更接近科学方法的经典概念,即强调分析到最简单的基本定律,以此实现对观察现象的综合。然而,对因果结构的不完全认识,仍然是统计学能够获得优势的前提(如果完整的因果关系真的存在的话)。由于实验设计不能使科学家对单个实验的结果做出准确的预测,统计分析仍然依赖于这样一个假设:随机波动在长期内必然会相互抵消,而且这种抵消的速率和概率已经在表格中计算出来了。有了这个假设,从费希尔开始,我们不仅可以确定原因,而且可以估计它们的量级。

统计思维的发展和传播是否存在着"概率革命",显然主要取决于"科学革命"的含义,而似乎没有两个人就此意见相同。然而,在20世纪的自然科学和社会科学中,统计方法和统计思维的普遍重要性是清楚的。现代量子理论,以及许多哲学思想中特有的、相信不可还原的随机性的观点,只是统计学发展所导致的一个次要结果,而且这种哲学观点,并没有出现在其他与量子理论关系并不紧密的科学理论或科学目标中。对于那些个体性问题仍然很难处理的学科,或至少未能充分理解构成其研究对象群体的学科,统计方法的引入所造成的影响同样引人注目,而且更为广泛。

在19世纪,科学家开发出了可以有效研究不同群体的方法,这是创建一个有益的数理统计领域的基本先决条件。这一发展可以说是分为两大阶段进行的。[1]在很大程度上,社会统计学,尤其是使其成为一门具有精确定律的科学的动力,让人们产生了对社会规律性的信念,而且人们认为,在发现这种规律性时,不需要充分知晓个体行为的原因。后来,统计技术的发展破除了对群体秩序的迷恋,主张理解变异的原因。这个结果部分是因为社会统计学的工作,部分是因为统计物理学的工作,但主要是因为遗传和进化的研究。在遗传和进化领域,变异扮演着最核心的角色。统计思维本身,就是在这些应用的语境下发展起来的。它主要通过类比而发展,是把思想传播给具有新问题的新主题的结果。它不仅使某些个别现象的偶然性凸显出来,而且确立了可被证明的规律性和因果关系的普遍存在。1953年,费希尔发表了一句争议性的言论:"在不断演化的环境里的所有因素中,偶然性的

*319*

---

[1] 参见 Stephen Stigler, "Francis Ysidro Edgeworth, Statistician", *JRSS*, 141 (1976), pp. 287–322。

影响是最能精确计算的,因此也是最不值得怀疑的。"①对于他的反对者所采取的方法,以及那些采用了统计推理的其他科学中的方法,这句话有着同样的适用性。

**译者注:**

[1] 弗朗西斯·德雷克(Francis Drake,1540—1596),伊丽莎白时代的著名航海家、政治家、海盗,曾两次环球航行,并击败了西班牙无敌舰队。

[2] 勒普累(1806—1882),法国社会学家、工程师,孔德的追随者,19世纪对社会现实进行经验研究的先驱者之一。他认为,家庭是社会的基本单位,社会的状况可以通过家庭的物质生活和稳定性得到测量。

[3] 爱德华·斯宾塞·比斯利(Edward Spencer Beesly),英国历史学家、实证主义者,同情工人运动,与马克思、恩格斯交好,马克思曾写过五封致比斯利的信,见于《马克思恩格斯全集》第33卷。

[4] 迈蒙尼德(1138—1204),出生于西班牙的犹太神学家、科学家、哲学家。

[5] "湖畔诗人"是英国18世纪末到19世纪初的一个浪漫主义诗歌流派。

---

① Fisher, "Croonian Lecture: Population Genetics", *PRSL*, B, 141 (1953), pp. 510–553.